KB092494

진격하는 과학기술과 유동하는 인간 정신의 이중 나선

호모 사이언스 사피엔스

호모 사이언스 사피엔스

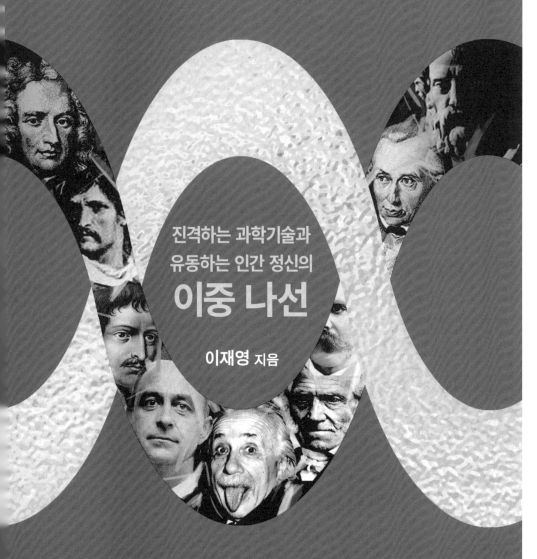

진격하는 과학기술과
유동하는 인간 정신의
이중 나선

이재영 지음

아마존의나비

추천의 글

인류의 오랜 과거와 첨단 기술의 현대는 어떻게 연결될까?

《호모 사이언스 사피엔스》는 저자의 사유가 본인의 일반적인 학문 분야의 구분을 뛰어넘고 있음을 잘 보여 주는 책이다. 저자는 본인의 전공 분야에서도 많은 업적을 냈지만 동시에 과학의 역사, 종교, 철학의 논의를 계속해서 추적해 왔다. 이 책은 갑자기 나온 것이 아니라 오랫동안 이어진 고민과 공부의 결과물이다. 그는 고대 신화로부터 현대 물리학에 이르기까지 인류가 고민하고 주장하고 경험했던 인간과 자연에 대한 다양한 이야기를 과학기술과 인간 정신이라는 핵심어로 풀어낸다.

이 책의 미덕은 돌려 말하지 않는 정직함에 있다. 아무리 사유가 깊어도 각자의 입장과 접근이 있을 터인데, 많은 경우 학자들은 가능한 모든 비판의 경로를 미리 차단하는 방식으로 글을 쓰곤 한다. 이와 달리 저자는 피하고 싶을 만한 주제를 덮지 않고, 본인의 결론과 의견을 명료하게 전달한다. 독자는 이 책을 통해 지식을 얻기도 하지만 길고도 의미 있는 대화를 시작할 수 있을 것이다.

그와 대화하다 보면 이야기의 주제가 꼬리를 물어 시작할 때와 다른 이야기로 끝나곤 하는데, 그 과정에 나는 배움의 기쁨, 새로움을 추구하는 열정, 기록과 소통의 재능이 얼마나 큰 힘을 가지는지를 실감한다. 그에게는 전문가와 대중을 막론하고 자신의 이야기를 가장 효과적으로 전달하는 탁월한 소통 능력이 있다. 그 능력은 우리의 대화뿐 아니라 이 책에서도 완벽하게 증명되었다. 독자의 입장에서는 책에 등장하는 다양한 분야의 이론과 이름, 개념의 수에 얼핏 압도당할 수도 있겠지만, 그것들을 쉽고도 창의적으로 풀어 내는 저자의 재능 덕에 큰 어려움 없이 첨단의 논의들에 접근할 수 있다.

이미 출간되었던 몇 권의 책보다 규모가 훨씬 더 커진 이 책《호모 사이언스 사피엔스》를 읽으며 '다음은 무엇일까?' 혼자 묻는다. 그러나 아직 가지지 못한 것에 대한 기대는 저자에게 맡기기로 하고, 오늘은 이미 나온 결과물을 충분히 즐기기로 하자. 인류의 오랜 과거와 첨단 과학기술의 현대가 어떻게 연결되는지, 또 어떤 미래를 꿈꾸고 기획해야 할지를 알고 싶은 분들에게 일독을 권한다. 독서가 대화로 이어지는 즐거운 경험이 기다려진다.

손화철 [1]

---

1 손화철 교수는 서울대학교 철학과를 거쳐 벨기에 루벤대학교 철학부에서 〈현대 기술과 민주주의〉를 주제로 박사(기술철학) 학위를 취득하고 현재 한동대학교 교양학부 철학 교수로 재직하고 있다. 《호모 파베르의 미래》, 《포스트휴먼 시대의 휴먼》 등을 저술했다.

지은이 | 이재영

천재성을 이끌어내는 탁월한 교육자

한동대학교 교수, 포스코 석좌교수.

고즈넉한 흥해에 자리잡은 한동대학교 캠퍼스 안에 '파워엑스랩The POWER-X Lab'을 만들어 제자들과 함께 기후 위기에 대응하는 에너지 기술을 연구하는 그의 지적 탐구 여정의 중심은 언제나 과학기술과 인간 정신의 융합에 있다.

세상 모든 이는 천재성을 품고 세상에 나온다고 믿는 저자는 사람들의 천재성을 이끌어내기 위해 오랜 기간 다수의 집필과 세바시(세상을 꿈꾸는 시간 15분) 등 각종 대중 강연을 진행해 왔다. 저자의 그러한 노력은 스스로를 '평범 이하'라 폄하하던 '파워엑스랩'의 여러 제자들로 하여금 세계적 학술지에 논문을 게재하는 성과를 올려 미국에서 대학 교수로 임용되는 등 여러 결실로 맺어졌다.

『탁월함에 이르는 노트의 비밀』, 『평범한 그들은 어떻게 탁월해졌을까』, 『노트의 품격』 등 산문집과 대담집 『장순흥의 교육: 문제로 달려가는 자기학습성장과 협업으로 이루는 혁신 교육 PSC』를 펴내었으며, 몇 해 전에는 장편 SF 소설 『지적 거인』을 펴내 이야기꾼으로서의 재능도 발휘한 바 있다. 저자는 탁월함을 이끌어내는 탁월한 교육자이자 흥미로운 이야기꾼이다.

머리말

"미래를 향한 과학기술을 기다리며"

카_{E.H. Carr} 는 《역사란 무엇인가》에서 "역사는 과거와 현재의 끊임
없는 대화"라고 했다. 과거를 구성하는 수많은 사실들이 드러
나고 더 많은 사실들이 감춰져 있기에, 과거와 대화하는 오늘의 화자가
어떤 종류의 궁금증을 갖고 있다면 수많은 선택의 경로를 들여다보는
데 유리할 것이다. 《사피엔스》로 유명한 유발 하라리의 궁금증은 어떻
게 나약하고 왜소한 인간이 마침내 세상의 지배자가 되고 신의 경지에
이르렀는가에 대한 궁금증으로 역사를 들여다보게 했다. 어떤 이는 로
마제국의 성공과 실패, 미국의 성공 등에 의문을 품고 역사를 들춰 보
기도 한다. 이러한 관점이나 의문은 확실히 역사 공부를 즐겁게 만들
어 준다.

이 책은 다음과 같은 '의문'의 안경을 쓰고 과거와의 대화를 시도하
려 한다. 우선 '기원'과 '시간'이라는 안경이다. 현대 과학자들의 줄기찬
탐구 결과 우주 기원에 대한 표준 이론이 정립되어 간다는 측면에서
"우주와 지구와 인간은 어떻게 시작되었을까?" 하는 질문에 대한 과거
인류의 대답은 현재적 관점에서 보면 오류 투성이로 비춰질 수 있다.
그럼에도 과거 인류 역시 현재 인류 못지않게 이 궁금증에 대한 답을
끊임없이 갈구해 왔다. 고대인들의 창조 설화와 그에 따른 다양한 문화
의 흔적들, 그리고 자연을 향한 끊임없는 경배와 종교화는 이러한 의

문과 연관되어 있다. 우주를 탐험하는 현대에도 우주 생성 연도에 대한 논쟁은 여전하다. 기원과 시간이라는 궁금증에 따른 논쟁은 과학과 종교의 해묵은 논쟁거리다.

다음은 '위기'와 '극복'이라는 안경이다. 기후 변화는 오늘날 인류가 겪고 있는 심각한 위기이다. 그렇다면 이러한 기후 변화나 에너지 고갈 문제가 오늘날의 인류만 겪는 현상일까? 역사는 인류가 겪은 다양한 위기의 흔적들과 그 위기에 대처해 어떤 선택과 방식으로 헤쳐 나갔는지 보여 준다. 어떤 민족의 역사에는 종교적 정화로 위기를 극복한 사례들이 기록되어 있기도 하지만, 인간 정신과 과학기술적 혁신을 통해 생존의 길을 열어 낸 흔적도 드러난다. 위기의 미래를 전망하는 오늘날, 과거와 대화를 나눌 만한 좋은 대화거리가 아닐 수 없는 이유이다.

또 다른 안경은 '주도권'과 '개인의 위상'이라는 안경이다. 역사는 위대한 권력자의 이름 밑에 기록을 담고 있는 경우가 많다. 승자의 기록은 패자의 사실을 지워 낸다. 역사에 이름을 새긴 사람들의 생각들을 더듬어 봄으로써 오늘날 사고의 근원을 확인할 수 있다. 한편으로 역사는 권력 핵심과 이를 지지하는 주류와 비주류 간 갈등이 만들어 내는 역동성을 드러낸다. 공동체성과 개인성의 대립은 과거에 비해 점점 강화되고 있다. 개인의 역량이 증폭되는 중심에 과학기술의 혁신적 발전이 자리한다. 시대의 주도권을 흔드는 요소를 들여다보는 일 역시 과거와 대화하기에 좋은 소재다.

과거와의 대화는 지금도 진행 중이다. 지난 몇 년간 우리는 코로나19 팬데믹 시대를 살아왔다. 격리와 거리두기라는 익숙지 않은 생활방식을 강요당했다. 많은 사람들의 죽음을 지켜봤으며, 두어 차례 이상의 백신 접종을 경험하며 개인마다 정도는 다르지만 위협을 느꼈다. 이제 우리는 코로나19 이후의 시대를 살아가야 한다. 역사 속 팬데믹을 더듬어 찾았고, 수많은 인류의 죽음을 들여다봤다. 데이터는 팬데믹 발생의 주기가 점점 짧아지고 있다는 사실을 알려 준다.

현재 인류는 디지털 기술과 나노기술의 효용성을 체감하고 있다. 인공 지능이 우리를 놀라게 하고 있다. 과학기술이 현기증 나게 빠른 속도로 진행되고 있는 지금, 과거를 돌아보며 과거와 대화를 나누는 일이 어떤 효용이 있는지 의구심이 들기도 한다.

역사는 과학기술과 인간 정신의 이중 나선으로 얽혀 이어져 왔다. 과거의 역사가 인간 정신이 이중 나선의 외부로 드러나 돌았다고 한다면, 현대는 과학기술이 외부로 드러나 회전하는 시대라 보아도 무리가 없다. 과학기술과 인간 정신이 만들어 내는 이중 나선의 회전과 그 안에 새겨진 주름을 들여다보는 일은 미래를 향한 통찰을 얻기 위한 작은 열쇠를 찾는 일일 수 있다. 우리들은 어쩌면 이 열쇠를 찾아 쥐고, 거대한 문을 열어젖히는 거인의 어깨에 올라탄 존재일지도 모른다. 황홀한 이중 나선의 엮임을 하나하나 같이 들춰 보자.

2024년 봄

이재영

차례

추천의 글 4
지은이 소개 6
머리말 7

1장. 질서의 신화 13
1.1 우주 창조 신화와 고대 인간 정신 14
문자 이전 시대로의 상상 여행 14 | 코스모고니, 우주에 대한 신화적
해답 24
1.2 고대의 인간 정신 36
상상의 실재화 36 | 고대 문화의 미스터리 37 | 만들어진 신, 존재하
는 신 44 | 원시적 유물론과 관념론 46

2장. 물질과 이성의 아카데미 51
2.1 개념의 탄생 52
신과 이데아 53 | 올림푸스 동산에 맺힌 개념의 매력 59 | 전쟁과 매
력의 탄생 65
2.2 물질과 인생 72
이오니아반도 융합 지성의 불꽃 72 | 관념론의 탄생과 아카데미 81

3장. 제국의 사피엔스 사이엔스 93
3.1 알렉산드리아의 불꽃 94
제국이 된 도시 국가 94 | 알렉산더 대왕 97 | 알렉산드리아 뮤제이
온의 영웅들 99
3.2 로마 제국의 불꽃 108
로마의 흥망성쇠 108 | 로마의 인간 정신: 스토아, 기독교, 법 115 | 로
마의 과학기술: 콘크리트, 도로, 수로 122
3.3 사막에 피어난 과학기술 128
로마의 변방, 광야에서 싹튼 영성들 128 | 아라비아의 과학기술과 인

간 정신 131 | 아랍 지성의 급작스런 소멸 138

4장. 르네상스와 주름진 진주들 141

4.1 주름진 진주 142
진주의 탄생과 지성의 주름들 142 | 도시의 주름, 피렌체 154

4.2 대지의 주름 162
기온에 새겨진 주름 162

4.3 학자의 잉크와 순교자의 피 167
사고방식의 겹주름 169 | 천체를 놓고 벌인 이단 대결 175

4.4 거인 어깨 위의 주름 187
인비저블 자이언트 187 | 뉴턴의 결정론 194

5장. 깨어남과 수근거림 201

5.1 세계 일주의 꿈 202
대항해의 과학기술 203 | 대항해의 인물들 212 | 대항해와 청교도의 등불 218

5.2 깨어남 223
혁명의 사상가들 225

5.3 수근거림 235
아카데미와 살롱 클럽 235 | 뉴턴주의의 확산 245

6장. 낭만 구름, 원자 구름 255

6.1 증기 구름의 탄생 256
엔진의 증기 구름 257 | 엔진이 만든 이동 수단 263 | 공장과 도시 위의 구름들 267 | 자본이 이끄는 기술 개발 270

6.2 구름이 흘러가는 곳 274
낭만적인 너무나 낭만적인 274

차례

6.3 실험실의 무지개 288
전자기장의 신비 289 | 빛과 원소의 신비 291 | 열과 일의 신비 295 | 생명의 신비 297

6.4 무지개 너머 원자 구름 302
상대성의 무지개 302 | 불확정성의 무지개 305 | 남은 자와 망명한 자 310 | 세계대전과 과학 314

7장. 개별자 시대 321
7.1 녹는점 돌파 322
이데올로기 전선의 형성 323 | 융점을 넘어선 세계 332

7.2 퍼슨의 탄생을 향한 과학기술 340
개별자의 디지털 파워 343 | 개별자의 헬스 파워 348 | 에너지를 과소비하는 개별자들 356 | 마음을 편집하는 뇌 363 | 싱귤래리티, 특이점이 온다 375

7.3 호모 사피엔스의 다른 이름들 380
호모 파베르 381 | 호모 루덴스 384 | 호모 데우스와 인간 한계 386

7.4 마음과 몸 396
마음과 몸 397 | 구조주의 403

7.5 혼돈의 나비와 복잡계 과학 413
엔트로피 신트로피 413 | 복잡계 과학 418 | 과학기술과 숙의 민주주의 423

에필로그 428
찾아보기 435

제**1**장

질서의 신화

1.1 우주 창조 신화와 고대 인간 정신
1.2 고대의 인간 정신

1.1 우주 창조 신화와 고대 인간 정신

문자 이전 시대로의 상상 여행

❋ 고인돌의 추억

포항에는 좋은 해수욕장이 많다. 많이 알려진 송도도 좋지만 칠포와 월포 해수욕장은 기막힌 풍경을 선사한다. 최근에는 파도도 좋아져 서 핑하는 사람들로 북적인다. 이런 바닷가에서도 산을 찾아 오르는 청개 구리 같은 사람은 어디나 있게 마련. 그의 눈에 월포 해수욕장 뒤편의 '용산'이 눈에 안 들어올 리 만무하다. 용산은 둘레길이 만들어져 있어 힘 안 들이고 여유로이 오를 수 있다. 산을 오르다 보면 숲 사이로 뜬 금없는 잔디밭 가운데 거대한 바위가 서 있다. '설마 여기에 고인돌이?' 생각하며 다가가 보면 아니나 다를까 '선사 시대 고인돌'이라는 팻말이 그 생각을 확인시켜 준다. 조금 더 올라가면 역시 거대한 바위가 또 나 타난다. 가파른 언덕을 조금 더 올라가면 용산의 정상이 나오고, 넓은 바위와 그 아래 사람들이 둘러앉아 커피 한잔하기 안성맞춤인 틈이 있 다. 용두암이다. 이 바위가 용머리라면 이 자리는 용의 눈임에 틀림없 다. 용두암에서 내려다보이는 월포의 너른 해변은 푸근하다.

이 산과 저 아래 해변을 뛰어다니던 고인돌 무덤 속 주인공과 당시 사람들을 떠올리지 않을 수 없다. 둘레길 따라 오르다 만난 고인돌은 사람 키보다 더 크고 우람하지만 그 바위를 받치는 밑받침 돌은 작고 낮다. 이끼와 석이버섯이 여기저기 붙어 있는 고인돌 밑에는 무엇이 남아 있을까? 이 돌을 탐사했을 고고학자는 돌 밑의 주인공 유해와 혹시라도 남아 있을 부장품을 수거했을 것이다.[1] 이 돌을 어디서 떠서 어떻게 가져왔을까? 나무를 잘라 바위 밑에 고인 후 여럿이 줄을 당기는, 교과서에 그려진 선사 시대 사람들의 모습이 어른거린다. 이들도 분명 지금같이 태풍이 불어 바다가 뒤집어질 때 해변으로 밀려온 미역이며 우뭇가사리를 주워 먹었을 것이다. 동해에 흔한 오징어와 여름날이면 몰려드는 도루묵, 그리고 모래게들도 그들에겐 좋은 식재료였을 것이다. 혹시 이 산에서 나는 송이버섯이나 더덕 같은 것도 먹었을까 생각하다 보면, 선사 시대인들이 살던 공간에 서 있는 내가 그들과 별반 차이가 없다는 생각에 이른다.

이런 생각은 경주를 다녀올 때면 늘 떠오르곤 하던 상상의 흐름과 유사하다. 경주의 들길 어디쯤 말을 타고 달렸던 화랑들의 외침과 긴 지팡이를 들고 세속오계를 외치던 원효 스님이 환영으로 스며들기 때문이다. 지금 밟고 있는 이 땅은 현대를 사는 우리들만의 것이 아니라 과거의 인류가 사용했던 공간이고, 시간은 공간을 여러 사람에게 나누어 쓰게 해 주는 절묘한 기제이다. 따라서 우리는 언제 어디서건 과거의 사람들과 상상 속 대화가 가능하다.

용산에서 만났던 거대한 고인돌은 이제 이 지역이 선사 시대 사람들의 활동 무대였다는 사실을 알려 줌과 동시에 산을 오르내리다 우연히

---

1 포항 주변의 칠포리 암각화는 청동기 시대 유적으로 30년 전에 발견되었다. 기계면에도 고인돌 암각화가 있고, 청하면의 오줌바위 암각화도 유명하다. 칠포리 암각화 유적은 곤륜산을 중심으로 1.7km 영역에 퍼져 있다. 포항 해안에 많은 선사인들이 살았음을 알게 한다.

줍게 되는 돌멩이에도 혹시 그때 그 인류가 사용했던 돌칼이나 돌도끼는 아닌가 하는 끝없는 호기심으로 인도한다. 이들이 말없이 남겨 놓은 도구들과 돌에 새긴 암각화 문양은 그들의 생각과 고민을 추측하게 만든다.

❋ 선사 시대의 상상

역사가 기록되기 이전의 시대를 말하기란 쉽지 않다. 고고학적 발견을 토대로 우리가 현재 알고 있는 지식으로 추측하는 수밖에 없다. 발명자의 이름을 알 길은 없지만 역사 이전 시대에도 과학기술의 발전은 있었다. 아프리카 선사 유적은 200만 년 전에 간단한 도구들이 사용되었음을 보여 준다. 프로메테우스가 신에게서 가져왔다는 불도 190만 년 전에 아프리카에서 사용된 것으로 추정된다. 50만 년 전에 일본에서 지어진 건물이 발견되고, 7만 년 전에 만들어진 무덤이 발견된 것으로 추측하면 사후 세계에 대한 의식은 의식주를 위한 발명보다 한참 후에 발명된 것으로 보인다.

이 즈음에 예술적 표현이 등장했다. 한편, 메소포타미아에서 기원전 14000년경에 농사에 사용된 유물이 발견되었다. 여기서 조금 지나 가축의 흔적이 발견되는데 대략 기원전 12000년경이다. 농사는 강력한 노동을 요구했기에 노동을 대신해 줄 가축을 길들이는 일은 중요했다. 이후의 중요한 발전이 기원전 8000년경에 있었는데, 폴란드에서 발견된 배와 무기, 중국에서 발견된 도자기가 그것이다. 이후 기원전 6500년경에 팔레스타인 지역에서 사용되었던 실을 잣는 조악한 기계가 등장한다.

메소포타미아에서는 돈과 악
기들이 발명되었다. 그리고 결
정적으로 사람들은 문자를 발
명하여 기록하기 시작했으니
기원전 3300년경에 메소포타

그림 1.1 고대의 설형문자 판

미아에서 사용되었던 설형문자가 그것이다. 이보다 조금 앞서 금속을
사용하기 시작했고, 바퀴와 유리 등이 주로 메소포타미아에서 발견되
면서 폭발적 문명 발달상을 보여 준다. 이집트에서는 BC 3000년경에
해시계가 사용된 것으로 알려지면서 시간에 대한 관념과 의식이 발달
하기 시작했음을 확인시켜 준다. 고고학적 유적지에서 발견된 수많은
물건들은 박물관에서 우리를 기다린다. 고대인들의 녹슨 소장품은 시
간의 흐름을 드러내 보이기도 하지만, 금이나 도자기의 경우처럼 온전
한 모습을 유지한 채 해당 유물 소유자의 신분과 지위를 드러내 보이
게도 한다.

발명자의 이름은 종종 그 진위를 확인할 길 없지만 고대 구전문학에
서 가끔 언급된다. 중국의 경우 신농, 복희와 같은 황제들이 다양한 발
명으로 문명을 이끌었다고 한다. 서구 문명의 중심축을 이루는 기독교
성경에도 문명을 발전시킨 인물들이 나열되어 있음은 흥미롭다. 에덴
동산에서 쫓겨난 아담과 하와의 자식은 양치기와 농사꾼이었다.[2] 형제
는 신에게 제사를 드렸다. 그런데 신은 유목민인 동생 아벨의 제사는

---

2 그가 또 카인의 아우 아벨을 낳았는데 아벨은 양 치는 자이었고 카인은 농사하는 자이었더라(창세기
4:2).

그림 1.2 아벨을 내리치는 카인

받고 농사꾼인 카인의 제물은 받지 않았다. 격노한 카인이 아벨을 죽인 인류 최초의 살인 사건이 성경에 기록되어 있다. 카인은 동생을 죽이고 유랑하는 신세가 되었는데, 신기하게도 신은 카인에게 징표를 주어 사람들이 그를 죽이지 못하게 하였다. 이후 카인의 자손들은 여기저기에서 각종 발명을 한 것으로 기록되어 있다. 오늘날의 관점에서 보면 오히려 카인의 후예들은 고대의 발명가들이었고, 모든 종류의 물질을 다루는 과학기술자와 예술가의 조상으로 보인다. 성경의 기록을 보자.

라멕이 두 아내를 취하였으니 하나의 이름은 아다요 하나의 이름은 씰라며(창 4:19)

아다는 야발을 낳았으니 그는 장막에 거하여 육축 치는 자의 조상이 되었고(창 4:20)

그 아우의 이름은 유발이니 그는 수금과 퉁소를 잡는 모든 자의 조상이 되었으며(창 4:21)

씰라는 두발가인을 낳았으니 그는 동철로 각양 날카로운 기계를 만드는 자요 두발가인의 누이는 나아마이었더라.(창 4:22)

앞서 고고학자들이 발견한 발명품의 가장 오랜 연대와 비교했을 때, 야발이 처음으로 가축을 키웠고, 유발이 악기를 만들었으며, 두발가인이 금속과 무기를 만들었다는 점에서 비교적 순서가 맞아 떨어진다는 점은 흥미롭다. 성경의 연대기와 과학자들의 연대기는 그 척도가 너무도 달라 오래전부터 논란거리였고, 현재도 논쟁은 진행 중이다.

하지만 오늘날의 연대 측정법으로 측정한 사실로 보건대 성경에 기록된 발명의 역사와 고고학이 발견한 순서는 대략 일치하지만 시기는 전혀 서로 맞지 않는다. 성경의 기록을 문자로 해석하는 사람들은 지구가 6,000년 정도의 역사를 갖는다고 주장한다.[3] 따라서 이들과 고고학자들의 연대에 대한 견해차는 매우 크다. 이러한 양상은 중세 시대 천동설과 지동설을 놓고 벌였던 논쟁과 비슷한데, 당시에는 교회가 권력의 정점에 있었던 반면, 현대는 그렇지 않다는 상황의 차이만 있을 뿐이다. 과학자들이 주장하는 수백억 년 전의 빅뱅과 성경에 등장하는 6일 창조와 젊은 지구에 대한 시간적 불일치는 너무 크다. 이제 종교적 신념에 따른 주장이 과학적 주장과 충돌할 때 과학적 주장에 손을 들어 주는 시대가 되고 있다. 과학자의 시간과 성경의 시간을 연결하려는 노력으로 MIT 출신의 과학자 슈뢰더[4]의 관점도 참고할 가치가 있다.

---

3 참고로 이에 대해 진화론 등장 이전 유럽인들이 광범위하게 받아들였던 지구의 역사는 로버트 영의 색인집에 실려 있는데, 대략 37개의 자료에서 약 120개의 창조 리스트를 만들었고, 이 중 30개는 성서, 나머지 7개는 팔레스타인, 이집트, 아랍, 페르시아, 인도, 중국 등의 문헌에서 발췌했다. 그의 계산에 따르면 아무리 오래되어도 지구의 나이는 1만 년을 넘지 않는다. 전통 유대교에서는 BC 3760년으로, 프리메이슨 (Freemason)은 BC 4000년 정도로 본다. 학계의 입장도 유사했다. 플레이페어(Playfair)는 BC 4008년, 케플러(Kepler)는 BC 3993년, 라잇풋(Lightfoot)은 BC 3928년으로 추정했다. 영국이 자랑하는 셰익스피어(1599)도 그의 작품 중 《뜻대로 하세요(As you like it)》(4, 1:90)에서 지구의 나이를 대략 6,000년 정도로 추정했다. 아일랜드의 주교 어셔(James Ussher, 1581~1656)는 자신의 계산 결과 BC 4004년 10월 23일 일요일 아침 9시에 지구가 탄생했다고 주장했다. 2023년을 기준으로 본다면 6,026년 전에 지구가 탄생했다는 이야기이다. 이러한 주장은 로이드 주교(Bishop Lloyd)가 발행한 영어판 성경(Great Bible 1701)에 실려 세상에 알려지게 되었다. 오늘날도 과학자들 사이에서는 지구의 나이에 대한 논란이 진행되고 있다. 수십억 년으로 추정되는 지구의 나이는 우주 진화를 지지하는 측의 주장이고, 6,000년 지구설은 창조과학자들 사이에서 거론되는 주장이다.

4 제러드 슈뢰더(Gerald L. Schroeder)는 그의 저서 《The Science of GOD》에서 현대 물리학자들이 우주 관측을 통해 추정하는 기원의 시간과 창조론자들의 6,000년설에 대한 문제를 본격적으로 논의했다. 그는 상대성이론이 보여 주는 시간의 상대성을 언급하며 신의 시간과 인간의 시간에 대한 분리적 이해를 촉구한다. 이런 관점은 창조의 6일이 하루 24시간이라고 주장하는 부분에서 이것이 신의 하루인지 인간의 하루인

그러니 좀 더 너그러운 자세로 모든 이야기를 경청하는 수고를 할 필요가 있다.

선사 시대 사람들의 의문과 상상은 아직도 우리에게 남아 풍요로운 상상의 여지를 남겨 준다. 우리가 주워 든 과거의 기록들이나 단서는 과거의 일부에 불과하기에 우리는 그 사실과 사실 사이에 놓인 빈 자리, 즉 잃어버린 진실들을 상상으로 채울 수밖에 없다. 공룡의 뼈에 살을 붙여 모양을 만들어 내듯, 복원된 모습 역시 상상력의 산물이기에 미래 못지않게 과거 역시 상상의 대상이다. 우리는 그러한 상상의 결과를 오늘에 반영하는 지혜로운 사피엔스이므로 이제 고대인들의 우주에 대한 이야기들을 좀 더 자세히 들여다보자.

✳ 불꽃과 말[5]

모든 원시는 동경의 대상이고 동시에 공포의 대상이다. 갑자기 문명인이 원시 세계로 던져지는 이야기는 늘 소설의 좋은 주제가 되었다. 소설 《로빈슨 크루소*Robinson Cruso*》가 그렇고 영화 《캐스트어웨이*Castway*》가 그렇다. 재미있는 이야기의 구조는 항상 어떤 이유로 익숙한 곳을 떠나게 되고, 새로운 세계에서 다양한 모험을 거쳐 본향으로 귀향하는 것으로 마무리된다. 그러므로 갑자기 원시로 내던져지는 상황은 언제나

지를 살펴야 한다는 입장이다. 그는 과학자들이 주장하는 시간을 신의 6일로 분류하면서 대략적으로 로그 함수 관계가 있음을 지적한다. 신에게 6일은 과학자들의 수백억 년의 세월과 동일하다는 것이다. 이런 관점에 어떤 종류의 유용성이 있다고 할 수 있는데, 그것은 과학자들의 발견과 성경적 주장 사이에 모순을 합쳐 주는 역할을 하기 때문이다.

5 조르주 아감벤(*Giorgio Agamben*)은 《불과 글》에서 영감을 얻고자 선사인들이 찾아갔던 경험 어린 장소를 언급한다. 모세가 보았던 타지 않는 불꽃에서 들린 음성 같은 것이다.

사람들에게 흥미를 끌어낼 만한 흥미로운 이야기 소재이다. 원시 인간이나 원시로 던져진 인간에게서 독자는 원시 공포를 공감하고, 주인공은 어떻게든 공포의 원시를 탈출하여 현실로의 귀환을 간절히 원한다.

원시가 공포스러운 이유는 현재 누리는 문명의 이기를 사용할 수 없다는 불안감 때문이다. 동물원 창살 너머에서 닭을 뜯고 있는 호랑이는 즐길 만한 볼거리지만 산길을 걷는 중에 어슬렁거리며 내려오는 호랑이와 마주하는 일은 끔찍한 상상이다. 우리는 동물원에서 호랑이를 보며 동시에 원시를 상상한다. 상상은 우리가 디디고 있는 또 다른 발이기에 눈앞에 맹수의 위험을 상상하며 어쩌면 쇠창살이 보호해 주는 안전한 현실에서 희열감을 갖는다.

수렵인들에게 맹수는 죽음의 상징이기도 하지만 사냥감을 놓고 치열하게 싸워야 하는 경쟁자이기도 했다. 오늘날도 몽골 초원의 유목민들은 늑대들과 늘상 경쟁한다. 그들이 비록 늑대를 토템으로 삼고 있다 해도 상황이 달라지는 것은 아니다. 맹수만이 아니다. 알 수 없는 자연의 위협은 더 혹독하다. 예컨대 지난해와 달리 올해는 가물어 나무들이 말라 죽어 간다. 당연히 도토리는 열리지 않을 것이다. 도토리가 사라지자 더 이상 사슴들이 뒷산을 찾지 않는다. 뒷산에서 가끔 어흥! 포효하던 호랑이들은 어찌 되었을까? 호랑이 울음소리를 들으면 아이들은 공포로 울음을 멈추어야 했다. 어느 날 밤 호랑이가 내려왔다. 개 짖는 소리가 들리지 않는다. 호랑이는 민가까지 내려와 먹이를 구했다. 겨울이 지났다. 산모퉁이에 눈이 녹고, 새들이 짝을 찾느라 바쁜 틈에 눈길에 발자국을 내며 산을 오르다 보니 호랑이의 시체가 보인다. 호랑이 뼈가 마른 가죽에 자국을 내고 있다. 호랑이는 굶어 죽었다. 원시인은 가슴을 쓸어내린다. 이제 당분간은 편안하게 사슴 사냥에 나설 수 있다. 올해는 제발 가뭄이 안 오길 바란다. 하늘을 향해 절을 올린다. 비를 내리는 하늘은 이 모든 일을 알고 있을 것이다.

원시인은 종종 특별한 이유로 사냥을 해야 했다. 경쟁자인 맹수를 제거해야 하기도 했지만, 종종 권력의 상징을 드러내기 위한 목적이기도 했다. 맹수의 뼈와 이빨은 권력의 상징이기도 했다. 이미 사체가 되어 버린 맹수의 이빨을 목에 달고 다닐 수는 없는 노릇이었다. 부족을 장악하고 큰소리로 권력을 유지하려면 맹수를 때려잡는 영웅담이 있어야 한다. 이상한 풀을 먹고 입에 거품을 물며 사람들의 앞날을 이야기하는 샤먼과 의논해야 한다. 샤먼은 이런 일의 중요성을 꿰뚫고 있다. 그는 새로운 족장의 탄생을 위해 젊은이 몇을 붙여 준다. 새로운 족장의 권위를 갖추고자 하는 주인공은 이들과 합동으로 사냥에 나서 맹수와 조우한다. 맹수는 이미 눈치를 챘다. 두 눈에 푸른 빛을 발하며 인정사정없다는 표정으로 이들을 노려본다. 조여드는 두려움에 이가 딱딱 부딪치지만 어쩔 수 없다. 위험 없이 보상은 없다. 목숨을 던져 보자. 성공했다. 원시인은 맹수의 시체를 짊어지고 내려온다.

이제 세상이 열린다. 샤먼은 너 요란한 소리를 내며 이상한 풀을 먹고 있다. 그날 밤 부족민들은 당연히 모닥불을 피워 놓고 맹수를 잡은 영웅의 귀환을 기뻐했다. 하늘엔 보름달이 환하고, 모닥불에 던져진 맹수의 고기는 푸른 수증기를 뿜어낸다. 수증기가 피어나는 연기 위로 달빛이 흘러내린다. 샤먼은 달님이 응답했다고 큰소리로 외친다. 이제 이 영웅이 죽으면 오늘 맹수의 고기를 나눠 먹었던 젊은이들은 큰 돌을 옮겨 와야 한다. 영웅의 시체에 돌을 고이고, 거대한 바위로 꽉 눌러 다른 짐승들이 파먹지 못하게 해야 한다. 죽었던 영웅이 갑자기 덮은 돌을 들어내고 큰소리로 웃으며 부족민들 앞에 다시 나타나는 일은 더 무서운 상상이다. 그래서 그들은 더 무거운 돌을 골라야 했다.

이제 평화가 왔다. 맹수도 사라졌고, 새로운 영웅은 당분간 부족을 이끌며 이런저런 전투에서 혼자 적의 머리를 으깰 것이다. 매일 밤 모닥불을 피워 놓고, 이상한 약초를 먹은 샤먼의 이야기를 들어야 한다. 샤먼은 밤마다 재미 있는 이야기를 풀어낸다. "너희들 이게 왜 이런지 알아?" 이것이 샤먼이 매일 밤 풀어놓는 이야기의 시작이다. 질문은 엉뚱하지만 사람들에게 늘 다음과 같은 궁금증을 자아낸다.

- 왜 태양은 어김없이 아침에 떠올라 저녁이 되면 지는가?
- 왜 달은 한 달 동안 계속해서 자신의 모양을 바꾸는가?
- 모든 별이 저렇게 모양을 바꾸는 까닭은 무엇인가?
- 밤하늘의 저 많은 별들은 누가 만들었을까?
- 바람은 어디서 불어올까?
- 불은 왜 모든 것을 태워 재를 만드는가?

이렇게 수없는 질문에 답을 만들어 가는 과정에서 신화는 탄생했다. 위대한 자연에 대한 모든 궁금증 뒤에는 인간의 한계를 초월하는 신이 있어야 했다. 그렇다면 이제 그 신은 도대체 왜 이런 것을 만들었는지, 어떻게 만들었는지를 설명해야 할 차례다. 우리는 이것을 창조 설화^{cosmogony}라 한다. 창조 설화는 과학의 시작이다. 창조 설화는 인간에게 끝없는 호기심을 던졌고 인류의 과학, 사이엔스^{Science}를 자라나게 돋우는 북소리, 흔들어 대는 진동자가 되었다.

코스모고니, 우주에 대한 신화적 해답

세계 모든 문명은 창조 설화를 갖고 있다. 창조 설화들은 문명에 따라 각기 다르지만 보편적 구조를 갖는데, 대개는 혼돈과 질서의 대결에서 질서의 승리로 현실 세계가 만들어졌다는 구조로 이루어진다. 그런 관점에서 신화를 만든 원시인이나 신화를 계승하여 첨삭한 후대의 인간들 모두 자연의 질서 정연함에 의미를 두었음이 분명하다.

물론 우리는 자연이 질서 정연하지만은 않으며, 수많은 무질서를 포함한다는 사실을 잘 알고 있다. 예컨대 질서 정연하게 흐르는 물의 표면에 이는 소용돌이와 잔물결의 움직임에서 우리는 질서가 깨져 나가는 모습을 본다. 하지만 고대인이나 현대인 모두 결과적으로 자연의 무질서가 온 우주를 삼키지는 않는다는 사실을 체험적으로 안다. 폭풍우 몰아치던 공포의 밤이 지나면 다시 맑은 해가 떠올라 포근한 대지를 감싼다. 혹한의 한겨울이 지나면 따뜻한 봄이 오고, 뜨거운 태양 아래서도 풍성한 곡식이 익어 갈 가을이 올 것을 기대하므로 시간의 변화가 대지에 가져다 줄 결실을 기다리며 자연의 질서에 의지하고 그 선함을 믿는다.

우주에 기원이 있다는 사실은 비교적 최근인 1960년대 이후에나 갖게 된 과학적 지식이니, 이 이전의 인류가 품었던 우주 창생^{코스모고니,} *Cosmogony*과 관련한 선사인들의 상상적 대답들을 귀담아 들을 가치가 있게 한다. 이제 우리는 구전으로 전승되다 어느 순간에 기록되어 후대에 전해진 고대인의 우주 창생에 대한 이야기를 더듬어 보고자 한다.

❋ 수메르의 창조 설화

수메르인들은 성경 속 아브라함의 고향 친족이 살던 갈대아 우르[6] 지역에 거주하던 사람들로 점토판에 쐐기 모양으로 찍어 기록을 남긴 문명인들이다. 이들의 기록이 해독되면서 오늘날 그들의 삶을 어느 정도 이해하게 되었다. 상업 활동을 활발히 하던 실용적 사람들로 계약을 권위보다 더 중요하게 생각했다. 일례로 수메르인들은 비록 왕이라 하더라도 돈을 못 갚거나 계약을 어기면 채권자의 노예가 되게 했다. 이렇게 실용적인 수메르인들에게도 아주 오래된 우주 생성 신화가 있다.

수메르인들은 카오스의 상징인 원시적 바다를 창조의 무대로 생각했다. 그들은 원시적 바다에서 하늘^{An}, 땅^{Ki}, 공기^{Lil}, 우주(하늘 땅)^{Anki}가 창조되었다고 생각했다.[7] 이러한 사고는 후에 그리스 철학자들이 생각한 물, 불, 흙, 바람으로 구성된 4원소설과도 유사점이 있다. 원초적 신들이 탄생하는데 엔릴^{Enril}, 엔키^{Enki}, 닌후르사그^{Ninhursag}, 이안나^{Inanna}, 두무즈^{Dumuz} 등이 그 신들이다. 또 우슴갈^{Usumgal}, 바스무^{Basmu}, 주^{Zu}라는 혼돈의 3신이 있었는데, 이들 혼돈의 신들은 신의 아들인 니누르타크^{Ninurtak}에 의해 제거되었다고 한다.

또 다른 기록이 BC 2000년경에 쐐기문자로 기록되었다. 기록에 의하면 수메르의 여신인 남무^{Namu}가 하늘과 땅을 낳았다. 여신이 천지를 창조했다는 설이다. 이 여신은 하늘과 땅뿐 아니라 우주, 즉 안키^{Anki}를 만들었는데, 우주의 질서를 잡기 위해 혼돈의 신에 대항해 질서의 신인 엔릴^{Enril} 가족이 승리함으로써 우주에 질서가 도래했다고 한다.

---

6 메소포타미아 지역으로 티그리스와 유프라테스강이 흐르는 비옥한 지역.

7 랄프 에이브러햄《카오스 가이아 에로스》pp. 143.

수메르인들은 밤하늘을 보며 해와 달 그리고 별들의 운행의 질서 정연함에 놀랐고, 이것은 곧 혼돈의 신과의 싸움에서 질서의 신이 승리하여 얻어진 결과라는 인과율*causality*을 받아들이는 결과로 이어졌다.

✳ 바빌로니아와 이집트의 창조 설화

중동은 역사적으로 바빌로니아와 이를 복속한 페르시아의 통치를 받았었다. 이 지역은 지금은 알라라는 유일신이 천지를 창조하였다고 믿지만 이전의 바빌로니아인들 또한 우주 창생 신화를 갖고 있었다. 에누사 엘리시*Enuma Elish*라는 토판에 새겨진 설화[8]에는 3신이 등장하는데, 압수*Absu*, 뭄무*Mummu*, 티아마트*Tiamat*가 혼돈의 신으로 엉켜 있다고 전해진다. 그리고 티아마트가 이들 사이의 전쟁을 평정한다. 혼돈의 신에

그림 1.3 바빌로니아 상상도

----

8 앞의 책. pp. 209-216.

도전하는 질서의 신들이 등장하지만 번번히 실패하던 중 마침내 질서의 신 마루두크가 등장한다. 마루두크는 전투에서 승리하면 자신을 최고의 신으로 인정해 달라는 조건으로 신들의 동맹을 받아들인다. 여기에 동조한 질서의 신이 이기기^{Igigi}와 아누마키^{Anumaki}였다. 이 신들의 동맹이 마침내 혼돈의 신 티아마트를 물리치고 질서의 신 마루두크가 신중의 신, 하늘의 신이 되어 하늘의 해와 달과 별에게 질서를 부여한다. 그리고 나서 인간을 창조하고 환희의 아키투 축제를 벌인다. 바빌론의 창조 설화는 히브리의 6일 창조와 달리 6개의 토판 중 4개의 토판에 혼돈과 질서의 신들의 전쟁을, 나머지 2개의 토판에 우주의 질서와 인간 창조가 그려졌다.

영혼을 동경한 나라 이집트는 파라오를 태양신으로 숭앙했다. 이들의 설화는 카오스의 원초적 신 눈^{Nun}과 질서를 상징하는 태양신 라^{Ra}가 밴밴$^{Ben Ben}$이라는 카오스의 언덕에서 전투를 벌여 레가 승리하는 것으로 구성된다. 헬리오폴리스^{Heliopolis}에서 발견된 기록은 라를 삼라만상을 만든 조물주로 묘사한다.

그림 1.4 매의 머리에 태양 원반을 머리에 인 태양신 라(Ra)

※ 그리스의 창조 설화

그리스 신화는 흥미롭다. 그리스인들의 신은 매우 인간적인 면모를 지닌다. 헤시오도스의 《신통기》에 그려진 그리스의 창조 설화에는 혼돈의 3신이 등장하는데, 태초에 카오스^{Chaos}가 존재하고 다음으로 가이아^{Gaia}가 탄생한다. 가이아는 가슴이 넓고 모든 불멸의 존재들을 담아 내는 견고한 자라고 기술되었다. 오늘날 가이아는 지구의 여신으로 간주된다. 마지막으로 에로스^{Eros}가 탄생했는데 신들 가운데 가장 아름다웠으며 마음과 감정을 다스렸다.

태초의 신들 이후 카오스의 아들인 암흑의 신 에레보스^{Erebus}를 비롯해 밤의 신 나이트^{Night}, 대기권을 덮고 있는 천상의 연기 아이테르^{Aether}, 낮의 신 데이^{Day}, 하늘의 신 우라노스^{Ouranos}가 탄생했다. 우라노스는 가이아와의 사이에서 또 다른 신들을 낳는데 오케아노스, 테티스, 크로노스, 레아, 히페리온, 므네모시네, 테미스, 코이오스, 포이베가 그들이었다. 크로노스와 레아 사이에서 '신 중의 신' 제우스가 탄생했다. 결국 카오스와 질서의 신들이 결합해 질서를 만들어 낸다. 물론 제우스는 이러한 질서의 확립을 위해 신들과의 전쟁을 마다하지 않았다.

그림 1.5 그리스 신의 계보(헤시오드스의 《신통기》)

❋ 히브리의 창조 설화

히브리인들은 우주 창조와 인간의 창조가 유일신 야훼에 의해 이루어졌다는 기록을 갖고 있다. 이는 토라의 창세기에 나오는 내용으로 BC 800년 전 포로기 이전의 글로 추정된다. 기록에 따르면 태초에 하나님이 하늘과 땅을 창조했다. 그리고 땅은 형태가 없었고^{Tohu} 공허^{bohu}했다. 흑암(어두움)이 깊음(깊은 수면) 위에 있었다.[9] 하나님의 영^令이 수면 위에 운행^{hovering}했다. 이것은 창조의 이전 상태가 혼돈이었음을 명시한다. 그 혼돈은 땅, 흑암, 수면의 세 가지 요소였는데, 하나님의 신이 수면 위에 운행하여 모든 혼돈이 통제된다. 이후 야훼 하나님은 빛을 만들고 궁창을 만들고 삼라만상을 만든다.

히브리 창조 신화의 특징은 바로 이러한 땅에 하나님이 특별한 사명을 맡겼다는 데 있다. 즉 땅에게 식물의 창조와 육축의 창조를 "내라"고 명령하고, 땅은 하나님의 명령에 따라 이들 생명을 낸다.[10] 성경은 땅이 내는 것과 하나님이 만드는 것을 두 번 병렬하여 기록함으로써 이것이 같은 것으로 표현한다. 토라는 땅이 생물을 내는 기능이 있었음을 인정하고 있다. 그러나 종류대로 낸 대목에 이르면 진화론 과학

---

9 토후와 보후는 신비로운 단어다. 땅은 혼돈하고 공허하며(*And the earth was tohu and bohu*, 창세기 1장 2절). 여기서 토후는 *unformed*, 즉 형태가 없는 상태이고 보후는 텅빔(*void*)을 말한다. 그러나 탈무드 등을 잘 읽어 보면 보후는 텅 빔으로만 되어 있지 않고 물질을 구성하는 요소들로 채워진 것을 의미한다. 이것은 어쩌면 원자를 이루는 쿼크가 생성되어 있는 상태일지도 모른다고 제럴드 슈뢰더는 《*The Science of God*》(P. 57)에서 언급한다.

10 창세기 1장 11절 12절: 하나님이 이르시되 땅은 풀과 씨 맺는 채소와 각기 종류대로 씨 가진 열매 맺는 나무를 내라 하시니 그대로 되어, 땅이 풀과 각기 종류대로 씨 맺는 채소와 각기 종류대로 씨 가진 열매 맺는 나무를 내니 하나님이 보시기에 좋았더라. 창세기 1장 24절 25절: 하나님이 이르시되 땅은 생물을 그 종류대로 내되 가축과 기는 것과 땅의 짐승을 종류대로 내라 하시니 그대로 되니라. 하나님이 땅의 짐승을 그 종류대로, 가축을 그 종류대로, 땅의 기는 모든 것을 그 종류대로 만드시니 하나님이 보시기에 좋았더라.

자들과 다른 입장이다. 창조자는 맨 마지막에 인간만은 종류대로가 아닌 하나님의 형상대로 직접 창조한다고 되어 있다.

땅이 생명을 내는 부분은 과학적으로는 논란의 여지가 따르지만 만일 생명마다 영혼이 있다는 범신론과 만나면 이야기는 달라진다. 범신론이 모든 생물에 신성을 부여해도 짐승이나 식물이 죽으면 땅에서 왔으니 땅으로 돌아가게 된다. 짐승이 인간으로 다시 태어나는 윤회의 가능성은 부정된다. 오직 인간의 영혼만이 하나님의 숨결을 따라 하늘로 향한다. 땅이 낸 생명과 하나님의 숨결이 부어진 인간의 차이를 분명히 한다.

히브리 창조 신화는 인류에 지대한 영향을 끼쳤다. 창조 신화를 믿어 온전히 받아들인 사람에게 인간이 다른 존재들과 구별되는 존귀한 존재임을 강조하고, 신화를 부정하거나 의심하는 사람들에게도 우주의 구조와 탄생, 생명의 기원과 탄생에 대한 의문을 던지게 하여 과학기술 문명의 발전에 큰 동기가 된 점은 부인할 수 없다. 그런 면에서 창조 신화는 이 시대에도 여전히 큰 담론으로 끝없이 새로운 창조적 영감을 던져 주고 있다.

하나님의 신이 수변 위를 운행하였다는 칭세기 기록은 혼돈을 상징하는 수면을 제압하는 신의 모습을 묘사한다. 실제로 예수가 종종 물 위를 걷는다거나, 폭풍과 물결을 꾸짖어 잠잠케 하는 등 물을 제압하고 수면 위를 운행하는 모습으로 묘사되는 점을 볼 때 또 다른 흥미를 자아낸다.

✻ 인도의 창조 설화

힌두교에도 혼돈을 이긴 질서의 신 이야기는 존재한다. 고대 인도인인 베딕아리안족의 신화에는 질서의 신 인드라^{Indra}가 밤의 신 브리트라^{Vritra}를 죽이는 이야기가 나온다. 인드라는 혼돈을 복종시킨 신이다. 여기서 나아가 우주의 정점에 존재하는 비쉬누^{Vishnu} 신이 우주의 질서를 유지하는데, 크리쉬나^{Krishna}와 칸사^{kansa} 또는 캄사(kamsa)

그림 1.6 인도의 신 비쉬누

가 서로 다퉈 주기적으로 요동치게 한다. 이들의 다툼은 마치 용을 닮은 밧줄을 가지고 서로 줄다리기하는 모습으로 묘사된다. 그 줄다리기는 세상 만사가 돌고 도는 윤회적인 것임을 암시한다. 윤회 사상은 고대 그리스의 현자 피타고라스와 같은 사람들에게도 전수되어 넓은 호응을 얻었다.

물론 힌두교의 여러 신화와 경전 중 《바가바드기타》[11] 같은 경우에는 힌두의 다른 경전과 달리 유일신이 등장한다. 그러나 그 유일신은 윤회적 세계를 감독한다. 마하트마 간디는 늘 두 개의 경전을 품고 다녔다 하는데, 하나는 마태복음의 《산상수훈》이고 다른 하나는 《바가바드기타》였다고 한다. 간디는 이 서로 다른 종교의 계율이 모순 없이 하나가되는 부분을 보았던 것 같다.

---

11 *Bhagavadgita*. '거룩한 자의 노래'라는 뜻. 친척을 죽이고 왕위를 빼앗고자 하는 일에 회의를 느낀 아로주나와 마부로 변한 크리슈나라는 신과의 대화를 담은 글.

❋ 중국의 창조 설화

동북아 3국인 중국, 한국, 일본은 각기 다른 창조 설화를 갖는다. 그럼에도 도교에서 혼돈과 질서의 다툼으로 이해한 전 세계적 코스모고니에 접근한 우주 창조설을 찾아볼 수 있다는 점은 흥미롭다.

노자[12]의 《도덕경》에는 "무질서하지만 온전한 것, 세상이 창조되기 전에도 존재하던 것, 소리도 형태도 없고 혼자여도 변하지 않는 것, 만물에 퍼져 있지만 위험하지 않는 것, 세계의 어머니라고 부를 만한 것이 있다"고 하고 이것을 도(道)라 했다. 최치원은 우리의 풍류를 소개하면서 '현묘(玄妙)한 도'라 말한 바 있다. 풍류 역시 질서적으로 정형화할 수 없는 것이니 혼돈의 한 모습이 아닐 수 없다. '혼돈'이란 개념을 본격적으로 도입한 사람 역시 도교의 계승자이며 확장자인 장자이다. 그는 우화를 통해 혼돈의 죽음을 묘사했다.

그림 1.7 중국 복건성 청원산의 노자 석상

---

12 이름은 이이(李耳), 5,000자로 구성된 《도덕경》을 남겼다. 160에서 200살까지 살았다고 전해지나 사실 확인된 바는 없다.

천하에 세 개의 나라가 있었다. 남방왕과 북방왕은 중앙에 모여 중앙왕의 융숭한 대접을 받았다. 그런데 중앙왕은 신기하게도 얼굴에 구멍이 하나도 없어 무슨 생각을 하는지, 기분이 어떤지 알 수 없었다. 음식을 어디로 먹었는지조차 알 수 없이 음식이 얼굴로 가면 다만 슬며시 사라질 뿐이었다. 매번 고마움을 느낀 두 왕은 환대에 대한 보답으로 중앙왕의 얼굴에 사람들처럼 일곱 개의 구멍을 뚫어 주기로 했다. 먼저 두 개의 구멍을 뚫어 눈을 만든 후, 입을 만들어 줌으로써 그의 이야기도 들을 수 있었다. 마침내 일곱 개 구멍이 다 뚫리자 중앙왕이 죽고 말았다. 여기서 남방왕은 숙이고 북방왕은 홀이다. 이들에 의해 죽은 중앙왕의 이름이 바로 혼돈이었다.

도는 형태도 없으며 만물의 어머니였고, 그 만물의 어머니는 하나를 낳고, 하나는 둘을 낳고, 둘은 셋을 나아 천하 만물을 낳았다고 하여 창조의 순서를 이야기했다. 여기서 하나는 '태극', 둘은 '음양', 셋은 '천지인'을 의미한다. 이것의 순환과 상극상생이 세상의 변화를 만들어 낸다고 믿었다. 유교의 영향을 받은 한국은 음양오행의 도를 오랫동안 신봉해 왔으므로 동양의 코스모고니 또한 혼돈과 질서의 구조를 갖고 있음을 알 수 있다.

한편 중국의 신화에서 인간 창조에 대한 이야기는 '여와'라는 신이 외로워 진흙으로 인간의 모양을 만드는데, 인간을 채우는 게 너무 힘든 나머지 넝쿨로 진흙을 내리쳐 흩어진 진흙이 사람으로 변하게 하여 세상에 넘치게 했다는 이야기도 전해진다. 죽어 다시 흙이 되는 인간의 본성에 신성이 깃들어 인간으로 존재한다고 여러 지역의 고대인들은 믿고 있었다.

❋ 우주 창생 신화에 깃든 선사 인간의 과학

앞서 언급한 다양한 창조 설화는 우리에게 선사 시대 인간들의 공통적 고민을 알게 해 준다. 그들은 우주의 시작이나 현재 모습, 그리고 그 운동 원리에 대해 품을 수 있는 지극히 당연한 과학적 질문에 나름대로 답을 찾고자 했다. 이러한 고민은 신의 존재를 도입하여 해결할 수 있었다. 이들에게 신은 삶의 고단한 문제를 해결해 주는 존재일 뿐 아니라, 자신들이 품고 있던 모든 의문의 해답이 되는 진리이기도 했다.

신을 상상함으로써 그들은 부족한 지식과 도구로 인해 설명할 수 없는 과학적 문제와 관련된 호기심을 넘어설 수 있었다. 그들은 직관적으로 우주에 존재하는 무질서와 질서의 중요성을 간파하였다. 그리고 질서의 소멸이 죽음에 이르는 길임을 이해했다. 질서는 무질서를 타파하고 도래한 것이라 믿었다. 그래서 대부분의 창조 설화가 공통적으로 원시 우주의 상태를 무질서의 상태로 정의했던 것이다. 그리고 이 무질서를 관장하는 신들의 존재와 그 속성을 만들어 냈다. 마침내 질서의 신들이 이들과 치열한 싸움 끝에 승리하여 비로소 우주에는 질서가 만들어지는 논리가 성립할 수 있었다.

이렇게 질서와 혼돈의 싸움으로 세상을 보는 사고는 원시적 변증의 한 사례라 할 수 있다. 질서와 무질서를 양립할 수 없는 양태로 이해한 것이다. 이로부터 질서와 무질서가 변증적으로 내재하는 합일이 만들어진다는 사실을 알아 내기까지 실로 장구한 세월이 걸렸다. 1990년대에 이르러 인류는 질서와 무질서의 이중성에 대해 지각하게 되었다.[13]

---

13 결정론적 혼돈(deterministic chaos)은 뤼엘(*David Ruelle*)과 태킨스(*Floris Takens*)라는 수학자에 의해 기묘한 끌개(strange attractor)라는 개념으로 소개되었다.

우리가 창조 신화를 고대의 과학으로 인정한다면, 고대인들은 과학적 진리에 많은 인격적 요소를 가미한 것으로 추측할 수 있다. 오늘날 과학의 결과에 인격적 요소가 끼어들 여지는 없다. 단지 법칙만 존재할 뿐이다. 그리고 그 법칙에 대하여 선과 악을 논하지 않는다. 그러나 고대인들은 자연의 법칙에 인격과 가치를 부여했다. 그런 면에서 고대인들의 인식은 오늘날 우리보다 훨씬 성숙한 면이 없지 않다. 비록 그들이 개별 명제의 참을 증명하는 것에는 실패했지만, 그 명제가 가져야 할 인격적 요소를 치열하게 고찰한 결과인 것이다. 이러한 과정에 대해 과학과 인간 정신이 비록 몽상적이지만 분리되지 않는 합리성을 유지한 것으로 볼 수 있다.

현대 과학은 질서의 이유로서의 원리와 법칙을 찾는다. 그러나 고대인들은 그 질서의 배후에 존재하는 신을 말했다. 과학과 영성이 분리되지 않았다. 오늘날 과학기술의 메마름을 한탄하는 소리는 바로 과학이 그 법칙에 존재하는 영적 의미[14]들을 배척하는 것에 어느 정도 근거한다. 현대 과학기술 사회에서 혹시 선사 시대의 사람들이 누렸던 호사스러울지도 모를 물질과 영성의 일체감을 찾을 수 없을까 고민한다.

불꽃이 사라진 시대[15], 차디찬 이성의 힘으로만 살아가는 삶에서 돌이켜 다시금 우리 마음에 피워 내는 고대인의 상상의 불꽃이 어쩌면 이 시대를 건너가는 작은 조각배가 될지도 모른다.

---

14 영성(spirituality)은 종교적 특성으로만 이해되는 경향이 있다. 개인이 자신의 에고(ego)를 넘어서는 지점부터를 영성으로 확대한다면 영성은 신을 포함한 타자와 자연 모두와의 관계 맺기이며, 이것에는 자신의 외부를 이해하는 인지를 포함한다.

15 조르쥬 아감벤(*Giorgio Agamben*, 1942~)의 《불과 글》.

1.2 고대의 인간 정신

상상의 실재화

우리는 상상한다. 상상의 범위는 제한되어 있다. 우리는 경험한 사실에 입각해 알고 모름을 말한다. 우리는 꿈을 꾼다. 꿈속에서는 우리가 상상하지 못했던 일들조차 일어난다. 우리의 경험을 위배하는 현상들을 겪으면서 이것이 꿈이라고 꿈속에서 이해한다. 하늘을 날기도 하고, 전혀 다른 모습으로 나타나기도 한다. 때로는 기억조차 할 수 없는 흉측한 무엇이 나타나기도 한다. 그러나 우리는 수많은 꿈의 단편을 세상에 만들어 내기도 한다. 신화는 꿈이고 신의 능력을 구현하는 것은 왕이다.[16]

고대 사회에 일반적으로 나타나는 정치 구조는 제정일치 구조다. 이집트처럼 왕이 신과 동일한 구조를 갖기도 하고, 제사를 담당하는 신의 대리인이 왕을 세우기도 한다. 신의 선택을 받은 왕은 가장 강력한 권력의 상징이다. 왕에 대한 거역은 바로 신에 대한 모욕으로 간주되어 신의 노여움을 잠재우기 위한 형벌이 가해진다. 이러한 권력 체계에서 왕은 자신의 실정을 백성에게 돌릴 수도 있다. 즉 백성이 신의 노여움을 유발했으므로 그 책임을 지워 스스로의 권력을 유지하기도 했다.

오늘날에도 이러한 사회는 남아 있다. 아마존 정글에서 문명과 윤리

---

16 신은 감추어 영광을 나타내고 왕은 드러내어 영광을 나타낸다.

된 채 아직도 원시 삶을 사는 공동체에 종종 나타난다. 과학의 발달은 이렇게 신화가 만들어 낸 제정일치 사회를 변화시키는 중요한 동인이었다. 역사를 통해 시민이 주인이 되어 가는 과정은 상업 발달에 따른 경제적 권력 분산이 주요 동인으로 거론되지만, 상업의 발달에는 과학 기술의 뒷받침이 절대적이었다. 국가 권력에 대항할 정도의 교역을 위해서는 당연히 교통수단의 발달과 그를 위한 자연 과학적 지식이 필요했기 때문이다. 신화적 상상은 이렇게 실재화되어 갔다.

고대 문화의 미스터리

고대의 흔적들을 살피면서 우리는 경탄할 때가 많다. 고대 유적들은 대부분 매우 거대한 모습으로 우리 앞에 나타난다. 이러한 선사 시대 사람들의 거대한 흔적에서 신만이 아니라 외계인과의 관계를 상상하는 것도 무리는 아니다. 일례로 그레이엄 핸콕[17]의 《신의 지문*Fingerprints of the Gods*》에는 고대의 다양한 거대 문명들이 소개된다. 그 문명의 흔적은 너무도 거대하여 현대의 관점에서도 신비롭기 그지없다. 유럽에 넓게 존재하는 스톤헨지, 이스터섬의 거대한 이누아 석상, 그리고 잉카 지역에서 보이는 거대 규모의 기하학적 표식들을 보며 현대의 사람들은 경외감에 빠진다.

---

17 *Graham Hancock*, 1950 스코틀랜드 출신 기자이자 작가이다. 작품으로 《신의 암호》, 《신의 봉인》, 《슈퍼내츄럴》, 《신의 사람들》 등이 있다.

❋ 스톤헨지와 인신 공양

토라에는 아브라함이 자신의 아들 이삭을 하나님에게 바치기 위해 칼을 들고 산에 오르는 이야기가 나온다. 인간을 신에게 제물로 바치는 풍습은 전 세계에 광범위하게 퍼져 있다. 우리의 《심청전》 역시 이와 무관하지 않다. 오늘날 관점에서 인간의 목숨을 바치는 의식은 이해할 수도 수용할 수도 없다. 인류 역사에서 인간을 희생양으로 바치는 의식이 지속적으로 존재하게 된 이면에는 정치적 정적 제거 목적도 있었다.

인류의 미스터리 중 하나로 거론되는 스톤헨지[18]는 거석이 빙 둘러선 고대 구조물이다. 이러한 거석 문화에서 사람들은 고대 거인들이나 어떤 종류의 초자연적 존재, 또는 우주인의 개입을 상상하기도 한다. 최근 들어 스톤헨지를 달의 신을 경배하던 제단으로 분석하기도 한다. 달의 궤도가 스톤헨지 벽 상부에 도달할 때 중심의 불타는 제단에서 인간을 제물로 태우는 증기가 달빛을 아래로 흐르게 보이는 현상이 발생한다. 참가자들은 달의 하강을 집단 체험하는 효과를 통해 신의 응답을 확인했으리라. 이렇게 과학적 현상을 이용한 자연 숭배는 고귀한 인간 희생이라는 극단적 의식을 통해 권력을 높이고 민중을 안심시키는 정치적 효과를 냈을 것이다.

그림 1.8 스톤헨지

18 *Stonehenge*. 중세 시대 붙여진 이름, 영국 솔즈베리의 스톤헨지가 대표적이고, 영국과 아일랜드의 여러 곳에서 발견된다. 오브리 구덩이에는 사람을 화장하고 남은 뼈조각이 발견되었다.

※ 영원에 대한 이집트인들의 갈망

이집트인들은 영생을 갈망했다. 그들은 언젠가는 인간의 몸이 다시 살아날 수 있으리라 기대했다. 거대한 피라미드와 미라는 사후 세계에 대한 신화를 현실에 구현한 것이다. 이러한 육체의 보존에 대한 집착과 더불어 왕이 곧 태양신이라는 논리를 유지하기 위한 내부 권력 유지 체제 역시 흥미롭다. 왕이 질병에 걸리는 등의 이유로 권위와 위엄을 유지하지 못할 경우, 궁궐 내부에서 왕을 살해하기도 했었는데, 이러한 사실들은 피라미드 발굴 과정에 밝혀졌다. 신이라 주장하는 절대 권력에 대한 암살은 이들의 신화가 바로 상상의 산물이며, 사실이 아님을 스스로 자인하는 것이다. 이들은 다만 신의 존재를 상상하고, 그 권위를 활용해 절대 권력 체계를 지탱했을 뿐이다.

뿐만 아니라 피할 수 없는 죽음과 죽음 이후의 세계에 대한 상상이 '사자의 서$^{Book\ of\ the\ Dead}$'에 나타난다. 사자의 서는 사람이 죽기 직전 읊어 죽음 뒤에 올 다양한 심판을 통과하기 위한 주문을 기록한 글이다. 사후 세계에 대한 평가와 생각은 이집트인들에게 현실에서의 가치와 정의를 심어주는 나침반 같은 역할을 했다.

그림 1.9 사자의 서

※ 엘리뇨가 만든 잉카의 미라

남아메리카의 잉카 문명은 앞서 말한 여러 문명에 비해 훨씬 최근까지 존재했다. 이들이 남긴 기하학적 도형과 거대한 돌을 다루는 기술에서 그 문명의 독특함을 알 수 있게 한다. 잉카인들은 스페인에 의해 침략당한 비교적 최근세까지 자연의 신을 숭배해 왔다. 그들은 해발 4,000m 고지대에 신을 숭상하기 위해 종교적 색채가 강한 도시를 세우고 신에게 제사 지냈다. 그들에게 자연은 늘 엄격하고 다루기 힘든 대상이었다. 특히 오늘날 엘니뇨[19] 현상으로 알려진 거대한 지구적 기후 현상은 그들의 생존에 큰 영향을 주었다. 그들에게 이러한 기후 현상은 자연에 대한 굴복과 헌신을 요구하는 것이었다.

변덕스러운 자연 앞에 그들은 인신 공양 제사로 신의 노여움을 누그러뜨리고자 했다. 해발 4,000m 이상 고지에서 발견된 여자아이들의 미라는 이들을 제물로 바친 잉카인들의 신화적 상상을 엿보게 한다.

그림1.10 잉카의 마추픽추와 소녀의 미라

19 엘니뇨(아기예수라는 뜻)는 동태평양의 해수 온도가 평균보다 높은 상태로 몇 개월씩 유지되어 생기는 기상 이변으로 집중 호우로 수로와 농장이 파괴되어 기근으로 고생하여 왕국이 소멸되는 일도 있었다.

너무도 천진한 소녀들의 미라는 아직도 그 모습을 잃지 않는다. 과학기술 발달에 못 미친 신화 시대의 결과가 가져다 준 인간 존엄의 파괴는 큰 문제가 아닐 수 없었다.

❊ 신정정치가 키운 과학기술들

제정일치 사회에서 나타난 인간 존엄성 파괴 현상은 사회를 지배하는 강력한 체제의 출범을 가능케 했다. 이러한 사회는 사회 체제 유지에 필요한 과학기술과 더불어 (번영한 사회일 경우)그 번영을 유지하기 위한 군사력과 각종 대형 건축을 통한 기술의 발달을 이루어 냈다. 오늘날의 관점에서도 거대한 규모의 개발이 이루어지는 배경에는 제정일치와 같은 강력한 리더십이 있었다.

한편 신정정치^{Theocracy}는 자신들이 의지하는 신을 우러르고 받드는 데 필요한 종교 의식 기술을 발전시켰다. 신전과 같은 오늘날 문명으로 남은 거대한 건축 기술들이 그것이다. 그들은 거대한 돌들을 어떻게 조각하고 구조화할 것인지를 탐구했고, 구조물을 짓는 방식을 개발했다. 뿐만 아니라 신을 영화롭게 하기 위한 방위^{方位}와 천체 운행에 대한 지식을 넓혔다. 또한 제사를 위해 소용되는 다양한 제기와 죽은 자의 영혼을 위한 부속품과 처리 방식을 연구하고 개발했다. 이집트 미라의 제조는 죽은 이의 위치와 부^{富}에 따라 그 방식과 약품이 다양했다.

신정정치는 매우 강력한 군사 기술의 발달로 이어졌다. 그들은 신의 이름으로 전쟁을 했다. 전쟁에서의 승리는 신의 강력함을 설파하고, 그 신의 이름으로 수행하는 통치를 강화하는 기제였다. 그러므로 모든 전쟁에서 승리해야만 했다. 왕은 신의 이름으로 전쟁을 해야 했고, 전쟁의 패배는 바로 왕의 목숨을 상대에게 건네는 것이었다. 오늘날 개선문 형태로 남아 있는 고대 유적들은 바로 전쟁에서 승리한 병사들이 입장하는 문을 의미한다. 그 문을 통해 승리한 병사들은 각종 노획물과 노예들을 데리고 온다. 그 행렬의 끝에 짐승처럼 끌려 들어오는 패전 상대의 지도자가 있었다. 승리자들은 패자를 농락하다 마침내 죽이는 것으로 전쟁의 승리를 선포했다.

과학과 기술은 상상의 세계를 현실로 경험하게 해 준다. 상상의 현실화는 오늘날에도 통용되는 과학기술의 테마이다. 오늘날에는 더 나아가 가상 현실을 체험하게 하는 과학기술이 일상에 등장하고 있다.

고대에 있었던 물물교환 같은 교역을 위한 기초 수학의 발전은 흥미로운 주제다. 사물을 계수하고 정량화하는 것은 과학의 기본이다. 예컨대 수메르 문명에는 왕일지라도 빚을 지고 갚지 못하면 반드시 노예가 되어 빚을 갚아야 한다는 특징적 조문이 있었다. 권력을 가진 사람에게도 똑같은 책임을 강제하는 강력한 방식이다. 이러한 경우 공평성확보를 위한 수 체계 정립은 필수불가결한 일이다. 그런 면에서 고대 수학을 살펴보는 일은 매우 흥미로운 주제다.

수에 대한 개념은 상행위에 있어 물물교환을 위한 전제일 뿐 아니라 시기와 일자를 맞추는 데도 매우 중요했다. 이는 필연적으로 기록 매체와 같은 기술적 요소와 숫자의 개념과 기호화가 결합된 고도의 정신적 결과로 이어졌다. 고대 그리스를 중심으로 기술하면, 수학은 주로 고대 오리엔트(그리스의 동쪽)에서 발전했다. 특히 실용적으로 필요한 대수^{algebra}와 기하학^{geometry}의 기초가 발견되는데, 이는 셈과 측량 같은 실용적 요소에 따라 도출된 것이다. 그럼에도 그리스에서의 수학에서처럼 "증명한다"는 관념적 논리 체계로까지 나아가지는 못했다. 오늘날 남아 있는 이들 수학의 기록은 점토판이나 벽화 등에 기록된 것으로 '바빌로니아 수학'이라 부를 수밖에 없다.

바빌론의 설형문자는 BC 1600년경 함무라비 왕조의 점토판을 해석하면서 밝혀지기 시작했다. 이들은 매우 수준 높은 계산으로 상업 활동을 수행했었던 것으로 밝혀졌는데, 60진법을 사용했다. 이들은 2차 방정식의 해법을 알고 있었고, 연립 2원 2차 방정식의 해법, 간단한 3, 4차 방정식도 다룰 정도로 대수가 발전했었다. 원주를 360으로 나눈 것도 바빌로니아인들의 업적이다. 어떤 면에서 대수에 있어서는 우리의 고등학교 1학년 수준이라 할 수 있다.

피라미드 건축의 놀라운 기술 등으로 보건대 이집트의 경우, 바빌론보다 더욱 발전한 수학을 갖고 있었을 것으로 추정된다. 하지만 BC 1650년경에 아메스가 쓴 파피루스에는 분수의 계산 등이 등장하기도 하지만 대수에 있어서는 1차 방정식 수준을 다루는 정도에 그쳐 있었던 것으로 보인다. 하지만 기하학은 매우 발전하여 원의 면적은 직경의 8/9의 제곱과 같다고 했고, 직원기둥의 부피와 삼각형의 넓이를 구하는 정도의 능력이 조사되었다. 이는 대체로 우리의 중학생 수준으로 평가할 수 있다.

숫자 표기 방식에 있어 오늘날은 전 세계가 아라비아 숫자로 통일되었지만 고대에는 다양한 숫자 체계를 갖추고 있었다. 이집트의 경우 BC 3400년 이전에 수 체계가 사용되었는데 10진법에 기초하였다. 바빌로니아의 설형문자에서는 60진법 수 체계가 확인된다. 60진법은 오늘날의 수 체계와 매우 유사하지만 0이 없어 불편했다. 마야는 20진법을 사용했다. 아직도 이 기호의 변형을 사용하는데, 점과 대시로 표현했다. 오늘날 우리가 사용하는 수 체계는 인도-아라비아의 1, 2, 3, 4, 5, 6, 7, 8, 9, 0을 사용하는 10진수 체계다. 인도인이 발명하고 아라비아인들이 유럽에 전파한 방식이다. 0이란 숫자는 '텅 빈, 공허한'이란 뜻의 인도어 순냐^{sunya}가 라틴어인 제피룸^{zephirum}으로 유래하여 제로^{zero}가 되었다. 이 덕분에 10진법 수 체계가 만들어졌다.

만들어진 신, 존재하는 신

영국의 생물학자 리처드 도킨스[20]는 《만들어진 신$^{God\ Delusion}$》에서 "신은 인간의 필요에 의해 발명된 산물"이라고 보았다. 신의 존재가 인생에 영향을 끼친 예는 무수히 많다. 유럽을 통일했던 알렉산더는 '신의 아들'이라는 어머니 모니카의 말을 믿고 얼마나 용감하게 전쟁에 임했다. 소크라테스도 신탁에서 얻은 말에 의해 그의 일생을 변호하여 철학자의 삶을 살지 않았던가. 오늘날도 신이 준 사명을 품은 사람들의 특별한 삶의 태도를 발견할 수 있다. 그런데 만일 그 신이 인간에 의해 만들어진 존재라면 이는 정말 낭패가 아닐 수 없는데, 신의 존재에 의탁한 모든 개인적 경험은 자기 최면에 불과하기 때문이다.

우리는 앞에서 인간이 만든 상상의 산물이건 사실적 존재이건 신에

---

20 *Clinton Richard Dawkins.* 케냐 나이로비 출신의 영국 동물행동학자, 진화생물학자. 《이기적 유전자》(1976), 《확장된 표현형》(1982), 《만들어진 신》(2006) 등의 저술이 있다.

게 나아가기 위해 행해진 제사 의식을 살펴봤다. 모든 원시 제사 의식에 공통적으로 등장하는 생명 파괴는 동시에 생명이 가장 소중한 것임을 말해 준다. 그러나 인간의 상상이 만들어 낸 신에게 바쳐진 희생이라면 인간에게 이처럼 허무한 죽음은 없을 것이다. 인간의 상상은 신을 만들어 낼 수도 있다. 그렇다면 상상으로 만들어진 신과 실재하는 신은 인간 사회에 어떻게 작용할까?

신은 그런 면에서 설명이 필요한 상상적 존재다. 상상한 대상이 설명하기 어려운 그 무엇일 때 우리는 설명을 위해 이를 실체화한다. 상상의 실체화 과정에서 그 현실적 이미지를 가공한다. 여기에 상상의 대상과 인간을 연결하는 메신저가 필요하다. 그래서 대부분의 종교에는 신의 상징물과 신을 대신하는 종교인이 있다.

히브리 민족의 신은 자신의 형상을 만드는 걸 거부하고 '스스로 있는 자*I am who I am*'라고 설명한다. 모든 종류의 신의 형상을 만들고 이를 기념하는 일반적 종교로 구현된 신화와 달리 자신의 존재를 설명할 이미지를 금하는 야훼라는 신은 독특하다. 야훼는 인간을 만들 때 이미 자신의 이미지대로 지었기에 모든 인간은 그의 신성을 갖게 된다. 이처럼 히브리 민족의 신은 인간의 상상으로 창조된 존재가 아니라 스스로 존재하는 신이라 주장한다. 형상화를 거부한 신을 믿는 기독교 문화는 인간은 모두 신성을 갖고 있고, 누구든지 야훼의 신성을 대리하지 못하게 하는 논리를 탄생시켰다. 이것은 현대 사회의 중요한 가치다. 그럼에도 아직 '신의 대리자' 문제는 남는다. 신이 될 수는 없어도 신의 뜻을 알고 이를 실행하는 존재는 사회의 리더가 되거나 리더를 조종하는 역할을 할 수 있다. 이들은 제정일치 사회에서 신과 동일한 지위의 제왕이 되었고, 제정이 분리된 사회에서도 그들의 종교 공동체 최고 권력자가 될 수 있었다. 존경받는 신의 대리인도 있었으나 타락한 종교 지도자의 폐해는 클 수밖에 없다. 히브리 민족의 야훼는 세상의 정의를 정했고, 십자가에서 처형된 예수를 따르는 사람들은 하나님과 신자 사이의 대리인을 제거한 '만인제사장*priesthood of all believers*, 萬人祭司長'의 평등과 예수의 사랑의 수고를 실천했다. 신과 개인 사이에 어떠한 매개자도 필요치 않다는 메시지는 오늘날도 제대로 실천되고 있지 않으나, 매우 독특한 관념이다.

과학기술이 발달한 오늘날 세계에 고대 인간의 상상은 신화로 자리잡고 일상에서 멀어져 간다. 그러나 이러한 과학기술 문명이 입증할 수 없는 신의 영역은 존재하며, 종교는 과거와 같은 야만성과 국지적 이기주의를 벗어나 인류가 보편적으로 추구할 가치를 담고 더욱 현대인의 삶에 파고들고 있다. 그런데 이러한 보편적 가치가 각각의 종교의 고유한 가치가 충돌하면서 우리는 과거 어느 때보다도 더 큰 종교적 갈등을 마주하고 있다.

원시적 유물론과 관념론

원시인에 대한 추측은 종종 추측 자체의 결과로 매듭지어지는 경우가 많다. 현대의 아마존 원시인과 고대 원시인의 사고가 똑같을 것이라는 섣부른 이해하에 고대 유물에 대해서도 현대적 가치 판단을 통해 그 시대상을 확정해 버리기 십상이기 때문이다. 원시인들의 벽화나 잉카 문명의 여러 문양을 보면 구체적 묘사와 추상적 상징이 존재한다. 구체성과 추상성의 혼재를 유물론과 관념론의 대결로 이해하려는 시도도 있다. 마르크스^{Karl Heinrich Marx}는 유물론적 관점으로 해석해 냈다. 창조 설화를 갖는 민족은 강력한 국가와 문명을 남긴 경우가 많다. 반면 아메리카 인디언들처럼 애니미즘으로 영적 세계를 구축한 경우, 꿈 속 세계와 같은 반이성적 현상을 연장하여 육체라는 물적 존재와 영혼이라는 관념적 존재들을 추상화하는 과정이 생겨 난다. 모든 존재에 정령이 존재한다고 믿는 정령론이 그것이다. 마르크스는 영혼이나 정령 같은 신비로운 것들을 원시적 관념론의 결과라고 본다. 베이컨^{Francis Bacon}이 지적했듯 자연에 복종하는 것만으로는 자연을 지배할 수 없다. 오히려 자연을 압박하고 강제하는 일도 필요하다.

자연을 대하는 원시인들의 모습이 무조건적 순종만으로 나타난 것은 아니었다. 자연에 대한 순종이 종교라는 형태로 나타났다면, 자연에 대한 도전과 지배는 과학기술의 추구로 나타났다. 원시인들은 도구를 개발하고, 짐승의 행태를 관찰하면서 생존과 사냥의 효율성을 동시에 추구했다. 마르크스는 원시적 애니미즘에서 신들의 투쟁 그리고 유일신 지배의 과정을 원시인들의 이데올로기 생성 과정으로 이해한다. 엥겔스의 말을 참조하자.

자연의 여러 가지 힘을 의인화하는 것에 의하여 최초의 신들이 탄생했다. 이 신들은 여러 종교들이 더욱 발전해 가는 사이에 더더욱 초세계적인 모습을 갖게 되는데, 마침내 인간 정신의 발달에 따라 자연히 생겨 나는 추상 작용의 과정, 오히려 증류 과정이라고 표현할 수 있다. 이러한 과정에서 일신교적 유일신이라는 관념이 인간의 머릿속에서 생겨 났다.

마르크스와 엥겔스[21]는 유물론과 관념론의 혼돈적 공존에서 서서히 애니미즘으로 발전한 뒤 유일신의 개념까지 확대되었다고 보았다. 그리하여 이들은 사제가 지배 계급의 일원으로 육체적 노동이 아닌, 언어로 이데올로기를 전파하는 정신 노동자가 종교적 지배 계급으로 성도 위에 군림하는 계급적 사회로 나아간다고 했다. 결국 문제의 핵심은 신과 종교가 '인간 정신 활동의 결과로서 인간이 개발한 관념'이란 주장의 진실 여부에 있다. 신은 만들어졌는가 스스로 존재하는가, 그것이다.

❋ 과학을 상상한 선사 시대 사람들

인간이 사실을 기록하기 시작한 5,000년 전 선사 시대 문명은 그들이 사용하던 도구나 표현 양식, 왕궁과 도시의 사물적 잔해들을 토대로 추측할 수밖에 없다. 그리고 일부는 이후의 기록에서 확인할 수 있는 설화나 전승으로 추론한다. 그러므로 당시의 도구를 살펴보는 일은 그 시대를 이해하는 첩경이다. 남아 있는 도구들은 생활을 위한 도구와 신에게 제사하는 종교적 행위에 필요한 도구, 체제를 유지하는 무기와 관련된 도구들이다.

---

21 *Friedrich Engels*, 1820~1895. 독일의 철학자, 경제학자, 정치이론가, 혁명적 사회주의자. 부친은 그가 사회주의자가 된 것을 못마땅히 여겨 학교를 못 다니게 하고 용돈을 끊어 매우 사이가 안 좋았다고 전해진다. 《자연 변증법》, 《가족, 사유재산, 국가의 기원》 등의 저작을 남겼다. 악필에 영어 표현이 서툰 마르크스를 적극 도왔는데, 심지어 마르크스의 아들을 자신의 혼외자인 것처럼 받아들임으로써 마르크스의 명예를 지켜 주려 할 정도로 열성적 도움을 주었다.

선사 이전에도 인간들이 매우 뛰어난 발명가였음을 확인시켜 주는 도구가 바로 고문 도구이다. 확인된 당시의 고문 도구들을 살펴보면 선사 시대 지배자들이 다수의 피지배자들을 대상으로 어떻게 고통과 죽음으로 위협해 권력을 장악했는지 짐작할 수 있다. 4대 문명 발상지마다 강력한 제국이 건설되었고 지배자들은 너나 없이 법을 만들어 이를 위배할 경우 비정한 응징과 고문으로 제국을 유지해 나갔다.

고대인들은 생존에 필요한 도구를 발명했다. 신의 존재를 인식했던 이들은 신의 뜻에 따르기 위해 다양한 도구들을 개발하면서 과학기술을 발달시켜 왔다. 그런 목적하에 당대에 발명되어 오늘날까지도 거의 변형 없이 사용되는 각종 악기들은 이들이 신에 대해 바치는 최고의 찬양을 짐작하게 한다. 우리는 아직도 수많은 종교의 성직자들이 다양한 악기를 사용하여 영성을 일깨우고자 하는 노력들을 익히 보고 듣는다. 그러한 노력들은 상상의 매개체를 만들어 설명함으로써 상상을 실재화하려는 성실성으로 해석할 수 있다. 한편 이러한 과정은 어쩌면 "왜?"라는 질문을 충족시키는 근사한 답을 만들어 가는 과정일 수도 있다. 그런데 이러한 과정은 의심에서 경배로 넘어가는, 고대 사회 권력 구조와 신 사이의 깊은 관계 맺기 과정으로 이해할 수 있다. 그렇게 맺어진 권력 구조와 신의 관계가 중세까지 이어지며 오랜 기간 사람들에게 "왜?"라는 질문을 주저하게 만들었음을 짐작할 수 있게 한다.

원시적 범신론이 유일신 경배 사상으로 발전해 가는 과정에 대한 탐구는 우리에게 또 다른 흥미를 안겨 준다. 각각의 과정에서 저마다 다른 유일신이 출현함으로써 인류는 충돌의 역사를 겪어 왔다. 어쩌면 이러한 충돌의 역사는 선사 시대의 유물이 오늘날까지도 이어지는 과정라고 이해할 수도 있다. 오늘날 존재하는 대부분의 고등 종교가 모양새는 인류가 갖추어야 할 보편적 가치를 추구하는 듯하면서도 종교 간 차이로 인한 갈등과 다툼의 무자비함에는 원시적 야만이 고스란히 감춰져 있기 때문이다. 9·11 테러[22]가 보여 준 문명의 이기를 사용한 야만은 그러한 측면에서 바로 종교적 절대성이 야기한 야만이다. 그런 면에서 우리는 아직도 선사 시대의 문화에서 멀어지지 못하고 있음에 다름없다. 우리의 삶을 구성하는 대부분의 요소를 과학적으로 설명해 내기엔 아직도 인간 정신이 완벽할 수 없다. 선사 시대의 인간 정신이 오늘날까지도 이어져 건재한다는 사실을 인정하지 않을 수 없는 이유이기도 하다.

---

22 2001년 9월 11일 이슬람 근본주의 알케에다가 항공기를 납치하여 세계 자본주의 경제와 안보의 심장 미국 뉴욕의 세계무역센터와 워싱턴 DC의 국방부 청사 펜타곤을 공격한 사건으로 3,000여 명의 사상자를 발생시켰다. 이 테러 공격으로 세계무역센터는 완전히 무너져 내려 폐허로 변했다.

제2장

—

물질과 이성의 아카데미

2.1 개념의 탄생
2.2 물질과 인생

2.1 개념의 탄생

세상의 탄생에 관한 의문에 고대인들은 혼돈과 질서의 신들의 전쟁, 그리고 '실서의 신'의 승리에서 답을 구했다. 이 거대한 질문에 답하는 데 있어 신은 절대적으로 필요했다. 이후 신은 허다한 질문에 대한 답의 근원이 되었고, 사회 질서를 잡는 기둥이 되었다. 신화는 풍요로운 문화를 만들어 내는 옥토였다. 어떤 민족에겐 수호를, 어떤 민족에겐 개념을, 어떤 민족에겐 확장과 번영을 선물했다. 어떻게 사는 것이 잘 사는 것인가에 대한 답을 선사했다.

언제부터인가 사람들은 모든 답을 신의 뜻으로 돌리려는 태도에서 벗어나 스스로 생각하고 꼬리를 무는 질문에 다른 답이 없는지 찾아보고자 시도했다. 자연에서 일어나는 현상에 대한 의문에 새로운 답을 찾고자 했고, 그 과정에서 새로운 지식을 쌓아 갔다. 엄밀한 증명에까지 이르지는 못했지만 논리적으로 그럴듯한 직관적 답을 지어내는 과정들이 이어졌다. 수많은 해답 중 많은 것들이 오늘날 틀린 것으로 판명되지만, 이러한 노력의 과정에서 만들어진 학문 체계와 질문들의 탁월함은 지금의 관점에서 보더라도 전혀 부족함이 없기에 돌아볼 가치가 있다. 오늘날 제기되는 새로운 문제를 푸는 과정 역시 그러한 생각의 여정을 거치기 때문이다.

신의 세계에 대한 설명과 더불어 신과 인간 간 관계를 설명하는 신화는 다양한 스토리로 묘사된다. 서구 문명의 근간이 되는 기독교의 구약에는 야훼 하나님과 인간 간 관계적 스토리가 자주 등장한다. 이러한 스토리에서 신은 관련 인물들의 삶 속에 자신의 이미지를 드러낸다. 또 한 축인 그리스 로마 신화는 신과 인간의 세계를 자세히 묘사한다. 어떤 삶이 좋은 것인지 설파하고 인생의 많은 의미들을 신과 연관 지어 해석한다. 신의 세계에 이어 인간 영웅의 이야기가 이어진다. 영웅은 인간 중 출중한 사람, 탁월한 사람이다. 신의 세계에서 인간을 외친 사람이다. 영웅은 이후 절대 권력을 가진 제국의 황제로 변모해 갔다.

영웅 중의 영웅으로서의 왕은 현실 세계의 신이 되었다. 그러나 신화가 된 영웅의 숫자는 많을 수 없었다. 실제 신의 능력까지 갖출 수는 없을 터이므로 왕은 제도와 무기로 자신의 신성을 지켰다. 오늘날 존재하는 대개의 나라들에선 국민의 일상적 삶을 위협하는 왕이라는 존재를 부정하고 대리 권력을 행사할 대표자를 투표로 선출한다. 대표자의 권력은 국민으로부터 나오므로 권력의 주인은 국민이라 할 수 있다. 오늘날 시민 사회가 추구하는 보편적 가치는 자유와 평등이다. 그러므로 인간 정신과 과학기술은 시민의 자유와 평등을 확대하는 방향으로 발전해 왔다. 이제 신을 중심에 둔 고대인들의 세계에서 어떻게 인간 정신이 피어나 오늘날과 같이 과학기술이 발전했는지 살펴 보자.

신과 이데아

고대 사회는 수많은 신들의 이야기로 가득 차 있다. 예컨대 북유럽 지역의 신화는 복잡하기 그지없다. 복잡하고 다양한 신화가 인류에 끼친 영향을 보자면, 그 신화가 얼마나 많은 사람들에게 전해져 생각의 갈피마다 파고들었는지 살펴야 한다. 신화도 세력이 있어 강대한 국가의 신화가 세계 정신에 더 큰 영향을 끼쳤다.

우리 신화인 호랑이와 곰 이야기는 멋지고 낭만적이지만 전 인류의 가슴에 파고들지는 못했다. 우리의 신화가 세계 시민들에게 파고들 기회가 적었기 때문이다. 반면 늑대의 젖을 먹고 자랐다는 로물루스의 로마 건국 이야기는 전 세계 많은 사람들에 알려져 있다. 로마는 오늘날 과학 문명의 토대를 만들었던 중요한 제국이었기 때문이다. 과학기술을 제외한 문명만 살피자면, 우리는 수많은 문명에 드러난 신과 인간 이야기를 들춰 봐야 하지만, 과학기술과 인간 정신의 관계에 관한 한 과학기술 혁명의 진원지 유럽 지역에 대한 이해와 더불어 그 정신의 두 기둥, 헤브라이즘과 헬레니즘이 품고 있는 신과 인간 관계를 살피는 것은 당연하다. 그 첫 기둥으로서 헤브라이즘에 대해 먼저 알아 보자.

야훼는 히브리 민족의 신이다. 야훼는 유일신으로 그 모습을 본 사람은 없었다. 더군다나 신은 자신을 본 인간은 죽는다고 선언했다. 그러나 신은 천지만물을 지었고, 마침내 인간을 빚어 에덴이라는 낙원에 두고 행복한 삶을 살게 했다. 하지만 신이 빚은 최초의 인간 아담과 하와는 신이 요구한 아주 작은 요구를 듣지 않았다. 물론 이들의 불순종을 유도한 존재가 있었고, 그 존재는 야훼와 인간 사이를 이간질했다. 야훼는 불의를 용납할 수 없는 절대선이므로 이들은 에덴동산에서 쫓겨나고, 천지는 저주에 빠졌다.

불순종의 죄는 대대로 유전되어 인간은 날 때부터 악하다. 그러나 인정 많은 야훼는 인간을 그냥 내버려두지 않아 이들이 스스로 자신에게 돌아오기를 간절히 바란다. 하여 인간 곁으로 다가가 자신을 알고 따르라고 권한다. 신의 말을 듣는 사람은 많지 않았지만 그중에 아브라함이라는 사람이 있어 신을 따랐다. 그리고 그는 마침내 하나님을 믿는 믿음의 조상이 되었다. 믿음의 조상이 될 것이라는 신의 약속은, 그 당시 나이 많은 노인에 자식 한 명 없었던 아브라함에겐 매우 공허한 약속이었다. 하지만 그는 기적적으로 100세에 한 명의 아들을 얻는다. 그렇게 태어난 아들의 자손들이 오늘날 이스라엘 사람들이다.

이집트와 유럽을 잇는 육로에 위치한 작은 땅은 원래 이들의 땅이 아니었지만 믿음의 조상에게 허락한 땅이었다. 젖과 꿀이 흘러 넘치는 땅이라지만 여전히 척박했다. 흘러 넘치는 젖과 꿀은 어쩌면 하나님 말씀의 은유였을 것이다. 이집트는 신과 동일시되는 강력한 왕국이었고, 아브라함의 후손 히브리인들은 왕국의 노예가 되었다. 400년 후 신은 모세라는 사람에게 다가가 민족을 구원하라 명한다. 모세는 이집트에서 노예로 신음하던 히브리인들을 이끌어 나오고, 그 후계자인 여호수아가 마침내 다시 젖과 꿀이 흐르는 약속의 땅 가나안을 점령하는 장대한 이야기가 성경에 기록된 서사이다. 이러한 서사는 대대로 살던 고향, 아비의 집을 떠나 약속의 땅으로 떠난 아브라함의 이야기를 시작으로, 이집트로 끌려가 노예가 되고 마침내 노예에서 해방되어 원래의 땅으로 귀향하는 흥미진진한 이야기의 전형이다. 가출, 귀인과의 만남, 분투, 고난, 위험, 승리, 귀향은 모든 서사의 전형적 흐름이다.

모세는 신에게 직접 계명을 받는다. 10개의 조항으로 이루어진 계명은 신에 대한 사랑의 실천과 이웃에 대한 사랑의 실천을 요청한다. 실천의 핵심은 '최소한 하지 말아야 할 것은 하지 않는 것'이다. '금함'이 없는 종교는 없다. 금함으로 각각의 종교는 차이를 드러내는데 그 차이, 그 다름을 '거룩함'이라고 말한다. 십계명은 히브리 민족을 타민족과 구별되게 한다. 이웃에 대한 계명은 다른 민족의 법과 크게 다르지 않다. 그러나 이들의 십계명에는 신에 대한 사랑의 표현을 적극적 금지로 드러낸다. 다른 신을 섬기지 않을 것, 신의 형상을 만들지 않을 것이 그 금지이다. 또한 창조의 마지막 날 신의 휴식을 본받아 안식일의 완전한 휴식을 지켜야 한다고 명한다. 가나안에서 애굽으로, 애굽에서 광야로, 광야에서 다시 가나안으로 몇 대에 걸쳐 일어난 긴 서사에서 이들이 건져 낸 것은 돌판에 새겨진 하나님의 계명이다. 신은 이 계명을 지키면 축복하고 어기면 징계한다. 이들에게 자신들 역사의 고난은 모두 신의 계명을 어긴 결과이고, 축복은 신의 계명에 따른 결과다.

히브리인들에게 있어 영웅은 누구인가? 그들은 모두 야훼의 말씀에 순종한 믿음의 사람들이다. 그들이 국가를 지켜 냈건 엄청난 부를 쌓았건 그 모든 결과의 원인은 신께 순종한 믿음의 사람이라는 데 있다. 아브라함, 이삭, 야곱, 요셉, 모세, 여호수아, 다윗, 그리고 마침내 예수에 이르는 이름들은 한결같이 신의 부름에 응답한 사람들이다. 그렇다면 히브리인들의 과학기술은 어떠했을까? 그들은 항상 문명에 뒤졌다. 그들이 청동기 시대를 살아갈 때 이웃 국가들은 철기로 무장했다. 이웃 국가들의 철 병거에 가슴이 무너져 내렸고, 신에게 구원을 원하며 울부짖었다. 성경 어디에도 그들이 무기를 개발해 이웃의 간담을 서늘하게 했다는 구절은 없다. 오히려 강력한 무기 앞에 다윗은 목동의 무기인 물맷돌을 던지며 하나님의 도우심을 입증한다.

그들에게 과학기술의 용도가 중시된 시대는 아마 솔로몬 왕 시대였을 것이다. 솔로몬은 성전을 건축하며 당시로선 가장 정교한 기술을 가진 기술자들을 모았다. 이웃 국가들을 정복해 얻은 전리품으로 자본을 든든히 축적하고 있었다. 그렇게 모은 장인들의 기술이 그들이 가진 기술의 전부였을 것이다. 솔로몬 왕의 지혜는 당대 최고였으므로 솔로몬 성전을 건축했던 석공의 비밀을 잇는다고 주장하는 길드의 비밀 결사 조직이 아직도 건재한다. 하지만 이들의 기술이

그림 2.1 성전을 봉헌하는 솔로몬, 제임스 티소 작, 1896~1902년

라 해야 그 당시 가질 수 있었던 기술이 전부였으며 이후 이들은 지리멸렬한다. 앗시리아에게 북이스라엘이 패망하고, 느브갓네자르의 바빌론에 복속되고, 마침내 복속지에서 페르시아의 지배를 받았다. 오늘날 유대인들이 노벨상을 휩쓸며 현대 과학기술의 발전을 견인하는 상황과는 매우 다른 양상이다.

두 번째 기둥은 헬레니즘이다. 그리스는 다신교의 나라다. 심지어 이성의 시작점으로 불리는 소크라테스는 오로지 자신의 신만을 섬긴다는 이유로 제소되기도 했었다.

창조 설화에 등장하는 신들은 전쟁을 통해 마침내 신들의 질서를 건설했다. 그 주인공이 바로 올림푸스의 제우스다. 올림푸스의 제우스나 다른 신들은 여느 인간들처럼 서로 사랑에 빠지고 자식도 낳는다. 제우스도 신의 계보로 보자면 3대에 태어난 여러 신 중 하나였지만 신

중의 신으로 자리했다.

히브리인들은 사람 이름에 의미를 부여했다. 예컨대 아브라함의 아들 이삭은 '웃음'이라는 의미를 갖는다. 나이 많은 사라에게 아들을 주리라는 신의 약속이 비웃음거리가 될 수도 있었으나 마침내 뱃속 아기의 움직임에 함박웃음을 지었으리라. 하지만 이삭의 일생은 웃음보다는 고난의 연속이었고, 자신의 것을 빼앗기기 일쑤였다. 그러나 그리스의 신들은 달랐다. 이들은 인간이 아닌 신이기 때문이다. 예컨대 모든 아름다움의 덕목은 비너스의 소유이다. 인간에게 아름다움이 있다면 그것은 비너스의 선물이다. 그러므로 아름다움이 있는 어느 곳에나 비너스가 존재한다. 그리스 신은 그런 면에서 인간의 관념 속에 존재하는 일종의 이데아다. 사람들은 수많은 신들의 이야기 속에 삶의 과정 과정에서 부닥치는 온갖 상황적 개념을 부과했다.

신은 숭배의 대상이자 탐구의 대상이기도 했다. 그 탐구는 인간 이성의 탐구이자 세계를 바라보는 시각이었다. 그렇게 그리스는 인간 정신이 충만한 세계를 구축했다. 그리스인들은 신의 의인화를 통해 정치와 신이 결탁한 주변 국가 체제들과는 다른 민주주의라는 정치 체계를 창안해 냈다. 고대 그리스인들에게서 보인 독특한 인간 정신의 출현은 바로 혁신이 무엇인지 보여 주는 좋은 예라 할 수 있다. '신에 복속된 인간'이란 개념에서 '신과 더불어 함께하는 인간'으로 향한 혁신이 잉태되었기에 그리스인들을 고대 르네상스인들이라 부를 만하다.

그럼에도 그리스인들의 사상이 신에게서 인간으로 온전히 전환한 것은 아니었다. 신의 존재를 부정하고 신과 인간과의 관계를 단절한 세계관으로서의 물질론에 기반한 자연 철학자들이 있었지만, 철학의 빛나는 계보를 구축한 지성의 사람들은 여전히 신과의 관계 속에 거주하고 있었다.

올림푸스 동산에 맺힌 개념의 매력

그리스 신화는 로마로 이어져 오늘날까지 이어진 풍부한 문학적 상상력의 재료를 제공한다. 삼라만상에 저마다의 신이 존재한다는 신관神觀은 사람들의 사고방식에 '관념'이라는 큰 영향을 주었다. 그리스 로마 신화는 단순히 신들의 세계에 대한 묘사일 뿐 아니라, 신과 인간 사이의 관계와 이야기로 가득하다. 특히 등장인물 중에는 신 중의 신 제우스를 비롯 여러 신들과 상호 작용한 인간들이 등장하는데, 이들이야말로 당대를 표상하는 영웅들이었다. 이야기 속 영웅들은 인간이자 동시에 인간의 부족함을 초월한 탁월한 존재들이었다. 사람들은 언제나 영웅의 등장을 고대했다.

우라노스와 가이아 사이에 태어난 여러 자식들 중에 크로노스와 레아가 있었다. 둘은 남매지만 제우스를 비롯 여러 신을 낳는다. 각각의 신들의 이름은 로마에 와서는 달라지지만 본질은 하나다. 지하 세계의 왕 하데스(플루톤), 신들의 왕 제우스(주피터), 제우스의 아내이며 신들의 여왕이자 결혼의 신 헤라(주노), 화로의 여신 헤스티아(베스타), 대지의 여신 테메테르(게레스), 의술과 예언의 신 아폴론(아폴로), 바다의 신 포세이돈(넵튠), 지혜의 여신 아테나(미네르바), 사냥의 여신 아르테미스(다이아나), 전쟁의 신 아레스(마르스), 대장장이 신 헤파이스토스(불칸),

미의 여신 아프로디테(비너스), 신들의 정령이자 상업의 신 헤르메스(머큐리), 산과 들, 술과 광란의 신 디오니소스(바쿠스), 지하 세계의 여왕이자 하데스의 부인 페르세포네(프로세르피나) 등이 바로 그들이다. 이들 신의 이름은 오늘날에도 다양하게 사용된다. 하늘의 별을 지칭하기도 하고, 물질을 지칭하기도 한다. 비너스(금성), 마르스(화성), 머큐리(수성)는 별이다. 머큐리는 또한 수은을 이르기도 한다. 신들의 이름이 때로는 사람들의 이름으로 쓰이기도 했다. 미네르바는 대학 이름으로 사용되기도 했다.

아이를 낳으면 잡아먹는 크로노스의 악행을 멈추기 위해 남근을 잘라 바다에 던지자 물거품 속에서 미의 여신 아프로디테가 탄생했다는 이야기는 보통의 상상으로는 지어 내기 어려운 서사이다. 신화에 담긴 풍부한 상상은 오늘날 사람들에게도 엄청난 상상력의 터전으로 자리한다. 신들의 왕이 되기 위한 전쟁에서 제우스는 티탄족을 물리치는데 인간 영웅의 도움을 받는다. 그가 바로 헤라클레스다.

신과 인간은 서로의 목적을 위해 연합하기도 하고 저주를 내리기도 한다. 신의 세계의 곡절에 따라 인간 세계에 각양각색의 일들이 생겨나기도 한다. 이것이 이름하여 인간으로선 예측 불가한 '운명'이다. 그러므로 그리스 사람들은 운명적 다툼을 신에게 의탁하거나 스스로의 운명에 도전하는 인간의 길에서 운명과 맞서 싸우는 인간을 영웅으로 생각했다. 영웅은 신과의 관계 속에서 인간의 한계를 뛰어넘은 사람들이다. 헤라클레스, 아킬레우스, 오디세우스 같은 존재들이 그들이다.

영웅을 바라고 칭송하는 배후에는 영웅이 가진 본질이 있다. 바로

'탁월함' 혹은 '덕'이라 부르는 어레티[1]다. 그리스 사람들이 찾아낸 가치는 바로 본질을 드러낸 상태, 복잡하게 얽힌 그물망^{rete}이 없는^{a} 인간 최고의 덕목을 어레티^{rete}로 규정했다. 신화는 이렇게 상상력과 매력을 사회에 선사했다. 사람들은 신의 속성을 욕망했고, 그런 속성을 지닌 사람은 매우 매력적 존재였다. 어떤 이는 아름다움으로, 어떤 이는 지혜로, 어떤 이는 장사 수완으로 이룬 부^{富}로 사람들 사이에 작은 영웅이 되었다.

그림 2.2 제우스

※ 개념의 탄생과 신화의 열린 구조

그리스 신화의 정점에 있는 제우스^{Zeus}는 강력한 권위를 가진, 신들의 왕이다. 하지만 아내 헤라의 질투를 피해 끝없는 바람을 피운다. 그때마다 새로운 신과 영웅이 생겨나는데, 그들은 세상사 특정 개념의 주인공이 되어야 한다. 개념과 개념이 만나 새로운 개념이 생성되기도 하고, 파생되어 작은 개념이 생겨난다는 사실을 우리는 안다. 이러한 개념을 신에 연결해 생각하면 세상사 핵심적 개념은 신의 제왕이 창출해야 마땅할 일. 신화 속 제우스의 바람기는 어쩌면 인간 사회가 발달하면서 생기는 새로운 개념의 탄생과 연관 지을 수 있다. 현대의 인간들은 그리스 로마 시대의 사람들보다 훨씬 많은 개념들에 둘러싸여 살아간다. 제우스는 지금도 바쁘게 신들을 만들고 있다. 그래서 그리스 신

---

1 *arete*: 흔히 '덕'으로 번역되기도 하지만 당시의 뜻은 탁월함(*excellence*)에 더 가까웠다.

화는 열린 구조다. 누구나 제우스의 바람기를 앞세워 신을 만들고 이야기를 붙여 나갈 수 있기 때문이다.

일상에서 어떤 개념을 찾을 수도 있다. 하지만 그것은 진정한 개념의 실체적 표현에 불과할 것이다. 개념의 궁극적 가치는 결코 현실에 완전히 드러나지 않기에 그리스 신은 개념의 이데아[2]다. 그리스 철학자들이 이데아에 집착한 이유 역시 이런 사고 체계에 연결되어 있다. 오늘날 우리는 '창의'와 '융합'을 동일한 의미로 이해한다. 창의는 개념의 융합에서 태어나기 때문이다. 우리는 작은 제우스가 되어 끊임없이 개념을 섞는다. 섞으면 강해진다. 새것이 태어난다. 바람기는 제우스에게만 있지는 않다. 불멸의 존재로서 신은 지속적으로 자식을 생산한다. 이것을 세상의 변화에 부응해 나아가는 '발전'이라고 표현할 수 있다.

현실은 이데아의 그림자에 불과하다. 우리는 현실에 발을 디딘 채 영원한 가치의 흔적을 찾는다. 그 가치가 이데아에 접근할수록 경탄하고 인정한다. 모든 창조자는 이러한 신성을 담고 있다. 예술가나 과학자나 철학자나 모든 새로움의 창조자들에겐 신성이 있다. 그 신성을 일깨우는 뮤즈를 기다리는 일이 그들의 일상이다. 뮤즈는 창조의 아이디어가 번득이는 황홀한 불꽃이다.

무오류하고 유일한 신은 어떠한가? 유일신의 성경도 열린 구조를 갖는다. 신은 다양한 상황에서 그가 택한 인간을 만나고, 그가 택한 무리로 세상과 소통한다. 그렇기에 살아 있는 신은 언제건 성경의 문자 밖으로 세계를 열어 갈 것이다. 그래서 모든 경전은 결핍적이다. 유일신은

---

2 *idea*. 현대에 와서 '관념'으로 이해되지만 당시에는 시간과 공간을 초월해 '실제로 늘 존재하는 것'을 의미한다. 플라톤은 선의 이데아(*eidos*)는 변증법으로만 표현된다고 주장했다.

인간을 택해 언약을 세움으로써 새로움을 만든다.

그리스 신화는 여러 신들이 결합과 생산으로 새로움을 만들어 내는 열린 구조를 갖는다. 그렇게 신은 오늘날에도 살아 사람들에게 영향을 끼친다. 경전은 문장으로 권위를 갖는다. 그것은 로고스[3]다. 그러나 문장은 시대에 따라 해석이 달라질 수 있다. 문장이 쓰일 때의 개념과 문장을 읽는 시대의 개념은 같은 단어라 해도 다르기 때문이다. 그래서 경전 역시 열린 해석의 구조를 갖는다. 열려 있음은 살아 있음이다.

✳ 상업과 이데아의 탄생

헤르메스*Hermes*는 장사의 신이다. 오늘날로 치면 모든 기업가의 신이다. 그는 기업가 정신의 정수를 담고 있는 이데아다. 에게해를 중심으로 교역이 늘면서 발달한 상업의 신이 바로 헤르메스다. 성공한 많은 장사꾼의 본질에 어린 덕성을 그는 한 몸에 담고 있다. 헤르메스는 제우스가 헤라의 질투와 감시를 피해 요정 마이아와 하루를 보낸 후 탄생한 신이다. 신기하게도 새벽에 태어나 대낮이 되자 바로 걸음을 내딛었다. 그의 빠른 성장은 적어도 기업가는 이런 속도를 보여 줘야 한다는 그리스 사람들의 생각을 반영한 것이다. 헤르메스는 신발에 날개를 달고 머리에는 작은 가죽 투구를 쓰고 다녔다. 헤르메스의 힘은 이 날개 달린 신발과 머리에 쓴 모자에서 나왔다. 장사의 신은 세상 장사꾼들에게 발품을 팔되 날개를 달고 힘차고 빠르게 돌아다니지 않으면 안

---

3 *logos.* 철학적 의미의 로고스는 '말'이고 '어법'이며 '진리로 통하는 문'이다. 유물론 철학자 헤라클레이토스는 만물을 불꽃과 로고스로 구성된다고 주장함으로써 항상 변함을 강조했고, 기독교의 성경을 쓴 사도 요한은 예수를 로고스로 표현해 단순한 하나님이 아들을 넘어 우주 창조의 근원으로 묘사했다.

그림 2.3 헤르메스

된다는 교훈과 권위를 갖고, 상상력이 충만한 두뇌를 굴려야 장사에 성공한다는 교훈을 준다. 물론 여기에는 속지만 않는다면 속이는 일은 아무렇지도 않다는 도덕적 불감증도 함께 포함된다.

헤르메스는 제멋대로 행동하고 남의 물건을 아무렇지도 않게 훔친다. 오늘날 윤리 경영의 입장에서 보자면 결코 장사의 신으로 등극할 수 없는 존재다. 뿐만 아니라 문제가 생기면 무마하기 위해 아부하고 심지어 뇌물주기를 주저하지 않는다. 자신이 행한 나쁜 짓을 제우스에게 들킨 그는 꾀를 내 악기를 만들어 즐겁게 만들어 줌으로써 사건을 무마한다. 그 와중에도 그는 아폴론의 물건을 훔친다. 사실 헤르메스를 장사의 신으로 만든 건 당시 장사하는 사람들 사이에서로 속이는 일이 흔했기 때문이다. 부지런함, 영민함, 그리고 사기성은 장사의 신이 품은 이데아다. 헤르메스의 사기성은 사람들에게 진실을 찾게 만드는 기제로 삭용한다. 신들의 왕까지 속이는 이 장시의 신을 누가 감당할 수 있을까? 그래서 그리스 사람들은 물건을 놓고 항상 "이것이 진짜인가?"를 물었다. 속으면 낭패다. 상인으로선 속임수가 당연한 상술이다. 그런데 상인의 물건만 속이는 것이 아니라는 사실을 설파한 현인이 있다. 바로 소크라테스다. 소크라테스는 "너 자신을 알라"고 외쳤다. 이 외침은 항상 자기를 자신이라 믿는 우리의 인식에 질문을 던진 것이다. 너 스스로 자신을 속이고 있는 것은 아닌가? 속은 자신을 진짜라고 믿고 있는 것은 아닌가? 그래서 그리스 철학자들은 인식에 깊은 관심을 가졌다. 어떤 삶이 잘 사는 삶인가? 하는 물음보다 더 중요한 게 진짜가 되는 것이었다.

그리하여 플라톤은 이데아를 주장했고, 아리스토텔레스는 《니코마스 윤리학》에서 행복, 즉 좋은^{eu} 신^{daimon}적 상태인 에우다이모니아^{eudaimonia}에 도달하는 핵심 요소로 자기다움, 즉 어레티를 주장했다. 진짜가 되는 게 선결 조건이라는 주장이다. 스스로를 돌아보면 이것이 실로 어려운 일임을 우리는 잘 안다. 그리고 존재에 대한 이러한 의심이 서양 철학의 근간을 이루며 오늘까지 지속되고 있다. 열린 구조의 그리스 신화와 그리스 사람들의 교역은 진짜에 대한 열망과 이데아만이 진짜일 수 있다는 인식의 한계를 배회하는 것으로 드러난다.

헤르메스는 오늘날의 앙트로프러너십[4]을 대표하는 고대의 개념이다. 이러한 신들의 탄생에 대한 이해를 통해 고대 그리스 사회를 이해할 수 있다. 상업과 무역이 발달하고, 이를 통해 부를 축적한 상인들이 시민으로서의 권리를 얻기 위한 시스템을 갖추어 가던 과정은 그리스 민주주의의 원류로 해석할 수 있다.

전쟁과 매력의 탄생

매력은 어디에서 오는가? 매력은 단순히 사람을 유혹하는 힘을 넘어

---

4 *Emtrepreneurship*. 기업가 정신으로 번역되나 프랑스 원어는 '사이'를 의미하는 *entre*와 '잡다'는 의미의 *preneur*를 합한 단어로 '무엇과 무엇 사이의 빈 틈을 잡아채는 정신'을 의미하므로 우리말로는 '틈새 잡기'로 번역함이 적절할 듯하다.

선다. 매혹의 한자어[5]는 '도깨비(魅)에 홀린(惑) 듯한 상태'를 의미한다. 그러니 매력은 마치 '도깨비가 되어 사람을 끌어당기는 힘'을 말한다. 각각의 사람들이 느끼는 매력은 주관적이다. 때때로 한 사회에 통용되는 공통적 매력이 정의되기도 한다. 그런 공통의 매력 포인트로 그리스 사람들은 영웅을 추켜 세웠다. 그리스 도시 국가들은 상업이 발달한 지역이지만 동시에 남의 재물을 간단히 탈취할 수 있는 전쟁 역시 빈번한 지역이었으므로 모든 도시 국가들은 자신들을 지켜 줄 강력한 남성을 동경했고, 그러한 자들을 우러렀다.

스파르타는 강력한 전투력을 갖추었던 그리스 도시 국가로 모든 남자아이들을 위대한 전사로 키우고자 했다. 강력한 근육과 전투력, 인내력, 책임감, 죽음으로 조국을 지켜 내는 정신은 스파르타가 추앙한 남성의 매력이었다. 이러한 매력적 남성성, 시쳇말로 '상남자'의 조건을 비루투스[Virtus]라 불렀다. 이 단어는 오늘날 덕[Virtue]이 되었다.

비루투스의 이데아는 영웅으로 묘사되었다. 영웅은 신과의 관계에서도 굴하지 않는 사람들이다. 헤라클레스의 용맹과 힘, 죽음마저 이겨 내는 아킬레우스의 능력, 운명과 싸워 이기는 오디세우스의 인내력은 칭송거리가 아닐 수 없었다. 이러한 매력적 영웅의 이야기는 훗날 그리스의 작은 도시 국가 마케도니아의 왕자였던 알렉산더[6]가 짧은 기간이었지만 페르시아를 물리치고 제국을 건설하는 결과로 이어졌다. 그런 면에서 영웅 이야기는 한 민족을 강건하게 하고, 수많은 매력적 인물

---

5 魅(도깨비 매)는 뜻글자인 귀인 귀(鬼)에 음 글자인 아닐 미(未)를 붙여 '귀신이 아니'라는 모순적 의미를 가진 글자로 정신을 혼란케 하여 끌리게 만드는 것을 의미한다.

6 Alexander, BC 356~BC 323) 그리스 마케도니아의 왕자, 어머니 모니카와 부친 필리포스 2세 사이에서 태어났다. 아리스토텔레스의 제자였고, 페르시아를 정복하여 제국의 황제가 되었다.

을 만들어 내는 힘이 있다. 과거와의 대화를 통해 그리스인들 마음속에 새겨졌을 상남자의 매력을 들여다봄으로써 오늘날 변화된 매력의 의미를 되짚어 볼 수 있다.

❋ 신과 다툰 영웅

제우스의 아들 헤라클레스*Heracles*는 인간이다. 하지만 신의 아들이라는 정체성은 헤라클레스를 특별하게 만들었다. 제우스는 올림푸스 신들의 왕이 되기 위해 거인족 티탄들과 전투를 벌였는데, 뜻대로 풀리지 않자 인간의 특징을 잘 아는 헤라클레스에게 도움을 요청한다. 헤라클레스는 제우스를 도와 결국 티탄을 물리친다. 신을 도와 승리한 대단한 인간이다. 헤라클레스의 힘이 어찌나 센지 싸움 소 3천 마리를 때려죽일 정도였다. 어느 날 신과 싸움을 벌였는데, 느닷없이 황소로 변신한 신이 헤라클레스에게 달려들었다. 황소쯤 전혀 문제될 게 없는 헤라클레스는 신을 꺾었다. 신을 돕기도 하고 신과 싸워 이기기도 하는 인간에 대한 상상은 그리스 사람들이 신들의 사생활을 들춰 내며 인간화한 결과다. 그들은 신과 맞서는 인간을 영웅으로 여겼다.

그리스 사람들의 이러한 영웅 의식은 알렉산더에게서도 발견된다. 어머니 모니카는 알렉산더를 낳을 때 신이 찾아와 예언했다며 알렉산더에게 전쟁에서 죽지 않는

그림 2.4 헤라클레스

영웅이 될 것이라 가르쳤다. 알렉산더는 종종 전쟁 중 이를 시험이라도 하듯 머리에 눈에 띄는 단장을 한 채 백마를 타고 적진에 홀로 뛰어드는 일을 서슴지 않았다고 전해진다. 신과 씨름하는 인간의 이야기가 그리스에만 있지는 않다. 히브리의 전승에도 아브라함의 손자 야곱이 신과 밤새도록 씨름하여 신이 마침내 야곱의 환도뼈를 부러뜨리고 떠난다는 이야기가 있다.

❋ 죽음에 도전한 아킬레우스

인간과 님프 사이에 태어난 사람 역시 신성神性 깊다. 바다의 님프 테티스와 테살리아의 왕 펠리우스 사이에 태어난 아들이 아킬레우스 *Achilleus*다. 자신과 달리 인간으로 태어난 아킬레우스가 언젠가 죽음을 당하게 될 것을 아쉬워한 테티스는 꾀를 내 저승의 강 스틱스*styx*에 아킬레우스의 발목을 잡고 몇 번 담가 미리 죽음의 백신을 입혔다. 스틱스 강의 독성은 세상의 어떤 것도 아킬레우스의 피부를 상하지 않게 만들어 주기 때문이었다. 아킬레우스는 전쟁의 영웅으로 트로이 전쟁에서 트로이의 첫째 왕자 헥토르를 죽인다. 그러나 그의 약점인 발목은 그의 발목을 잡아 죽음에 이르게 했다. 히브리 민족의 전승에도 이런 영웅 이야기가 등장한다. 바로 '삼손'이라는 사사士師다. 그에게는 헤라클레스에 맞먹는 힘이 있었다. 그 힘의 원천을 알고자 하는 데릴라의 속임수와 적의 음모에 말려들어 머리카락의 비밀을 알려 주는 바람에 삼손은 힘을 잃고 붙들려 눈이 뽑히는 형벌에 처해진다. 강력한 힘을 가지고 있지만 동시에 하나의 비밀스런 치명적 약점을 가진 아킬레우스는 어떻게 그리스 사람들에게 매력남이자 영웅으로 자리매김하게 되었을까? 이유는 바로 그 비밀스런 약점에 있다. 치명적 약점이 없었다면 헤라클레스와 다를 바 없는 존재가 되었을 것이다. 비밀은 신비로움의 원천이다. 사람들에게 호기심을 불러일으켜 매력으로 끌리게 한다. 오늘날도 비밀스런 신비감을 가진 이가 오히려 대중에게 매력적 인물로 비치는 일은 흔하다.

그림 2.5 아킬레우스

☀ 운명에 도전하는 영웅

신적 탁월성을 갖고 태어나는 사람은 많지 않다. 그렇게 태어난 존재가 있다면, 아마 인생에서 부닥치는 운명의 장난에 힘겨워 하는 인간적 삶의 모습을 이해할 수 없을 것이다. 하지만 운명에 휘말려 무너지는 인간이 아니라 싸워 이겨 내는 인간은 매력적이다.

만일 우리가 신이 받쳐 든 쟁반 위에 서 있다고 상상하면, 우리가 선 쟁반은 신의 뜻이니 천명天命이라 할 수 있을 것이다. 그 쟁반 위에 컵 하나가 같이 있다고 가정하면 쟁반이 흔들릴 때마다 컵 또한 이리저리 흔들릴 것이다. 그러다 어느 순간 그 컵이 쟁반 위에서 같이 흔들리던 우리를 덮친다. 이것이 운명運命이다. 쟁반 가장자리의 높은 턱은 빠져나갈 수 없는 테두리이므로 숙명宿命이다. 이렇게 하늘의 움직임에 따라 느닷없이 들이닥치는 운명을 사람들은 한탄한다. 그러나 그리스 사람들의 마음속 영웅 오디세우스는 운명에 맞서 싸운다. 그의 이야기는 모든 흥미로운 서사의 전형이다.

오디세우스는 잘 살던 고향을 떠나 전쟁의 소용돌이에 빠지게 된다.[7] 오래전에 결혼을 시도했지만 성공에는 이르지 못했던 여인이 곤란한 상황에 빠지자 그녀를 구하려는 명분에 따라 일어난 전쟁이었다. 자신과는 이제 별로 상관이 없어졌지만 미리 했던 약속을 지키러 목숨을 걸고 나선 그는 정직하고 성실한 사람이었다. 전쟁에서 그는 탁월한 지혜와 용맹으로 승리를 이끌었지만, 이후 고난에 찬 귀향 스토리가 전개된다. 귀향은 녹록지 않아 수많은 동료의 생명을 빼앗기고 자신마저

그림 2.6 튀니지 바르도 국립박물관의 오디세우스와 사이렌 모자이크. 서기 2세기 작.

여러 차례 위험에 처하는 등 긴 세월 수많은 고난의 상황에 처한다.[8] 고향에서는 그가 이미 죽었다는 소문이 흉흉하게 번졌고, 그

7 오디세우스는 원래 스파르타 최고의 미녀 헬레네(*Helene*)와 결혼하려 했지만 실패하였고, 대신 헬레네의 사촌 페넬로페(*Penelope*)와 결혼한다. 이때 헬레네에게 구혼하는 수많은 경쟁자들이 스파르타를 위협에 빠지게 할 가능성을 두려워하던 헬레네의 아버지에게 헬레네가 누구와 결혼하건 그 결혼생활을 위협하는 일이 생기면 모두가 나서 도와주자는 약속을 제안하라는 지혜를 발휘했다. 미케네의 메넬라오스와 결혼한 헬레네가 파리스와 함께 트로이로 가버리자 트로이 정복을 위한 전쟁이 벌어지고 그도 전쟁에 참여하게 된다.

8 오디세우스의 영웅담은 《일리아드》에서 트로이 전쟁 10년, 《오디세이》에서 승전 후 돌아오는 10년의 세월의 이야기로 나타난다. 귀향의 과정은 마녀 키르케의 유혹을 받아 감금되고 탈출하여 돌아오는 중에 거인에게 다시 잡히는 등 반복되는 운명의 장난에 빠진다. 그가 돌아와 활 쏘기를 하여 자신이 오디세우스임을 밝히는 장면은 인상적이다.

가 없는 집의 마당에는 그의 아름다운 아내에게 청혼하려는 건달들이 진을 치고 있다. 모든 환란을 이겨 내고 고향으로 돌아온 오디세우스는 현명한 아내의 지혜로 마침내 아내와 해후한다. 애초에 떠나지 않았다면 없었을 이야기지만 인생이 원래 그런 것이기에 그리스 사람들은 어쩌면 허탈한 이야기 속의 오딧세우스를 응원하며 자신들도 그런 삶을 꿈꾸었을 것이다.

※ 신과 계약하는 영웅

그리스 영웅은 아니지만 히브리인들에게 전승되는 아브라함 역시 이런 관점에서는 분명 영웅이다. 본디 그는 우상을 만들어 파는 상인이었지만, 어느 날 자신을 찾아와 고향을 떠나 지시한 곳으로 가라는 신의 말을 믿고 떠난다. 신은 아브라함에게 자신의 명령을 잘 들으니 그를 믿음의 조상으로 삼게 하고 하늘의 별처럼, 바닷가의 모래알처럼 자손을 낳게 해 주겠다고 약속한다. 하지만 당시까지 아브라함은 자식 한 명 없이 늙어 가던 노인에 불과했다.

신은 그에게 다시 한번 자신과의 약속을 확인하면서 당시의 계약 의식대로 소를 갈라 놓을 것을 요구했다. 하루종일 기다린 그에게 저녁 무렵 불타는 횃불이 벌려 놓은 제물 사이를 지나가는 것으로 약속을 확인한다. 둘 중 누구라도 약속을 어기면 제물이 된 짐승처럼 쪼개져 죽는다는 약속이었으리라. 신과 대범한 계약을 맺은 그는 100세에 아들 하나를 얻는다.

2.2 물질과 인생

이오니아반도 융합 지성의 불꽃

그리스 지성 출현의 모판은 이오니아*Ionia* 반도다. 이온*ion*은 오늘날의 과학적 개념에서는 전하를 띤 물질을 의미한다. 전하를 띤 물질은 전하의 강도에 따라 상호 작용을 일으켜 독특한 기능의 결과물을 도출한다. 그런 면에서 이오니아라는 반도의 지명은 흥미롭다. 이오니아반도는 현재는 튀르키예의 영토이지만, BC 6세기경에는 그리스 식민지였다. 이오니아반도 서해안에 자리한 도시 국가 밀레토스*Miletos*는 무역으로 번창하였고, 그리스 본국에서는 멀리 떨어진 탓에 전통에서 벗어나 사회적 분위기는 비교적 자유로웠다. 사회적 자유로움은 당연히 생각의 자유로 이어져 수많은 자연 철학자들이 나타났다.

이집트에서 인도에 이르는 다양한 문화와 기술과 지식이 융합될 수 있었던 것은 그리스인들의 항해술에 기인했다. 이오니아반도 사람들 중 지적 탐구 욕망이 있는 사람들은 재산을 팔아 지적 여행을 떠나기도 했고, 그들 중 일부는 깨달음을 얻은 현자로 사람들의 스승이 되기도 했다. 이들은 다양한 소그룹 학파를 형성하였고, 그렇게 집중된 생각은 체계를 이루며 그리스 지성의 불꽃을 일으키는 불씨가 되었다. 형성된 생각의 체계는 그리스 신화적 체계와는 달랐고, 이렇게 형성된 생각의 충돌과 융합과 확산은 지적 불꽃을 일으키기에 충분했다. 신화의 시대에 사물의 근원을 탐구한 전혀 다른 종류의 사람들이었다. 바로 고대의 자연 철학자들이었다. 신화의 나라 그리스에서 어느샌가 물질의 기원을 추적하는 사상이 발생했다는 점은 매우 흥미롭다.

탈레스[9]는 만물의 근원에 대해 질문한 철학자였다. 당대 지식인들 대개가 그렇듯, 탈레스는 노예제 수공업의 경영자이며 기술자이자 정치가였다. 1년을 365일로 규정했던 탈레스는 만물의 근원이 물이라 주장했다. 그의 제자는 그와 달리 만물의 근원을 공기라 했다. 아낙시만드로스[10]는 생명이 물에서 생겨나 육지로 올라왔다고 주장했고, 인간도 물고기 가운데 생겨났다고 주장했다. 물, 흙, 공기, 불과 같은 원소설은 오늘날의 관점에서는 틀린 것이지만, 이들의 주장은 16세기에 이르기까지 2천 년간 진리로 받아들여졌다.

이보다 더 본질에 가까운 설명도 있었다. 헤라클레이토스와 쌍벽을 이루며 현대 과학에서 원자론의 아버지로 불리는 데모크리토스[11]는 이 세상 모든 것이 더 이상 쪼갤 수 없는 원자와 원자를 둘러싼 진공으로

---

9 *Thales*, BC 625~BC 547. 튀르키에 밀레토스 출신으로 밀레토스 학파의 창시자이다. 최초의 철학자, 수학자로 인정되며 고대 그리스 7대 현인 중 한 명이다.

10 *Anaximandros*, BC 610~BC 546. 밀레토스 학파의 철학자로 탈레스의 영향을 받아 만물의 근원은 물과 같이 그 형태나 한계를 규정하기 어려운 아페이론(*aperion*)이어야 한다고 주장했다. 아페이론은 없음을 나타내는 *a-*와 경계를 나타내는 페라스(*peras*)의 합성어다. 그가 구분한 만물의 근원은 만물이 갖는 성질이 아니라 그 최초의 것으로 불(*pyr*), 공기(*aer*), 물(*hydro*), 흙(*ge*)이 적당히 결합해 만들어진 성질이라고 했다.

11 *Democritus*, BC. 460~380. 그리스 압데라 출신으로 소크라테스와 비슷한 시기에 활동했다. 원자론은 물질은 더 이상 쪼갤 수 없는 원자(*atom*)로 구성되고 원자 주변은 텅빈 공간으로 이루어졌다고 했다. 《대우주론》, 《소우주론》, 《행성에 대하여》, 《자연에 대하여》, 《인간의 본성에 대하여》, 《지성에 대하여》, 《감각에 대하여》, 《영혼에 대하여》, 《맛에 대하여》, 《색에 대하여》, 《원자의 다양한 움직임에 대하여》, 《형태의 변화에 대하여》, 《천체 현상의 원인들》, 《대기 현상의 원인들》, 《수론》, 《무리수 선분과 입체에 대하여》, 《천문학》, 《리듬과 하모니에 대하여》, 《아포리아에 관하여》, 《피타고라스》, 《추론의 규준에 관하여》, 《행복에 관하여》 등등의 책을 저술했다고 알려졌으나 모두 유실되고 현재 남아 있는 것은 없다. 혹자는 달변에 유려한 문장가인 데모크리토스를 시기하여 플라톤이 제거한 것으로 주장하기도 하나, 영원성을 묘사한 플라톤의 저술과 달리 그의 저술은 불온한 것으로 판정되어 소멸된 것으로 추측한다.

이루어져 있다고 주장했다. 헤라클레이토스는 세상 모든 것은 변화한다고 했고, 그 변화의 상징으로 불꽃과 이를 둘러싼 로고스^{logos}로 세계를 이해했다.

데모크리토스는 100세 넘게 장수했고, 병약한 헤라클레이토스는 고통 속에 죽었다. 데모크리토스는 항상 웃고 다녀 '웃음의 철학자'로 불린 반면, 헤라클레이토스는 늘 슬픔에 잠겨 '비탄의 철학자'로 불렸다. 동일한 유물론자의 삶의 자세가 너무도 대조되었던 점은 또 다른 흥밋거리다. 이들은 후일 중요한 인생 철학 유파의 시조가 된다. 물질과 인생은 사뭇 달라 보이는데, 정작 이들은 물질 덩어리에 불과한 인간들이 그토록 다양한 삶의 과정에서 만나는 희로애락에 천착하여 어떻게 하면 잘 사는 것인가에 주목했다.

✳ 데모크리토스와 에피쿠로스의 코드 A: 아톰^{atom}과 아타락시아^{ataraxia}

데모크리토스는 BC 5~4세기 사람이다. 그는 부유한 부친의 재산을 팔아 만든 자금으로 세계 여행을 다녀왔다. 그가 다닌 곳은 이집트를 비롯해 인도에 이르는 넓은 지역이었고, 지성의 현자들을 많이 만났다. 여행을 마치고 막상 고향으로 돌아왔을 때는 부친 장례를 치를 돈이 없을 정도로 빈털터리가 되어 있었다. 글 재주가 대단했던 그는 뚝딱 책 한 권을 써서 번 돈으로 장례를 치렀다고 한다. 보고 들은 것이 많았던 그는 쉴 새 없이 책을 냈고, 제자들에게 자신의 생각을 전했다. 언변도 대단해 교묘한 토론의 달인들이었던 소피스트들조차 부러워 그의 말투를 본받고자 했다. 문장은 유려하고 독자에게 잘 전달되어, 플라톤조차 시기심을 발동할 정도였다.

이데아를 더 이상 쪼갤 수 없는 물질인 원자와 그를 둘러싼 빈 공간이라 하는 그의 논설을 플라톤이 받아들일 수는 없었을 것이다. 이렇게 허무하고 단순한 원자론은 삼라만상이 모두 동일한 원자 덩어리이고, 그 원자의 모양과 공간을 구성하는 구조에 따라 특성이 달라지니 인간이라 하여 특별할

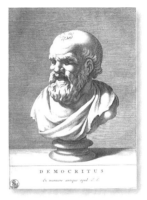

그림 2.7 데모크리토스

것이 없다. 하지만 그렇게 원자와 빈공간 덩어리인 인간은 생각하고, 관계하며, 울고, 웃고, 고통과 환희를 경험한다.

타고난 낙천적 성격에 더해, 데모크리토스는 항상 웃는 얼굴로 재담을 펼쳤다. 그는 인간은 결국 원자와 텅빈 공간에 불과하다는 인식으로 별것 아닌 존재라 깨달았다. 그 허무에 기반한 존재가 추구할 것은 행복이었기에 그는 늘 유머 속에 밝게 웃고 살았다. 이런 생활방식 탓에 사람들에게 '웃는 철학자', '웃음의 철학자'로 알려졌다. 그는 웃음이 원자와 공간 덩어리인 인간에게 꽤나 유익하다는 것을 온몸으로 증명했는데, 100살 넘게 장수했다는 사실이 그 증명이었다.

원자론에 대한 데모크리토스의 주장을 이어 간 철학자로 에피쿠로스[12]가 있었다. 그는 어떻게 살 것인가에 더 초점을 두었다. 데모크리투스가 웃으며 편안한 삶을 살았던 것에서 한 걸음 더 나아가, 에피쿠로스는 걱정거리 없는 상태를 가장 좋은 삶이라 하였다. 걱정거리는 트

---

12 *Epicurus*, BC 341 ~ BC 271. 에피쿠로스 학파의 창시자로 300여 권의 저술을 한 것으로 알려졌지만 전해지는 것은 그중 몇 권에 불과하다.

락시아^{Traxia}이므로 이것이 없는$^{a-}$ 상태가 바로 아타락시아$^{a-taraxia}$다. 그는 아타락시아에 도달하는 데 걸림돌이 되는 두 가지 두려움이 바로 신과 죽음이라고 보았다.

여기서 그는 신의 문제를 이렇게 해결했다. 완전한 존재로서의 신은 완전한 행복에 들어 있으므로 절대적으로 성가신 일을 피해 완전한 아타락시아를 즐긴다. 그런 신에게 있어 가장 예측 불가하고 성가신 일은 바로 인간 세상에서 벌어지는 일이므로 신은 자신의 평온을 위해 인간에게 관심을 끊는다. 따라서 신을 두려워할 필요가 없다. 그리고 죽음은 누구나 겪는 일이며 내가 죽음을 생각하는 순간은 살아 있으므로 죽음에 이르지 않았고, 죽음이 오면 더 이상 생각하고 느끼지 못하므로 죽음은 두려워할 대상조차 안 된다고 주장했다. 따라서 그는 늘 기쁨을 추구하는 삶을 살아야 한다고 주장했다.

이러한 그의 주장을 쾌락의 추구로 오역하여 '쾌락주의'라 하기도 하는데, 이는 오해가 많은 번역이다. 실제로 그는 욕망을 구분하여 제1욕망은 이 욕망을 중단했을 때 생명을 유지할 수 없는 필수적 욕망으로 구분하였는데 식욕과 수면욕이 그러하다. 그는 이런 욕망은 가급적 즐길 것을 권했다. 기왕에 먹을 것이면 맛있게 음미하고 기왕에 잘 것이면 통나무처럼 잘 것이다. 그렇다고 그의 주장이 산해진미를 추구하라는 뜻은 아니었다. 한 조각의 빵과 물만 있어도 행복할 수 있다는 것이 에피쿠로스의 식욕에 대한 견해다.

2단계 욕망은 금해도 생명에는 지장이 없는 욕망으로 성욕과 사치욕이 해당된다. 성욕과 사치욕은 즐거움을 주지만 지나치면 결국 번거롭고 성가신 일들이 생겨나므로 아타락시아에 이르는 데 문제를 일으킨다고 보았다. 쾌락주의자라는 오해와 달리 에피쿠로스는 성욕과 사치욕을 절제하라고 주문한다. 3단계 욕망은 사회적 관계에 따른 욕망으로 권력, 명예욕, 금전욕이 그것이다. 이러한 욕망은 언제나 인생의 아타락시아를 깨트리므로 행복한 아타락시아를 위해 은둔하고 적극 회피할 것을 주장했다. 에피쿠로스의 인생 철학은 성가신 일 없는 평온한 인생을 위해 작은 것에 만족하고 행복해하며 불필요한 욕망을 끊고 사회적 명성이나 권력을 피해 은둔하는 소승적 삶으로의 권고였다.

원자론은 사물마다 원자의 배열에 따라 각기 다른 성질을 나타내는데, 사물은 자신의 본성에 따라 존재하고 기능하지만, 인간은 그 본성을 들여다보고 향유할 것을 향유하고 절제할 것을 절제하며, 끊어낼 것을 끊어내는 방식으로 자연의 사물들이 불편함 없이 아타락시아를 이루는 것처럼 그렇게 평온한 인생이 선이라 했다. 원자론은 더 이상 쪼갤 수 없는$^{a\text{-}tom}$ 성질이 갖는 어떠한 성가신 일도 없는$^{a\text{-}taraxia}$ 삶이라는 인생 철학을 뽑아냈다. 에피쿠로스의 철학은 사람들의 마음을 움직여 추종자가 생겼고 로마 시대에도 중요한 인생 철학으로 사람들 사이에 유행했다.

※ 헤라클레이토스의 코드 A: 아파테이아^{apatheia}

데모크리토스와 대응되는 자연 철학자가 헤라클레이토스[13]다. 그는 다원소설을 주장하는 주류 철학자들과 달리 데모크리토스처럼 이원론을 펼쳤다. 그는 세상에 변하지 않는 것이 없다고 보았고, 무상無常함

---

13 *Heraclitus*, BC 535~BC 475. 소크라테스 이전 철학자로 에페소스의 귀족 가문 출신이다.

그림 2.8 헤라클레이토스, 아브라함
젠슨, 1601~1602년 작

의 가장 큰 상징으로 불꽃과 그것을 둘
러싼 로고스를 사물의 본질이라 주장했
다. 모든 사물은 불꽃을 품고 있고, 그
존재 이치를 밝히는 로고스가 그 불꽃
을 감싼다. 이런 주장을 펼쳤던 헤라클
레이토스는 늘 민망함과 우울한 기색으
로 지냈다. 그래서 웃음의 철학자 데모
크리토스와 달리 그는 '눈물의 철학자'
로 불렸다. 자신의 병든 몸을 고치고자

쇠똥 위에 앉아 햇빛에 진물을 말리는 등 늘 고통에 시달리다 사망한
그는 많은 사람들이 가슴에 품은 불꽃으로 스스로 타들어가며 겪는
고통을 보았다. 그래서 그 불꽃*Patheia*이 없는 상태를 좋은 인생으로 규
정했는데, 그는 그러한 상태를 아파테이아*a-patheia*라 규정하였다.

　헤라클레이토스의 유물론과 인생 철학을 계승 발전시킨 철학자가
제논이다. 제논[14]은 광장 모퉁이의 스토아 기둥 아래서 즐겨 철학을 설
파하였다. 이렇게 아파테이아를 추구하는 사람들을 스토아 학파라고
불렀다. 스토아 철학은 자신을 불태우는 욕망의 불꽃을 억제하는 금
욕적 삶을 주장했는데, 이러한 사상은 로마 지도층의 핵심적 삶의 태
도로 자리잡았다. 이들은 죽음을 두려워하지 않았고, 명예와 존엄을
위해서라면 자살마저 권장하는 자세를 취했다. 네로[15] 황제의 스승이었

14　*Xenon*, BC 335~BC 263. 키티온의 제논. 키프로스 키티온 출신으로 스토아 학파의 체계적 창시자.
'제논의 역설'로 유명한 제논은 엘리아의 제논(*Zenon, ho Elea*, BC 490~430)으로 엘레아 학파의 높은 수
준의 수학적 변증법을 제시한 철학자로 여기서 말하는 스토아 학파의 제논과는 다른 사람이다.

15　*Nero*, 54~68. 율리우스-클라디우스 왕조의 마지막 황제.

던 세네카[16] 역시 자결의 명령 앞에 담담히 죽음을 택했다.

스토아 철학자들은 야망의 불꽃이 이글거리는 황제들이 즐겨 찾는 스승이었다. 유명한 황제 마르쿠스 아우렐리우스[17]가 스승으로 삼고 책에서도 언급한 에피텍투스[18] 역시 노예 출신이었으나 자유인이 된 스토아 철학자다. 스토아 철학은 에피쿠로스 철학과 달리 그 대승적 성격 탓에 폭넓은 대중적 지지를 얻었다.

※ 아리스토텔레스의 코드 A: 어레티*Arete*

플라톤의 제자였던 아리스토텔레스[19]는 마케도니아의 왕자 알렉산더의 스승이기도 했는데, 자신이 만든 아카데미에서 제자를 양성했으며 동시에 오늘날 학문으로 분류하는 대부분의 분야를 연구하고 저술하였다. 그는 다양한 실제적 사물의 배후에 있는 보편적인 어떤 것, 즉 이데아가 있다는 스승 플라톤[20]의 사상과는 달리 개개의 사물에 각기 보편성이 깃들어 있다고 보았다. 즉 개개의 사물은 각각의 질료에 속성 혹은 형상이 결합된 것으로 이해했다. 스승 플라톤이 모든 사물의 배후에 도사리고 있는 이상적 관념론을 주장했다면, 제자 아리스토텔레

---

16 *Lucius Annaeus Seneca*, BC 4~AD 65. 로마 제국의 정치가, 사상가, 문학자. 에피쿠로스 학파의 영향도 반영한 스토아 철학자다.

17 *Marcus Aurelius Antonius*, 121~180. 로마 제국 16대 황제. 5현제 중 마지막 현제로 우리에게도 익히 알려진 저서《명상록》을 집필했다.

18 *Epictetus*, 55~135. 고대 그리스 스토아 학파의 대부로 노예 출신이다. 저서를 남기지는 않았으나 제자인 아리아노스가 어록을 간추려 엮은《어록》,《제요》가 알려진다.

19 *Aristotles*, BC 384~BC 322. 고대 그리스 철학자로 플라톤의 제자다. 알렉산더 대왕의 스승으로 리케이온 학교에 도서관을 짓기도 하였다. 물리학, 형이상학, 시학, 생물학, 논리학, 수사학, 정치학, 윤리학, 도덕론 등에 걸쳐 다양한 주제의 저서를 남겼다.

20 *Platon*, BC 428~343. 객관적 관념론의 창시자로 아카데미아의 교육자다.

그림 2.9 아리스토텔레스

스의 주장은 개별적 실제 사물에 대한 유물론이었다. 그럼에도 질료와 형상 중 형상이 더 중요하다고 강조함으로써 다른 유물론자들과 달리 관념론적 입장을 강하게 유지했다.

정다면체가 4, 6, 8, 12, 20면의 5개만 존재한다는 피타고라스[21] 학파의 발견에 착안한 아리스토텔레스는 플라톤이 주장한 불, 흙, 공기, 물, 우주의 5원소설을 확장하여 지구상의 물질은 물, 흙, 공기, 불의 4원소로 구성되고, 천상의 물질은 제5원소로 되어 있다는 물질관을 주장했다. 아리스토텔레스의 4원소설은 자연과학을 이해하는 강력한 도구가 되었다. 히포크라테스[22]는 사람을 네 가지 체질로 구분하고 이에 따른 처방을 하기도 했다. 이는 동양의 사상체질이나 오행, 불교의 오륜 등과도 유사성을 띤다. 물질의 운동에 대한 그의 고찰이 《물리학^{Physics}》을 집필하는 계기가 되었는데, 이것을 넘어서는 영역을 형이상학^{metaphysics}이라 규정함으로써 앞서 이야기한 것을 넘어 거의 모든 학문을 분류하고 창시한 셈이다. 아들 니코마코스에게 주었던 좋은 인생에 대한 교훈을 엮어 《니코마스 윤리학》을 집필했다. 여기서 그는 행복은 좋은 신의 뜻에 따른 에우다이모니아^{eudaimonia}이고, 이를 위

---

21 *Pythagoras*, BC 570~BC 495. 이오니아의 수학 철학자, 과학자, 피타고라스 정리로 유명하며 정수론을 정립하였다. 채식주의자이자 윤회 사상 등을 주장한 그의 행보로 인해 신비주의자로 알려져 있다.

22 *Hippocrates*, BC 460~BC 370. 고대 그리스의 의사. 마술과 철학에서 의술을 분리해 낸 사람으로 《히포크라테스 의학집성》, 《공기, 물, 흙에 대하여》, 《성스러운 병》 등의 저서를 남겼다. 오늘날 의사로 출발하는 다짐을 담은 히포크라테스 선서로 유명하다.

해서는 본질이 아닌 걸쳐진 것^{rete}들을 모두 거두어$^{a-}$ 낸 상태가 되어야 한다고 했다. 그렇게 주장한 그의 삶의 코드 A가 바로 어레티^{arete}다. 어레티는 사물이 '그것다움'을 이룬 상태다. 사람의 자기다운 상태가 어레티다. 이것은 소크라테스의 유명한 질문 "너 자신을 알라"는 말에 일치한다. 자신을 알 때 비로소 행복에 도달할 수 있는 사람이다. 이것이 바로 '탁월성'이고 로마 사람들이 '덕'이라고 불렀던 개념이다.

《물리학》에서 운동을 평안과 안정을 찾기 위한 사물의 움직임으로 이해하고 운동의 끝인 '정지'를 최고의 상태라 생각했다. 당연히 인간은 4원소로 구성된 질료인 육체와 영혼으로 구성된 형상이라 생각했다. 이러한 그의 생각은 후일 그리스 철학을 기독교에 접목하고자 했던 중세 교부들에게 중요한 연결점이 되었다. 운동학의 관점에서 좋은 인생은 역시 운동하지 않고 세상을 바라보는 고요한 현자의 삶이다.

관념론의 탄생과 아카데미

※ 관념과 유물의 대립

공산주의를 창시한 마르크스의 박사 학위 논문이 그리스 유물론의 상징인 데모크리토스와 그의 계승자인 에피쿠로스의 비교 분석에 기초했다는 사실은 흥미롭다. 그는 역사의 발전이 인간 정신의 발전에 기인한 것이 아니라 생산 방식의 변화에 기인한다고 보았다. '세계 정신^{Weltgeist}'이라고 불리는 관념적 항목을 주장하고 인류 역사 변화를 설명한 헤겔의 이해가 신의 섭리에 의한 역사 발전이라는 종교인과의 이해와는 다름에도 신이나 세계 정신 모두 손에 잡히는 실체가 아니란 점에서는 관념으로 분류할 수 있을 것이다. 그런 면에서 역사 발전을 생산 양식의 변화로 바라본 유물적 사고방식은 이와 대립되는 생각이다.

마르크스의 박사학위 논문 제목은 〈데모크리토스와 에피쿠로스 자연 철학의 차이〉였다. 모든 물질이 원자와 원자를 둘러싼 허공으로 이루어진 점은 공유하지만 데모크리토스는 원자가 중력으로 하강하다 다른 원자와 충돌하여 다시 튀는 것으로 이해하고, 에피쿠로스는 그 하강이 수직뿐 아니라 수평으로의 변형도 이루어져 서로 충돌하며 구조를 이루는 것으로 이해했다. 에피쿠로스는 이것을 '클리나멘^{clinamen}'이라 불렀다. 이러한 주장의 미세한 차이에 주목한 마르크스는 인간의 사유에도 이런 클리나멘이 존재하고, 이 사유의 클리나멘에서 사람들의 생각의 의지와 자유가 나온다고 보았다. 물론 이 부분은 물질의 법칙과 사유의 법칙 사이에 일종의 유사성^{similarity}을 적용한 것이어서 입증할 수 없는 직관적 이해이다.

에피쿠로스가 자연법칙으로 돌아가는 세계와 더불어 완전하여 자신이 창조한 세계에 관심을 끊고 평정심^{atraxia}을 유지하는 신을 주장하며 역사의 발전과 신의 섭리를 분리하였으므로 마르크스는 그 속에서 물질의 발전과 다양성에서 인간 사유의 발전과 다양성의 기초를 보았던 것으로 보인다. 그렇게 관념 또한 물질의 법칙에 따르는 것으로 이해하였을 것이다. 반면 플라톤의 이데아를 비롯, 헤겔의 세계 정신은 역사의 변화를 통해 스스로의 정신을 실현시키는 것으로 일종의 신적 이성이라는 관념의 발현으로 이해헀다. 이 경우 역사를 이끌어 가는 주체는 세계 정신의 정수를 받은 특정인(플라톤의 경우 철학자)들이 될 것이다. 그러나 마르크스의 관점에선 원자론이 갖는 클리나멘의 변위에 따라 무질서한 충돌로 만들어지는 형상과 질서로서의 물질 세계처럼 역사 또한 개인들의 다양한 사고의 변위와 충돌로 만들어지는 것이다. 이제 관념론의 탄생 주역들을 살펴보는 것으로 이 장을 맺고자 한다.

❋ 숫자라는 관념

어떻게 하면 인생에서 걸리적거리는 고민거리를 덜어 내고 편안하고 행복하게 살 것인가, 또는 마음속 불꽃의 열정을 덜어 내고 평온함을 유지할 것인가와 같은 생활 철학의 핵심을 만든 이들은 유물론적 자연철학자들이다. 그들은 사람이나 사물이나 물질이라는 생각에서 출발했기에 잘 살다 죽는 일이 중요했지만 사람, 특히 자기 자신에 대한 존재와 가치를 깊이 있게 묻는 철학자들도 있었다. 이러한 부류의 철학자들은 우리가 경험하는 것이 사실의 전부가 아닐 수 있다는 점에 집중했다. 그러한 노력은 초기에는 숫자가 갖는 특수성과 숫자 사이의 관계와 같은 것을 통해 세상을 이해하려는 노력으로 전개되다 점차 모든 것에 물질적인 것과 그것의 특질을 나타내는 속성이나 형태가 동시에 존재하며, 그 속성이나 형태는 경험으로 얻어지는 것보다 이미 알고 있는 어떤 개념이라는 생각으로 이어졌다.

인도와 이집트에 이르는 폭 넓은 여행으로 식견을 높이고, 마침내 숫자와 도형이 지니는 규칙성에 매료된 피타고라스는 세상의 질서를 숫자의 질서로 이해할 것을 제시했다. 그는 그리스의 신화적 인생관보다 인도의 윤회가 타당하다고 생각했다. 그리고 정수^{integer}가 세상의 질서를 구축한다고 보았다. 그의 윤회적 생각은 그를 따르는 사람들에게 동물 식용을 금하고 채식을 강요했다. 그를 추종하는 모임을 피타고라스 학파라고 하는데, 그러한 그의 사상적 영향 탓에 어느 정도는 종교적 공동체의 성격도 가지고 있었다.

사실 숫자와 인생을 연결하는 방식은 동양인에게 더 친숙하다. 우리는 12간지를 이용해 60개의 변화를 만들어 낸다. 그래서 사람의 인생도 60년을 주기로 돌아가는 것으로 이해한다. 음양 6괘의 변화를 이용해 2의 4제곱인 64개의 괘를 만들어 변화를 설명하는 주역 역시 결국은 세상의 변화 이치를 숫자와 연결해 이해하지만, 종종 길흉을 알아보는 복술의 도구로 사용되기도 했다.

숫자에 특별한 의미를 붙이는 순간, 사람들은 살아가며 마주치는 숫자는 어떤 종류의 의미와 징조로 이해하기도 한다. 피타고라스는 이렇게 숫자에 관련된 세상사를 정수 연구를 통해 밝혀 보고자 했다. 소수

그림 2.10 피타고라스

素數는 1과 자신으로만 나누어지는 정수이다. 다른 숫자로 나누어지지 않으므로 그 고유성이 인정된다. 피디고라스는 소수의 고유성에서 존재적 의미를 찾았다. 숫자와 숫자 사이의 관계도 찾고자 했다. 어떤 두 수가 있는데, 두 수의 약수의 합이 서로 같다면, 겉으로는 다른 숫자지만 상호 연관된다. 그는 이런 수를 서로 사이 좋은 수라는 의미에서 '우애수'라 규정했다.

오가와 요코[23]의 2003년 소설《박사가 사랑한 수식》에는 뇌를 다쳐 80분만 기억하는 수학 박사를 돌보는 가정부의 생일과 박사가 수학 우등상으로 받은 시계의 일련번호가 서로 우애수임을 확인하며 즐거워하는 장면이 나온다. 가정부의 생일은 2월 20일이므로 220, 박사 시계의 일련번호는 228이었다. 이 두 수의 약수의 합은 같다. 어떤 수의 약수의 합이 그 수 자신과 같은 수를 '완전수'라고 했다. 예컨대 6은 완전수다. 만일 유대인이 피타고라스를 만났다면 왜 하나님은 6일간 창조하고 7일째 쉬었는지 그에게서 해답을 얻었을지도 모를 일이다. 어쩌면 동방박사들은 피타고라스의 이런 주장을 유대 땅으로 이미 날랐을지도 모른다.

피타고라스는 이러한 숫자 사이의 관계뿐 아니라 숫자의 비율과 자연을 연결하고자 노력했다. 그는 동일한 장력의 줄의 길이가 1:1 비율이면 8도 음정, 3:2이면 5도 음정임을 알아냈다. 그리고 그 비율이 4:3이면 4도 음정이 된다. 이렇게 피타고라스가 파악한 줄의 장력과 진동의 비율 관계는 악기를 만드는 데 유용했다. 그가 만든 비율의 악기는 자연 음계의 악보와는 차이를 보였는데, 이것을 '피타고라스 음계'라 한다. 그의 음계로 음악을 연주하면 왠지 모를 경건한 분위기가 느껴진다. 장력과 진동 주파수 관계에 대한 그의 연구를 더 파고들면, 거리의 제곱에 반비례하는 힘의 관계가 드러나므로 피타고라스가 이미 만유인력의 법칙을 알고 있었다고 주장하는 사람도 있을 정도이니, 숫자로 지지되는 그의 우주의 질서에 대한 생각은 아직도 많은 사람들의 지지를

---

23 1962~ . 일본의 소설가《박사가 사랑한 수식》(2004), 《호랑나비가 부스러질 때》(1988) 등의 작품이 있다.

받는다. 물론 현대 물리학자들이 알아낸 자연을 구축하는 상수들은 그가 주장한 바의 정수와는 거리가 있고 빛의 속도나 플랑크 상수, 중력 상수 등의 수가 대부분 무리수라는 사실은 "숫자는 중요하지만 정수여야 한다"는 그의 주장이 관념에 불과했음을 증명한다.

피타고라스는 도형에도 깊은 관심을 가졌는데, 이집트의 거대한 피라미드를 건설한 장인들의 설계에 삼각형의 비밀이 숨어 있었기 때문이었다. 피라미드의 높이를 재려면 그의 이름을 딴 피타고라스의 정리를 사용해야 한다. 높이의 제곱은 빗변 길이의 제곱에서 밑변의 반의 제곱을 뺀 값으로 결정된다. 그는 이러한 관계를 이용해 한 변이 정수로 이루어진 아름다운 세상을 설파했다. 즉 밑변이 3이고 높이가 4인 직각삼각형의 빗변의 길이는 5가 되므로 가장 아름다운 정수의 표현이라 주장했다. 그는 또한 정다면체를 찾아 정4면체, 정6면체, 정12면체, 정20면체 등 5개의 정다면체가 존재함을 증명했다. 후일 그의 이런 숫자를 통한 관념적 세상 이해에 매료된 플라톤은 물질의 원소를 5개라 주장했다. 만일 동양 철학자들이 피타고라스를 만났다면, 음양오행이 서양의 기하학적 원칙에도 나타난다며 흥분했을지도 모를 일이다.

그러나 이와 같은 그의 잔란한 수학적 입직은 이이러니하게도 그를 파멸시키는 원인이 되었다. 직각삼각형의 변의 길이 관계가 3:4:5의 정수 관계만 있는 것은 아니다. 만일 직각삼각형의 밑변과 높이를 각각 1로 하면 빗변의 길이는 2의 제곱근이 되어 2나 1 같은 정수가 아니라 1.414…, 이렇게 끝없이 소수점 이하 자리를 갖는 무리수가 된다. 정수로 구축된 그의 세계관으로 보자면 무리수의 발견은 악마를 발견한 꼴이나 마찬가지였다. 이런 사실들 탓에 그는 제자들을 피해 야반도주하고 비참하게 죽었다는 이야기가 전해지고 있다. 물론 지금 와서 그 진위를 정확히 알기는 어렵다.

※ 진짜라는 관념

이렇게 정수로 삼라만상이 이해되고 정의된다면 얼마나 좋을까? 앞 날을 예측할 수 있고, 현재 겪는 일의 이유를 알 수 있을 것이다.

정수^{integer}는 '만지다'를 의미하는 탄제레^{tangere}에 '부정'을 의미하는 어근 인^{in}이 붙은 것으로 '만질 수 없는' 즉, '완전한', '전체로서의'라는 의미를 갖는 단어다. 만질 수 없는 진실, 인티저는 관념의 최종일 수 있다. 정수가 아닌 숫자들에 흥분한 피타고라스 학파와 같이 우리도 살아가며 가짜를 많이 만나게 된다. 어쩌면 우리의 경험도 생각도 가짜일지 모른다고 의심하는 사람들이 생겨났다. 상업이 발달한 그리스에서 눈앞의 실제인 상품에 종종 속기도 했던 사람들은 '진짜'를 갈구했고, 그 진짜는 만져지지 않는 인티저와 같은 관념, 이데아^{idea}였다.

왕관이 진짜인지 알아내야 하는 교묘한 문제가 주어진 아르키메데스는 욕탕에 들어가는 순간 넘치는 물을 보고 "유레카!"를 외쳤다.[24] 콩심은 데 콩 나는 농경 사회와 달리, 진위 판명이 중요했던 상업 사회에서 진짜에 대한 탐구를 통해 진짜를 표상하는 관념이 필요했다. 이후 관념은 철학의 주인공이 되어 갔다. 이제 진짜에 대한 인식을 파고든 소크라테스와 그의 제자 플라톤과 아리스토텔레스에 대해 살펴보자.

---

24 창조적 발상의 장소로 3B를 주장하는 심리학자도 있다. 3B는 버스(Bus), 욕조(Bath), 침대(Bed)를 의미한다.

✳ 소크라테스

소크라테스[25]는 본질에 대해 질문한 철학자이다. 소크라테스에 관한 대부분의 이야기는 제자 플라톤에 의해 전해졌으므로 일정 부분은 사실과 다르거나 플라톤 자신이 주장하고자 하는 바를 스승의 주장으로 탈바꿈시켰을 가능성을 배제할 수 없다.

소크라테스는 장수했고, 한겨울에도 맨발로 다닐 정도로 건강했다. 어느 날 신전에서 받은 신탁으로 그의 인생이 바뀐다. 신탁에 따르면 그가 세상에서 가장 지혜로운 사람이라는 것이었다. 하긴 그가 세상에서 가장 바보라고 했어도 그의 운명이 달라지지는 않았을 것이다. 그 신탁은 세상에서 '가장'이라는 수식어를 달고 있었으므로 이를 확인하기 위해서는 누구라도 만나 지혜를 겨뤄 봐야 하기 때문이었다. 오늘날의 바둑 대회처럼 고수들이 만나 겨루고 그 승률로 최고를 가늠하는 일이 불가했으므로 소크라테스는 사람들을 만나 그가 무엇을 모르고 있는지를 알아내는 일에 주력했다.

그는 사람들이 보편적으로 모르는 사실이 '자신들이 무언가를 모른다'는 사실을 모른다는 데 있다고 깨달았다. 그는 모른다는 것을 밝혀내기 위해 대화를 했고, 그 대화는 종종 불편하거나 불쾌하게 끝나기 일쑤였으므로 그를 싫어하는 사람들이 늘어났다. 동시에 그를 따르는 사람들 또한 나타났다. 소크라테스는 스스로를 세상에서 가장 지혜로운 자라기보다 '지혜[sophia]를 사랑[phileo]하는 자'라 했고 그를 따르는 사람들 역시 '지혜를 사랑하는 사람들'이라 불렀다. 그러나 그는 80의 고령

---

25 *Socrates*, BC 470~BC 399. 아테네 출신. 철학의 문제들에 대한 토론으로 일생을 보낸 철학자. 그의 철학은 플라톤의 저술로 알려졌다. 신성모독죄와 젊은이들을 타락시킨 죄로 사형을 언도받아 죽었다.

에 젊은이들을 잘못된 길로 인도하고, 국가의 신보다 개인의 신을 섬기는 위험한 사람으로 지목받아 사형을 언도받는다. 피신을 권유하는 제자들의 만류에도 독이 든 당근을 먹고 독이 빨리 몸에 퍼질 수 있게 침대 주변을 거닐다 죽었다고 전해진다. 그의 행동은 제자들에게 국가와 개인의 관계에 대한 성찰을 던졌고, 국가의 주인에 대한 고민을 던져 주었다.

그림 2.11 소크라테스

※ 플라톤과 아리스토텔레스

플라톤은 소크라테스의 제자이고, 아리스토텔레스의 스승이다. 플라톤은 스승의 질문인 우리가 안다는 것이 무엇인지를 깊게 파고들어, 우리의 앎에 어떤 보편적인 것이 있음을 깨닫는다. 물질 세계의 경험에 따른 실재를 넘어 비 물질적 실재가 있음을 주장하고, 이것을 이데아^{Idea}라 불렀다. 그의 주장에 의하면, 우리가 감각으로 경험하는 것은 이데아의 그림자에 불과하며 부정확한 것이다. 우리는 모두 동굴 속에 사는 사람 같아서 동굴 밖의 실체(이데아)를 보지 못하고 그 실체의 그림자만 보면서 실체라고 말하고 있다는 것이다. 우리의 경험과 감각은 모두가 그림자에 불과하다. 그러므로 철학자는 그 실체를 정확히 본 사람이고, 그림자를 보면서 주장하는 사람들에게 실체를 알려 주어야 하므로 훌륭한 국가는 바로 이데아를 본 철학자들에 의해 다스려지는

그림 2.12 플라톤

나라라고 주장했다.

플라톤은 아카데미를 세웠고, 이데아를 잘 표현하는 관념의 실체로서 기하학을 중시했다. 그의 아카데미에는 기하학을 모르는 사람은 들어올 수 없다는 조건이 있었다. 기하학에 의하면 점은 종이에 연필로 찍으면 그만이지만, 그 정의는 관념적이어서 무슨 수를 써도 정의상의 점을 현실에 찍을 수 있는 사람은 없기 때문이다. 플라톤은 눈금 없는 자와 컴퍼스만을 이용해, 풀 수 없는 세 가지 작도 문제[26]로 지식을 겨루길 즐겼다.

플라톤이 세운 아카데미의 학생이었던 아리스토텔레스는 목소리가 카랑카랑한 사람이었다고 전해진다. 알렉산더 대왕의 스승이기도 했던 아리스토텔레스는 제법 영향력이 있었고, 스승인 플라톤과 다른 견해를 갖고 있어 계승자를 넘어서는 위치를 점한다. 아리스토텔레스는 이데아가 어떻게 획득되는지에 대한 견해에서 인간은 태어날 때 이미 교육 없이 알고 나오는, 즉 경험 이전의 인식*aprion*이라는 스승 플라톤의 관점과는 의견을 달리했나.

플라톤의 관점에서 보편적 인식으로서의 이데아는 사물과 떨어져 있게 된다. 아리스토텔레스는 이 이데아가 사물에 깃들어 있다고 보았다. 우리가 오로지 사물을 경험하는 것만으로는 보편적 인식으로서의 이데아를 알아차리기엔 부족하다는 관점에 동의하면서도 개별 사물을

---

26 (1) 정육면체의 두 배의 부피를 갖는 정육면체의 모서리 작도, (2) 임의각의 3등분 (3) 주어진 원과 동일한 면적을 갖는 정사각형의 작도

사물을 구성하는 질료와 그 사물의 보편적 본질을 반영하는 형상이나 속성으로 구성된다고 주장하여 플라톤의 관념론을 비로소 현실로 끌어내렸다. 하지만 그는 본질을 파악하기 위해서는 질료보다는 그 형상이나 속성이 더 중요하다는 입장을 취함으로써 질료에 입각한 유물론적 사고가 아니라 그 속성에 집중해 스승의 관념론으로 회귀하는 모습을 보였다. 이런 까닭에 그는 개별 사물과 현상에 많은 관심을 두었으며, 그의 이러한 탐구의 결과가 오늘날 존재하는 대부분의 학문의 시조가 될 수 있었다.

그의 우주론이 틀렸다는 사실이 입증된 것은 1960년대 우주 팽창에 대한 관측이 나오면서이니 그의 우주의 형상과 속성에 대한 직관적 이해는 비록 오류가 있을지언정 사후 수천 년 동안 주류 학설이 되었다. 그는 물리학을 넘어선 형이상학을 규정하였는데 이를 메타피직스 *metaphysics*라 했다. 생명의 기원에 대해선 자연발생설에 근거를 두었다. 그런 면에서 그는 신에게 권한을 주지 않았던 유물론과 관념론의 중간 지대 사람이다.

그의 이론에 따르면 쌀포대에 더러운 옷을 덮어 두면 쥐가 나오고, 봄날 습지에서 개구리가 나온다. 경험에 대한 이러한 직관적 혹은 관념적 설명은 훗날 과학적 검증으로 부정되었는데, 파스퇴르가 그 검증의 주인공역을 감당했다. 사실 역사적으로 쟁점이 된 천동설이나 4원소설 같은 주장은 관념적으로는 가능하지만 실험적 실증은 항상 그러한 관념의 오류를 발견하고 수정하는 방향으로 나아갔다.

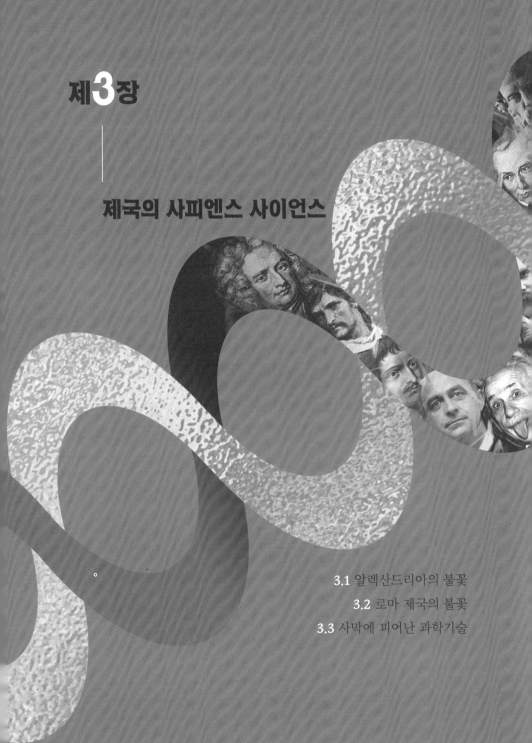

제**3**장

제국의 사피엔스 사이언스

3.1 알렉산드리아의 불꽃
3.2 로마 제국의 불꽃
3.3 사막에 피어난 과학기술

3.1 알렉산드리아의 불꽃

아라비아의 강력한 정복자들은 마침내 페르시아라는 제국을 탄생시킨다. 그 사이 그리스 도시 국가들은 인식의 지평을 넓히며 지성의 몸에 등뼈를 세웠고, 마침내 알렉산더가 페르시아를 물리치며 제국의 교체를 이루어 냈다. 제국은 세계 시민 정신을 심고, 이탈리아 반도에서 성장한 로마가 제국을 교체한다. 제국의 몸에 뿌리를 내린 지성은 물질론자들의 삶의 철학과 공학으로 제국의 풍요를 뒷받침한다. 제국의 변방에서 끊임없이 새로운 종교가 등장했고, 기독교는 제국의 국교가 된다. 제국의 정신이 기독교로 가다듬어진 사이, 그리스의 지성은 북아프리카 알렉산드리아를 거쳐 이슬람의 지성들을 일깨운다. 제국이 강력한 세계화의 혼합과 표준화의 중심에 기독교가 자리잡고 그 변방에 이슬람이 세력을 구축하는 천 년의 중세가 시작된다. 천 년의 중세는 암흑기라고 한마디로 단언하기 어려운 나름의 독특한 성격을 가진 시대다. 중세의 색다른 평화는 1,000년 동안 지속된 지구 온난화의 영향이다. 유럽의 대지는 풍부하게 곡식을 만들어 사람들을 먹였다.

제국이 된 도시 국가

찬란한 지혜가 그리스에서 꽃피는 사이, 아라비아 사막에서는 강력한 정복 야망을 품은 지도자와 민족들이 생겨났다. 찬란한 고대 문명의 진원 이집트나 그리스 같은 교역의 중심과 달리 아라비아 민족들은 전쟁을 통해 타민족의 부와 에너지를 흡수하며 흥망성쇠를 이루었다. 철기 문명을 갖춘 민족들이 청동기 문명의 낙후된 민족들을 복속하며 점차 세력을 키워 거대 국가의 탄생과 소멸로 이어졌다. 앗시리아가 세력을 키웠는가 하면, 위대한 정복자 느브갓네자르를 필두로 한 바빌로니아는 이집트까지 침략해 광대한 영토를 얻기도 했다.

그후 페르시아가 이들을 물리치고 제국으로 발전해 갔다. 페르시아 제국은 다양한 민족들의 특징을 인정하고, 국가로서 정복지 사람들의 안전을 보호해 주는 대신 세금과 필요시 군사력을 제공받는 방식을 채택했다. 페르시아 왕들은 바빌론 시절에 포로로 잡혀 온 민족들을 돌려보내고 지원하기도 했다. 정복지의 사람들 중에 뛰어난 사람들을 발탁하여 중용하는 일도 많아 제국으로서의 통치 방식을 갖추었다. 이러한 거대 정복자의 탄생은 작은 민족이나 도시 국가들에서도 적당한 리더가 나타나면 언제건 그렇게 될 잠재력이 있었기에 그리스 도시 국가에서도 그런 일이 생겨났다.

한편 그리스 도시 국가들은 민주 정치를 시행했는데, 이것이 후대에 등장한 제국들에도 부분적으로 반영되었을 뿐 아니라 오늘날 정치 체계의 근원으로 작용한 점은 흥미롭다. 그리스 도시 국가들은 정복지에서 얻은 노예들을 기반으로 경제적 기반을 갖추고, 노예가 아닌 시민들은 정치에 참여하는 민주주의를 실험했다. 도시 국가 간 치열하게 전개되었던 전쟁에 귀족뿐 아니라 시민들이 동원되면서 점차 시민들의 권한이 강화되었다. 귀족 통치에 대한 시민의 반발이 커지며 반발을 잠재우기 위해 참주 정치가 시행되었다. 그러나 시민들의 목소리가 점점 커지면서 클레이스테네스[1]에 의해 참주 정치는 막을 내린다. 그는 새로운 행정구역을 만들고, 노예와 외국인을 제외한 시민에게 참정권을 주는 개혁을 단행했다. 참주의 출현을 막기 위해 도편추방법을 제정하여 참주가 될 가능성이 있는 인물 중 5,000개 이상의 도편이 쌓인 인물을 추방하기도 했다. 시민 중에서 선출된 500인회를 운영하고 여기서 제안된 안을 20세 이상의 시민권자로 구성된 민회에서 토의하여 결정하였다. 사법권 역시 시민 투표로 선출된 시민 법관이 집행하는 시민 법원에 의해 운영되었다.

이 체제하에서도 귀족 정치 시절의 집정관과 아레오파고스 회의는 존속했는데, 민회와 아레오파고스 회의는 지금의 하원과 상원 구조로 생각할 수 있으나, 집정관은 무보수였고 아레오파고스 회의의 권한은 점차 축소되어 갔다. 그리스 민주 정치 체계는 그리스 도시 국가 마케도니아의 알렉산더가 페르시아를 멸망시킨 이후에도 발전했지만, 참주의 발생을 억제하는 일은 유능한 지도자의 탄생을 억제하고, 시민의 기호에 맞추는 포퓰리즘적 정치로 이어지는 폐단이 있었다.

페르시아 제국의 입장에서 민주주의가 발달한 도시 국가들이 산재한 그리스는 강력한 왕권이 먹히지 않는 골치 아픈 존재로서 정복의 야욕을 갖게 만드는 원인으로 작용했다. 페르시아는 그리스에서 지식이 폭발하던 BC 6세기 이전인 BC 7세기에 지금의 이란 민족의 선조들이 일으켜 바빌론을 무너뜨리고 거대 제국으로 성장했다. BC 520년경 다리우스 왕이 이끄는 페르시아는 이집트와 지중해 일대를 차지하

---

1 *Kleistenes*, BC 565~미상. 고대 아테네 정치인. 시민의 자유를 해치는 사람의 이름을 도자기에 적게 해 6,000표가 넘으면 추방하는 도편 추방(오스트라시즘)제를 시행했고, 전 시민에게 참정권을 부여했다.

며 거대한 제국이 되었다. 북쪽의 스키타이인들은 이들과의 전쟁을 꺼렸고, 남쪽은 아라비아의 사막이라 더 정복할 만한 민족이 없었다. 유일한 고민거리가 바로 그리스 섬들이었다.

페르시아 군대는 제국의 군대답게 여러 민족에서 차출한 다민족군이었지만, 그리스 군인들은 혈연으로 맺어진 집단이었다. 이들은 제국의 거대한 군대 앞에서 가족을 지키겠다는 일념으로 대항했다. 수차례 페르시아군의 공격을 막아 낸 데는 이런 절박함이 있었다. 페르시아는 수차례의 공격에도 전과가 의도한 대로 이루어지지 않자 돈으로 매수해 도시 국가끼리 서로 싸우게 하는 전략을 썼다. 그 결과 아테네와 스파르타 간 전쟁이 발발하고 가장 강력한 군대를 소유했던 스파르타가 아테네에게 패하면서 그리스의 중요한 군사력이 소멸된다. 이제 그리스 전역이 페르시아의 수중에 들어갈 위험한 상황에서 영웅이 탄생한다. 바로 마케도니아의 알렉산더.

알렉산더 대왕

알렉산더$^{The\ Great\ Alexandros}$는 마케도니아의 왕자이며 아리스토텔레스의 제자다. BC 336년에 마케도니아의 왕권을 획득한 알렉산더는 페르시아 원정을 떠난다. 알렉산더는 매우 총명하여 일찍이 누구도 길들이지 못하던 야생마가 자기 그림자에 놀라 발광한다는 것을 알고 말의 눈을 가려 길들임으로써 왕을 비롯한 사람들을 놀라게 했다는 일화가 전해질 정도였다. 어머니 모니카가 제우스의 화신인 뱀과 동침하여 낳았다

그림 3.1 알렉산더 대왕

는 탄생 설화가 전해지기도 하는 알렉산더는 그 사실 여부를 떠나 신의 아들이라는 정체성으로 살아간다. 여성에 대한 관심조차 없어 부왕이 여자를 소개해 주어도 무술만 즐기던 젊은 알렉산더가 마침내 부친의 뒤를 이어 왕위에 오른 후 전 유럽을 장악하려 팽창 전쟁에 나서던 페르시아의 다리오 3세[2]와의 결전은 피할 수 없는 숙명이었다.

알렉산더는 숫적 열세인 자신의 군대를 정사각형의 군대 대형으로 만들고 병사들이 사용하는 창을 통상의 두 배인 4m 길이로 만들어 들게 했다. 방패 또한 기동성이 좋게 개선했다. 이렇게 새로이 편재된 보병 부대는 전투에 임하면 대오가 꽉 짜여 죽어도 전진밖에 할 수 없는 상태가 되는데, 이것이 알렉산더가 고안한 '망치와 모르쇠' 전법의 핵심이 된다. 또한 그는 기마군단에 반드시 척후병을 붙였다. 이들은 간단한 물맷돌 투척부터 활과 창까지 무장해 기마병을 따라 이동하면서 지원 사격 임무를 맡았다. 다양한 무기를 조합해 내는 데 탁월했던 알렉산더는 전투에 임해서는 적과 아군의 구별 없이 누구건 자신을 알아 볼 수 있게 투구에 화려한 타조 깃털 장식을 하고 제일선에서 전진하는 용맹함으로 적들의 간담을 서늘케 했다.

---

2 다리우스 3세, BC 380~330. BC 336~330년 간 제위한 페르시아 왕, 마케도니아의 알렉산더에게 패함으로써 제국의 종말을 초래했다.

그리하여 25세에서 30세에 이르는 짧은 시간에 페르시아의 다리우스 왕을 패퇴시켜 유럽을 점령하고 마침내 이집트까지 점령한다. 이집트로 입성한 알렉산더는 정복지 이집트에 잠시 머물며 그곳에 알렉산드리아^Alexandria라는 도시를 건설하고 인류의 지식을 모두 모아 도서관을 지었다. 이 도서관이 641년 아라비아인들에 의해 불태워지고 마지막여 사제가 온몸의 살점이 뜯겨 살해되기 전까지 긴 영광의 그리스 수학과 철학을 지탱해 주었다.

인도 점령의 야심에 찬 알렉산더는 인도 북부의 코끼리 부대에 패퇴하여 도주하지만 갠지스 강을 타고 인도를 관통하여 돌아온다. 이 과정에서 심각한 부상을 입어 결국 병사하고 만다. 32세의 짧은 인생을 불꽃처럼 살았지만 전 유럽을 제패하여 로마 제국의 초석을 이루었다.

알렉산드리아 뮤제이온의 영웅들

알렉산드리아는 알렉산더 대왕이 북아프리카 해변에 세운 계획 도시다. 도시에는 뮤제이온^Museion이라는 박물관이 만들어졌는데, 뮤제이온의 여러 조직 중 하나가 알렉산드리아 도서관이다. 알렉산더 대왕 사망 이후 대제국은 부하 장군들에게 분할되어 결국 프톨레마이오스 1세의 이집트 왕국과 카산드로스의 마케도니아 왕국, 셀레우코스의 시리아 왕국으로 분할된다. 그중에서도 이집트 왕국은 프톨레마이오스 왕조의 지도 아래 수도 알렉산드리아를 중심으로 경제, 문화가 상당히 번성했다. 프톨레마이오스 왕조 최대의 지적 업적으로 프톨레마이오스

그림 3.2 알렉산드리아 도서관

1세와 2세가 설립한 뮤제이온을 꼽는다. 왕이 모든 비용을 댄 이 연구소의 운영은 후에 영국 왕립과학아카데미 설립에서 견지된 원칙과 동일하다. 왕은 각 지역에서 몰려든 걸출한 학자들을 지원하고 양성했다. 이곳에서 지식은 발견되고, 보존되고, 다양한 경로로 보급되었다. 최고 전성기에는 수집 장서가 70만 권에 달했고, 오늘날의 실험실에 해당하는 천문관측소, 해부실, 그리고 식물과 동물을 관찰하는 장소가 있었다. 인문학적 장서가 대부분이었는데, 실험보다는 사색과 분석이 주된 활동이었기 때문이었을 것이다. 그리스의 장서는 시, 희곡, 법률, 철학, 역사, 웅변술, 의학, 수학, 자연과학 등으로 분류했다.

알렉산드리아 도서관에는 수많은 고대 문헌이 소장되었고, 그중에는 당연히 플라톤과 아리스토텔레스의 저작들도 있었다. 이로 인해 알렉산드리아 도서관은 당대 현자들의 정신적 고향이 되었고, 알렉산더 대왕을 흠모한 로마의 위대한 황제들에 의해서도 계승될 수밖에 없었다. 로마가 쇠퇴해 가고 아라비아의 무슬림에 의해 점령되었을 때도 알렉산드리아 도서관은 아라비아 학자들에게 그리스의 정신을 계승 발전시키는 촉매제 역할을 했다. 알렉산드리아는 알렉산더 대왕의 동방과 서방을 연결하는 그리스적 문화인 헬레니즘과 더불어 이집트에서 북방으로 통하는 길목의 히브리인 문화인 헤브라이즘이 공존하는 도시로 자리했고, 이들 두 문화의 융합은 세계 문화의 발전에 큰 영향을 주었다. 알렉산더 대왕의 헬레니즘 문화의 핵심은 제국이 요청했던 세계 시민 정신^{Global citizenship}과 개인주의였는데, 개인주의는 오늘날 서구 문화의 중요한 축이 되었다.

알렉산드리아 도서관은 수많은 학자를 배출했다. 알렉산더 대왕이 사망하고 분열 왕국의 프톨레마이오스 왕국 시대에 활약한 학자로 플라톤이 강조했던 기하학의 대가 유클리드^{Euclid}가 있었다. 그는 BC 300년경의 인물로 알렉산드리아에서 살았지만 생몰연대가 정확히 알려지지는 않았다. 수학자이면서 동시에 과학기술자였던 아르키메데스도 시라쿠사 사람이었지만 이곳에서 활약한 학자로 알려져 있다. 지구의 크기를 측정했던 에라토스테네스 역시 알렉산드리아 뮤제이온의 학자였다. 변방에서 성장한 로마가 카이사르의 위대한 정복으로 이곳을 복속했지만, 카이사르와 아우구스투스의 위대한 황제들은 세계를 정복하고 제국을 세운 알렉산더 대왕을 존경하고 흠모하여 알렉산드리아의 뮤제이온을 유지하고 그리스 지성의 불꽃을 존중했기에 알렉산드리아는 로마 문화의 발전에 기여했다.

※ 유클리드

기하학으로 잘 알려진 유클리드는 프톨레마이오스 1세 때의 수학자이지만 당시 대개의 자연 철학자들답게 광학과 음악에도 저술을 남겼다. 유클리드가 공리와 증명으로 꾸며 정교하게 집필한 13권에 이르는

그림 3.3 유클리드의 초상

방대한 저서 《기하학원론Stoikheia》[3]은 후일 뉴턴과 같은 물리학자들이 유클리드의 접근 방식으로 우주의 운동 법칙 등을 증명하려 했다는 점에서도 큰 의미를 갖는다. 《기하학원론》 제12권에 이미 '구분구적법'이라는 적분 방식이 언급되어 있어 16세기 미분 적분학 발전의 씨앗이 깃들어 있다. 제13권에 있는 5개 정다면체 작도 문제는 플라톤 시대부터 유명한 수학적 문제로 플라톤은 정다면체가 5개인 점에 착안해 물질의 원소가 5개라는 주장을 펼치기도 했었다. 그러나 유클리드는 수학자답게 이러한 사변을 내려 놓고 수학적 관점에 집중했다. 유클리드 기하학은 저자의 어떠한 개성이나 취향도 드러내지 않고 철저한 수학적 논리로만 구성되어 있어 지금의 학자들에게도 더욱 감탄을 자아내게 한다. 당시 유행했던 수사학과 감정을 배제한 채 엄정한 논리를 펼쳐 오늘날 과학기술 논문 작성의 표본이 되었다.

유클리드는 그리스의 고전적 논리 체계를 잘 반영했다. 논리를 전개하기에 앞서 조건이나 증명 없이 받아들여야 하는 전제를 '공준postulate' 또는 '공리axiom'라 제시하고, 이를 토대로 논리를 전개하여 명제를 증명했다. 그래서 모든 명제는 공리에서 출발하여 추론되었다. 그가 점, 선, 면과 같은 기하학적 공리를 제시하고 삼각형이나 기타 도형을 정의

---

3 책은 다음과 같이 구성되었다. 1권: 기본 작도, 합동 정리, 다각형의 면적, 피타고라스의 정리. 2권: 기하학적 대수학. 3권: 원의 기하학. 4권: 정다각형의 작도. 5권: 에우독소스의 비례론. 6권: 닮은꼴 도형. 7, 8, 9권: 수론. 10권: 복잡한 무리수. 11권: 입체 기하학, 간단한 부피. 12권: 구분구적법에 의한 면적과 부피. 13권: 5개 정다면체의 작도.

한 뒤, 피타고라스의 정리와 같은 것을 증명해 나가는 방식은 후에 과학적 논증의 표본이 되었다. 후일 뉴턴은 시간, 공간, 물질과 같은 물리적 대상을 유클리드

그림 3.4 유클리드의 《기하학원론》

의 공리처럼 절대적 관점에서 정의했고, 이런 전제는 후일 아인슈타인에 의해 제고되어 빛의 속도에 대한 상대적 운동 속도가 이를 변형하는 것을 알아 내는 과정에도 전제가 되었을 정도로 공리에 대한 질문이 얼마나 중요한 것인지 보여 주었다.

※ 아르키메데스

시라쿠사라는 도시 국가에서 태어난 아르키메데스*Archimedes, BC 287~213*는 뮤제이온의 영웅이다. 그는 유클리드와 같이 기하학에도 커다란 족적을 남겼다. 그의 묘비에는 그가 발견한, 지름과 높이가 동일한 구와 원뿔의 부피 관계가 새겨져 있을 정도로 당대의 수학자적 면모를 보였다. 먼 훗날 엔트로피 법칙을 알아낸 루드비히 볼츠만의 묘비에 새겨진 엔트로피 방정식을 보며 얻는 감정과 유사한 감정을 느낄 수 있다.

아르키메데스는 지렛대의 원리를 세우고 그것을 증명하기 위해 군함을 끄는 도구를 만들기도 했다. 시라쿠사의 왕 히에론*Hieron*이 자신의 왕관에 금이 정량대로 들어갔는지 확인하라는 지시에 고민하다 목욕탕

그림 3.5 생각하는 아르키메데스

에 들어가는 순간 넘치는 물을 보고 "유레카!"를 외쳤다는 유명한 일화가 전해지는 아르키메데스는 부력의 원리와 비중의 물리를 밝힘으로써 유체역학의 원조 중 한 명이 되었다. 그는 유클리드가 작성한 구분구적법을 사용하여 원주율을 소수점 8자리까지 계산해 내기도 했다.

※ 헤론

헤론*Heron, BC 10년경~AD 70*은 알렉산드리아의 자연 철학자다. 데모크리토스의 원자론을 신봉했던 헤론은 플라톤이나 아리스토텔레스와 달리 물질을 이용해 실용적 도구를 만들어 내는 일에 탁월했다. 프톨레마이오스 왕조의 끝 무렵이었던 당시 로마는 삼두 정치로 인한 내부 분열로 이집트와 복잡한 관계가 형성되었고, 그 중심에 이집트 여왕 클레오파트라가 있었다. 클레오파트라의 조상 중에는 마케도니아 알렉산더 대왕의 부친 필립왕의 왕비도 있었기에 그리스인의 피도 공유했다.

헬레니즘과 헤브라이즘의 융합으로 다양한 학문과 문화가 융성했던 알렉산드리아는 다양한 종교의 전시장 같았다. 그리하여 일종의 종교공학이 발전했는데, 신전을 더욱 신비롭게 하는 기술들이었다. 예컨대 종교공학자들은 신전 입구에 헌금하면 샘물이 솟게 하는 장치를 만든다거나, 문에 불을 붙이면 자동으로 문이 열리게 하는 장치와 같은 기술 개발에 몰두했다. 종종 사제들이 큰소리로 신탁을 외칠 때 천둥소리나 우박소리를 내게 하여 분위기를 신비롭게 하는 장치들도 요구되었다. 이러한 종교공학적 기술 개발에 탁월했던 사람이 바로 알렉산드리아의 헤론이었다.

헤론은 클레오파트라를 위해 증기로 돌아가는 풍차를 만들었다고 전해지는데, 이것이 오늘날 발전소의 랭킨 사이클에 들어 있는 보일러와 터빈의 원조다. 이런 증기의 힘을 이용해 헤론은 자동으로 열리는 문을 발명하였다. 뿐만 아니라 돈을 넣으면 샘이 솟는 장치, 성수가 나오는 상자, 물의 높이를 활용한 파이프오르간 등을 발명했다. 뿐만 아니라 그는 로마에서 알렉산드리아까지의 거리를 계산하는 측량술도 고안했다. 그가 남긴 저작 중 오늘날 기계공학에서 그대로 사용되는 이름들이 있다. '유압공학'이라 불리는 《*Peumatica*》는 공기나 증기, 수압을 이용하여 어떻게 힘을 유도해 낼 수 있는지 서술하였다. 오늘날 기계공학에서는 이를 이용해 힘을 증폭하고 제어하는 장치에 적용한다. 자동 로봇 장치인 《오토마타*Automata*》도 저술했는데, 이 개념은

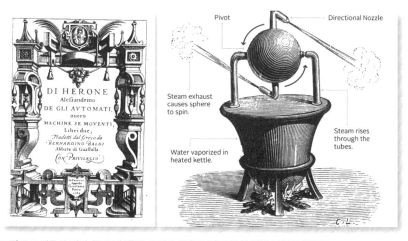

그림 3.6 헤론의 저서 《오토마타》와 증기를 이용한 자동 역학 장치 발명품 개념도

오늘날에도 로봇공학에서 사용된다. 기계공학으로 번역되는 《메카닉스Mechanics》도 그의 저술 제목이다. 그의 저술들이 아랍어로 작성되었다는 사실에서 그가 이집트 태생임을 알 수 있다. 이러한 아랍어 저술은 후일 아라비아 학문들에 계승되었다. 그는 아랍어로 《Metrics》와 《Dioptra》도 저술했다.

✳ 히타피아

알렉산더의 뮤제이온, 특히 알렉산드리아 도서관의 운명에 애잔하게 관련된 주인공이 있는데. 바로 히타피아Hypatia, AD 360~415가 그 주인공이다. 그녀는 동로마 말기, 무슬림이 힘을 얻어 가던 시기에 알렉산드리아 도서관에서 맹렬히 학문의 불꽃을 피워 낸 매우 드문 여성 학자다. 그녀의 아버지 역시 뮤제이온의 연구자였는데, 딸에게 매우 특별한 교육을 시켰다. 기독교가 로마의 공식 종교로 선포되는 상황에서 알렉산드리아 도서관의 플라톤주의자들은 기독교인들의 공격 대상이 되었다. 히타피아는 결국 광신도들의 공격으로 피부가 벗겨지는 고문을 당하며 죽었다. 그는 종교와 이성에 대해 다음과 같은 말을 남겼다.

미신을 진리처럼 가르치는 일은 끔찍하다. 이것을 진리로 받아들이는 사람은 엄청난 고통을 겪지만 결국은 그 가르침에 만족한다. 살아 있는 진리를 찾기 위해서도 싸워야 하지만 미신과의 싸움도 치열하게 해야 한다. 미신은 진리와 달리 실체가 없기에 싸움이 어렵다. 그러나 진리는 명백한 증명이 가능하므로 오류를 바로 잡을 수 있다. 그래서 진리가 아닌 우화는 우화, 신화는 신화, 기적은 판타지로 가르쳐야지 진리로 가르쳐서는 안 된다.

히타피아는 결국 마녀로 몰려 처형되었다. 안타까운 그녀의 죽음은 후일에 이르러 르네상스의 거장에 의해 그 명예가 회복되는데, 바로 라파엘로에 의해서였다. 라파엘로가 그린 프레스코 벽화 〈아테네 학당*The School of Athens*〉에는 오로지 한 명의 여성이 등장하는데, 그녀가 바로 히타피아다. 신에서 인간으로의 변화의 코드에는 마녀에서 철학자로의 변화가 있었다.

그림 3.7 〈아테네 학당〉과 그림 속 히타피아, 라파엘로 그림

3.2 로마 제국의 불꽃

로마의 흥망성쇠

✳ 로마의 탄생과 로물루스

로마의 탄생은 로물루스의 이야기에서 시작된다. 죽음을 피해 갈대 상자에 실려 떠내려가 이집트의 왕자가 된 모세 이야기와 유사하게 로물루스 역시 티베르 강에 버려져 나무상자에 실려 떠내려가다 팔라티누스 언덕에 도달해 거기서 암늑대의 젖을 먹고 자란 아이로 구전된다.

로마 건국은 로물루스^{Romulus}가 BC 753년 티베르 강가에 도시 국가를 건설하는 것으로 시작되었다. 로물루스가 죽고 나서 로마는 힘을 잃게 되었는데, 동쪽에서 에트루리아로부터 침략을 당해 위기를 맞지만 로마 시민들의 저항 끝에 마침내 독립을 쟁취했다. 이런 과정에서 시민이 국가의 주인으로 등장하며 다른 그리스 도시 국가들과 마찬가지로 강화된 시민의 권한을 존중하는 공화정으로서의 성치 체계를 갖추게 된다. 원로원과 시민이 권력을 공유하는 체계다.

원로원은 왕권을 견제하고 조언하는 귀족으로 구성되었는데, 이는 강력한 군주의 등장을 제어하는 구조로 작동했다. 후일 로마의 영웅 카이사르가 원로원에서 살해당한 일화에서 알 수 있듯 상호 견제하는 로마의 정치 체계에선 강력한 군주의 출현이 어려웠다. 평민들의 권한 확대 요구에 따라 평민회가 구성되었는데, 원로원과 평민회는 두 신분 집단의 대표로 오늘날 상하원 제도의 기원으로 이해할 수 있다. 그리스 도시 국가들이 '민주주의*democracy*'와 '소수자 지배*oligarchy*'를 놓고 저마다 고민하던 복잡한 환경에서 로마는 일찌감치 민주주의와 귀족주의를 결합한 공화정을 채택함으로써 정치적 선진화를 이루었다. 이러한 정치적 선진성은 후일 로마가 모든 면에서 탁월한 지성을 쌓는 배경으로 작용했음은 물론 페르시아를 물리치고 그리스를 넘어 강력한 세계 제국으로 성장한 기틀이 되었다.

❋ 로마 황제의 출현과 클레오파트라

로마가 그리스를 넘어서는 데는 카르타고와의 전쟁을 다 끝낸 후에 비로소 가능했다. 페니키아 식민지인들이 세운 카르타고와 치른 세 번의 포에니 전투에서 카르타고의 명장 한니발을 물리치면서 강력한 국가로 우뚝 선 로마는 BC 2세기에 그리스와 하나가 된다. 물론 알렉산더 사망 이후에도 프톨레마이오스 왕조는 이집트를 중심으로 건재해 있었다.

로마는 이후 점점 더 융성하고 영토를 넓히며 부를 축적했다. 이 과정에 빼어난 장군들이 있었다. 치열한 정복 전쟁 와중에 넘치는 부와 권력을 놓고 내부 암투가 벌어지는 과정에서 권력 분점을 위한 삼두 정치가 등장한다. 이집트까지 정복하여 영토 확장에 성공한 영웅 카이사르가 삼두 정치를 끝내고 홀로 집정관이 되고자 했으나 암살당한다. 프톨레마이오스 왕국의 여왕 클레오파트라는 로마 실력자와의 관계를 통해 왕국의 안전을 보호하고자 했으나 카이사르의 죽음으로 실패하고, 이후 재개된 삼두 정치의 실세 안토니우스와 결혼하여 다시 한번 왕국의 안전 유지와 더불어 로마의 실세가 되고자 꿈꿨다. 그러나 로마 내부의 권력 경쟁에서 카이사르의 외손자이자 양자이던 옥타비아누스가 승리하며 클레오파트라의 꿈은 사라진다.

BC 27년 옥타비아누스$^{Gaius\ Julius\ Caesar\ Octavianus}$는 원로원으로부터 아우구스투스$^{Augustus,\ 존엄한\ 자}$라는 칭호를 부여받고 실질적 초대 황제로서의 지위를 차지한다. 이후 로마는 뛰어난 황제들의 출현으로 '팍스 로마나^{pax} ^{Romana}'의 시대를 200여 년 동안 유지하는 기틀을 잡았다. 아우구스투스는 매우 오랫동안 권력을 유지하며 명실상부 황제의 나라 대제국으로서의 기틀을 완성했다. 형식적으로는 공화정이었지만 내용적으로는 강력한 군주정을 완성하는 한편, 체제 유지의 토대가 되는 로마법을 제정해 공포했다. 내부 체제를 정비한 아우구스투스는 정복보다는 내치에 힘을 써 제국의 안정을 확립했다.

아우구스투스 이후 최고의 통치자는 안토니우스 피우스$^{Antoninus\ Pius}$였다. 강력한 권한을 지닌 군주임에도 일반 시민처럼 로마법을 지킴으로써 법에 의한 통치를 확립하고자 했다. 서기 161년 《명상록》의 황제 마르쿠스 아우렐리우스의 사망과 함께 로마 제국은 내리막길을 걷게 되는데, 후계 체계[4]를 제대로 확립하지 못한 까닭이었다. 이후 로마는 외부 세력의 침공을 받으며 쇠퇴해 간다,

---

4 마르쿠스 아우렐리우스 황제는 막시무스라는 장군을 자기 아들보다 더 총애했다. 이를 질투한 황제의 아들 코모두스가 아버지인 황제를 살해하고 황위를 찬탈했다. 막시무스와 코모두스의 이러한 투쟁 과정을 다룬 영화가 바로 〈글레디에이터〉이다.

☀ 로마와 기독교

서기 313년 모친이 기독교도였던 콘스탄티누스 1세는 밀비우스 다리 전투 전날 꾼 꿈에서 본 문양을 방패에 그려 넣어 전투에 참가한다. 이 전투에서 승리를 이끈 황제는 기독교를 믿게 된다. 콘스탄티누스는 12년 뒤인 325년 니케아 종교 회의를 열고 일신론을 주장하는 아레니우스파[5]를 이단으로 규정하며 기독교 교리를 정리하여 강력한 기독교 교리에 입각한 국가를 만들고자 했다. 수도를 비잔티움으로 옮기고 새로운 도시 이름을 콘스탄티노플로 명명했다.

기독교가 로마의 공식 종교로 선포된 것은 380년 테오도시우스 1세가 발표한 테살로니카 칙령에 의해서였다. 테살로니카는 그리스의 국제

그림 3.8 콘스탄티노플 성을 들고 성모 마리아에게 바치는 콘스탄티누스 대제. 이스탄불 아야 소피아 대성당 모자이크.

5 아레니우스는 삼위일체를 부정하는 교리를 설파한 사람으로 추종자들이 많았다. 후일에도 계속 그의 교리를 추종하는 사람들이 있었는데, 그중에는 아이작 뉴턴도 포함된다.

도시로 알렉산더 대왕의 누이동생의 이름을 딴 도시다. 이 도시는 초대 기독교인의 역사에서 최초로 예수를 따르는 사람들에게 그리스도인이라는 명칭을 붙여 준 도시이기도 하다.

기독교가 극적으로 로마의 국교로 결정되기 전에 기독교인들은 수많은 박해를 받았다. 박해자 중에는 폭군 네로도 있었지만 스토아 철학의 현자 마르쿠스 아우렐리우스도 포함된다는 점은 어쩌면 아이러니다.[6] 두 사람 모두 스토아 철학자를 스승으로 두었는데, 네로는 세네카를 스승으로 두었지만 자신의 잘못을 지적한 스승에게 자결 명령을 내렸던 사람이다. 네로 황제는 로마를 불태우고 기독교인을 방화범으로 지목하여 박해했다.

❋ 로마의 분열과 쇠퇴

빛나는 5현제의 시대가 지나며 로마 제국은 스스로의 한계를 드러냈다. 거기에는 수많은 이유가 있다. 로마의 사치와 향락을 원인으로 보는 사람들은 특별히 단맛에 혐의를 둔다. 로마인들은 와인을 납 주전자에 담아 두었다 마시면 기막힌 맛이 난다는 것을 알았다. 납과 알코올이 결합해 단맛을 낸다. 이렇게 나온 단맛은 당시 다른 재료들이 만들어 내는 맛과는 차원이 달랐다. 이들은 납 주전자에 담근 와인을 마셨고, 도시의 수로에서 집집마다 공급되는 상수도의 작은 직경 관로 또한 납으로 만든 것이 일반적이었던지라 로마인들은 납 이온 섭취에 노

---

6 박해의 사유 중에는 병역 거부가 포함되었다. 사랑의 실천을 추구하는 초기 기독교도들에게 살상은 금지되어 있었다.

출될 확률이 매우 높았다. 납에 중독되면 무기력 증세와 함께 판단력이 흐려진다. 상당수 시민이 납 중독에 이른 국가가 외부의 침략에 무력해질 수 있다는 해석도 무리는 아니다.

로마의 쇠퇴에는 더 이상 복속할 영토가 남아 있지 않아 생겨난 에너지 위기도 직접적으로 한몫했다.[7] 영토 확장은 노예를 얻고 정복지의 물자를 무상으로 취득하며 세수를 확대하는 효과가 있다. 한마디로 로마의 성장은 타 지역의 에너지를 흡수하며 이루어진 결과이다. 영토 확장 가능성이 적어진다는 것은 에너지 공급에서의 제한을 의미하고, 성장이 멈추면 당연히 분배의 문제가 불거지게 마련이다. 이러한 상황은 기존에 구축된 사회 질서에 갈등을 일으키는 요인이 된다.

특히 로마 사회는 노예들의 노동력에 크게 의존하였다. 영토 확장의 부진은 노예 공급의 감소를 초래하고, 이것은 사회를 유지하게 만드는 가장 스마트한 에너지의 고갈을 의미한다. 따라서 에너지 경제학자들은 당시 노예 노동력의 부족을 에너지 위기로 규정하기도 한다. 로마는 이 위기를 슬기롭게 극복했는데, 뒤에서 설명하겠지만 바로 공학의 힘이었다. 그들은 수로와 수차를 이용해 노예 노동으로 운영되던 상당한 시설을 수력 에너지로 대체했다. 이러한 빛나는 위기 극복의 혁신에도 대다수의 사람은 시설을 짓고 관리하기보다 척척 말을 알아듣는 노예 노동을 선호했기에 에너지 고갈의 갈등은 도처에서 생겼다. 갈등은 국력을 약화시킨다.

로마는 두 개의 제국으로 분리되었다. 마치 솔로몬 왕 이후 북이스라

---

7 에너지 위기의 역사에서 로마의 노예 노동의 고갈을 매우 중요한 위기로 규정하기도 한다. 로마인들은 수력 에너지로 이러한 상황을 극복했다.

엘과 남유다로 분열된 유대 국가와 유사하다. 로마는 동서로 분리되었다. 그 시발점은 강력한 황제 콘스탄티누스 대제가 수도를 비잔티움으로 옮긴 일에서 촉발되었다. 페르시아와 이슬람 세력의 침략을 효과적으로 방어하자는 의도로 수도 이전이 이루어졌지만, 결국 비잔티움은 정치 도시, 로마는 교회 중심의 문화 도시로 나뉘어 왕권과 종교 권력 간 갈등 양상으로 번졌다. 에너지 고갈로 약해진 국력에 더해 권력 간 갈등에 직면한 67대 황제 테오도시우스는 375년에 제국을 둘로 나눠 하나를 아들에게 통치하게 함으로써 동로마와 서로마 시대를 열었다.

동로마 수도는 현재 튀르키에의 수도 이스탄불인 콘스탄티노플이고, 서로마 수도는 라벤나였다. 서로마는 동로마에 비해 넓은 지역에 상대적으로 약한 군사력을 갖고 있어 일찍 패망했다. 훈족으로도 일컬어지는 흉노족이 로마 변경의 고트족과 반달족을 공격하자 고트와 반달족은 이집트로 남하하여 피신하였다. 451년, 고트족과 서반달족의 연합군에 훈족이 대패하고 훈족 왕 아키라 대제가 죽는다. 그 여세를 몰아 고트족과 반달족은 서로마를 공격하여 마침내 멸망시킨다. 서로마는 이렇게 허무하게 무너졌지만 알렉산드라아의 뮤제이온을 중심으로 이슬람에 그리스 지식을 전수했고, 그 결과 중세 천 년간 그리스 지성을 아라비아 사막에서 싹트게 하는 토대를 만들어 주었다.

1453년, 동로마는 1,000년의 로마 제국 유산을 남기고 역사 속으로 사라졌다. 로마는 초기 강력한 군사력으로 세계를 정복하여 제국을 만들었고, 이후 기독교를 국교로 정하여 종교를 통일했다. 로마 제국이 선포한 로마법은 이후 모든 법철학의 기초로 자리잡았다. 독일 법철학자 예링$^{Rudolf\ von\ Jhering,\ 1818~1892}$은 로마는 로마법 정신을 통해 제국 멸망 이후에도 세계를 정복했다고 주장했다.[8] 오스만튀르키에의 7대 술탄 마호메트 2세가 동로마 수도를 함락하여 도시 이름을 이스탄불로 개명하면서 동로마는 마침내 역사의 뒤안길로 사라졌다.

로마의 인간 정신: 스토아, 기독교, 법

로마인들은 로물루스의 이야기를 자랑스럽게 여겼다. 그 이면에는 자신들이 야만에서 출발했음을 인정한다는 의미가 포함된다 할 수 있다. 로마는 그리스인들과 같이 풍요로운 신화와 심오한 철학을 창조하기보다 이를 차용해 사용하는 실용적 입장을 취했다. 그리스 신화를 차용하여 신들의 이름을 바꾸는 식으로 내재화했다. 제우스는 유피테스^{Jupiter}가 되었고, 아테네는 미네르바^{Minerva}가 되었다.

문자 역시 그리스 문자를 변형한 라틴어를 상용했다. 그런 면에서 로마 문화는 그리스 문화의 계승이다. 한편으로 그리스에서의 지혜와 원리를 다투는 대토론 문화는 수많은 대중 앞에서 사람들의 마음을 움직이는 웅변술이나 수사학으로 옮겨졌고, 이데아를 탐구하는 철학 대신 유물론자들이 설파한 생활 철학으로 관심사가 옮겨졌다. 힘과 돈은 있는데 어떻게 하면 행복하게 살 수 있을까가 중요한 관심이지, 사물의 본질이나 진리에 대한 탐구는 그다지 인기있는 주제가 아니었다.

타국의 신화를 차용한 로마 제국은 초기에는 통치 차원에서 기독교 확장에 핍박을 가했지만 결국 국교로 정할 정도로 실용적 입장을 취

---

8 예링, 《로마법 정신》.

했다. 종교의 관념적 부분보다 현실적 삶의 문제에 집착했고, 그에 따라 양질의 삶을 위한 공학이 발달했다. 통치를 위해 만들어진 도시 간 도로망과 수로는 로마의 강력한 인프라였고, 이때 활용된 토목 기술은 오늘날까지도 이어지는 공학의 금자탑이다. 그런 면에서 로마는 유물론 철학자들의 국가라고 볼 수도 있다. 결국 원자론의 데모크리토스와 에피쿠로스, 변화론의 헤라클레이토스와 제논의 철학이 지배한 나라다. 기독교로 국교를 정한 후에는 유일신 하나님을 믿고 따르는 국가가 되었다. 이는 관념적 차원에서 범신론적 신화에서 유일신 사상으로의 변화를 의미한다. 생활 철학에 있어서 스토아적 절제는 기독교적 절제와 사랑에 연결되었고, 핍박 속에서도 평화롭게 순교하는 기독교인의 아타락시아는 이들을 변화시켰다.

✳ 스토아의 현인들: 세네카, 에픽테토스, 마르쿠스 아우렐리우스

로마 스토아 철학은 광범위한 지지를 받았다. 그것은 스토아 철학이 갖는 아파테이아, 즉 마음속 정념에 불타 망가지는 인생이 아니라 그 정념을 직시하고 이를 다스림으로써 인생의 정수를 맛보는 행복에 이른다는 주장 때문이다. 특히 절대 권력을 갖고 있는 황제들은 이를 큰 미덕으로 여겼기에 스토아 철학의 대가들을 곁에 두고 가르침을 받기도 했다.

스토아 철학자들은 자살을 존엄한 죽음으로 받아들이기도 했으므로 스토아 철학의 대가들은 종종 죽음에 담대했다. 세네카 역시 황제 네로가 명한 자살에 의연하게 대응하여 목욕탕에서 사람들이 보는 앞에서 혈관을 끊음으로써 의연한 죽음을 택했다. 불안과 화를 다스리는 일 역시 스토아 철학의 중요한 덕목이었으므로 로마인들은 인생을 관조하며 평정한 마음을 유지하고자 했다.

에픽테토스[9]는 노예 출신이었으나 주인에게 총명함을 인정받아 자유인으로 해방되었다. 마르쿠스 아우렐리우스가 스승으로 삼고 그의 글을 부지런히 읽었을 정도로 스토아 학파의 주요 철학자였다. 노예였던 어린 시절에 당한 폭행으로 평생 다리를 절며 지팡이를 짚고 다닌 에픽테토스는 이 세상 모든 일을 내가 할 수 있는 일과 할 수 없는 일로 구분하고, 내가 마음대로 할 수 없는 부분에 대해 마음을 끄라고 조언한다. 노예로 살았던 시절이 있었던 그는 자기가 할 수 있는 일의 범위가 매우 협소하다는 사실을 알고 있었지만, 협소한 일조차 잘 경영하면 행복에 이를 수 있다는 실체적 깨달음을 얻고 있었다.

에픽테토스는 사물의 본성에는 우리가 다룰 수 있는*prohairetic* 범위에 있는 이성적 판단, 충동, 욕망, 혐오 같은 본성과 우리가 어찌할 수 없어 그 힘에 복종할 수밖에 없는*aprohairetic* 건강, 물질적 부, 명성에 해당하는 본성이 있다고 갈파했다. 사람들은 스스로 어찌지 못하는 외부 요인의 것을 얻고자 하지만 그것은 불안을 증가시킬 뿐이다. 명예도 노력하면 얻을 수 있지만 한순간에 잃

그림 3.9 지팡이를 든 에픽테토스 초상. 1715년 옥스퍼드 라틴어 번역 도서 삽화

9 *Epictetus*. AD 55년~ AD 135년. 튀르키에 히에라폴리스 출신.

을 수 있다. 타인은 언제건 변덕을 부릴 수 있기 때문이다. 부^富의 축적 또한 차근차근 쌓아갈 때는 의지대로 가능할 듯하지만, 정도 이상은 대개 외적 요인에 좌우된다. 건강 역시 운동을 열심히 하면 지켜질 것이라 믿지만, 어쩌지 못하는 상황에 한순간 잃는 일이 대부분이다.

에픽테토스는 사물의 본성을 분류해 내는 선구안을 요구한다. 우리의 힘 안에 있는 것과 힘 밖에 있는 것을 구분할 수만 있다면 언제건 욕망하거나 회피하는 방식으로 인생을 영위할 수 있기 때문이다. 삶에서 부닥치는 대부분의 불행은 힘 밖에 있는 어쩌지 못하는 것을 욕망하는 데서 비롯되기 때문이다. 그는 자신의 철학에 걸맞게 평생 가진 것 없이 검소하게 살았다. 부에 대한 추구는 자신의 힘 밖에 있지만, 검소하게 사는 삶은 자신의 판단과 욕망이라는 힘 안에 있기 때문이었다. 그는 평생 독신으로 살았으나 노년에 고아가 된 친구의 딸을 입양하여 어떤 여성의 도움을 받아 양육했다고 전해진다. 친구의 건강은 친구의 힘 안에 없는 것이지만, 고아가 된 친구의 딸을 돕는 일은 에픽테토스 자신의 힘 안에서 할 수 있는 일이므로 그는 이를 실천했다.

사람들은 언변 뛰어난 에픽테토스의 언설을 듣길 좋아했고, 유명인들이 그를 따랐다. 그는 키코폴리스에 학교를 지었는데, 로마 황제 하드리아누스도 그의 말을 듣길 즐겼다고 전해진다. 항상 말하기를 즐겼던 그를 위해 제자 아리아노스는 그의 강의를 받아 적은 노트를 바탕으로 책을 지어 그의 생각을 후세에 전했다.[10]

에픽테토스는 135년에 사망했다. 오늘날 그의 사상은 일부만 전수되고 있지만 로마의 황제 마르쿠스 아우렐리우스는 121년에 태어나

10 에픽테토스의 가르침, 김병호 역, 집문당, 2022

180년까지 살았으니, 그가 어린 시절 꽤나 유명한 철학자의 이야기를 들을 기회가 많았을 것이고, 황제가 된 이후에도 마음의 스승으로 삼았다. 아우렐리우스가 쓴 《명상록》에 에픽테토스의 이야기가 자주 등장하는데, 사실상 에픽테토스의 삶의 규율을 명료화한 것으로 보일 정도다. 에픽테토스는 황제의 스승으로 손색이 없었다.

※ 바울과 순교자의 피

바울[11]의 본명은 사울이다. 정통 유대교인 중 율법주의자인 바리새파 사람이며, 가리마엘이라는 학식 높은 스승의 제자로 그 자신 또한 당대의 지식인이었다. 갈리기아의 타르수스^{Tarsus} 출신으로 로마 시민이었다. 바울은 당대 최고 엘리트 중 한 명으로서 "메시아가 나타났는데 십자가에 처형되었다 3일만에 부활하여 승천했고, 그를 믿기만 하면 구원받는다"는 이단적 모임이 확대되는 상황에 분개하여 이들을 탄압하고 소멸시키는 일을 사명으로 생각하고 행동했던 사람이었다.

다마스쿠스로 가는 길에 현신한 예수의 목소리를 듣고 회심하여 3년간 광야에 머물다 바나바라는 기독교 유력자의 소개로 교회에 들어와 사도가 되었다고 전해지는 그는 부지런히 교회를 개척하고 교회에 필요한 조언을 했다. 투옥 중에도 여러 교회에 편지를 써 전도할 정도로 헌신하던 그는 마침내 로마에 이르러 전도하다 처형당했다. 그의 행적은 《사도행전》에 기록되어 있고, 그가 쓴 편지들은 신약성경에 편입

---

11 *Paul*, AD 5~64(67), 초기 기독교 사도. 원명은 사울(부름받은 자)이었으나 바울(작은 자)로 개명했다. 현재 튀르키에의 중심 도시 타르수스 출신으로 신학자, 인쇄업자, 텐트 제작자였다. 그가 전도를 위해 작성한 많은 서신이 현재까지 전해진다.

되어 있다. 성령의 염감을 받아 편지를 썼고 간절한 마음으로 교인들에게 전했지만, 그가 쓴 편지가 성경이 될 거라는 생각은 못 했을 것이다. 그러나 그의 편지는 필사되어 당시 교회에 퍼져 널리 읽혀졌다.

바울은 기독교의 교리를 세운 공적이 크다. 그는 오직 예수에 대한 믿음만으로도 구원에 이를 수 있음을 설파하며 구원은 어떤 행위에 대한 보답이 아니라 전적으로 하나님의 은혜에 속하는 것임을 강조했다. 비록 죄 많은 사람이라도 예수를 믿으면 그 믿음으로 의롭다 칭함을 얻는다고 했다. 사도 바울은 교회를 세워 유대인에서 이방인으로 구원의 범위를 확장했다. 이러한 바울의 노력은 결국 그리스도의 가르침을 따르는 '적은 자christino'들이 경건한 행실로 사치와 향락으로 쇠락해 가는 로마에 빛과 소금으로서의 역할을 담당하게 해 주었다. 정결한 여인들을 맞이한 귀족들 중 콘스탄티누스 장군의 어머니가 포함된 것도 이러한 분위기에 따른 자연스런 귀결이었다.

초기 기독교도들은 때때로 원형 경기장에서 만인이 지켜보는 가운데 사자에게 찢겨 죽는 등 가혹한 박해를 받았다. 이러한 박해와 처절한 죽음 앞에서 기독교인들은 천국의 소망으로 찬송했다. 존엄한 자결을 미덕으로 여기는 스토아 철학사들에게 기독교도들의 담대한 죽음은 분명 충격으로 다가섰다. 철학자들 자신은 철학적 단련을 통해 존엄과 행복에 이르고자 했으나, 자신들의 철학과 지식에서 멀게 느껴졌던 기독교인들이 오로지 신앙의 힘으로 자신들이 도달하지 못한 경지에 단번에 도달하는 모습을 보게 된 것이다. 기독교에 대한 핍박은 생의 철학보다 신앙이 얼마나 강력한 것인지 공중에 입증한 계기였다. 로마는 마침내 기독교를 국교로 인정하게 된다.

❋ 로마법

　로마의 또 다른 실용적 유산이 로마법이다. 법은 공동체적 행동 양식을 규정한다. 이러한 법을 체계화한 것은 로마인 실용 정신의 한 결과이다. 로마의 실용 정신은 그리스의 미덕을 옮겨와 제국에 맞게 변형한 데 있었다. 그리스 철학 중 하나인 '정의의 추구'는 제국 로마에서 받아들일 만한 귀중한 관념이었다. 그리스는 각 도시마다 나름의 법 체계를 갖추고 있었다. 법을 준수하고 집행하는 과정에 아무리 죄가 큰 사람이라도 이를 심문하여 법에 저촉되는지 여부를 따져 집행했다.

　소크라테스는 이러한 법의 집행을 '정의'라고 보았다. 소크라테스 자신도 젊은이들을 혼돈케 하고 도시 국가의 신을 섬기지 않고 자신의 신을 섬긴다는 등, 당시 법을 위배했다는 명목으로 사형을 언도받고 법에 따른 형을 받아들였다. 로마는 법을 제정해 정의를 실현하는 것이 제국 유지에 매우 중요한 일임을 알고 명명백백한 법 규정을 적용하여 심판할 수 있게 성문법을 만들어 선포했는데, BC 450년경에 선포한 〈12표법*Twelve tables*〉이 그것이다. 로마법은 1,450년 동안 동로마 제국 멸망까지 로마를 지탱했고, 오늘날까지 지속되어 서구 세계의 법 체계를 구성하는 토대가 되었다. 로마는 식민지 건설 과정에서도 자신들의 법을 따를 것을 요구했다. 성경에는

그림 3.10 로마의 12표법 공표

로마법과 유대법을 놓고 예수와 치열한 설전을 벌인 바리새인들의 이야기가 나온다.

로마를 연구하는 사람들은 세계적 표준의 힘을 가진 제국이 제정한 로마법이 차지하는 위상을 이야기한다. 로마의 정신적 유산 가운데 시대를 초월하여 유지되고 강화되는 덕성은 정의의 실현이고, 그 정의는 정확한 법 규정과 이에 근거한 정확한 법 적용이다. 법치는 현대 민주주의를 지키는 근간이 되었다.

로마의 과학기술: 콘크리트, 도로, 수로

광대한 영토 확장 과정에 로마는 넘치는 부를 향유하였다. 그것은 삶의 질 향상으로 이어졌는데, 주거 환경의 개선은 그 측면에서 매우 중요했다. 황제와 귀족의 삶은 호화로웠고, 일반인들의 삶의 터전 역시 이전 시기와 비교도 안 되게 향상되었다. 로마의 도시는 계획되었고, 수로를 이용한 상하수도 시설이 완비되었을 뿐 아니라 아름다운 건물과 대리석 조각들이 즐비했다. 공중 목욕탕은 사람들이 만나 휴식하며 담소하는 장소가 되었고, 이를 위해서는 거대한 건축 기술이 필요했다. 무엇보다 사람들이 모여 다양한 이벤트를 관람하고 즐기는 장소로서 콜로세움 같은 원형 경기장은 넓고 웅장한 건축 기술이 요구되었다.

황제를 신격화하기 위해 로마인들은 만신전인 판테온 신전과 신들의 왕 제우스 신전, 그리고 황제의 신전을 함께 지었다. 신전은 그리스 신전에서 얻은 영감으로 건축되었고, 그 규모를 키우는 과정에서 건축

그림 3.11 로마 제국의 완성, 토마스 콜, 1836년 작.

기술이 발전했다. 이후 기독교가 들어서면서 많은 성도들이 앉아 설교 자를 볼 수 있게 하는 건축술도 발달했다. 대형 건축과 생활 편리 시설 은 모두 실용적 공학의 발전을 촉발했다.

❋ 아치^{Arch}와 키스톤$^{Key\,stone}$

건축물의 공간은 기둥과 기둥 사이 공간으로 규정된다. 공간의 확장 은 기둥과 기둥 사이의 거리를 늘리는 일이다. 이를 위해 등장한 기술 이 바로 아치형 건축이다. 두 기둥 사이에 둥근 원형의 목재 구조물을 받치고 그 위에 돌을 다듬어 원형을 따라 세우는데, 양쪽에서 돌을 채 워 오다 보면 가운데 삼각형 틈이 생긴다. 이 삼각형 틈을 채우는 마지 막 돌을 키스톤^{keystone}이라 한다. 키스톤을 채우고 나면 아치는 연결된

그림 3.12 keystone

양쪽 기둥으로 위에서 전달되는 하중을 분산해 전달한다. 그래서 일반 건축물보다 기둥 간격을 멀리 할 수 있다. 이런 기술로 로마 사람들은 넓은 실내 공간을 만들 수 있었고, 긴 수로를 만들 때도 기둥 사이의 간격을 늘려 건설 자재를 줄이고 공기를 단축할 수 있었다.

☀ 로마의 도로

"모든 길은 로마로 통한다"는 말이 있듯, 로마는 정복지에 도시를 세우고 도시와 도시를 연결하는 일에 골몰했다. 낭시 로마의 도로를 그려 넣은 지도를 보면, 그 연결성이 오늘날 관점에서도 탁월하다. 로마의 도로망은 그 도로가 어떤 기후 환경에서도 도로로서의 기능을 발휘할 수 있게 설계하고 시공되었다. 도로를 만들 때 그냥 땅을 고르고 자갈을 까는 방식이 아니라 맨 아래에 큰 파쇄석을 놓고 그 위에 여러 층으로 크기가 다른 돌을 깔아 도로를 지나가는 이동 수단들이 무거운 물건을 이송해도 파이거나 파괴되지 않도록 했다. 오늘날엔 일반적으로 도로의 맨 윗면을 아스팔트로 포장하지만 당시에는 내구성이 강하게 돌의 표면을 매끄럽게 다듬어 깔았다. 오늘날까지 남아 있는 이러한 돌 포장도로는 1800년대 후반까지도 도로 공사의 표준이 되었다.

✳ 로마의 수로

로마의 발전은 물의 결핍에서 왔다는 말이 있을 정도로 로마인들은 물을 공급하고 사용하는 일에 정성을 기울였다. 도시를 세우면 먼 곳에서라도 물을 끌어와 물을 공급했다. 로마의 수로는 돌과 콘크리트를 사용해 제작되었는데, 오늘날까지 건재한 유적들이 당시 건축 기술을 확인할 수 있게 한다. 로마의 수로는 도시에 대한 생활용수 공급 외에 도시마다 부족한 노예 노동력을 대체하기 위해 개발된 수력 제분 공장에 물을 공급했다. 노예 노동력 고갈은 로마에 에너지 위기를 가져왔다. 로마인에게 들이닥친 이 에너지 위기를 로마인들은 과학기술을 이용해 슬기롭게 넘어갔다.

도로 건설과 도시의 상하수도 관계 시설 구축에서 얻은 노하우와 발명가들의 노력으로 수력 시스템이 만들어졌다. 물길을 내고 물레방아를 만들어 고강도 노동이 필요한 제분 공장의 동력원으로 활용하면

그림 3.13 로마의 수로 유적

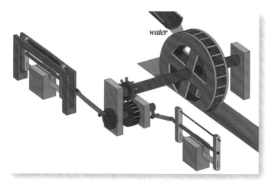

그림 3.14 로마의 수력 제분기 개요도

서 기계가 인간 노동을 대체할 수 있게 하였다. 이 과정에서 기술자들은 힘을 변형하고 전달하는 기본 도구들에 대한 이해가 깊어졌다. 기술자들은 기계를 만드는 방식을 화가들처럼 스케치북에 그려 전승하였다. 이러한 전승을 통해 기계 요소들이 하나둘 발명되었다. 당대의 기술자들 모두 후대의 인물이자 우리에게 널리 알려진 레오나르도 다 빈치의 발명 스케치북 같은 노트를 하나씩 갖고 있었던 것으로 상상할 수 있다. 다 빈치의 스케치는 그의 발명품을 확인시켜 줄 뿐 아니라 기계 제도에 대한 많은 지식을 함께 알려 준다. 오늘날 내연기관 자동차를 분해하면 엔진의 99%는 로마 기술자들이 고안한 기계 요소로 이루어져 있으며 다만 몇 개의 부품(예컨대, 점화 플러그 등) 정도가 새로운 기술에 따른 것이다.

기계로 에너지 위기를 넘긴 로마인의 슬기가 오늘날에도 이어져 에너지 위기의 중요한 순간마다 과학기술로 극복했다는 점을 생각하면, 과학기술은 인간 생존의 기본 조건으로 기능해 왔다는 사실을 확인할 수 있다. 이러한 생존 조건이 충족될 때 인간은 비로소 사상을 펼쳐 나갈 수 있다. 고난의 기간을 견디게 해 줄 사상이 중요하지만, 삶 자체의 무게가 버겁게 느껴질 때 사상을 꽃 피우는 일은 어렵기 그지없다.

❋ 로마의 돌, 콘크리트

오늘날 건축에서는 시멘트와 자갈 모래를 섞어 만든 콘트리트가 가장 일반적으로 사용된다. 콘크리트는 시멘트, 자갈, 모래로 되어 있고, 여기에 철 기둥 등 복합 소재를 이용해 무게를 버티는 기둥을 만들었다. 로마의 콘크리트는 2,000년이 지난 오늘까지 건재하여 사람들을 놀라게 한다. 연구자들에 따르면 로마의 콘크리트는 염분이 스며들면 더욱 견고해지는 성질을 갖고 있고, 크랙*crack*이 생기면 스스로 채우는 셀프 힐링 기능이 있다고 보고되기도 하는 등 현대인이 사용하는 콘크리트와는 다르다.

로마는 공학적 관점에서 건축 재료의 혁명을 이룬 나라다. 이들이 발견한 콘크리트는 오늘날 콘크리트와 달리 자연 재료에서 얻었다. 최근 연구에 따르면, 로마인들이 우리가 통상 사용하는 소석회가 아닌 생석회를 일부 사용했다. 제조 과정에서 생석회가 일으키는 발열 반응 때문에 오늘날의 콘크리트 건축물과 차이가 있다는 견해도 있다. 이런 콘크리트 재료의 재발견은 최근 들어 이산화탄소를 흡수하여 지구 온난화를 방지하는 기능을 가진 콘크리트 개발 같은 혁신 연구의 모티브를 제공하고 있다.[12]

---

12 워싱턴주립대 시엔밍 교수 팀 등의 연구로 탄소 제로 건축의 길이 열리고 있다.

3.3 사막에 피어난 과학기술

로마의 변방, 광야에서 싹튼 영성들

메소포타미아의 유프라테스·티그리스 강변과 나일 강변은 문명의 발상지로서 신화의 고향이자 종교의 발원지이다. 고대의 현자들은 이런 다양한 문화와 종교의 전문가였다. 민족들은 저마다의 신을 숭배하며 자신들의 번영과 멸망을 신의 명령에 대한 순종으로 이해했다. 이들의 종교는 서로 연결된 부분도 없지 않았지만 핵심은 유일신과 다신 사이의 긴장이었다.

우리는 오늘날 유일신 야훼가 아브라함에게 현신해 그의 믿음의 순종을 통해 만든 종족 이스라엘 민족과 아브라함의 또 다른 부인에게서 난 아들 이스마엘의 후손들에 연관된 두 종교의 공존을 보고 있다. 두 그룹 중 하나는 유대교를 형성했지만, 유대교는 로마의 압제하에서 예수라는 메시아의 탄생과 더불어 기독교라는 새로운 종교 탄생의 모판이 된다. 물론 유대교의 교리로 인해 예수가 십자가에 처형되었기에 유대교는 예수를 그리스도로 인정하지 않는다. 이 일은 서기 30년경에 일어났는데, 기독교는 그후에 성장했다.

또 다른 종교가 AD 300년경에 일어났다. 조로아스터교의 교리를 이어받은 마니$^{Mani, 216~274}$라는 페르시아 사산 제국 사람이 종교를 만들었다. 이미 예수의 이야기를 알고 있었던 마니는 빛의 신 '아바 데라부타

Abbā dəRabbūṭā'와 어둠의 세계에서 빛을 구하는 사람에게 빛의 세계에서 보내는 부름*calling*을 뜻하는 '카리아*karia*' 등의 개념을 설파했다. 마니는 청년 시절 영적 쌍둥이 자아인 타우마*Tauma*에게 계시를 받았으며, 이를 통해 그는 자신에 대한 완전한 앎에 이르렀고, 그럼으로써 구원의 통찰력을 갖춘 그노스티코스*Gnosticos* 중 한 사람이 되었다고 주장했다. 마니교는 일찌감치 세계화를 이루었는데, 페르시아 무역상들의 루트를 타고 뻗어 나갔기 때문이다. 유럽이나 근동에서는 기존 종교들로 인한 탄압이 심했고, 특히 아라비아반도에서 발흥한 이슬람에 의해 7세기경 소멸되었지만, 동양에서는 오래 전수되었다. 특히 인도 불교와도 잘 연결되었고, 중국에서는 14세기까지 포교가 이루어졌다.

중국에서는 마니교를 '빛의 종교'로 이해하여 밝음을 뜻하는 명明교로 알려졌고, 몽골 제국에 의한 원나라 지배의 끝 무렵에 주원장을 대장으로 하는 반란군의 정신적 기반이 되었다. 주원장이 원나라를 패망시키고, 마니교의 뜻을 세워 명나라로 이름하였다는 이야기가 전해지기도 하지만 확실치는 않다. 이후 그는 페르시아에서 온 이국 종교인 명교에 큰 관심을 두지는 않았다. 우리나라 역시 조선 건국 이야기를 따라가다 보면, 조선 역시 밝을 명자가 들어 있는 점이나 개천절에 불을 받는 강화도의 마니산 등을 마니교의 잔재로 볼 수 있는 요소가 있는 것으로 해석될 여지도 있다. 이처럼 마니교는 동방으로 전해져 1,000여 년의 오랜 세월 명맥을 유지했음을 유추할 수 있다.

서기 600년경에 일어난 종교의 발흥은 또 하나의 세계사적 사건이었다. 가브리엘 천사의 계시를 받았다는 무함마드*Muhammad, AD 571~632*의 등장이 그것이다. 글을 전혀 모르던 무함마드가 신으로부터의 계시를 기

그림 3.15 메카에서 신의 계시를 받는 무함마드

록하여 전승되었다는 경전이 쿠란^{Quran}이다. 돈많은 미망인과 결혼하여 재산과 가축을 관리하는 일을 하던 무함마드는 가끔 그늘에서 휴식을 취하곤 했다. 그러던 어느 날 그 동굴에서 가브리엘 천사로부터 계시를 받아 선포하여 선지자가 되었다. 쿠란은 예수도 한 명의 선지자로 묘사한다.

무함마드 사후 그의 후계자 오마르^{Omar}에 의해 세력을 확장한 이슬람교도들은 마침내 알렉산드리아를 점령했다. 그곳에서 그리스 학문과 문화를 접한 이슬람교도들은 그 문명의 우수성에 감명받고 수리, 천문, 물리, 의학에 심취한다. 무슬림들은 이를 토대로 신의 계시 속에 인간의 이성을 활발히 발달시키는 조화를 찾았다. 쿠란은 인간 이성의 힘으로 추구하는 진리 탐구를 허용하는 입장이었으므로 무슬림들은 그리스와 로마 시대 지성의 유산을 계승하여 발전시켰다. 그러던 중 이런 지성의 등불이 갑자기 꺼졌다. 그간의 학문적 탐구가 알라를 향한 영성에 큰 도움이 안 된다는 종교 지도자들의 권고에 따른 것이었다. 마침내 신앙과 학문의 양립이 중단된 중세의 문이 열렸다.

아라비아의 과학기술과 인간 정신

무함마드에 의해 시작된 이슬람교는 '알라'라 부르는 유일신에 대한 믿음을 전파하기 위해 주변국 정복에 나섰다. 정복지 주민들에게는 자신들의 종교를 믿으면 같은 형제로서의 지위를 보장하고 공평한 기회를 주었으므로 많은 정복지 주민들이 이슬람으로 개종했다.

아랍인들은 기본적으로 열악한 환경에서 살아가면서 다른 지역의 물품을 교류하는 삶을 살아왔으므로 새로운 것에 대한 호기심이 누구보다 강했다. 세계에 대한 아랍인들의 교류는 과거 반도를 중심으로 해상 교역을 통해 많은 문물을 교류했던 그리스인들처럼 빈번한 단거리 교류는 아니었지만 점령 지역의 문물을 통해 새롭게 각성하고 발전하는 양상을 띠었다. 특히 그리스 철학에 크게 감동하고 그리스인들이 저술한 책을 보존하는 일에도 적극 나섰다.

※ 바그다드의 지혜의 집

압바스 왕조^{750~1517} 시대에 그리스 철학에 대한 대대적인 번역 운동이 일었다. 바그다드에 플라톤 아카데미를 흉내내 '지혜의 집*Bayt-al-Hikma*'을 지을 정도로 그들은 지적으로 충만했다. 특히 압바스 왕조 시대에는 바그다드를 중심으로 그리스 문헌의 번역이 대대적으로 이루어졌다.[13] 이러한 흐름은 무함마드의 적통임을 주장하는 압바스 왕조(8~10세기)의 칼리프에 의해 주도되었다. 이때 번역된 문헌들은 앞서 언급한 소중한 저작들, 유클리드의 《기하학원론》이나 아리스토텔레스의 중요 저술들, 예컨대 물리학, 형이상학, 윤리학, 논리학, 동물학 등을 비롯하여 의학, 약리학, 천문학 등 후일 유럽에서 중세를 뒤집는 르네상스를 일으킬 기폭제들이었다. 《수학집성$^{Syntaxis\ mathematica}$》은 프톨레마이오스 천문학의 등장을 이끈 저술로 유럽으로 전해지면서 지동설과 천동설의 대결의 정점에 놓였다.

아랍인들은 히포크라테스$^{Hippokrates,\ BC\ 460?\sim BC377?}$와 고대 로마의 의사이자 해부학자였던 갈레노스$^{Claudios\ Galenos,\ 129\sim199}$의 책도 번역하여 이를 토대로 카이로에 최고의 병원을 짓고자 했다. 이러한 번역 운동은 과학과 지성사에 매우 흥미로운 일이었지만, 번역의 한계는 그것을 만들어 낸 원저자들의 무에서 유를 만들어 가는 노력과 탐구의 과정을 뛰어넘을 수는 없었다. 따라서 이들의 탐구 정신은 상대적으로 미약했다. 어쩌면 이것이 유럽과 이슬람 지성사의 상대적 차이일 수 있다.

이 시기 유럽은 그리스 철학과 과학을 무시했지만, 이슬람은 이를 번역하고 적극 향유했다. 그러나 이것이 다시 유럽 전역으로 전해지고 무에서 유를 만들겠다는 탐구 정신이 더해지며 그리스 과학을 넘어섰다. 아랍은 번역의 봄을 향유하다 신앙으로 돌아갔고[14] 유럽은 신앙에서

---

13 《그리스 사상과 아랍 문명-번역 운동과 이슬람의 지적 혁신》 디미트리 구타스 지음, 정영목 옮김, 글항아리.

14 십자군의 침략을 경험한 후 신앙에 입각한 근본주의자들이 득세하면서 학문 탐구 정신이 희석되었다.

탐구로 방향을 틀어 마침내 르네상스의 문을 열었다.

　아랍인들의 또 다른 기여는 이들이 점령지에서 발견한 진기한 것들을 정리하고 수용하는 데 열성적이었다는 점이다. 장사꾼의 눈으로 대상의 진가를 빨리 파악하여 취사선택하는 역량이 탁월했다. 인도에서 숫자를 받아들여 아라비아 숫자로 발전시켜 마침내 전 세계 표준으로 만들었다. 중국으로부터는 흑색 화약을 받아들였다. 그리스 지성, 중국의 화약, 인도의 숫자를 융합 정리하여 유럽에 전파한 일은 인류 지성사에 커다란 기여가 아닐 수 없다.

※ 아라비아의 예술과 문학

　아라비아인들은 도형의 무한 반복 같은 배치를 통해 아름다움을 찾았다. 이러한 예술적 문양을 아라베스크^{arabesque}라고 한다. 이들의 글씨역시 아름다운 조형성을 갖고 있다. 무슬림들 역시 우상을 만들지 말라는 교리가 있었으므로 고대의 문양 중 우상으로 여겨질 만한 동물이나 새를 배제하고 그 대신 기하학적문양을 많이 사용하면서 프랙탈 구조가 탄생하였다. 기본적으로 우상을 만들 수 없어 조각이나 기타의 예술 작품은 만들기 어려웠지만 예배를 위한 사원 건축이나 장식에서 이슬람의 예술성을 확인할 수 있다. 《아라비안나이트$^{Alf\ laylah\ wa\ laylah,\ 천일야화}$》는

그림 3.16 아라베스크 문양

그림 3.17 아라비안나이트

가장 유명한 아라비아 문학 중 하나다. 6세기경 사산 왕조에서 돌아다니던 이야기가 각색 첨가되어 13세기에 완성된 것으로 알려져 있는 이 이야기는 아랍인만의 이야기가 아니라 정복지 사람들의 이야기까지 포함한다. 아랍인들의 융합 능력이 돋보이는 문학이지만 일부 매우 선정적 내용으로 종교적 경건성에 배치되는 서사도 있다. 이런 이유로 유럽에서는 한때 금서로 지정되기도 했다.

여행을 즐겼던 이들은 여행기를 많이 남겼다. 이븐 바투타*Ibn Battuta, 1304~1368*는 14세기에 아프리카, 이란, 인도, 중국 원나라를 방문하고 견문록을 써서 남겼다. 문학을 사랑했던 칼리프들의 영향으로 시와 설화가 발달했다. 오마르 카이얌*Omar Khayyam*의 시 《루바이야트*Rubaiyat*》는 유럽에 번역되어 큰 호응을 받았다.

※ 아라비아 수학과 물리 천문학

아라비아인들은 기본적으로 상업을 중시했기에 이들에게 계산은 매우 중요했다. 여러 곳의 수 체계를 접하던 이들은 인도의 수 체계가 매우 매력적이란 사실을 알았다. 이들은 최초로 0이라는 숫자를 도입하고 9개의 숫자를 달아 10진법 체계를 만들었다. 각각의 숫자 뒤에 0을 붙이면 한 자리씩 커지는 수 체계였다. 이러한 수 체계는 8세기 압바스 왕조에서 꽃을 피워 12세기경부터 유럽으로 전파되었다. 0이란 개념이 데카르트가 기하대수학을 만들 당시 원점 정의에 사용되었으니 그 기여는 매우 크다. 아라비아 사람들에게 시간과 공간의 개념은 매우 중요했다. 무슬림들은 정해진 시간에 메카를 향해 기도를 해야 했는데, 시간의 정확성과 더불어 방향의 정확성이 매주 중요했기 때문이다. 당연히 유클리드의 《기하학원론》은 그들의 시공간 개념에 중요한 지침서가 되었다.

오늘날에도 유명한 아라비아의 수학자로 알 콰리즈미^{al-khwarizmi, 850년경 사망}가 있다. 그의 이름을 따서 사람들은 '아라비아 숫자로 계산한다'는 의미의 개념을 알고리스무스^{algorismus}라고 했는데, 오늘날 컴퓨터 코딩에서 자주 쓰는 알고리즘^{algorithm}의 기원이다. 또 하나 이슬람 수학의 위대한 기여로 대수학을 뜻하는 '알지브라^{algebra}'가 있다. 알 콰리즈미가 저술한 《복원과 대비의 계산^{Hisab Al-jabr Wal-muq Bala}》에서 '복원'을 의미하는 단어가 '알자브르^{al-jabr}'인데, 훗날 사람들은 이것을 '대수학'이라 불렀다. 이렇게 대수학이나 알고리즘과 같은 전문 용어에 아라비아의 수학자 이름과 책 제목이 기원이 된 사실은 아라비아 수학이 인류 지성사에 얼마나 탁월하게 기여했는지를 간접적으로나마 확인하게 해 준다.

그림 3.18 1983년 소련에서 발행된 알 콰리즈미 탄생 1,200주년 기념 우표

압바스 왕조 때 만들어진 '지혜의 집'은 지성의 폭발로 이어졌다. 9세기 전반, 최

그림 3.19 카이로에 세워진 알 파르가니 동상

고의 천문학자로 알 파르가니[15]가 있었다. 그가 저술한 《천체 운동과 천문 지식의 요강》은 12세기 이후 라틴어로 번역되어 유럽 대학에서 기본 교과서로 사용되었다.

유럽 대학에서 스콜라 교양 교육으로 진행된 콰드리비움*quadrivium*에 해당하는 네 개의 과목 중 하나가 천체학이었다. 이들은 천체의 운행 원리를 아는 것이 신에 의한 창조의 질서를 아는 지식이라 믿었다. 사막을 여행해야 했던 아라비아 상인들은 별을 바라보며 기준을 잡았다. 어떤 이들은 점성술에도 빠져들기도 했지만, 고대 과학자들 대부분은 별의 운행을 이해하고 있었다. 그리스 자연 철학자들은 지구가 둥글고 그 직경이 얼마가 된다는 것까지 계산했었는데, 이런 지식을 토대로 천문대를 설립하고 운영한 이면에는 역시 압바스 왕조의 지적 지원이 있었다.

물리학의 운동 법칙은 이들에게 큰 감흥을 주지는 못한 듯했다. 아리스토텔레스의 《물리학》은 번역에 그치고 더 이상 이론의 발전으로 나아가지 못했는데, 낙타를 타고 이동해야 하는 사람들에게 물체의 운동은 그리 큰 의미가 없었던 탓일지도 모른다. 그러나 사막에 쏟아지는 빛에 대해서는 관심이 많았다. 빛은 조로아스터교나 마니교에서도 중요하게 강조했던 관점이기도 했던 때문이다. 그럼에도 빛에 대한 연구자들은 그리 환영받지 못했다. 현재 사우디아라비아의 프로 축구단 이름과 같은 알 하쩸이라는 물리학자는 왕의 명을 수행할 수 없다는 이

15 *al-Farghani*, 800~870년. 우즈베키스탄 출신 천문학자.

그림 3.20 이븐 알 하이쌈의 초상과 《광학의 서》 출간 1,000년 기념 2015년 유네스코 제정 〈세계 빛의 해〉 포스터

유로 노여움을 사 사형을 언도받았지만 미친 척하여 목숨을 연명하였다 전해진다. 미치광이 행세를 하며 연구를 진행한 알 하젬은 자신의 연구를 집대성하여 책을 저술했지만 정작 본명 대신 다른 이름으로 책을 펴냈는데, 그 이름은 알 하이쌈$^{Ibn\ al\text{-}Haitham}$이었다. 그의 저서 《광학의 서$^{Kitab\ al\text{-}Manazir}$》는 12세기에 라틴어로 번역되어 유럽에 전달되었으며 케플러와 데카르트 등에게 큰 영향을 끼쳤다. 후에 아이작 뉴턴이 동일한 이름의 책을 저술했던 사실은 인류 지성사에 정말 뜻깊고 흥미로운 일이다.

※ 이슬람의 의학과 화학

명교$^{明敎\,16}$로 알려진 마니교도들은 페르시아의 화학 약품 다루는 기술과 특수 합금 만드는 기술을 활용해 인도와 중국에 접근했다. 이집트 사람들은 이미 미라를 만드는 과정에서 다양한 약제를 알고 있었다. 당연히 아라비아인들은 이 분야 그리스인들의 저술을 번역하여 실용적으로 발전시키고자 하는 의지가 강했다.

---

16 원나라 말엽 중국의 무림을 배경으로 그린 무협 소설 《의천도룡기》에도 관련 내용이 등장한다.

그림 3.21 이븐 시나의 초상

사라센 제국의 경우, 약제 개발이 매우 활발해 독창적 약제가 나왔고, 이것을 사람에게 실제 적용한 임상 결과를 토대로 의학책을 펴냈다. 임상 실험의 대상은 안질, 천연두, 홍역과 같은 병이었다. 유명한 의학자 이븐 시나*Ibn Sina, 980-1037*는 《의학정전》을 저술했고, 알 라지*Al Razz*라는 페르시아 의사는 의학 백과사전격인 《의학대전》을 저술했다. 뿐만 아니라 알 라지는 다양한 병들의 임상과 치료법을 서술하였다.

근대 화학은 라브아지에 이후 그 기초가 확립되었으므로 당시로선 당연하게도 연금술이 화학의 발달을 견인했다. 승화나 증류 여과법 개발로 활성화되었던 연금술은 약제 제조 방법에 기여했다. 연금술사들은 물체를 휘발성 물질과 비휘발성 물질로 분류하고, 금속은 유황과 수은의 합성물이라고 보았다. 이들은 아리스토텔레스의 4원소설을 받아들여 건, 냉, 습, 열 네 성질이 물질에 함유된다고 믿었다. 그래서 이들은 물질에 어떤 성질을 담기 위해 물질을 섞으면 특수한 성질, 예컨대 금과 같이 불변하는 물질을 만들 수 있다고 믿었다.

아랍 지성의 급작스런 소멸

이슬람 문화를 만들어 간 사람들 중에 아랍인들은 소수였고 많은 이민족들, 예컨대 이집트, 페르시아, 시리아, 유대인, 튀르키에인들이 많이 포함되었다. 이들이 들여온 문화는 다양한 민족의 수만큼 다양했다. 이슬람 문화의 특징 중 하나는 이민족 문화의 혼합이다. 이슬람 문화는 동양과 서양의 융합과 그리스를 비롯한 고대와 당시대의 연결이라는 특징을 갖는다. 그들은 융합의 터전에 자신들의 가치를 심어 마침내 유럽에 전승하는 역할을 수행했다. 문화의 황금기는 8세기 말에서 9세기 초에 걸친 하룬 알 라시드*Harun al Rashid* 칼리프 시대[786~809]였다. 수도였던 바그다드는 동서 교역의 중심이자 문화의 중심지였다.

중세 유럽이 신학으로 과학적 이성을 벗어날 당시에 어떻게 똑같은 신학 국가인 이슬람 국가에서 이러한 지적 융합이 가능했을까? 그 이유는 부분적으로 이슬람의 초기 지도자들이 매우 합리적 정신을 소유한 데서 찾을 수 있다. 쿠란은 예수를 무함마드와 동일선상의 선지자로 간주하여 삼위일체를 부인한다. 때문에 그 교리가 단순하고 명료한 측면이 있다. 이를 통해 그리스 철학과 동양의 과학을 동시에 다룰 만큼 정신적으로 자유로울 수 있었다. 따라서 이슬람은 비잔티움과 더불어 고대의 학문을 계승하고 보존할 수 있었다. 쿠란을 정점으로 하는 아라비아의 고유 학문이 다른 지역의 세속 문화와 외래 학문과 충돌하거나 그 지적 결과물을 외면하지 않는 개방된 모습은 이슬람 번성의 원인이라 할 수 있다.

13세기까지 아랍의 지식은 팽창했다. 그럼에도 아랍에는 그리스에서와 같은 탁월한 학자들이 존재하지 않았다. 십자군 전쟁으로 이슬람은 단결했고, 신앙의 다툼은 근본주의의 득세로 이어지게 만들었다. 눈앞에서 흘리는 순교자의 피가 더 이상 학자의 잉크보다 연할 수 없었다. 순교자의 피는 학자의 잉크보다 진했다. 하여 사막에 피어난 지성의 불꽃은 꺼져 가는 등불이 되고 말았다.

상한 지식의 이파리들은 지중해를 건너 이탈리아로 전해졌다. 이탈리아 작은 도시들이 이제 그 불꽃을 받아 칠흑같이 어두운 밤을 헤쳐나갈 준비를 하고 있었다. 유럽이 술렁이기 시작할 무렵, 아라비아 반도의 사람들은 지적 의심을 벗어 던지고 종교적 믿음으로 깊어졌다. 이제 더 이상 생각할 필요는 없었다. 오직 쿠란으로 압축된 믿음으로 나아갈 뿐이었다. 질문이 사라진 자리에 과학과 지성이 들어설 자리가 없음은 당연한 순환적 역사의 한 장이다.

제장

르네상스와 주름진 진주들

4.1 주름진 진주

4.2 대지의 주름

4.3 학자의 잉크와 순교자의 피

4.4 거인 어깨 위의 주름

4.1 주름진 진주

진주의 탄생과 지성의 주름들

팍스 로마나의 황금기가 지나면서 로마 제국의 영광은 서서히 가려지기 시작했고, 제국은 동로마와 서로마로 분리된 후 서서히 몰락의 길을 걷다 마침내 무너졌다. 하지만 역사는 서로마 멸망 후에도 기독교는 건재했을 뿐 아니라 더욱 강건해졌음을 확인시켜 준다. 서로마로 진격하여 승리한 게르만의 왕들은 정복 지역의 통치를 위해 이미 정착된 로마법을 유지했다. 선진 제국의 로마법을 그대로 유지했고, 로마의 문화를 받아들이는 데 적극적이었다. 어쩌면 그런 점에서 정복자로서의 탁월성이 드러났다 할 수 있을 것이다.

그후 많은 왕들이 기독교로 개종하였다. 콘스탄티누스 대제가 로마의 종교를 기독교로 통일한 것과 같이 정복자들은 자신들의 영토에 하나의 정신에 기반한 사회를 만들고 싶어했다. 비록 제국의 황제가 사라진 자리에 수많은 왕들이 대신했지만 그들은 빠르게 로마의 문명에 귀환했다. 멸망한 서로마 제국의 땅에서 수백 년간 누렸던 로마의 영광을 유지하려는 중심에 기독교가 자리했고, 교황은 모든 권력의 정점에 서 있었다. 이제 로마 제국에서 성장한 기독교는 유럽 전체를 바꾸는 중심이 되었다. 이슬람의 공격을 지켜 낸 유럽에 기독교를 중심으로 하는 여러 기독교 국가가 들어섰다. 가톨릭은 점차 멸망한 로마의 문화를 몰아내고 기독교적 교리에 입각한 문화를 이끌어 냈다. 정복자들도 기독교로 개종하였는데, 그중에는 심지어 서고트족 왕도 포함되었다. 이제 유럽은 완전한 신의 나라로 변모했다. 로마 제국이 지나간 자리에 등장한 여러 세력을 하나의 동질성으로 묶어 내는 고리는 이제 황제의 권력이 아니라 기독교라는 신앙이었다. 로마라는 조개 속에서 피를 흘리며 순교하던 기독교의 씨앗은 마침내 진주로 자랐고, 그걸 덮던 껍질이 사라진 이후 더욱 영롱하게 빛나게 되었다.

❇ 서로마 시대의 아우구스티누스

성 아우구스티누스^{St. Augustinus, 354~430}는 북아프리카의 알제리 출신이다. 한때 마니교에 심취하였고, 방탕한 젊은 시절에는 혼외 자식을 두기도 했다. 그의 어머니는 기독교인이었다. 마니교의 교의가 깊지 않다는 것을 깨달은 그는 플라톤의 철학을 계승하는 신플라톤주의자가 되기도 했다. 마니교의 추천으로 로마와 밀라노에서 수사학 교사가 된 그는 수사학에 능통한 기독교도인 밀라노의 암브로시우스 주교를 만나 깊은 교제를 나누던 중 주교의 강론에 감동을 받아 기독교로 개종한다.

그리스 철학에 조예가 깊었던 그는 플라톤의 이데아에 크게 감명받아 기독교 교리와 연결하고자 했다. 플라톤의 네 가지 덕목에 믿음, 소망, 사랑의 세 덕목을 추가하여 7덕목을 강조하는 등, 그리스의 헬레니즘 철학과 기독교의 융합을 시도한 점에서 그의 사상적 행보는 특이하다. 많은 기독교인들 중에서도 그의 이런 노력은 이성적 판단과 영적 깨달음의 경계에서 지성의 영역을 살피게 하였고, 그것은 기독 지성의

그림 4.1 성 아우구스티누스의 초상

중요한 불씨가 되었다.

인간의 죄악에 대하여 깊이 성찰하고 자신을 들여다보며 쓴 《고백록》에 따르면 자발성이 있는 악은 죄이고, 자발성이 없는 것은 죄가 아니라 했다. 북아프리카 히포 지역에서 사역했던 그는 서로마가 멸망하던 시기 서고트족의 침공 속에서 피난민들을 돌보다 430년에 76세의 나이로 열병에 걸려 사망했다. 서로마 멸망의 해가 467년이므로 이민족의 침략으로 인해 로마 변방이 수십 년간 어지러웠음을 짐작할 수 있다.

서로마 멸망 직전에 활약한 이 기독 지성인의 저술과 강론은 서로마 멸망 후 중세 기독 사회에 큰 영향을 주었다. 단순한 믿음에 대한 강조를 넘어 믿음에 덕을 더하는 일, 덕에 지식을 더하는 일은 기독교인들의 지성 확대에 중요한 요점이었고, 그런 면에서 아우구스티누스가 플라톤주의를 수용하여 집목한 일은 사상적으로 엄청난 사건이라 할 수 있다. 그러한 수용이 이단으로 배척되지 않고 받아들여진 데는 그 자신의 치밀한 자기 성찰과 죄를 비롯한 주요 개념에 대한 이데아적 정의에 따른 치밀한 논리와 수사학적 설득이 있었기에 가능한 일이었다. 그럼에도 아우구스티누스는 플라톤의 제자 아리스토텔레스의 철학에 대해서는 그다지 관심을 기울이지 않았다.

※ 서로마 이후 중세 수도원 사람들

영성은 도시 한복판의 교회보다 한적한 광야에서 더욱 자라나기 십상이다. 교회에서 안정된 직위의 생활을 하던 성직자들과 달리 신의 뜻을 따르며 진실된 신앙 생활을 추구하는 사람들이 생겨났다. 이들은 도시를 떠나 광야로 갔다. 그곳에서 토굴을 파고 기도와 묵상을 거듭하는 사람들의 숫자가 많아지면서 그들 간 상호 교류가 진행되었다. 마침내 베네딕투스*Benedictus, 480~550*라는 수도사가 이들 크리스천 몽크들을 연합하여 광야에 신앙 공동체를 만들었다. '베네딕트 수도회'가 탄생한 것이다.

베네딕투스가 제정한 수도 규칙은 7세기 수도원 운동의 표준이 되었다. 그는 스스로 수도원을 운영하고 그 규칙을 개선하면서 공동체의 동의를 얻어 갔다. 초기에는 단순하게 보다 올바른 신앙 생활에 중점을 두었으나 시간이 지나며 신앙 생활을 위한 행동 지침을 만들어 준수하게 하였다. 이들의 지침 중에는 기도와 노동 의무[1]가 있었다. 하루에도 여러 번 모여 기도했고, 기도 사이에 노동했다. 땅을 갈아 채소를 키우고 목재를 가공해 가구를 만들었다. 수도사들의 열정과 노동의 진정성은 수도회를 찾는 방문객들의 마음을 움직였다. 방문객들은 진실된 수도사들에게 아낌없이 헌금하였고, 이러한 생활과 지원을 기반으로 수도원은 성장했다.

신학적 호기심이 커져 나가던 시절에 책을 필사해 파는 일은 고단하

---

1 기도는 *ora*, 노동은 *labora*라고 불렀다. 기도하는 장소는 오라토리움(*oratorium*), 노동하는 장소는 라보라토리움(*laboaratorium*)이라 했다. 이러한 실습(*practicum*)은 수도원에서 시작해 마침내 대학으로 자리잡았다. 오늘날의 강의실과 실험실이 그것이다.

고 강한 노동 강도에도 불구하고 수입이 좋아 수도원 운영에 필수적이었다. 수사들은 수도원 도서관 옆에 자리한 필경실에서 원본을 필사해 책을 만들었다. 수도원은 당연히 지성의 전당이었지만 당시까지는 그리스 지성의 보고들을 금서로 여겼으므로 교회에 이 책들이 본격 등장하기 시작한 것은 교부 철학이 꽃피는 시기였다. 그 긴 세월 동안 고대의 지성은 먼지를 뒤집어쓴 채 수도원 책꽂이에서 침묵해야 했다. 이 긴 침묵은 신의 나라의 진정한 원리를 이해하고자 하는 노력을 불경으로 치부하여 위축시켰고, 종교는 점점 권력화되어 진리 탐구보다는 세상을 지배하고 조종하고자 하는 욕망만 키웠다.

프란치스쿠스$^{Franciscus, 1182~1226}$는 기독교가 500여 년간 그 권력을 강화하며 마침내 교황권이 무소불위에 이르렀을 때 등장한 수도원 개혁 운동가였다. 세상 권력에 찌든 교회와 수도원 개혁의 의지를 모아 적은 형제들의 모임을 시작했다. 거룩한 가난을 자랑스럽게 생각하고 실천했으며 이웃의 평화를 간구했다. 예수의 복음과 가난과 겸손을 본받아 실천하고자 했고, 사도들의 삶처럼 순종과 무소유, 그리고 겸손을 생활화했던 이들을 '탁발 수도승'이라 했다.

탁발 수도승들은 도미니코 수도회에도 있었다. 도미니코는 1216년에 시작되어 1220년에 공인받은 수도회로 도미니카누스^{Dominicanus}는 '주님의 양몰이 개들'이라는 뜻을 갖는 라틴어다. 도미니크 드 구츠만$^{Dominic de Guzman, 1170~1221}$이 결성한 이 수도회는 걸식하며 수행하는 고행을 택했다. 한편으로 연구를 중히 여겼고, 종교 의식보다는 변증법적 설교를 통해 삶의 변화를 이끌어내고자 했다. 이 수도회 출신으로 또 한 번의 기독 지성의 불꽃을 피워 낸 토마스 아퀴나스가 등장한다.

❊ 중세 대학과 스콜라 교육

봉건 영주의 장원이 점차 쇠퇴하고 도시가 발달하면서 도시에 모여든 시민들에 의해 자유로운 시민 문화가 만들어졌다. 도시에는 후에 사회적 문제로 대두되기도 했던, 장인들을 중심으로 하는 조직인 '길드'가 만들어졌다. 길드는 자신들의 이익을 위해 조직되고 공동으로 행동했다. 이러한 분위기는 지식을 갈구하는 사람들에게 이어져 함께 모여 지적 욕구를 충족하려는 공감대에 따라 도시로 모여들게 하였다. 학생들은 선생을 구했고, 공동체를 구축해 일종의 지식 길드를 형성했다. 이러한 조직을 '유니버시티*university*'라 불렀다.[2]

이탈리아 볼로냐는 법학으로 유명한 최초의 대학이 탄생한 곳으로 알려져 있다. 프랑스 파리는 신학과 철학의 본거지가 되었고, 수만 명의 학생들이 들끓었다. 소르본대학으로 명명된 이곳에서 유명한 스콜라 철학자 토마스 아퀴나스가 강의했고, 에라스무스를 비롯한 쟁쟁한 인물들이 거쳐 갔다. 영국에는 옥스퍼드가 있었다. 암흑기로 일컬어지던 중세였지만 중세 말엽에 등장한 대학은 지성의 산실로 수많은 학생들로 넘쳐나는 생생한 지적 공간이었다. 이곳에서 세상을 변화시키는 개혁이 싹텄다.

중세의 대학에선 7개의 시민 교양을 가르치는 것을 기본으로 했는데, 기초가 되는 3과목인 트리비움*trivium*과 다음 단계 4과목을 지칭하는 쾨드리비움*quadrivium*으로 구성되었다. 트리비움은 문법, 수사학, 논리학으로 구성되어 문헌을 이해하고 타인을 설득하는 기초를 가르쳤다.

---

2 볼로냐대학(1088년), 파리대학(1200년), 옥스퍼드대학(1214년), 파도바대학(1222년), 나폴리대학(1224년), 케임브리지대학(1231년).

그림 4.2 이탈리아 볼로냐대학

콰드리비움은 산수, 기하, 음악, 천문학으로 수의 질서, 공간의 질서, 시간의 질서, 우주의 질서를 내용으로 담아 기본적으로 신학을 이해하기 위한 준비를 하게 했다. 기초 교양을 마친 학생들은 비로소 구체적 전공으로 들어갈 수 있었는데, 철학을 포함해 신학, 법학, 의학 등의 전공 중 하나를 택하는 과정은 오늘날 대학의 교양 과정과 전공 과정 구성과 유사했다. 이런 과정을 이수하고 점차 수준을 높이면서 오늘날의 학사, 석사, 박사와 같은 학위가 생겨났다.

대학에서 학문의 자유는 철저히 보장되었다. 자유로운 생각이 학문 발달에 절대적으로 중요하다는 공감 때문이었다. 교수나 학생에게 면제된 병역 및 세금 등의 혜택은 중세 대학의 발달을 견인한 중요한 특권이었다. 대학 자치 법정을 두어 자율권을 주었다. 교수와 학생에겐 자유로운 여행의 권한도 주어졌다. 자치권에 학위 수여권, 주요 보직자의 선출권 등은 당연히 포함되었다. 오늘날에도 대학 자치권은 늘 주요한 사회적 쟁점으로 대두되는 데서 짐작건대, 학문의 자유가 학문 발전에 절대적이고 필수적 요소라는 점은 대학의 출발에서부터 가졌던 인식임을 확인할 수 있다. 바그다드 같은 도시에서 일어나 급속히 퍼진 이슬람 압바스 왕조하의 고전 번역과 연구 활동은 당연하게도 형성 초기의 유럽 대학에 자연스레 전파되었고, 십자군 전쟁 같은 상호 연관 속에서 더욱 강화되었다.

※ 토마스 아퀴나스의 아리스토텔레스

대학 운동의 정점에 스콜라 철학의 대명사 토마스 아퀴나스^{Thomas Aquinas,1225~1274}가 있었다. 도미니크회 수사였던 그의 천재성은 한 권의 저서만으로도 충분히 증명된다. 49세의 젊은 나이에 세상을 떠났지만, 사망하기 불과 몇 달 전까지도 그는 저술과 독서, 기도에 열중했다. 파리대학 교수로 재직하던 5년 정도의 기간에 엄청난 분량의 저술에 몰두했는데,《신학대전》이 바로 그 책이다.

1256년에 파리대학이 그를 채용했을 때, 학생-교수 길드에 속한 세속의 교수들은 도미니크 수도회 같은 탁발 수도회 소속 인물의 교수 채용을 극렬 반대했다. 하여 그는 채용 후인 1259년에 홀연히 대학을 떠나 사라졌다. 이후 이곳저곳에서 저술과 연구 활동에 몰두하던 그는 1268년에서 1272년까지 4년간 다시 파리대학 강단에 섰다. 그의 방대한 저술 활동은 그의 구술을 받아써 주던 비서들이 있었기에 가능했다. 파리대학에서 《신학대전》을 완성했고, 아우구스티누스에 의해 접목되었던 플라톤 철학에 아리스토텔레스를 교부 철학의 범주에 수용시키는 작업을 수행했다.

11세기 이슬람의 점령지였던 스페인 톨레도를 탈환한 십자군 전쟁의 결과로 유럽에 유입된 수많은 이슬람 학술서들은 유럽의 지성을 흔들고 12세기 유럽 대학에서 지적 각성을 일으킨 중요한 동력이었다. 토마스 아퀴나스는 아리스토텔레스에 관심을 두었다. 스승 플라톤과 달리 아리스토텔레스가 자연법칙에 대한 호기심을 멈추지 않았다는 이유에서였다.

그림 4.3 토마스 아퀴나스의 초상

성서적으로는 자연이 신의 피조물로서 신의 섭리에 따라 운행되므로 탐구의 대상이 아니었지만, 아리스텔레스에게는 탐구의 대상이었다. 아리스토텔레스 자연 철학에 대해 팽배한 유럽 교회의 불신 탓에 금서로 지정되기도 했지만, 자유로운 학문 탐구를 주장하는 대학에서 관심을 보였고, 마침내 파리대학은 공식적으로 아리스토텔레스의 철학 강의를 개설했다. 이 갈등 과정의 중재자가 바로 토마스 아퀴나스였다. 그는 신학과 철학을 모순되지 않는 것으로 보고, 신앙과 이성의 조화가 가능함을 논증하였다.

토마스 아퀴나스는 스콜라 철학에 아리스토텔레스의 철학을 통합하는 빼어난 성과를 거두었다. 이를 통해 사람들은 신의 뜻에 합치된 인생을 행복이라고 보는 에우다이모니아^{eudaimonia} 같은 관점과 더불어 신앙의 조화를 이룰 수 있었다. 그러나 그리스 철학을 소개하면서 밝혔듯 아리스토텔레스의 과학에 대한 사고의 여러 부정확성들이 후대의 과학자들에 의해 밝혀지는데, 바로 갈릴레이 갈릴레오 같은 과학자들에 의해서였다. 결과적으로 스콜라 철학의 근간은 그렇게 허물어졌다. 어쨌건 17세기 자연과학이 이전의 관념을 부정하며 인간 이성의 시대를 열기 전까지 토마스 아퀴나스는 400년의 스콜라 철학을 세우고 지켜 낸 스콜라 철학의 중흥자인 동시에 수호자였다.

※ 피렌체의 상상가, 단테

십자군 전쟁 여파로 유럽에 이슬람권 책들이 흘러 들어오고, 교부 철학이 대학을 중심으로 꽃 피울 무렵, 피렌체에 두란테 알리기에리 *Durante degli Alighieri, 1265~1321*라는 인물이 있었다. 후대에 단테란 이름으로 더 친숙한 인물이다. 토마스 아퀴나스가 파리대학에서 열성적으로 강의를 하던 무렵에 태어난 그는 피렌체에서 30세까지 신학과 철학, 문학을 공부했다. 당연히 당시 유행한 스콜라 철학 중 아리스토텔레스 철학에 조예가 깊었다. 로마 교황과 신성 로마 제국 황제의 대립에 따른 정치적 혼란기에 적극 가담하여 교황 편을 지지하여 승리하였으나 승리파가 다시 흑당과 백당으로 나뉘어 대립하는 와중에 백당편에 섰다 패배하여 추방당하는 바람에 오랜 망명 생활을 거쳐야 했다. 이후 백당의 봉기에서도 실패한 후 조건부 사면조차 거부한 단테는 궐석 재판에서 사형 언도를 받고 망명자가 되었다.

《신곡》은 단테가 그의 스승 베르길리우스에게 이끌려 지옥과 연옥, 그리고 천국을 순례하다 결국 그의 영원한 이상의 여인 베아트리체의 안내로 천국으로 간다는 내용이다. 천국으로의 인도를 신이 아닌 사랑

그림 4.4 단테와 베아트리체, 헨리 홀리데이, 1883년 작

하는 여인으로 설정한 그의 작품에서 신앙의 여정에서 인간 중심의 사
상으로 향한 걸음을 느낄 수 있다. 《신곡》은 사후 세계에 대한 풍부한
상상을 통해 수많은 예술가들에게 영감을 주었다. 《신곡》의 장면들을
화가들은 그림으로, 시인들은 노래로 표현했다.

❊ 유럽의 이지데이터, 징기스칸

징기스칸[1162~1227]도 12세기 사람이다. 단테보다 100년 앞선 인물로 토
마스 아퀴나스가 태어나던 즈음에 사망했다. 애초 몽골의 약소 부족
장의 아들로 태어났으나 여러 몽골 부족을 복속하고 강력한 리더로 성
장했다. 수많은 전투에서 승리하며 영토를 확장해 파미르 고원을 넘어
아라비아와 유럽을 공격하기에 이른다. 징기스칸의 아들은 이탈리아

반도를 공격하다 실패하자 페스트로 죽은 병사의 시체를 투석기에 넣어 성 안으로 쏘아 보냄으로써 유럽에 본격적으로 페스트가 퍼지게 만들었다. 7,000만 명 인구의 당시 유럽에서 1347년에서 1351년까지 근 2,000만 명이 사망에 이르렀을 정도로 페스트균의 전파는 유럽에 실로 커다란 위협이자 공포였다. 페스트는 유럽인들에게 죽음에 대한 공포와 더불어 사후 세계에 더 큰 관심을 갖게 만들었다. "현실을 즐기라"는 카르페디엠*carpe diem*은 당시 유행했던 말이었다. 도처에서의 죽음은 종교적 성찰을 더욱 강화했다. 로마의 2.5배에 달하는 영토를 확장한 징기스칸은 그리스 알렉산더 대왕처럼 발열에 이은 급작스런 죽음을 맞이한 것으로 알려졌는데, 이처럼 전염병은 인류 역사를 흔드는 중요한 기폭제였다.

몽골 제국은 세계화를 이루었으나 그 후과로 발생한 전 세계적 팬데믹은 기존 경제 질서의 파괴와 재편으로 이어졌다. 장원 중심의 영세 봉건 체제로는 강력한 외세에 맞서 영토를 지켜 낼 수 없었고, 자급자족할 농노들의 죽음과 갑작스러운 영주의 죽음 등으로 붕괴된 장원에서 나온 사람들은 도시로 몰려들어 자유 시민이 되었다. 도시에는 다양한 장인들이 서로의 권익을 지키기 위해 길드를 형성했다. 길드는 자기들만의 비법을 도제식 교육으로 전수하는 한편 타인들이 함부로 자기들 업종에 들어오는 것을 막는 조처에 나섰다. 그 과정에서 길드의 우두머리들은 점차 해당 사회의 유력자들이 되어 갔다. 앞서 이야기했듯, 길드가 갖는 교육적 기능을 확대한 것이 바로 유럽에서 태동한 대학들이었다.

십자군 전쟁이 유럽 기독교의 영향력을 외부로 펼친 세계화의 한 양태였다면, 몽골 제국의 정복 전쟁은 유럽, 이슬람, 중국 등 전 세계에 영향을 주었는데, 그중 가장 치명적 영향은 페스트로 인한 인구의 급감이었다. 이로 말미암아 유럽 교회는 막대한 부의 손상을 입었고, 이슬람 왕조도 쇠퇴했으며, 몽골 역시 결국 자신들이 세운 원나라를 명나라에 내 주었다. 급작스러운 제국의 명멸은 제국이 차지했던 터전을 새로운 질서가 만들어 낸 새 시대에게 내어 주는 결과를 낳았다.

도시의 주름, 피렌체

이제 우리는 단테가 태어났고, 징기스칸이 제국을 일으키던 13세기 이후의 유럽을 둘러보고자 한다. 장원의 몰락에 이어 형성된 도시에 각종 수공업자들과 지식인들이 몰려들었다. 상업과 공업이 발달하며 과거 유대인들이 감당하던 대금업을 대신한 금융업자들이 막대한 부를 쌓고, 그렇게 쌓은 부를 이용해 교황청이나 왕족들과 특별한 관계를 형성해 나갔다. 많은 도시들 가운데 피렌체라는 이탈리아반도의 도시에 주목해 보자.

피렌체는 밀라노의 유력 가문 스포르차와 별도로 메디치 가문이 일종의 군주 정치를 시행하고 있었다. 길드를 중심으로 뭉친 자유인들이 많았지만 훨씬 경제적, 정치적 파워가 큰 인물들이 군주로 자리잡아 통치했기에 가능한 체제였다. 피렌체는 그런 면에서 매우 독특한 도시였다. 일찍이 단테가 탄생하고 《신곡》을 노래했던 이 도시에 권력과 돈뿐 아니라 문화와 예술을 사랑한 군주 가문이 있었기 때문이다.

❋ 메디치 가문과 레오나르도 다 빈치

피렌체는 인구 7만 정도의 작은 도시였으나 이곳에 축적된 부는 새로움을 만들어 내기에 충분했다. 금융업으로 부를 축적한 메디치 가문Medici family이 있었기 때문이었다. 그들은 돈도 잘 벌었지만 어떻게 써야 하는지를 아는 사람들이었다. 당대 피렌체의 실제적 권력자 코시모 데 메디치Cosimo de' Medici는 교황을 후원하여 권력을 얻은 은행가였다. 그의 손자 로렌초Lorenzo de' Medici, 1449~1492는 음악과 미술을 사랑했던 인물로 오늘날 우리가 찬탄해 마지 않는 여러 미술가들에게 많은 작품을 의뢰해 남기게 만들었다. 앞서의 단테나 마키아벨리와 달리 다 빈치는 메디치가의 후원을 받으며 그림, 조각, 건축, 무기 설계, 자연 과학의 방대한 분야를 섭렵한 르네상스인으로 우리 앞에 설 수 있었다. 그의 작품 〈모나리자〉는 프랑스 루브르 박물관의 중심에 위치하여 수많은 사람들의 발걸음과 시선을 모으고 있다.

레오나르도 다 빈치Leonardo da Vinci는 1452년에 피렌체 공화국의 빈치라는 마을에서 태어나 1519년까지 67세를 살았다. 그는 안토니오 피에로와 농민이었던 어머니 카타리나 사이에 혼외 자식으로 태어났다. 부친은 그를 정식 아들로 받아들이지 않으려고 다 빈치da Vinci라는 성을 쓰게 했다. 다 빈치는 '빈치Vinci' 마을에서 '온from' 아이란 뜻이다. 앞서 언급했듯, 이탈리아에는 200년 전에 이미 대학들이 들어서 있었음에도 이런 사정 탓에 다 빈치는 정식 학교에 다닐 수 없었다. 자신은 언제나 '경험의 학교'에서 배웠다고 주장했던 다 빈치에게 있어 경험의 학교는 자연의 세계와 독학을 통해 자신의 세계를 구축한 가장 큰 원동력이었다. 다재다능했던 다 빈치는 공방을 떠나 독립된 예술가로 출발한 20세에서 30세가 될 때까지 피렌체 르네상스의 후원자 메디치가에 그다지 인정을 받지는 못했다. 작품을 의뢰받고도 완성하지 못하는 경우가 잦았고, 24세 무렵에는 동성애자로 고소를 당하는 등 불미스런 일에 연루되었던 이유도 작용했다.

수많은 예술가들이 환대를 받는 중에 다 빈치는 피렌체를 포기하고 밀라노의 스포르차 공작에게 이력서를 내밀며 생계를 의탁했다. 그 과정에 메디치 가문의 지원이 전혀 없었던 것은 아니었다. 당대의 지식인들은 봉건 영주의 지원하에 생계를 유지하는 경우가 많았는데, 봉건 영주들은 자신의 권위를 확인하고 증폭시키는 데 이러한 과학자와 철학자들이 필요했다. 다 빈치가 1482년에 쓴 자기 소개서를 보면 이러한 사실을 잘 알 수 있다.

이루 말할 나위 없이 빛나는 존재이신 각하.

자칭 지장이요 전쟁 무기의 발명가라고 일컫는 자들의 제반 보고서를 면밀히 검토해 본 결과, 그들의 발명품과 소위 기구라는 것들이 흔히 쓰이는 물건들과 모든 면에서 크게 다를 바 없음을 알게 되었으므로 다른 사람에 대한 편견 없이 용기를 내어 저만의 비밀을 각하께 알려 드리려고 합니다. 각하의 편하신 시간 언제라도 다음에 기록한 일부 사항들을 직접 보여 드릴 수 있기를 간곡히 부탁 드립니다.

1. 저는 물건을 쉽게 운반할 수 있는 매우 가볍고 튼튼한 기구의 제작 계획안을 갖고 있습니다.

2. 어떤 지역을 포위했을 때 물을 차단할 수 있는 방법과 성곽 공격용 사다리를 비롯한 헤아릴 수 없을 만큼 많은 갖가지 도구 만드는 방법을 알고 있습니다.

3. 높고 튼튼한 성벽으로 포격을 가해도 요새를 무너뜨릴 수 없는 경우, 반석 위에

세운 성곽이나 요새라 할지라도 무너뜨릴 방책을 갖고 있습니다.

4. 대단히 편리하고 운반하기 쉬우며, 작은 돌멩이들을 우박처럼 쏟아 낼 포를 만들 계획안을 갖고 있습니다.

5. 해전이 벌어질 경우, 공격과 방어 양쪽 모두에 적당한 여러 가지 배의 엔진을 만들 계획안이 있으며 위력이 대단한 대포와 탄약과 연기에 견딜 수 있는 전함을 만들 계획안도 갖고 있습니다.

6. 또한 적에게 들키지 않고 땅 밑이나 강 밑으로 굴이나 비밀 통로를 만들어 통과하는 방법을 알고 있습니다.

7. 또 쉽게 공격받지 않는 안전한 차량을 만들 수 있습니다. 대포를 갖춘 적이 밀집한 곳이라도 이 차량으로 밀고 들어가면 적은 흩어지지 않을 수 없을 겁니다. 그리고 차량 뒤를 따라 보병 연대가 어떤 피해도 없이 적의 반격을 물리치고 진군할 수 있습니다.

8. 또 필요하다면 대포와 박격포, 가벼운 포까지 만들 계획안을 가지고 있습니다. 이것들은 흔히 쓰이는 일반 대포들과는 전혀 다르고 멋있고 세련된 모양을 갖추게 될 것입니다.

9. 대포를 사용할 수 없는 곳이라면 사출기와 덫을 비롯해 놀라운 효과를 발휘하는 특별한 엔진을 만들어 사용할 수 있습니다. 간단히 말해 다양하고 무한히 많은 종류의 공격과 방어용 엔진을 공급할 수 있습니다.

10. 평화 시에는 공공 건물이나 개인용 건물을 건축하는 데 그 누구보다도 각하께 만족을 드릴 수 있다고 믿는 바입니다. 그리고 어느 곳에서든 다른 곳으로 물길을 낼 수도 있습니다.

11. 또한 대리석이나 청동, 진흙으로 조각상을 만들고, 그림 또한 그릴 수 있습니다. 제 작품은 어느 미술가의 작품과 비교해도 뚜렷한 차이를 드러낼 것입니다.

12. 더욱이 저는 청동 기마상을 만들고 싶습니다. 이 기마상은 각하의 아버님이신 황태자님과 명예롭고 훌륭한 스포르차 가문을 영원히 추억할 수 있는 기념물이

될 것입니다.

위에서 말씀드린 사항 중 의심 가거나 실용적이지 않다고 생각하는 내용이 있다면 각하의 공원이나 각하가 원하시는 어느 장소에서든 직접 시범을 보여 드릴 수 있습니다. 이루 말할 수 없는 겸허한 마음으로 각하께 제 자신을 추천하는 바입니다.

로렌초는 스포르차에게 다 빈치를 음악가로 추천했었던 듯하다. 로렌초의 생각에 아마도 다 빈치가 화가일 수 없다고 판단했던 것 같다. 그러나 피렌체는 다 빈치의 작품을 품고 있었다. 다 빈치는 18년의 밀라노 생활을 청산하고 다시 피렌체로 돌아왔다. 그의 나이 48세 때였다. 다시 돌아온 다 빈치는 이전에 메디치가에서 버림받았을 때의 그가 아니었다. 밀라노에서 엄청난 명성을 쌓았고, 피렌체에서 수많은 작품을 의뢰받았으며, 자신의 생애 중 가장 화려한 연구의 꽃을 피웠다. 피렌체 병원에서 2년간 인턴으로 일하며 수많은 시체를 해부하여 인체 해부도를 그렸고, 동식물을 비롯한 자연 과학의 모든 분야를 연구하여 노트를 작성했다. 54세가 되었을 때 프랑스 루이 12세의 요청으로 궁정화가가 되어 피렌체를 떠나 밀라노로 간다.

그림 4.5 낫으로 만든 전차와 전투용 장갑차. 다 빈치 스케치, 1485년경

사람들은 어쩌면 레오나르도 다 빈치보다 미켈란젤로나 〈아테네학당〉을 그린 라파엘로의 그

림에서 르네상스의 향기를 더 진하게
느낀다. 거룩한 성당에 벌거벗은 나
체의 성화를 그려 넣음으로써 신에게
서 인간 중심으로 시선을 옮겼다는 점
을 높이 산 탓이다. 그러나 그것은 이
후 일어난 거대한 과학 혁명과의 연계
성을 간과하여 갖는 편견이다. 다 빈
치의 인체 해부는 이슬람 과학자들이
남긴 인체에 대한 이해를 넘어서고,
보다 정확하게 그리고자 하는 단순한

그림 4.6 다 빈치의 요리 노트, 1498년

욕망을 넘어선 과학적 작품이다. 인간을 중심으로 사고한다는 관점에
인간에 대한 탐구가 빠질 수 없다. 다 빈치는 예술에 있어서도 인간 시
선이 느끼는 대로 사물을 그리는 원근법을 비롯한 과학적 태도를 견지
했다. 그는 유물론자들의 인생 철학처럼 잘 살기와 잘 먹기의 중요성에
대해서도 인정했다. 실제로 그는 1480년에서 1500년에 이르는 기간
동안, 요리에 대한 자신의 견해를 기록한 요리 노트를 남기기도 했다.

❋ 벌거벗은 거룩함

오늘날 피렌체에서는 르네상스 시대 예술을 볼 수 있는 호사를 누릴
수 있다. 그래서 사람들은 피렌체를 르네상스를 주도한 도시로 여긴다.
무엇보다 성당 벽화에 나체로 그려진 천상의 존재들, 벌거벗은 채 당당
하게 선 구약의 영웅 다윗의 모습은 어쩌면 누군가에겐 충격으로 다가

그림 4.7 미켈란젤로의 다비드상

설 수도 있다.

고귀한 것은 나체여야 하는가? 아이러니가 어떻게 정당화되고 통용되었을까? 당시 성직자들은 이러한 예술적 감성들을 어떻게 수용했을까? 그들 역시 인간 중심의 문예 부흥에 공모한 공모자들인가? 이러한 작품들을 기획하고 후원한 메디치 가문이 혹시 무슨 비밀 결사 조직이라도 된다는 말인가? 아니면 미켈란젤로[3]를 비롯한 르네상스의 거장들이 워낙 천재적인 탓에 어떤 비평가도 함부로 이들의 작품에 비평을 가하지 못했던 것일까? 피렌체에 존재하는 르네상스 결과물들을 직접 눈으로 볼 때마다 늘 여러 갈래 질문이 머리를 맴돈다. 이들보다 200년 앞서 살았던 단테의 《신곡》에 묘사된 천국과 지옥을 그려 내는 데는 성당 벽화가 제격이었고, 성당은 천상의 존재와 인간이 공존하는 공간이었다. 태초에 신의 형상대로 빚어진 인간이 에덴동산의 선악과를 따먹음으로써 수치심을 느껴 옷을 입었다는 성경 구절이 이러한 나체 예술에 태초의 거룩한 신성을 부여하게 만들었으며 당대 기독교조차 인정했던 건 아닐까?

✳ 공화주의자의 아이러니 《군주론》

피렌체가 낳은 인물 중 후대까지 단연 문제적 인물이 있었다. 권력을

---

3 *Michelangelo Buonarroti*, 1475~1564년. 이탈리아 르네상스 시대의 조각가, 건축가, 화가.

위해서라면 무슨 일이건 할 수 있어야 한다고 여기게 만든 《군주론》의 저자 마키아벨리^{Niccolò Machiavelli, 1469~1527}가 바로 그 인물이다. 초기에 마키아벨리는 피렌체의 군주를 물리치고 세운 공화 정부에서 요직을 차지했었다. 하지만 새롭게 등장한 군주에게 공화 정부가 밀려나면서 마키아벨리 역시 자리에서 밀려났다. 그때 새로 등장한 군주에게 헌정하고자 쓴 책이 《군주론》이다.

마키아벨리는 성공한 군주가 되기 위해서는 백성들을 어떻게 다루어야 하는지, 측근을 비롯한 조력자들의 구축, 정적 처단과 같은 실제적 일들에 대해 다양한 군주들의 성공과 실패 사례를 들어 제시했다. 정작 공화주의자였던 그는 공화정의 허약함을 경험하고 이 책을 썼다. 어쩌면 새로운 군주에게 강력한 책사로 인정받아 다시 한번 공직에 나서고자 하는 욕망과 성공한 군주의 실체를 보여줌으로써 공화정을 꿈꾸는 도시 공화주의자들에게 경종을 울리려는 두 가지 마음을 품은 것이리라.

《군주론》은 오늘날에도 리더십의 중요한 자료로 활용될 정도로 피렌체라는 역동적 도시의 정치가 탄생시킨 시대의 역작이었다. 단테의 《신곡》과 마키아벨리의 《군주론》은 봉건 영주제가 느슨해지며 도시가 탄생하고 성장하는 과정에서

그림 4.8 마키아벨리의 초상(티토 작)과 《군주론》의 1550년 판본 표지

일어난 인문학적 성찰의 귀중한 자산으로 피렌체라는 진주에 새겨진 깊은 주름이었다.

4.2 대지의 주름

기온에 새겨진 주름

잠시 산만할 수도 있겠지만 앞서와는 결이 다른 이야기로 주의를 돌려 이야기를 전개하고자 한다. 작품을 미처 완성하지 못하고 엉뚱한 구설로 후대에 공백의 시간으로 느껴지는 다 빈치의 20대처럼 우리도 이성의 폭발을 살피기에 앞서 다소 엉뚱한 이야기를 나누고 싶다.

현대에 인류 절멸을 염려할 정도로 인류 전체에 심각한 걱정거리로 다가선 화두가 지구의 온도다. 지속되는 지구 온난화로 향후 지구의 평균 기온이 3도 상승하면 엄청난 재앙이 닥치고, 그 재앙은 돌이킬 수 없는 위협이라는 공포스런 보도를 매일 접한다. 이쯤에서 잠시 지구 기온 변화에 대한 과학자들의 추정을 살펴 보고 넘어가자.

※ 기온 상승기의 세계

지구의 온도 변화를 추적한 [그림 4.9]를 통해 우리는 흥미로운 사실을 확인할 수 있다. 지금의 기온에 비해 따뜻했던 시기와 추웠던 시기가 앞서 이야기했던 역사적 변동기와 어떤 연관성을 갖는다는 사실이다. 서기 원년에서 서기 500년 가까이 유럽은 온난한 기후가 지속되었다. 그러다 서기 500~900년 사이에 잠시 추워졌다 900~1350년경까지 다시 따뜻해졌다. 1350년경부터 유럽에 추위가 닥쳤는데, 이 시기를 간빙기라 한다. 대개 기온 변화에 따른 시대 구분을 온난기와 냉한기로 규정하지만, 기온 상승기와 기온 하강기로 구분하는 것이 온당하다고 생각한다. 이런 기온 변화에 따른 시대 구분을 기준으로 고대 로마 시대 이후 역사적으로 어떤 일들이 있었는지 살펴보는 것도 또 다른 의미가 있을 것이다.

- **고대 기온 상승기와 팍스 로마나(기원전 200년~서기 300년)**

   찬란했던 로마 제국의 시대는 기온이 상승하던 시기였다. 이 시기

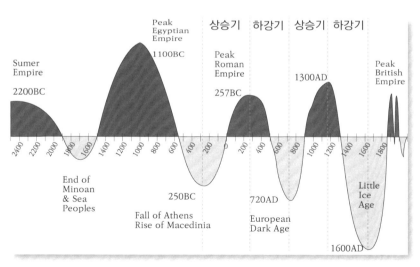

그림 4.9 지구의 온도 변화(기원전 2500년~서기 2015년)

로마는 강성했고, 다섯 명의 현제 역시 이 시기 등장했다. 그 와중에 권력을 잘못 사용한 악덕한 황제가 없었던 것은 아니었으나 그 온난기가 결국 제국의 모든 부를 만들어 주었으므로 제국은 유지될 수 있었다. 만일 그러한 온난기가 아니었다면 악덕한 황제의 통치에도 권력이 유지되었을까?

• 중세 기온 상승기와 십자군 전쟁(서기 900년~1300년)

다시 기온이 상승하기 시작했다. 물론 한랭기 최저점을 지나면 상대적 온화함을 피부로 느낄 수 있을 터이므로 해마다 따뜻하게 느끼기 시작한 시기는 서기 800년 이후부터였을 것이다. 사람들은 이러한 변화를 신의 축복으로 여겼고, 그 시기 교회의 세력은 더욱 강해졌다.

이즈음 융성했던 수도원에 기사들이 탄생했다. 거룩한 주의 군사로서 기독교 신의 유럽을 지키고자 했던 그들은 마침내 십자군 전쟁을 일으켰다. 예루살렘 순례길 확보를 명분으로 시작된 십자군 원정은 1095년에서 1291년까지 200여 년간 7차례에 걸쳐 이루어졌다.

무함마드에서 비롯된 이슬람은 7세기에 이미 예루살렘을 정복하고 11세기에는 북아프리카는 물론 서아시아 일부 지역까지 확보하고 있었다. 오늘날에도 이름이 알려진 템플 기사단이나 형제 기사단 등 기사단의 활약에도 불구하고 기독교가 예루살렘을 차지했던 기간은 1099~1187년 사이 88년, 1229~1244년 사이 15년에 불과하다. 짧은 기간을 제외하고는 대부분 이슬람이 예루살렘을 차지했다.

예루살렘까지의 원정 길은 종종 3,000km를 넘는 머나먼 길이었기에 기사단들은 길을 잃는 경우도 많았다. 성전을 명분으로 하는 원정

길 도중에 알아들을 수 없는 언어를 사용하는 사람을 만나면 이교도로 몰아 살육하고 약탈을 자행하는 등 명분에 맞지 않는 일도 부지기수였다. 원정은 여러 차례 기획되었다. 진실된 신앙의 표출이 있었는가 하면, 교황권과 왕권 간 권력의 견제, 또는 영주들의 형제 간 재산 다툼 등의 이유도 공공연했다.

기사단은 원래 수도사들의 무장 집단으로 출발했지만 점차 수도사의 정신은 사라지고 점령지에서의 만행으로 성격이 변질되어 갔다. 심지어 기독교인들조차 십자군들의 그러한 횡포에 고개를 저으며 돌아서기도 했다. 전쟁의 와중에 같은 기독교도인 동방정교회 신자들을 학살함으로써 동방 교회와 서방 교회로 갈라지는 계기가 만들어지기도 했다. 오류와 폭력, 그에 따른 교회의 분열, 그리고 원정의 실패는 교황의 권위를 실추시키는 원인이 되었다. 이 시기 교회에 모여든 자금은 십자군 전쟁의 핵심 자원이기도 했지만, 한편으로 수도원의 융성과 스콜라 철학의 발달에 기여했다는 사실을 간과할 수는 없다.

수도원으로 몰려든 수사들은 책을 읽으며 지성의 불꽃을 피웠다. 십자군 원정에서 획득한 다양한 이슬람권 책들이 쏟아져 들어왔다. 이것을 필사 번역하며 수사들은 지적 흥분으로 충만했다. 플라톤을 기반으로 삼았던 아우구스티누스의 스콜라 철학은 토마스 아퀴나스의 천재적 노력으로 아리스토텔레스를 품었다. 하지만 기온 상승이 가져다준 이러한 풍요는 이어지는 기온 하강의 시기를 대처하지 못했고, 비대해진 교회의 방만한 운영은 무리한 헌금 강요 등으로 스스로의 위기를 자초했다.

• 중세 기온 하강기와 르네상스(1200~1600년)

이제 추위가 몰려오고 있었다. 교회의 헌금은 줄어들고 인심은 흉흉했다. 교회는 면죄부까지 팔아 헌금을 모으며 이전의 권력과 사치를 유지하고자 했다. 이래서는 안 된다, 하며 루터를 비롯한 개혁주의자들이 교회 개혁을 외쳤다. 페스트 창궐로 사람들은 죽어 나갔다. 이 시기 성경을 의심하는 자들은 곧잘 화형에 처해지곤 했다. 아리스토텔레스의 자연법칙에 따라 의심을 품은 자들이 주로 그 대상이 되었다. 마침내 아리스토텔레스의 자연법은 교회에서 부정되었다.

앞서 르네상스 전기에 피렌체에서 피어났던 천재들의 행진을 소개했는데, 이제 지구의 기온에 새겨진 주름의 흔적으로서 거대한 혁명의 물결을 소개한다. 온난기에서 한랭기로 접어드는 기온 하강기, 변화하는 기후는 사람들에게 사회적 변화를 요구하게 만든다. 불만들이 쌓이고 여기저기서 의견이 속출한다. 들끓는 변화의 욕구를 하나로 묶어 낼 정신적 통합이 요구되는 시점이다. 로마의 정신은 기독교로 정해졌다. 로마의 노력은 지속되었다. 제국의 어려운 살림을 유지하기 위해 장대한 영토를 동로마와 서로마로 분할했다. 기온은 해마다 점점 더 내려가고, 따라서 경작지에서의 소출은 당연히 줄어들 수밖에 없었다. 로마는 정복지 통치에 점차 곤란을 겪게 되었다. 하지만 바바리안들은 이런 악조건에서 훨씬 강한 생존력을 지니고 있었다. 게르만의 공격은 허약해진 서로마를 쓰러뜨리기에 충분했다. 게르만의 거친 공격에 마침내 서로마가 무너지면서 역사의 뒤안길로 사라졌다.

유럽의 한랭기에 저위도에 자리잡은 아라비아 반도의 기후는 상대적으로 온화했다. 무함마드는 신의 계시를 받았고, 그와 그의 추종자들은 정복 전쟁에서 연전연승했다. 그리하여 그들은 마침내 이슬람 제국을 이루었다. 제국의 권력은 무함마드 사후 후계자의 정통성 주장에 따른 의견 대립으로 분열되었다. 권력을 장악한 수니파의 압바스 왕조는 과거 페르시아 제국이 견지하던 세계 시민 정신을 주창했다. 알라 앞에 모두가 형제라는 평등 사상은 이슬람이 정복 전쟁을 통해 여러 민족을 묶어 내는 데 성공한 중요 요소였다. 제국의 합리성은 북아프리카 알렉산드리아에 고여 있던 그리스의 인문 정신을 받아들이게만든 핵심 기제였다. 이제 바그다드는 그리스 지성에 더해 중국에서 받아들인 제지 기술 등이 결합되며 번역의 도시로 인류 지식의 거점으로자라났다.

4.3 학자의 잉크와 순교자의 피

일반적으로 중세를 지성이 죽은 시대로 이해하는 경향이 있다. 하지만 이슬람의 중세는 오히려 지성의 폭발로 정의할 수 있다. 지성의 축이 유럽에서 아랍으로 넘어갔을 뿐이었다. 기독교와 이슬람은 모두 유일신을 섬기는 종교다. 구약 부분만 놓고 보자면 아브라함이 만난 신에서 파생된 세 개의 종교라고 하여 혹자는 모두를 아브라함교라 부르기도 한다. 그러나 지식을 대하는 태도는 유일신을 섬기는 방식과 결부되어 시대에 따라 차이를 보였다.

유럽은 기독교에 깊이 침잠하면서 이성보다 신앙에 더욱 끌려갔다.

이것은 로마라는 세계 제국에서 기독교라는 신앙으로 하나의 공동체를 구축하고자 하는 정신에서 비롯된 결과였다. 반면, 아라비아 사막의 이슬람 제국은 다양한 민족으로 구성된 이슬람 신자 모두 한 형제라는 세계 시민 정신을 드높이며 지성으로 나아갔다. 이들은 순교자의 피가 신앙에 얼마나 중요한지도 알았지만, 또한 지성의 불꽃이 공동체에 얼마나 중요한가도 알고 있었다. 이슬람의 그러한 정신은 무함마드의 예언에 등장하는 유명한 다음 구절에 기인한다.

"학자의 잉크는 순교자의 피보다 진하다."

반면 기독교 교회는 순교자의 피 위에 세워졌다. 순교자들은 로마 황제들의 박해 속에 천국을 사모하며 담대히 죽음의 길로 걸어 들어간 신앙의 뿌리였다. 기독교를 전파한 사도 바울은 스스로의 지식을 배설물로 표현하였고, 예수를 알고 믿는 지식이 비록 어리석어 보이지만 세상의 어떤 지식보다 탁월하다 가르쳤다. 학자의 잉크는 배설물에 해당했다. 당연히 기독교적 바탕에서 지성은 신앙 위에 설 수 없었고, 유럽의 중세는 그렇게 침잠해 갔다.

앞서 언급했듯, 중세 말엽의 십자군 전쟁으로 이슬람에 싹튼 지성이 유럽으로 옮겨 붙는 과정에 도시의 길드에서 태동한 대학에서는 신학과 철학을 가르치기 시작했고, 이 시기에 아리스토텔레스는 지성의 영웅으로 자리매김되었다. 아리스토텔레스의 철학은 그의 스승 플라톤의 관념의 이데아로의 지향에서 벗어나 현실 세계의 설명을 지향했으므로 새로운 사고방식이 태동하는 토대가 되었다.

사고방식의 겹주름

※ 나는 생각한다 고로 존재한다_데카르트

　프랑스의 데카르트^{Rene Descartes, 1592~1650}는 아리스토텔레스 철학을 통렬히 비판하며 실제로 해석기하학, 광학 등의 수학과 과학에 주목할 만한 업적을 냈다는 점에서 베이컨과는 다르다. 하지만 스콜라 철학이 유지하던 사유에서 실천으로 전환해야 한다는 측면에서는 베이컨과 맥을 같이 한다. 데카르트는 기계론적 세계를 추론하고 있었는데, 갈릴레이가 지동설을 주장해 교황청으로부터 유죄 판결을 받자 매우 상심했다. 자신의 이론은 지동설을 인정하지 않으면 모두 의미 없는 헛소리가 되기 때문이었다. 데카르트는 고민했다. 신학과 대결하지 않고도 자신의 철학을 펼칠 방법을 찾아야 했다. 그리하여 그는 참인 명제를 만들어 내는 방법을 제시하면, 신학적 요구를 만족시키면서도 자신의 철학을 구축할 수 있을 거라 생각하고, 확실한 진리에 도달하기 위해서는 일단 의심하는 사고를 가져야 한다고 생각했다. 그렇게 의심하다 보면 '의심하는 자신이 있다'는 사실을 의심할 수 없게 된다는 것이다.

　　"나는 생각한다. 고로 존재한다."

　여기서 '나'는 '생각하는 정신'이다. "'정신'이라는 실체가 있다"는 명제가 출발점이다. 이 정신의 가장 완벽하고 무한한 지점에 신이라는 관념이 존재한다. 하지만 이것은 나의 감각을 통해 주어지지 않는다. 나의 감각은 불완전하기 때문이다. 즉 신이란 개념은 정신에 이미 주어진

그림 4.10 데카르트

선험적 개념이다. 그는 이러한 논리로 신의 확실한 존재를 주장한다. 뿐만 아니라 신은 완전하므로 성실하다고 논증한다. 이러한 논리적 전제를 통해 물질 세계 연구를 위한 방패막이를 만들었다. 즉 의심하는 과정은 진리를 향하는 과정이고, 그 의심의 가장 지고한 결론은 완전한 신을 발견하는 것에 있다는 전제였던 것이다. 데카르트는 신학자들로부터 끝없이 무신론자로 몰렸지만 자신을 방어하기 위해 늘 가면을 써야 했다. 결국 그의 생각의 종국은 사물과 정신이 분리되어 있는 '이원론'에 이르는 것으로서 오래된 스콜라 철학의 논리에 연결되어 있다. 여기서 한 가지 주목할 점은 그의 철학을 계승한 인물로 영국 명예혁명기의 철학자 로크가 있다면, 그의 철학을 받아들여 프랑스를 계몽한 사람은 볼테르였다는 사실이다. 볼테르는 철학을 철학적 방식이 아닌 문학적 방식으로 표현함으로써 영국보다 1세기 뒤에 일어난 프랑스 혁명기의 대중을 계몽할 수 있었다.

데카르트는 라 플레슈에 있는 예수회대학에서 교육받고 1616년에 푸아티에대학에서 법학사 학위를 받았다. 그럼에도 그는 상당히 부유한 가정 환경 덕에 법률가로 일할 필요는 없었다. 수학, 과학, 철학에 관심이 많았고, 여행과 지적 탐구를 결합한 삶을 원했다. 여러 해 동안 유럽을 여행하며 종종 군에서 일하기도 했다. 그가 대수학을 공부하게 된 계기는 1618년 물리학자 아이작 베크만*Issac Beckman*과의 만남이었다.

베크만은 데카르트에게 이론 수학 공부를 권했다. 그리하여 데카르트는 자신의 유명한 저서 《방법 서설$^{Discours\ de\ la\ méthode}$》에서 주장한 방식으로 수학을 독학하여 마침내 '해석기하학'의 기초를 닦을 수 있었다.

1619년 데카르트는 지적 탐구에 매우 집중하여 몰두하던 중 세 개의 꿈을 꾸는데, 그 꿈에서 이제껏 수학으로만 확실성을 갈구하고자 하던 인간의 지적 노력을 진리의 정신으로 재구성하라는 신의 소명을 받았다고 한다. 이후 교황청이 자신의 신관을 계속 의심하자 프랑스를 떠나 1628년부터 네덜란드에서 거주했다. 그는 갈릴레이가 유죄 선고를 받는 상황을 본 후, 이전에 써 두었던 자신의 저술 일부를 발표하지 않았다. 저서로는 《방법 서설$^{Discourse\ on\ Method}$》(1637), 《성찰$^{Meditation\ on\ First}$ ^{Philosophy}》(1641), 《철학 원리$^{Principles\ of\ Philosophy}$》(1644) 등이 있다. 1649년에 스웨덴 크리스티나 여왕의 궁정 철학자가 되는 초청을 받아들인 다음 해 사망했다.

❋ 신은 누구인가?_파스칼과 스피노자

재기 넘치는 천재 수학자 파스칼$^{Blaise\ Pascal,}$ $^{1623~1662}$은 어린 시절부터 젊은 날에 이르기까지 수학과 유체역학에 엄청난 기여를 한 과학자였다. 하지만 어느 날 천둥 번개로 죽을 뻔한 경험을 한 뒤 결국 종교에 귀의했다. 수도원에 들어가 생활했고, 자신의 죄를 뉘우치기 위해 기도하며 때론 육체에 스스로 형

그림 4.11 파스칼

그림 4.12 스피노자

벌을 가하기도 했다. 그러다 젊은 나이에 사망했다. 그가 쓰다 남긴 노트를 모아 만든 생각들을 그의 사후에 유족들이 펴낸 책이 《팡세^{Pensée}》이다. 이 책에서 그는 '인간은 생각하는 갈대'라고 표현했다. 그는 믿음에 대해서는 변증법적 태도를 취했다. '만일 믿었는데 신이 없다면 헛수고이겠지만, 신이 있는데 안 믿었다면 큰 손해'라고 하는 그의 태도는 기독 변증의 사례가 되었다.

파스칼처럼 재기 넘치는 천재가 종교에 귀의한 경우와 달리 재기 넘치는 천재가 파문을 당하고 종교에서 유리된 인물이 있었으니 바로 스피노자$^{Baruch\ de\ Spinoza,\ 1631~1677}$가 그 주인공이다. 유대인이었던 스피노자는 성경에 대해 지나친 의문을 제기함으로써 파문을 당했다. 그는 평생 렌즈 세공으로 삶을 영위하며 철학을 펼쳤다. 1675년경에 완성된 그의 역작 《에티카^{Ethica}》는 인간에 대한 탐구의 깊이를 보여 준다. 신과 자연을 하나로 보는 입장을 가졌던 스피노자는, 신은 인간에게 간섭하고 복과 벌을 내리는 존재가 아니라 자연법칙 그 자체라고 주장했다. "신은 주사위 놀음을 하지 않는다"며 양자역학을 통렬히 비판한 아인슈타인에게 누군가가 "그럼 당신의 신은 누구냐?"고 묻자 "스피노자의 신"이라고 답했다는 일화는 스피노자의 존재를 확인시켜 주는 재미있는 일화다.

✳ 경험, 지성에 이르는 최고의 힘_베이컨

다 빈치는 자신의 무학력을 '경험의 학교'를 다녔다고 표현했다. 그의 경험은 너무나 광범위해 학교의 전공으로는 다 담을 수 없는 넓이와 깊이가 있었다. 이러한 경험의 힘을 강조한 사고방식의 주창자가 바로 영국의 철학자 베이컨^{F. Bacon 1561~1626}이다. 이런 사조는 유럽의 '관념적 사고'에 대비되는 영국의 '경험적 사고'를 태동시켜 이후 경험이 쌓아 올린 장엄한 과학의 탑을 바라볼 수 있게 했다.

영국 왕실 대신의 아들로 태어난 베이컨은 철학자이자 정치가로 일생을 마쳤다. 법률을 공부하여 변호사가 되었으며 하원 의원을 역임하고 엘리자베스 1세가 사랑했던 에식스 백작의 고문 역할도 맡았었다. 출세욕과 권력욕이 강해 늘 국왕이나 권력자 곁을 떠나지 않으려 했으며, 목적을 위해서는 수단을 가리지 않는 처세로 출세를 챙겼다. 1597년에 《수필집^{Essays}》을 저술하여 명성을 얻고, 그 업적으로 기사^{knight} 작위를 서훈받아 1618년에는 대법관까지 승진했다. 그러나 뇌물 수수 혐의로 기소되어 잠시 런던탑에 감금되기도 했던 그는 모든 관직에서 쫓겨나고 상당액의 벌금을 내야 했을 정도로 인간적으로는 꽤나 문제적 인물이다. 그후 교외 저택에 은거한 채 저작에 몰두하다 눈^{snow}의 방부 작용에 관한 실험 중 얻은 오한이 원인이 되어 사망했다. 1626년 3월 하이게이트 근처를 지나다 갑자기 냉기가 고기의 부패를 방지할 수 있다는 생각에 미친 베이컨은 자신의 생각을 실증하기 위해 마차에서 내려 닭 한 마리를 산 후 눈에 파묻었다. 며칠 후 꺼낸 그 실험 닭을 먹고 심한 오한이 찾아들었다. 경험론을 실증하듯 그렇게 베이컨은 어이없는 죽음을 맞았다.

베이컨은 선입관으로부터의 해방, 자연에 대한 충실한 이해, 진리를 알기 위한 경험의 중요성을 강조했다. "아는 것이 힘이다"고 주장하며 다음 네 가지 선입관과 환상에서 깨어나야 한다고 주장했다.

첫째, 종족의 환상: 자연을 인간이 만든 틀에 넣어 해석하려는 환상

둘째, 동굴의 환상: 개개인의 성격, 취미, 전문성으로만 세상을 보려는 환상

셋째, 시장의 환상: 세간에 퍼져 있는 생각들에 대한 무비판적 추종

넷째, 극장의 환상: 학계라는 극장에서 학자들이 연출하는 엉터리를 무조건 수용하는 태도

그는 진리를 확인하기 위해서는 관찰, 실험, 비교, 분석, 귀납적 태도를 가져야 하며 이를 통해 합리성에 이를 수 있다고 역설하였다. 이렇게 경험주의에 입각한 진리의 추구를 주창했지만 정작 자신은 이를 실천하지 못했다. 그가 발견한 과학적 진리는 거의 없고, 실험도 하지 않았다. 뿐만 아니라 천동설에 집착하여 지동설을 인정하지 않았던 고전적 사고의 계승자였다. 그럼에도 이러한 베이컨의 경험론은 이후 영국의 사조를 특징지었다.

영국은 이후 크롬웰을 지지한

그림 4.13 케임브리지 트리니티칼리지 교회에 세운 베이컨 기념관의 조각상

자영업자들로 구성된 혁명군이 국왕에 대항하여 혁명에 성공하지만, 크롬웰이 제거된 후 다시 왕정으로 복귀한다. 이들의 실정과 더불어 페스트 창궐 등으로 이어진 사회적 상황이 명예혁명으로 이어지며 '입헌 군주제'로서의 새로운 국가 리더십을 세웠다. 이 시기 리더십은 경험론을 계승 발전시킨 철학으로 이 역할의 중추 인물로 홉스와 로크, 버클리 주교, 흄 등이 있다.

천체를 놓고 벌인 이단 대결

토마스 쿤[4]이 말한 인류가 경험한 과학 혁명의 한 사례가 이즈음 생겨났다. 바로 1,000년의 중세를 지탱해 온 성경과 이후 교부 철학이 받아들인 우주에 대한 표준 모델이 개편되는 혁명적 변화였다.

쿤은 과학의 법칙을 '패러다임'으로 정의했다. 과학적 증명이 촘촘한 지식이라 하더라도 그것은 당대 사람들이 받아들이던 자연에 대한 이해의 '패러다임'에 불과하다는 것이다. 그래서 우리는 중세 스콜라 철학이 갖고 있던 우주에 대한 기독교적 지식을 먼저 살피고 이것이 어떻게 그 모순을 드러내고, 그 모순을 해결하는 과정에서 새로운 과학이 탄생되는지 살펴보고자 한다. 우주를 놓고 대립하는 두 개의 패러다임 주름은 펼쳐졌던 주름이 접히고, 접혀 숨어 있던 주름이 다시 펼쳐지는 혁명적 모습으로 드러났다.

---

4 *Thomas Samuel Kuhn*, 1922 ~ 1996. 미국의 과학 사학자이자 과학 철학자. 세계적 베스트셀러《과학 혁명의 구조》에서 과학의 발전은 점진적으로 이루어지지 않고 혁명적 패러다임 전환으로 이루어진다고 주장하고, 이 변화를 '과학 혁명'이라고 규정했다.

❋ 우주에 대한 기독교적 패러다임

중세 서유럽을 지배한 스콜라 철학은 아리스토텔레스의 철학을 받아들여 모든 자연 과학에 대한 해답을 찾으려 했다. 물론 아리스토텔레스가 바라본 우주는 공간적으로 유한하나 시간적으로는 영원한 것이었다. 영원한 우주는 르네상스 이후의 자연 철학자들에도 계승되었던 관점으로 이는 성서와 배치되는 생각이었다. 성서에 따르면 우주는 태초의 순간 신의 뜻으로 만들어졌고, 언젠가 신이 정한 시기에 사라질 대상이었다. 그럼에도 토마스 아퀴나스의 열성적 노력과 당시 사람들의 아리스토텔레스를 향한 지적 사랑은 넘치고 흘러 이러한 모순은 문제되지 않았다.

아리스토텔레스는 거의 모든 학문 영역을 시작했고, 실증적 태도를 갖추지 못한 사람도 받아들일 수 있는 매우 상식적인 대답들을 만들어 놓았을 뿐 아니라, 확장 가능한 많은 영역을 만들어 놓았기에 사람들을 끌어들이는 매력이 있었다. 우주의 영원성과 무한성의 문제를 배제하면, 그의 물리학적 주장은 기독교 신앙적 관점에서 받아들이는 데 무리가 적었다. 예컨대, 그의 4원소설에 따르면 지구상 물질은 물, 흙, 공기, 불로 이루어지는데, 이것은 신이 인간을 만들 때의 재료가 흙이었고 그 흙을 물에 개어 사람의 형상을 빚었으며 그 형상에 생기를 불어넣어 생명을 주었으므로 결국 물과 흙을 빚어 구성된 공간에 공기가 들어차고, 마지막으로 신의 생기인 불이 들어간 존재가 되므로 타당하게 받아들일 수 있는 주장이었다.

천체에 대한 아리스토텔레스의 생각은 지구를 중심으로 기하학적으로 완벽한 구를 형성하여 운동하는 우주였다. 그 사이를 에테르 *ether*가 채우고 우주의 끝은 천구^天^球로 되어 있다. 그러므로 우주는 유한하고 신은 무한하다. 그는 완전한 원을 이룬 운동과 구형의 천구를 상상했다. 이 천구를 움직이는 힘을 원동자*The primer moter*라고 정의했다. 이것이 후일 기계공학자들이 엔진을 원동자라 부르게 한

그림 4.14 아리스토텔레스의 원동자를 묘사한 그림, 라파엘 산지오 1509년 작.

이유이기도 했다. 아리스토텔레스는 이 원동자가 선하고 신과 같다고 했다. 이러한 그의 주장이 교부 철학으로 하여금 아리스토텔레스를 받아들이고, 교양학 7과목에 천체학을 포함할 수 있게 만든 이유이기도 했다. 교부 철학자들은 이처럼 최초의 움직임을 만들어 낸 존재가 바로 신이라는 방식으로 태초의 문제를 해결했다.

※ 새로운 패러다임과 순교자의 탄생

르네상스 시대 과학자들은 아리스토텔레스가 지닌 과학의 오류를 지적하면서 결국 교회의 권위에서 인간을 구원하는 일에 나서게 된다. 아리스토텔레스적 사고에 의하면 우주는 지구를 중심으로 모든 천체의 대상이 회전한다. 이를 '천동설'이라 한다. 폴란드 태생의 과학자 코페르니쿠스*Nicolaus Copernicus, 1473~1543*는 《천체의 회전에 관하여》라는 책을

통해 지구가 태양을 중심으로 돌고 있다는 지동설을 발표한다. 당시로서 이는 매우 위험한 사상이어서 거의 사망 직전에 이르러 출판함으로써 교회의 보복에 대비한 흔적이 있다. 마침내 코페르니쿠스의 이단적 생각을 추종하는 사람들이 나타났고, 이들 중에는 대범하게 자신의 주장을 펼친 사람도 있었다. 하지만 그들은 종교 심판으로부터 벗어날 수 없었다. 대표적 인물이 바로 조르다노 브루노^{Giordano Bruno, 1548~1600}다.

브루노의 죽음은 르네상스의 불꽃으로 타올랐다. 그는 태양도 여러 별 중 하나일 뿐이라는 주장으로 성경 해석에서 벗어났다는 죄에 더불어 몇 개의 죄목이 덧붙여졌다. 8년 동안 옥고를 치른 끝에 마침내 1600년, 수만 명 성난 군중의 "죽이라!" 외침 속에서 교황청으로부터 내려온 "피를 흘리지 않는 최대한의 자비를 베풀어 처형하라"라는 칙령에 따라 화형당한다.

오늘날의 관점으로는 이러한 공포의 시기를 이해할 수 없다. 잘 알려진 케플러^{Johannes Kepler, 1571~1630}의 경우, 마녀로 몰린 그의 모친을 구하기 위해 동분서주한 사실이 있기도 하다. 갈릴레이^{Galileo Galilei, 1564~1642}가 종교 재판으로 교수직을 박탈당한 후 단테의 《신곡》에 나오는 지옥도를 그려 팔아 연명했다는 일화는 시대의 아픔을 전해 준다. 르네상스의 정점에 서 있는 뉴턴 역시 자신이 저술한 신학

그림 4.15 코페르니쿠스와 《천체의 회전에 관하여》의 표지

그림 4.16 종교 재판을 받는 부르노

적 논문들이 발표되면 사후일지라도 무덤에서 유골을 꺼내 화형시킬 것이라는 생각에 수백 년 동안 자신의 논문을 발표하지 말도록 유언했다는 일화 또한 당시의 시대상을 이해하게 한다. 이러한 공포를 뚫고 어떻게 현현하게 진리가 드러났을까? 이 시대 과학자들은 모두가 브루노와 같은 투사형 인간들이었다는 건가? 그럴 수는 없을 것이다.

❋ 4원소설에 태클을 걸다_갈릴레오 갈릴레이

"그래도 지구는 돈다." 종교 재판을 마치고 나오면서 했다는 말로 유명한 과학자 갈릴레오 갈릴레이는 지동설의 지지자이자 운동에 대한 관찰을 통해 무거운 물체와 가벼운 물체가 동시에 떨어짐을 실증했다. 갈릴레이의 진자 운동 연구는 17세였던 1581년, 피사의 성당에서 기도하던 중 우연히 천장에 매달린 샹들리에가 흔들리는 것을 목격한 것

이 계기가 되어 시작되었다. 모든 현상을 정량적으로 분석하고자 했던 그는 샹들리에 진동 시간이 진폭에 관계 없이 항상 같을 것이라 생각하고 맥박을 재면서 이 사실을 확인했다. 이 연구 결과는 오늘날 모든 물리 교과서에 실린 이론으로 후에 시계 발명의 기초가 되었다. 낙하 물체의 운동에 관한 연구는 아리스토텔레스의 "같은 매질 속에서 물체의 낙하 속도는 각각의 무게에 비례해 각기 다른 속도로 운동한다"는 주장을 반박 검증하기 위해서였다. 오늘날 물리를 이해하는 사람들은 진자 운동과 낙하 운동의 법칙을 이해한다. 갈릴레이는 이미 17살 때 아리스토텔레스의 생각이 틀렸다는 사실을 알았고, 이후 그의 일생은 아리스토텔레스의 사고를 옹호하는 절대 권력을 가진 교회와 가급적 충돌을 피하면서 진실을 가슴에 간직한 채 열정적으로 연구하는 데 바침으로써 비로소 르네상스의 선구자가 되었다.

갈릴레이는 이탈리아 토스카나 지방의 피사에서 태어났다. 어려서부터 권위에 순송하는 대신 사실 여부를 따지기 좋아했다. 부친은 갈릴레이에게 의사가 되기를 원했지만 부친을 설득하여 수학, 물리학, 천문학을 공부하였다. 이러한 그의 정신적 기질은 피사대학에서 공공연하게 아리스토텔레스의 철학에 반기를 들게 한 원동력이었다.

"이성과 경험에 일치한다면, 다수의 의견에 모순된다 하더라도 나는 전혀 신경 쓰지 않는다." _ 갈릴레오 갈릴레이 이렇듯 갈릴레이는 자신의 사명을 과학을 공부하는 것이 아니라 과학을 개발하는 것이라 규정했다. 갈릴레이는 코페르니쿠스의 지동설을 지지했다. 1604년 하늘에 신성이 나타나자 갈릴레이는 자신이 발명한 망원경으로 관찰한 사실을 발표하여 논쟁의 중심에 섰고, 마침내 교회로부터 위험한 사상을 가진 자로 의심받기 시작했다. 그리고 1632년에 《천문 대화*Dialogue Concerning the Two Chief World Systems*》를 발표했다. 이 책은 코페르니쿠스설을 지지하는 살비아티[5](갈릴레이의 대변자)와 그 반대자 심플리치오[6], 그리고 중립적 사회자 사그레도[7] 세 사람의 대화 형식으로 구성되었으며, 코페르니쿠스파인 살비아티가 논쟁에서 승리하는 결론으로 서술되어 있다. 이 책은 가설이며, 반대자 측에도 유리한 논거를 부기한다는 조건하에 출판이 허락되었는데, 갈릴레이는 이 조건을 어겼다. 반대자들은 교황 우르바누스 8세를 심플리치오로 가공해 등장시켰다는 이유를 들어 불경죄로 기소하고, 종교 재판소는 1633년 6월 22일, 갈릴레이를 소환하여 참회복을 입히고 이단적 자기 학설의 취소와 이후 영원히 교회의 가르침을 따르도록 협박했다.

브루노의 화형과 69세인 자신의 나이를 생각한 갈릴레오는 재판소의 명령에 따를 수밖에 없었다. 그리고 《천문 대화》는 코페르니쿠스의 저서와 함께 교회 금서 목록에 올랐다. 이 책이 금서 목록에서 풀린 것은 이로부터 200년 후인 1835년이었다. 로마 교회로부터 이단으로 몰

---

5 *Filippo Salviati*, 1582~1614. 플로렌스의 부유한 귀족으로 갈릴레이의 절친한 친구이자 린케학회의 동료 회원. 이 책에서는 이론을 설명하는 역할.

6 6세기 그리스의 철학자이자 아리스토텔레스 연구가인 심플리치우스의 이름에서 따온 가공 인물.

7 *Giovanfrancesco Sagredo*, 1571~1620. 베니스의 귀족이자 외교관으로 갈릴레이의 친구. 이 책에서는 객관적 관찰자인 제3자의 입장에서 심플리치오와 살비아티의 논쟁을 바라보는 역할.

그림 4.18《신과학 대화》의 표지

린 갈릴레이는 이후 피렌체에서 단테의 《신곡》에 나오는 지옥도^{地獄圖}를 그려 팔며 외로운 생활을 이어갔다. 이때 동역학 관련 연구와 함께《신과학 대화》라는 책을 써 자신의 사상을 표현하였다.《신과학 대화》의 완성은 그의 만년 최대 업적으로 꼽을 수 있다. 이 책은 젊어서부터 연구를 계속해 왔던 물리학, 특히 동역학

관계의 연구 성과를 종합한 것이다. 주된 주제로 진자, 낙하체, 발사체의 운동, 그리고 이러한 운동에 관련된 진공의 연구 및 온도계 제작 등을 다루었다. 이 책의 등장인물 역시《천문 대화》에서와 똑같이 살비아티, 사그레도, 심플리치오 세 사람이었다.

69세의 고령에 결국 교회로부터 이단 심판을 받았을 때 그의 심정이 어떠했을까는 쉽게 짐작할 수 있다. 이 지점에서 그의 신앙적 삶에 대해 생각해 볼 필요가 있다. 그의 여동생은 거룩한 수녀였으며 오빠 갈

그림 4.19 종교 재판소에서의 갈릴레이, 19세기 그림

릴레이를 위해 끊임없이 기도하는 삶을 살았다. 하지만 그에게는 기성 교회의 권위에 가려 왜곡된 사상보다 핍박을 받으면서도 진리를 추구하고 사모한 열

정이 있었고, 이것이 그의 진실한 신앙이었다. 종교 재판 이후 8년 만에 그의 시력이 완전 실명했던 사실로 보아 이후의 삶이 그다지 순탄치만은 않았음을 짐작하게 한다.

❋ 핼리혜성이 낳은 이단아, 케플러

아리스토텔레스의 우주에 존재하는 천구들은 완전한 구형이고, 별들은 완전한 원운동을 해야만 한다. 그러나 어떤 별들은 그렇지 않음을 실증적으로 확인한 사람이 있으니 덴마크의 티코 브라헤$^{Tycho\ Brahe,}$ $^{1546~1601}$였다. 갈릴레오가 발명한 망원경으로 천체를 육안으로 관찰하던 그는 1572년 카시오페이아 자리에서 신성$^{新星,\ nova}$을 발견하고《신성에 대하여$^{De\ nova\ stella}$》라는 논문을 발표했다. 이 논문은 아리스토텔레스의 "천계는 영원히 변치 않는다"는 사상이 틀렸음을 세상에 알린 논문이었다. 덴마크 황제 프레데릭 2세는 그를 위해 1576년, 흐벤섬에 커다란 천문대 우라니보르크^{Uranienborg}('하늘의 성탑'이라는 뜻)를 만들어 주었다. 그는 또 한번 아리스토텔레스의 생각이 틀렸음을 실증했는데, 바로 정확한 원운동에 대한 이견이다.

1577년 그는 나중에 핼리혜성으로 이름 붙여진 혜성으로 추측되는 대혜성의 출현을 보았다. 이 혜성의 명확한 운행 궤도를 확인한 결과, 궤도가 원이 아니라 가늘고 길게 늘어져 있음을 인정하지 않을 수 없었다. 그러한 빼어난 업적에도 불구하고 브라헤의 최대 업적은 코페르니쿠스의 지동설을 보다 확실하게 완성한 인물이며 당시 그의 조수였던 케플러를 키워 냈다는 데 있다 할 것이다.

그림 4.20 케플러

독일의 천문학자 케플러[J. Kepler, 1571~1630]는 가난한 집에서 병약한 몸으로 태어났다. 아버지는 전쟁에서 일찍 죽었고, 마녀로 몰려 화형을 당할 지경에 이른 모친을 구하려고 많은 고생을 하기도 했다. 튀빙겐 신학교에서 신학을 공부했으며 교수인 메스틀린[M. Maestlin, 1550~1631]에게 수학과 천문학을 배웠다. 후일 그는 행성의 운동 규칙을 발견하고 스승에게 편지를 쓴다.

존경하는 선생님,

저는 신학을 공부하고 성직자가 되길 원했지만 지금은 천문학을 공부한 것에 감사하고 있습니다. 저는 하늘의 별을 바라보면서 별들이 저마다의 아름다운 규칙과 조화로 하나님을 찬양하는 규칙을 발견했습니다. 이제야 비로소 저는 하나님께 영광을 돌릴 수 있게 되었습니다.

케플러의 고백은 브라헤의 천문대 조수로 일하며 스승에게서 얻은 모든 관측 자료를 토대로 발견한 천체의 질서 때문이었다. 케플러의 스승 메스틀린은 지동설을 주장한 코페르니쿠스의 신봉자였는데, 케플러도 이에 감화받아 열렬한 코페르니쿠스의 지지자가 되었으며 이후 천문학을 전공하게 되었다. 스승 메스틀린 덕으로 오스트리아 그라츠에 있는 신교 계통 고등학교에서 교편을 잡아 수학과 수사학을 강의했으며, 점성술적 사항을 포함한 예언력豫言曆을 만들기도 했다.

케플러에게 신비주의적 면도 없지는 않았지만 점성술을 마음 깊이 믿은 것은 아닌 것으로 보인다. 그럼에도 그가 만든 예언력이 때때로 적중하기도 하여 점성술에 관심을 가진 황제 루돌프 2세[1576~1612년 재위]를 위해 봉사하는 등, 점성술이 사실상 그의 생계를 위한 주요 방편이 되어 주었다. 이와 관련해 그는 "점성술 딸이 빵을 벌어다 주지 않았다면 천문학 어머니는 틀림없이 굶어 죽었을 것이다"라고 말한 바 있다.

주요 저서로 《우주의 신비*Mysterium Cosmographicum*》(1595), 《신천문학新天文學, *Astronomia Nova*》(1609), 《세계의 화음*Harmonicus Mundi*》(1619), 《루돌프 표*Tablae Rudolfinae*》(1627) 등이 있다. 그는 그라츠에서 신교도 박해가 있을 것을 미리 알고 1600년에 프라하로 이주해 티코 브라헤의 조수가 되었다. 그리고 1년 후 갑작스러운 티코의 사망으로 공동 연구 중이던 화성의 시운동에 대한 면밀한 관측 자료를 비롯, 티코의 연구에서 축적된 여러 자료를 얻을 수 있었다. 이러한 귀중한 자료를 토대로 연구하던 중 고대 그리스의 신비적 사상에 관심을 갖게 되었다.

우선 피타고라스 학파의 '천체의 화음'에 흥미를 가져 각 행성이 운동할 때 내는 선율을 구별하려 했다. 예를 들어 지구가 내는 선율은 음계로 '미, 파, 미'가 되는데, 그것은 '괴로움*miseria*'과 '기아*fames*'의 지배를 의미한다. 한편 케플러가 티코의 관측 자료에 기초하여 코페르니쿠스 체계와 비교 조사를 지속하는 동안, 화성의 운동이 코페르니쿠스가 만든 표에서 티코의 관측 자료와 8°의 오차가 생긴다는 것을 알았다. 이 정도의 오차는 상당히 큰 것이었으므로 그는 대담하게도 화성을 원에 가까운 타원 궤도에 두었고, 그 타원의 초점 중 하나에 태양이 있다고 하여 오차를 완전히 없애 버렸다.

그림 4.21 케플러의 〈천체의 화음〉

이제까지의 천체 운동으로 인정되었던 원운동을 버리고 타원 궤도를 과감히 채용한 개념은 천문학 역사상 그야말로 획기적이며 혁명적 사건이었다. 이어 케플러는 화성뿐 아니라 다른 행성들도 태양을 중심으로 하는 타원 운동으로 그려질 수 있음을 발견하여 1609년 《신천문학》에 그 주요 이론을 다음과 같이 발표했다.

제1법칙: 행성의 궤도는 타원이며 태양은 타원의 초점 중 하나에 위치한다.
제2법칙: 행성과 태양을 연결하는 선분은 같은 시간에 같은 면적을 덮는다.

이어 그는 신비주의의 웅대한 저서인 《세계의 화음》에 제3법칙을 발표했다.

제3법칙: 태양 주위를 도는 행성의 공전 주기의 제곱은 행성과 태양 사이의 평균 거리의 세제곱에 비례한다.

이 세 법칙에 의해 천문학은 새로운 페이지를 열게 되었으며, 고대와 중세의 천문학은 그 역할을 마치고 무대 뒤로 사라졌다.

4.4 거인 어깨 위의 주름

인비저블 자이언트

"거인의 어깨 위에 올라타 진리를 바라본다"는 뉴턴의 말은 지금도 사람들에게 회자된다. 그 자신이 거인임에도 거인의 어깨 위에 올라탄 어린아이로 정의한 그의 앞에는 수많은 거인들이 있었다. 앞서 언급한 아테네, 알렉산드리아, 바그다드를 돌아 이제 바야흐로 피사, 파리, 런던으로 옮겨 붙은 지성의 불꽃은 이제 유럽 대륙과 영국을 연결하는 지성의 비밀 네트워크로 형성되었다. 오늘날 음모론으로 회자되는 모임들이 여기저기 생겨났다. 그중 하나는 '장미십자회' 같은 모임으로, 레오나르도 다 빈치를 이 집단의 마에스터로 꼽는다. 이런 모임의 마에스터로 여겨지는 또 한 사람이 있었으니, 그가 로버트 보일이다.

로버트 보일$^{Robert\ Boyl,\ 1627~1691}$은 1627년 법률가인 코르크 백작의 7번째 아들로 태어났다. 그가 이튼학교에 입학할 당시 영국은 국왕인 찰스 1세를 지지하는 왕당파와 크롬웰을 중심으로 한 의회파 간 정쟁이 치열하게 벌어지던 중이었다. 찰스 1세는 왕권신수설을 신봉하면서 하원을 장악하던 청교도들을 탄압했다. 이에 불만이 쌓이자 국왕을 상대로도 권리를 주장할 수 있다는 '권리 청원'에 나섰으나 곧바로 폐기되었다. 이것이 청교도 혁명의 원인으로 작용하여 처음에는 왕당파가, 나중에는 의회파가 힘을 얻는 양상으로 전개되었다. 이 혁명의 결과 찰스

그림 4.22 로버트 보일의 공책(1690~1691), 런던왕립학회 소장

1세는 법정에서 교수형을 언도받고 1649년 처형되었다. 이 와중에 보일은 영국을 떠나 각 나라를 돌며 견문을 넓히고, 갈릴레이의 책을 읽은 후 과학에 투신하기로 결심한다.

1645년 과학 연구에 뜻을 모은 사람들의 모임을 결성하여 '보이지 않는 대학$^{invisible\ college}$'이라 이름 붙였다. 이곳에는 이웃한 케임브리지의 젊은이들이 찾아들었고, 그중 열성적 학생이 있었으니 바로 아이작 뉴턴이었다. 로버트 보일에겐 국가를 뛰어넘는 광범위한 연구 네트워크가 있었는데. 그중에는 프랑스에서 온 파팽$^{Denis\ Papin,\ 1647~1712}$이란 기술자도 있었다. 그와 보일은 압력솥을 개발하면서 공기의 법칙을 알아냈다.

그림 4.23 인비저블칼리지 삽화. 테오필러스 슈바이하르트, 1618년 작

압력에 부피를 곱한 값이 일정하다는 원리였다. 이것은 열역학에서 파워로 정의되는 개념이지만, 결국 이 연구들이 시대를 거쳐 열역학에서의 '이상 기체 법칙$^{ideal\ gas\ law}$'을 탄생시켰고, 증기 기관을 발명시켜 산업 혁명의 막을 열게 했다. 보일은 당시 유행하던 연금술도 마다않고 연구했다. 인비저블칼리지에 자주 참석했던 뉴턴 역시 연금술에

상당히 심취했다.

영국은 이제 학술적으로도 유럽 대륙에서 뒤지지 않기 위해 노력했고, 1663년 국왕 찰스 2세에 의해 영국왕립학회가 설립되었다. 왕립학회의 표어는 "권위만으로는 아무것도 이루어질 수 없다"였다. 보일은 왕립학회에 '보일의 법칙'을 보고했으며, 학회는 인비저블칼리지 회원들이 주축이 되어 운영되었다. 학자들 중에는 가난한 사람들도 많았는데, 보일은 이들을 경제적으로 후원하기도 했다.

※ 아이작 뉴턴과 만유인력

이제 실제적 천체의 운동의 이해는 아리스토텔레스의 천구와 완전한 원운동이라는 직관적 이해에 근거한 스콜라 철학의 천체론에 대해, 결국은 티코 브라헤의 타원 궤도 운동에 기초한 '케플러 법칙'과 이를 완전한 자연법칙으로 표현해 낼 유클리드적 증명에 봉착한다. 이것을 이루어 낸 사람이 있었으니 바로 아이작 뉴턴$^{Isaac\ Newton,\ 1642-1727}$이다.

뉴턴은 어린 시절 의붓아버지의 서재에서 작은 잡기장을 얻은 이후 노트 쓰기에 몰두하기 시작해 노트광으로 일생을 살았다.[8] 그는 수많은 지적 호기심을 노트에 주제별로 기록했는데, 그중에는 사물 운동의 원인인 힘에 대한 내용도 있었다. 아리스토텔레스는 천구를 돌게 하는 원동자$^{The\ primer\ moter}$가 있다고 했는데, 그 원동자는 천구에 힘을 가할 수밖에 없다. 그 힘에 대한 연구 과정에서 힘은 질량에 가속도를 곱한 값

---

8 이재영은 《탁월함에 이르는 노트의 비밀》(한티미디어), 《노트의 품격》(푸른들녘)에서 뉴턴의 천재성을 성장하게 만든 가장 중요한 도구로 노트를 설명했다.

그림 4.23 뉴턴의 노트들

임을 알아냈다. 유럽 하늘에 꼬리를 길게 드리운 불길한 혜성이 날아들고 있었고, 다시 페스트가 창궐하면서 사람들은 거리 두기를 시작했다. 대학도 문을 닫아 뉴턴은 고향에 돌아와 사색의 나날을 보낸다.

그는 사물 사이에 끌어당기는 힘이 있다는 것을 알고, 이것을 정리하여 우주에 존재하는 모든 물체들에게 존재하는 서로 당기는 힘, 만유인력을 공식화했다. 그의 만유인력은 두 물체의 질량의 곱에 비례하고 거리의 제곱에 반비례한다. 멀리 떨어져 있으면 힘이 약하고 가까우면 강해지는 원리다. 만일 이런 힘이 작용한다면 모든 물체는 결국 서로 달라붙어 하나가 되어야 하고, 우주에 텅빈 공간이 있어서는 안 된다. 그는 떨어진 물체가 서로 합체되지 않고 원운동으로 거리를 유지한다는 관점을 수학적으로 증명하고자 애썼다.

그 와중에 데카르트가 정립한 대수 기하학의 방법을 이해했고, 미분과 적분의 수학적 공리화를 완성했다. 물론 이 부분에서 독일의 자연철학자 라이프니쯔와 선취권 논쟁을 벌였지만 미분 적분을 적용해 얻은 뉴턴의 과학적 발견은 행성의 원운동에 관한 탁월한 정리였다. 하지만 조심성 많고, 비밀스런 연구를 진행하고 있던 뉴턴은 천체의 운동에 대한 학설로 죽임을 당한 부르노와 종교 재판으로 실직한 갈릴레이의 사정을 아는 터라 극도로 조심하여 비밀로 숨기고 있었다.

당시 영국 왕립천문대장은 핼리$^{Edmond\ Halley,\ 1656~1742}$였다. 유럽 하늘에 등장해 사람들을 공포에 몰아넣고 있던 혜성은 그의 이름을 따서 핼리 혜성이라 이름 붙였는데, 아직도 주기적으로 지구를 방문한다. 이 불길한 혜성이 지구에 충돌할 것인지 알아내라는 임무를 받은 핼리는 이 문제를 풀기 위해 고심하던 중이었다. 어느 날 그는 이 고민을 뉴턴에게 털어놓았고, 뉴턴은 이미 그 문제를 풀었음을 조심스럽게 핼리에게 알렸다. 뉴턴의 발견의 위대함을 인정한 핼리는 뉴턴의 발견을 세상에 알리는 일에 후원자가 된다. 이렇게 해서 출판된 책이 바로 《프린키피아^{Principia}》다. 영국 왕립천문대장의 격려와 요청이 아니었다면 어쩌면 운동의 법칙을 밝힌 《프린키피아》는 그가 죽은 이후 불쏘시개로 전락하고 어쩌면 인류는 다음 천재를 얼마간 더 기다려야 했을지도 모른다.

뉴턴은 비밀스런 사람이었다. 자기 생각을 함부로 발설하지 않고 노트에 써 상자에 감췄다. 신앙적 측면에 있어서도 비밀이 많았다. 뉴턴은 오랜 시간 성경을 탐구했다. 물론 주일마다 교회를 찾긴 했지만 대부분 교회 뜰을 거닐며 생각에 잠기곤 했다. 뉴턴이 주로 연구했던 성경은 성경의 연대기였다. 한편 삼위일체를 부인하고 하나님은 오직 한 분이

그림 4.24 뉴턴의 친필 수정이 포함된 《프린키피아》 초판본과 친필 서명. 케임브리지 트리니티칼리지 소장

그림 4.25 웨스트민스터 사원의 뉴턴 묘지

라는 아레니우스파의 일신론을 갖고 있었다. 그런 처지에 있던 뉴턴이 케임브리지 트리니티칼리지 교수가 되려면 목사 안수를 받아야 했는데, 그러기 위해서는 반드시 삼위일체에 대한 믿음을 고백해야 했다. 그러나 그는 치밀한 작전 끝에 목사 안수 없이 특별 교수인 루카시안 석좌교수로 취임한다. 스승이 사임하고 후임으로 뉴턴에게 목사 안수 없이도 교수가 되도록 한 부분은 여러 미스터리로 남는 부분이다.

사망 직전에도 뉴턴은 자신의 연구 노트가 담긴 상자를 죽은 후 200년까지는 열지 말 것을 당부했다. 어쩌면 사후에라도 사람들이 자신의 유골을 꺼내 화형시킬지도 모른다는 생각이었을까?[9] 후에 밝혀진 일이지만, 그의 상자 속 노트에는 연금술에 관한 생각들과 성경의 연대기 관련 연구들이 들어 있었다. 노트 틈에서 발견된 그의 머리카락을 조사한 결과 수은 중독이었음이 확인되어 연금술을 수행하는 동안 상당량의 수은을 다루었을 거라는 추측을 갖게 했다. 이러한 일련의 복잡

---

9 경제학자 케인즈(*John Maynard Keynes*, 1883~1946)도 그것을 이해하려 노력했던 사람이었다. 뉴턴 탄생 300주년 기념 강연에서 케인즈는 이렇게 말했다. "그가 1696년 마지막으로 케임브리지를 떠나면서 상자에 담은 내용물 중 상당수가 유실되었지만 나머지를 입수해 내용을 보았습니다. 저의 견해로 뉴턴은 이성 시대 최초의 사람이 아니었습니다. 그는 최후의 마술사, 즉 최후의 바빌로니아 수메르인이었습니다. 10,000년 전 우리에게 지식의 유산을 남기고 간 그 사람들과 똑같은 안목으로 가시적이고 지적인 세계를 관찰한 최후의 가장 위대한 정신의 소유자였습니다." 케인즈의 격찬은 뉴턴의 메모가 300년이 지나 또 한 명의 석학에게 안겨 준 감동이었던 것이다.

한 요소들이 뉴턴을 비밀 결사 조직과 연계되었을 거라는 음모설로 피어나는 것인지 모른다.

❋ 뉴턴이 바꾼 세계관

우주의 원동자는 궁창 위의 별들을 운행시키고 이 운동은 '원동자가 우주에 가하는 힘'이라는, 스콜라 철학이 흡수한 아리스토텔레스의 우주론은 실험 과학자들의 손에 의해 하나하나 부정되었다. 갈릴레이는 4원소설이 맞지 않음을 증명했다. 4원소로 구성되었다면 같은 크기의 가벼운 공은 하늘을 향하는 불의 성분이 더 많아야 한다. 그리고 당연히 땅으로 늦게 떨어져야 한다. 그러나 그는 실험으로 가벼운 공이나 무거운 공이나 똑같이 떨어지는 것을 증명해 아리스토텔레스 4원소설의 허구를 지적했다. 갈릴레이가 만든 망원경으로 티코 브라헤는 초신성을 확인했고, 혜성의 궤도가 완전한 원형이 아니라는 것을 밝혔다. 아리스토텔레스의 완전 원운동이 부정되는 순간들이었다.

이제 뉴턴은 천체 운동이 원동자가 천구에 가하는 힘이 아니라 천체에 존재하는 모든 물질들이 서로 잡아당기는 만유인력에 기인한다는 사실을 수식으로 증명해 냈다. 신은 이제 어디에 계신 것인가? 이 법칙들에 신이 들어설 자리는 없다. 뉴턴은 자신의 발견이 스토아 철학자들에게 가장 불경한 발견이 될 것이란 사실을 알고 있었고, 그러므로 닥칠 위험에 불안해하며 점점 신경질적 사람이 되고 있었다. 그러던 그에게 하늘에서 행운이 찾아들었다. 바로 핼리 혜성의 궤도를 풀어 안심케 했던 왕립천문대장 핼리의 전폭적 지원이었다. 핼리의 지원에 힘입어 뉴턴은 마침내 원동자 이야기를 완전히 뺀 실용적 관점에서 별의 운동과 물체의 운동을 설명하는 과학을 탄생시킬 수 있었다.

《프린키피아》는 별들을 유클리드의 정의처럼 질량을 갖는 점으로 정의하면서 시작된다. 유클리드의 점은 기하학적 점이지만 뉴턴의 점은 기하학적 위치에 더해 질량이라는 물리량을 포함한다. 어떤 크기건 상관없이 무게의 중심에 존재하는 점이다. 그 점은 관념 속 점으로 시공간에서 점들의 운동은 관념적 수식으로 묘사된다. 이렇게 이론으로 완비된 그의 운동 법칙은 150여 년의 세월이 지나 아인슈타인*Albert Einstein, 1879~1955*이 오기 전까지 지구상에서 대체 불가한 패러다임으로 견고하게 자리잡았다.

이제 사람들은 밤하늘의 별을 보며 천구를 돌리는 원동자로서의 신 대신 뉴턴의 운동 법칙을 생각하게 되었다. 물론 시인들은 여전히 하늘의 별을 노래하고, 사람들은 여전히 성경을 읽으며 아브라함의 믿음의 자손들이 하늘의 별처럼 많게 하겠다는 신의 축복을 생각한다. 그러나 뉴턴은 만물은 자연법칙으로 운행된다는 간명한 주장을 했다. 바야흐로 '스피노자의 신'이 등장한 셈이다.

뉴턴의 결정론

하늘에는 기괴한 혜성이 꼬리를 드리우며 지구로 다가오고, 땅에는 페스트가 창궐하여 거리마다 죽은 사람의 시체를 태우는 연기로 가득한 시대, 교회의 권위는 하늘을 찌르고 종말에 대한 경고가 유럽을 뒤

흔들던 시기, 창백한 젊은이가 노트에 끊임없이 우주의 원리를 써 내려가고 있었다. 혼돈의 극에서 질서의 화신이 등장한 것이었다. 뉴턴의 역학 법칙은 매우 관념적이다.

※ 제1법칙: 시공간의 절대성

제1법칙에서 우주의 모든 물체는 특별한 힘이 작용하지 않는 한 자신의 운동을 지속적으로 유지한다는 '관성의 법칙'을 주장했다. 일정한 속도를 유지하는 운동에 대한 뉴턴의 생각은 제2법칙에서 힘에 대한 정의로 확연해진다. 뉴턴은 절대 공간, 절대 시간을 가정했다. 이 절대적 시간과 공간, 상호 간 변환은 존재하지 않고 오직 운동하는 물체에게 운동의 장을 제공하는 절대적 시간과 공간은 신의 절대성을 대치한 개념이다.

이 절대성에 대하여 화답한 사람으로 먼 훗날 쾨니스베르그에 있었던 '은둔의 철학자' 임마누엘 칸트^{Immanuel Kant, 1724~1804}가 있었다. 그리고 어린 시절 칸트의 철학을 읽고 너무도 감명을 받았던 인물이 아인슈타인이었다. 결국 아인슈타인에 의해 이 절대 시간과 절대 공간은 빛에 따른 상대 속도로 상호 변형될 수 있다는 '상대론'으로 바뀐다.

절대 시간과 공간은 운동을 정의하는 궁창^{穹蒼, the vault of heaven}이다. 뉴턴은 이 궁창이 절대적이고 상호 연관되지 않는 독립적인 것으로 정의했다. 만일 시간과 공간이 상호 연관된다면 어제의 시공간이 오늘의 시공간과 달라질 것이고, 고전적 거시 세계에서는 관찰되지 않는 일이었기 때문이다. 뉴턴은 이를 통해 신에 대해 유추했을 것이다. 그러한 상황에서 신 또는 운동의 개입이 없는 삼라만상의 자연은 자신의 길을 가는 것이다. 아리스토텔레스의 운동학과는 매우 다른 개념이다. 아리스토텔레스에게 있어 운동은 물체가 자신의 쉴 곳을 찾아가는 과정으로 이해되었다. 그러나 관성의 법칙은 쉴 곳을 모르는 떠돌이 물체의 운동의 이유를 말해 준다. 그것은 다만 현 상태를 지속할 뿐이다.

❋ 제2법칙: 힘의 법칙과 인과론 그리고 실존

뉴턴에 따르면 힘은 질량에 가속도를 곱한 것으로 정의된다. 이 정의는 명쾌하고 대단하다. 그 이유는 뉴턴 이전의 모든 역학 체계는 *Kinematics*로 운동을 정의하기 위한 끝없는 미분적 사유가 펼쳐졌기 때문이다. 속도는 거리를 시간으로 나눈 값이고, 가속도는 속도를 시간으로 나눈 값이다. 우리는 가속도 또한 시간에 따라 변할 수 있다는 것을 안다. 그러면 이제 우리는 또 시간에 대해 미분해야 한다. 얼마나 미분을 해야 변화가 없어지고, 운동의 법칙이 드러날까?

하지만 뉴턴의 제2법칙은 운동을 정의하는 데 공간을 시간에 대하여 두 번 미분하는 것으로 족하다고 규정했다. 관성을 위배하는 모든 종류의 운동에는 관성을 위배하게 하는 원인이 존재하는데, 그 원인은 바로 힘이다. 힘(F)은 질량(M)과 가속도(a)의 곱으로 정의된다.

$$\underset{\text{원인}}{F} = \underset{\text{결과}}{Ma}$$

그렇다면, 달이 지구를 중심으로 도는 것이나 지구가 태양을 중심으로 도는 것에는 원인이 있어야 한다. 그 원인은 무엇일까? 이것이 뉴턴을 위대하게 만든 질문이었다. 원운동은 속도의 방향이 끝없이 달라지는 등가속 운동이기 때문이다. 뉴턴은 그 원인을 '창조주'라고 말하지 않았다. 오히려 '만물에 존재하는 힘'이라 규정하였다. 바로 모든 존재가 갖는 힘, 즉 '만유인력'이었다.

$$F=G\ Mm/r^2$$

운동의 원인을 만물 사이에 존재하는 힘으로 규정한 뉴턴의 법칙은 매우 독특하다. 만물에 존재하는 힘을 세상을 창조한 신의 역할로 규정해 버리면 끝나기 때문이다. 모든 운동에는 원인이 있고 그에 따른 결과가 있는데, 그 원인이 만물 사이에 무조건 존재한다는 사상은 곧, 이 세상 모든 자연 현상은 사실상 자연적이라는 사상이다. 더 이상 신이 개입할 여지 없이 오로지 법칙이 존재하고, 삼라만상은 자연법칙에 따라 결과를 드러낸다. 그런데 자연법칙이 그러하다면 우리네 삶들 또한 숙명적인 것은 아닌가? 여기서 앞의 법칙을 다시 생각해 보자. $F=Ma$이므로 치환하면 다음과 같이 쓸 수 있다.

$$M=F/a$$

이는 존재론적 고찰이다. 좌변 M은 질량이니 존재이다. 우변은 힘을 가속도로 나눈 값이다. 힘은 여러 가지가 있을 수 있다. 하늘의 별에는 만유인력이 작용하고, 전하를 띤 입자들에겐 전자기력이 작용할 것이다. 우리네 삶에 비유해 생각하면 힘은 우리의 의욕이나 의지, 또는 운명의 힘일 수도 있을 것이다. 이런 힘에 반응하는 우리의 가속도는 무엇일까? 그러니 어쩌면 좌변은 '존재'이고, 우변은 우리의 존재가 이 세계에 드러나고 반응하는 방식은 아닐까. 우리는 종종 자신의 존재가 세계에 드러나는 존재와 다름을 경험한다. 그때 우리의 존재는 실재하는 존재가 아닐 수도 있다. 하이데거의 '존재에 대한 탐구'를 이런 관점에서 살펴 볼 필요가 있다.

만일 위의 방정식이 우리의 존재에 작용한다면, 우리의 존재(M)가 커지는 것은 의욕의 힘(F)을 증대시키는 동시에 힘에 반응하는 가속(a)을 감소시키는 것이리라. 의욕하되 반응하지 않음으로 사랑과 겸손이 이끄는 존재감을 증폭시킬 수 있음으로 이해할 수 있다. 사랑은 한없이 큰 힘이다. 겸손은 가장 작고 낮은 반응이다. 그러므로 겸손한 사람의 사랑은 세상을 움직이는 큰 존재감이 될 수 있다. 어려운 철학 개념을 과학 법칙 속에서 이해해 보고자 하는 필자의 취미 탓에 짧게 언급한 감상이니 넓은 양해를 구한다.

오늘날 실존주의는 종종 허무주의와 연결된다. 실존하지 않을 때의 허무와 연결되는 것이다. 실존하려면 우리의 존재가 존재의 이유, 목적, 속성을 완전히 드러내는 상태가 되어야 한다. 키에르케고르$^{Søren\ Aabye\ Kierkegaard,\ 1813\sim1855}$는 인간 실존은 그 세 번째 단계인 영적 실존에 도달했을 때 비로소 관념적 존재에서 진정한 실존에 도달한다고 보았다. 앞서의 질량의 정의에서 우리는 '존재에 작용하는 힘'을 '존재를 드러내는 원인'으로 이해할 수도 있다. 이 원인을 '신'이라 믿는 세상에 니체는 "신은 죽었다"고 선포하며 위대한 '초인의 의지'를 요구했다. 그러나 신을 제거해도 초인적 의지가 없다면 우리의 존재는 우울하고 비관적이다. 그래서 끝없이 실존에 질문을 던질 수밖에 없다.

원인을 포기한 이들은 존재의 보편적 확신에 집중한다. 그것이 죽음이다. 인간이 어떻게 이 세상에 왔는지 그 이유를 알 수도 없고, 세상은 왜 이렇게 존재해야 하는지 알 수도 없지만 모두가 죽는다는 것에는 동의한다. 그리하여 '죽음'을 실존의 중요한 테마로 잡기도 한다.

모든 사물은 진정으로 실존한다. 운동의 원인을 갖고 있기 때문이다. 따라서 운동은 자신의 존재와 자신이 뿜어내는 실존의 원인이고, 이에 따라 자신은 시간과 공간 속에 실존하는 것이다.

※ 제3법칙: 작용 반작용의 법칙-영원성

운동하는 물체가 상호 작용하면 상대에게 작용할 뿐 아니라 상대로부터 작용을 받는 반작용이 발생한다. 이로써 상호 간에 가한 힘의 합은 사라진다. 말하자면, 모든 원인은 상호 소멸하여 우주 전체적으로는 평화를 이룬다. 뉴턴에게 우주의 속성으로 간주되는 이 평준 상태는 어떤 종류의 영원성을 나타낸다. 우주가 갖고 있는 영원성은 어떤 사건에는 반드시 이를 소멸시킬 반작용이 존재한다는 사실에 있다. 그것이 개별적으로 모두 새로운 사건처럼 관측될 수는 있으나 그 모든 힘을 합하면 우주 전체에는 어떠한 새로운 힘의 동인도 없다. 이것은 우주에 새로운 에너지 유입이 없다는 '에너지 보존 법칙'을 달리 설명하는 말이다. 이러한 영원성은 한편으론 신의 속성이기도 하다. 그래서 스피노자에게 자연은 신이었던 것이다.

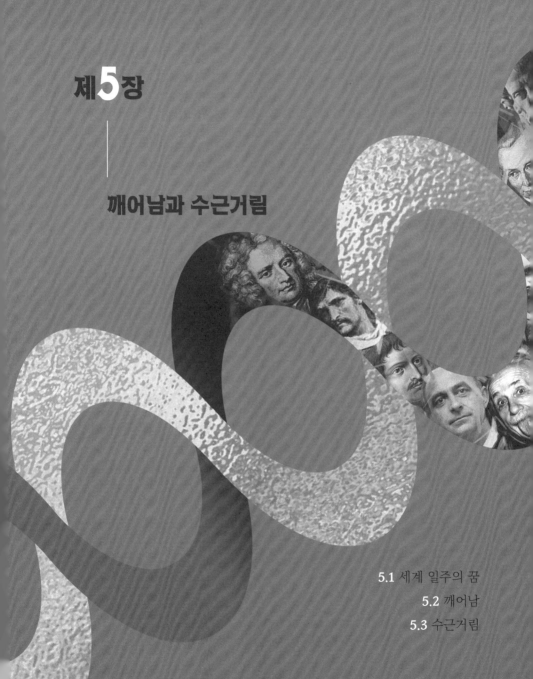

제5장

깨어남과 수근거림

5.1 세계 일주의 꿈

5.2 깨어남

5.3 수근거림

5.1 세계 일주의 꿈

중세의 온화한 기온이 만들어 준 풍요가 봉건 영주와 그 장원에서 농노들의 노동과 약간의 개선된 농기구를 통해 자급자족을 가능케 했던 시기가 있었다. 이 시기 넘치던 부는 교회와 군주들에게 축적되었고, 십자군 같은 수도 기사단 운동이 있었고 대학이 만들어졌으며, 문예 부흥의 불길이 타올랐다.

지중해를 둘러싼 국가들은 역사의 주인공이었다. 한편 대서양 연안과 북구의 나라들은 더 넓은 바다를 향한 꿈이 있었다. 바다는 언제나 위험했고, 먼 바닷길을 돌아오는 여정에는 성공보다 실패가 많았다. 해적의 출몰도 상시적이었지만, 바람이 전혀 없는 무풍지대에 배가 들어서는 일은 또 다른 위험이다. 배는 꼼짝 않고 점점 먹거리가 고갈된 선원들은 아사하기 일쑤였다. 보이지 않는 암초는 언제나 큰 위협이었다.

로마 시대 지중해를 통해 죄수를 호송하는 길에도 몰아치는 폭풍으로 배가 난파하는 일[1]이 잦았기에 대서양 같은 먼바다 여행은 쉽지 않았다. 그럼에도 먼바다 항해는 범선 개조를 통한 기술적 진보와 더불어 경험치에 입각한 해도 작성을 포함한 노력으로 가능했으며, 이러한 혁신의 진원지는 당시 역사의 변방에 불과한 포르투갈을 비롯한 대서양 연안 국가에서 시작되었다. 15세기에서 17세기에 이르는 이 시기를 '대항해 시대'라 부른다. 이 시기를 '발견의 시대'라 부르는 사람들도 있는데, 이 개념은 유럽 패권주의적 관점으로 이해되기도 한다.

---

1 〈사도행전〉에 바울을 체포하여 호송하는 바닷길과 폭풍으로 난파 위험을 겪는 상황이 자세히 묘사되어 있다.

인도양 한복판에 마조레스 군도가 있다. 이곳을 정복하고 식민지화한 것은 포르투갈이었는데, 대략 15세기 초에 이루어진 일이었다. 포르투갈은 1336년에 카나리아 군도를 발견하면서 그 존재감을 드러냈다. 탐험과 이후 이어진 정복은 그동안 유럽 패권을 장악했던 제국들이 나서지 못했던 미지의 세계였기에 유럽은 또 한 차례 외부로부터 각종 물자와 인력을 수입할 수 있는 기틀을 마련한 셈이다.

대항해의 과학기술

히브리 성경에 인류가 직면했던 거대한 대홍수 이야기가 있다. 인류적 재앙에서 사람과 동물들을 구하라는 신의 계시에 따라 노아가 거대한 방주를 만든다. 방주의 크기는 대략 축구장 길이만 하고 너비는 이보다 좁아 길쭉한 네모 모양의 배였다. 방주는 바람의 힘을 이용할 돛이나 물을 저어 나아갈 노도 없이 다만 정처없이 떠 가는 수동적 이동 수단이었다. 이 방주는 시대적 맥락에서 보면 매우 독특한 생김새다. 당시 거의 대부분의 배는 카누의 단면과 유사하게 밑바닥이 동그란 형태였다. 단면이 둥근 유선형 배는 빠른 속도를 내기에는 적합하지만 측면에서 받는 파도와 같은 충격에는 쉽게 흔들리기 마련이며 복원력 또한 약할 수 있다. 노아의 방주는 이와 달리 박스형 단면이다. 박스형 배는 유선형에 비해 안정성 면에서 뛰어나다. 오늘날 배의 형태가 대부분 박스형이란 점에서 노아의 방주는 시대를 앞선 부분이 있다.

배는 기본적으로 파도에 안정적이고 많은 짐을 실을 수 있어야 하며,

그림 5.1 안톤 코베르거의 독일어 성경에 나오는 노아의 방주 목판화, 1483년 작

난파되지 않게 파도에 강한 구조를 갖고 있어야 한다. 여기에 더해 하루라도 빨리 물건을 날라야 하니 빠른 속도는 필수다.

❋ 항력을 이용한 돛

기둥을 세우고 직사각형의 돛을 세우면 바람이 돛에 힘을 실어 주는데, 그 힘은 돛의 면적에 비례하고 동시에 바람 속도의 제곱에 해당하는 압력이 작용한다. 배가 갖는 파워는 이런 압력과 면적을 곱한 것에 속도를 한 번 더 곱해야 하므로 배에 가해지는 파워는 속도의 세 제곱에 해당한다. 따라서 바람의 속도가 어느 정도까지는 안정적으로 항해할 수 있지만 바람의 속도가 일정 수준 이상 증가하면 배가 받는 충격이 커져 돛은 오히려 배를 위협하는 존재가 된다.

바람이 갑자기 세질 때 배의 안정을 위해 돛을 내려 바람에 맞서는

그림 5.2 사각형 돛배. 루벤 카펠 그림. 1930년 작

면적을 최소화해야 하는데, 이 과정에서 종종 배가 중심을 잃어 난파하기 십상이다. 장마철, 우산을 들고 강한 비바람을 맞으며 전진할 때처럼 방향을 예측 못할 강한 힘이 손에 전해지는 경험을 생각해 보라. 뱃사공들은 그래서 밧줄을 잡는 손의 악력과 잡아당기는 팔의 근육이 좋아야 했다. 지금은 사라졌을지 모르지만 30년 전만 해도 대학 해양학과 입시에는 쥐는 힘, 악력 테스트가 있었다.

배의 진로와 평행으로 부는 바람의 힘을 항력이라 한다. 만일 배의 진로와 평행한 바람이 뒤에서 불어 준다면 배는 바람의 힘에 의해 순항할 수 있다. 방향을 잡는 방향타 조작은 항해사의 임무다. 바람이 없으면 노를 저어야 했다. 돛을 자유자재로 사용할 수 있기 전의 배들은 대개 노를 저어 항해했고, 먼 거리를 이동하기 위해 동원된 노잡이 노예들의 탈출을 막으려고 몸에 사슬을 감아 노를 젓게 했다. 이들에게 먹일 음식이라고는 소금에 절인 불결한 음식과 쥐들이 헤엄치던 물이 전부였으니 항해가 매력적인 직무일 리는 만무했다.

✻ 양력을 이용한 돛

오늘날 철 등 공기보다 무거운 재료로 만들어진 비행기가 하늘을 나는 원리는 의심할 여지 없는 당연한 원리로 인식된다. 오래전 우리 선조들도 공기보다 무거운 새가 하늘을 난다는 사실 자체는 놀랄 일 없이 자연스레 받아들였다. 그리고 사람들은 그 비행의 비밀이 새의 날개에 있을 거라 생각했다. 그리스 신화에 등장하는 이카루스는 밀납으로 날개를 만들어 태양 근처까지 날아갔다 날개가 녹아 추락한다. 고대인들은 사람의 몸에도 새의 날개를 달면 새처럼 날 수 있을 것이라 생각했다. 과학자들은 새의 날개 단면이 공기 역학적으로 특수한 모양이며, 이런 구조에서는 바람이 불어올 때 중력의 반대로 작용하는 힘이 생긴다는 사실을 알아 냈다. 이 힘을 양력이라 한다.

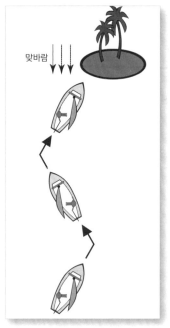

그림 5.3 삼각 돛배의 항해 개념도

양력은 새나 비행기에만 적용되는 힘은 아니다. 물고기들이 양력을 이용하는 방식은 더 놀랍다. 일반적으로 좌우 대칭 유선형 물고기들이 헤엄치는 모습을 보면서 "꼬리 치며 물살을 가른다"고 표현한다. 물고기가 꼬리를 치기 위해 몸을 좌우로 비틀어 휘어지게 하면 물고기의 몸이 둥근 활처럼 휘어진 안쪽 방향은 짧아지고 바깥 방향은 길어진다. 구부러진 바깥 길이 방향으로 양력이 발생하고, 수직으로 작용하는 힘은 물살의 방향과 벡터적으로 합을 이룬 방향으로 물고기의 몸에 작용한다. 물고기는 그 방향으로 진행하게 되고, 다시 반대로 몸을 뒤채면 반대 방향으로 나아가게 된다. 물고기는 그렇게 지그재그로 경로를 바꾸며 진행한다. 물살이 아무리 빨라도 물살을 거슬러 빠르게 이동할 수 있는 것이다.

배에 돛을 달고 바람이 좋으면 돛을 이용하고, 그렇지 않으면 돛을 내리던 범선의 주인공들은 삼각형으로 생긴 돛을 배 앞에 달고 역풍에도 물고기처럼 앞으로 나아가는 기술을 개발했다. 이 기술이 바로 범선의 시대를 열게 해 준 결정적 발명이었다. 삼각 돛을 발명한 사람을 특정하기는 어렵다. 현재까지 밝혀진 문헌[2]으로는 인도네시아인들이 가장 먼저 삼각 돛을 사용한 것으로 조사되었는데, 오스트로네시아족이 그들이다. 문헌에 따르면 이들은 기원전 1세기에 삼각 돛을 만들어 역풍에도 앞으로 나아갔다. 이후 이 신기술을 받아들인 이들은 인도네시아에서 가까운 중국인들이었다. 오스트로네시아 부족이 항해하다 길을 잘못 들어 남지나 해류를 타고 남중국 해안에 도달했는데, 이 과정에서 이들의 항해술이 중국에 알려진 것이다. 이때가 12세기였다. 이것이 유럽에 알려지는 데는 그리 긴

그림 5.4 미크로네시아인들의 삼각 돛배

2 Johnston, *The seacraft of prehistory.*Harvard Ubiversity Press: Cambridge. 1980

시간이 필요하지 않았다. 천 년 가까이 인도네시아 부족만 알고 사용하던 항해술이 본격적으로 중국에 알려졌을 때는 이미 제국의 융성으로 동서 교역이 막 시작되던 시기였으므로 섬에 잠자던 이 기술은 글로벌 기술로 성장하는 결정적 기회를 얻게 되었다.

오늘날 전 세계 해양을 누리는 대형 수송선뿐 아니라 연근해를 항해하는 소형 어선에도 바람의 힘을 이용해 항해하는 삼각 돛은 자취를 감추었다. 그럼에도 요트 등 해양 스포츠에서 삼각 돛은 여전히 그 기술적 효용성을 유지하고 있다.

❊ 나침반의 전수

강력한 대항해 기술에 또 하나의 필수품이 있다. 바로 나침반이다. 중국에서 만들어진 나침반은 동서남북을 정밀하게 정해야 했던 풍수지리에 주로 사용되었다.

자성을 띠는 돌에 쇠침을 오래 붙여 두면 자성을 띤다. 중국인들은 쇠침의 중앙을 받쳐 띄우면 침이 항상 특정 방향으로 움직인다는 것을 알았다. 지구가 남북으로 하나의 거대한 자석이므로 나침반은 언제 어디서건 정남과 정북을 가리킨다. 사실 해 뜨는 방위를 동쪽, 해 지는 방위를 서쪽으로 한다지만, 해 뜨는 위치는 계절마다 조금씩 달라지므로 정확한 방향을 정의하기 어렵다. 오히려 밤하늘 북극성을 찾아 기준 삼는 방식이 혼돈을 피하는 가장 좋은 방법이었다. 하지만 폭풍우 몰아치는 환경에서 북극성이 보이지 않는다면 노를 젓거나 돛을 바꾸는 일은 헛수고다.

중국에서 건너온 나침반은 언제 어디서건 손바닥 위에서 정확한 방향을 안내하는 확실한 도구가 되었다. 수평선이 일자로 펼쳐져 표식을 찾을 수 없는 먼 바닷길을 나선 선원들에게 나침반이야말로 매우 중요한 항해의 길잡이가 되었다. 선장은 배의 진행 방향과 속도를 잡고, 위치를 추정하여 항로에 표시함으로써 관념 속 위치를 종이 위에 실제화했다. 그렇게 잡은 방위의 예측이 들어맞아 지도상에 있던 육지가 눈앞에 펼쳐졌을 때 안도의 환희는 얼마나 감격이었을까.

※ 지도의 발달과 범선의 성능 향상

바람의 힘을 사용하는 기술이 향상되면서 범선의 규모는 커지고 항해 거리는 길어졌으며, 배의 규모에 비해 승선 인원을 늘릴 필요도 없었다. 이제 범선을 이용해 상대적으로 저렴한 가격으로 먼 거리를 항해해 진귀한 물자를 운송할 수 있게 되었다. 해로에 대한 지식이 확대되면서 안전 항해의 가능성도 점차 늘었다. 항해 시대가 무르익기까지 지도는 빈약했고, 특히 해로는 더 빈약했다. 12세기 중반, 아랍에서의 문예 부흥 당시 지리 관련 서적들이 나오기 시작했지만 미지의 대륙에 대한 정보는 아직 빈약했다. 해양 무역을 주도했던 이탈리아 베네치아 무역상들에게는 비교적 먼 거리의 해로가 알려져 있었다. 대항해 시대를 주도한 포르투갈을 비롯한 대서양 연안 국가들의 노력에 힘 입어 사람들은 이제 점차 바닷길과 대륙에 대한 이해가 깊어지게 되었다.

육로를 통한 지리상의 발견 또한 해로의 이해 증진에 도움을 주었다. 당연히 '육짓길은 있는데 바닷길은 없는가?' 하는 질문을 촉발시켰기 때문이다. 몽골 제국의 정복 전쟁에 따른 광활한 대륙 경영은 동서양을 연결하는 육로를 완성한 측면이 있었다. 안전한 육로와 파발마로 이루어진 이동과 통신은 1206년 들어 가능했는데, 이런 길을 따라 여행하며 글을 쓴 마르코 폴로와 같은 사람들의 여행기가 폭발적 관심을 얻었다. 몽골과 관계를 맺었던 나라들의 잦은 사신 교류로 교역 및 문화에 대한 소식이 유럽에 전해졌다.

이탈리아 베네치아의 상인 마르코 폴로$^{Marco\ Polo,\ 1254~1324}$는 몽골 제국 쿠빌라이 칸의 궁정에서 머물렀다고 주장하며 동방에 대한 다양한 이야기를 책으로 전했다. 그의 여행은 1271~1295년간 24년에 걸쳐 이루어졌으니, 일생 대부분의 기간을 여행으로 채웠던 것이다. 《동방견문록》[3]은 출간 당시 허풍이라는 비난을 듣기도 했지만, 후에 평가된 바로는 상당 부분 사실에 부합된다. 견문록의 앞 부분은 중동 지역에 관한 서술인데, 그 내용이 비교적 당대에 근접한 기록들이라 당시 사람들이 어렴풋이 이해하던 사실과 부합하지 않은 탓에 허풍쟁이라는 평가를 받았던 것이다. 그럼에도 기록된 내용들은 그가 부친을 따라다니며 실제로 보고 들

그림 5.5 몽골 전통 의상을 입은 마르코 폴로의 초상, 18세기 작

3 24년의 긴 여행을 마치고 돌아온 마르코 폴로는 1299년 베네치아의 전쟁으로 제노바에 포로로 감옥에 들어가 피사 출신의 작가 루스테첼로에게 이야기를 들려 주었고, 작가가 책으로 만든 것이 《동방견문록》이다.

그림 5.6 팍스 몽골리카 시대에 동방으로 여행한 마르코 폴로를 묘사한 카탈루냐 아틀라스(14세기 세계 지도)

은 것들이라 일정 오류의 존재에도 이후 그가 직접 체험했던 중국 관련 등에 대한 부분은 오류가 적다는 것이 후대의 일반적 견해이다.

그가 견문록에 서술한 내용들은 석유가 터져 나오는 유전, 종이로 만든 화폐를 사용한다는 몽골 제국 이야기 등 유럽인들에게는 새롭고 호기심 가질 만한 내용을 담고 있었다. 견문록에는 일본에 대한 내용도 등장하는데, 몽골이 정복하려다 실패한 이유와 일본에 금이 많다는 등 근거 없는 이야기도 있었다. 어쩌면 그의 견문록이 대항해 시대에 네덜란드 등 서구가 일본에 관심을 갖게 한 하나의 이유일지도 모른다. 이후 원나라를 멸하고 명나라가 들어서면서 몽골 제국은 역사의 뒤안길로 사라지는데, 유럽과 중국을 왕래하는 여행자들이 상대적으로 줄며 동방은 유럽인들에게 다시 신비의 세계로 남게 되었다. 역사는 거듭되어 청나라 말기 제국주의가 발호한 열강들에 의해 동양은 다시 새로운 모습으로 서양을 마주했다.

대항해 시대 이전에는 선단의 실종 등 바닷길에 대한 두려움 탓에 상대적으로 육로 여행에 대한 관심이 많을 수밖에 없었다. 모로코의 이븐 바투타*Ibn Battuta, 1304~1368*는 1325년에 출발해 1354년에 돌아오는 29년간의 긴 여정에 나섰다. 유럽과 중동, 아시아를 거처 중국까지 방문한 경험을 구술하여 여행기를 펴냈다. 이후에도 여행기가 자극하는 흥미와 미지의 세계에 대한 동경은 새로운 인간 정신을 발현시킨 중요한 동력원이었다.

대항해의 인물들

몽골 제국 덕분에 유럽에서 중국에 이르는 교역로는 서구인들에게 수많은 정보를 날라다 주었다. 진귀한 물건들과 더불어 수많은 이야기가 오갔다. 그 중심에 이탈리아가 있었다. 해양로 개척은 상대적으로 소외되었던 포르투갈이나 스페인 등 대서양 연안 국가들의 서아프리카 지역 수탈을 목석으로 하는 탐험에서 비롯되었다.

앞서 이야기했듯, 삼각 돛의 위력을 장착한 범선의 발달에 힘입어 초장거리 항로 개척에 나선 이가 이탈리아인 콜럼버스였다. 이후 마젤란이 전 세계를 일주하는 항해에 성공하였다. 콜럼버스와 마젤란은 거의 10년 터울의 항해가였으며 이들의 항해를 주로 후원한 포르투갈과 스페인 등은 대항해 시대의 주역으로 등장했다.

※ 엔히크 왕자, 대항해 시대의 서막을 열다

지중해 중심 국가들이 동방 교역과 상업의 중심이었던 반면, 지중해 변방에 있던 포르투갈을 서아프리카 방향으로 진출시켜 대항해 시대를 이끈 주역은 포르투갈의 엔히크$^{Henrique,\ 1394\sim1460}$ 왕자였다. 지금은 그가 대항해 시대를 이끈 영웅으로 평가받지만, 당시에는 항해를 위한 막대한 투자에서 큰 손실을 입어 많은 빚을 남긴 것으로 알려져 있다. 그가 일군 대항해의 기틀은 바로 새로운 범선 캐러벨^{caravel}의 개발에 있었다. 엔히크는 라고스 항구에 조선소를 짓고, 기존 배들과 달리 거친 원양에서 견딜 수 있는 배를 개발하는 데 투자를 아끼지 않았다. 캐러벨은 이미 아랍인들이 사용하고 있었던 다우^{Dhow}선을 개조해 만들었는데, 사각 돛을 쓰는 바르카에 비해 규모는 작지만 삼각 돛을 착용한 배였다. 50톤 규모의 배에 20명 정도 승선 가능했으며, 먼 거리를 항해해 대륙 연안을 탐사하는 데 매우 적합한 배였다. 이 배로 포르투갈은 성공적으로 해양 탐험에 나서 국력을 확장하기 시작했다.

엔히크는 그리스도 기사단에 소속되어 있었는데, 기사단 예산을 항해 비용으로 조달했다. 애초에 서아프리카 해안을 통한 교역에서 큰 성과를 내지 못하다 마침내 서아프리카에서 노예를 수입해 매매에 나서기 시작했다. 이것이 악명 높은 노예 교역을 위한 대항해의 시발점이 되었다.

그림 5.7 삼각 돛을 이용한 캐러벨선

✳ 콜럼버스, 대서양을 건너 신대륙을 찾다

1451년 태어나 1506년에 사망하기까지 57년의 생을 살았던 이탈리아 제노바 출신의 콜럼버스$^{Christopher\ Columbus}$는 세계사를 바꾼 위대한 항해사다. 지도 제작업을 하던 그는 마르코 폴로의 《동방견문록》을 읽으면서 책의 여기저기에 자신의 생각을 메모할 정도로 심취했었다.

당시 지구는 평평하고 끝이 있다고 생각했던 일반적 관념과 달리 콜럼버스는 지구는 둥글고, 서쪽 바다 너머에 분명 길이 있을 것이라 생각했다. 그는 지중해를 장악하여 길목을 막고 있던 오스만 제국을 통하지 않고, 서쪽 바다를 통해 바로 중국이나 인도로 갈 수 있는 길이 있을 것이라 생각했다. 그 생각을 실행에 옮기기 위해 새로운 항로 개척을 위한 제안서를 작성하여 후원자를 찾았다. 제안서에서 콜럼버스는 자신이 발견한 새로운 항로에서 육지를 발견하면 그 지역의 종신 총독으로 자신을 임명하고 그곳에서 나오는 수익의 10%를 할당해 달라는 내용을 담아 포르투갈과 영국에 제안했지만 양국 모두 거절했다.

에스파냐의 이사벨 1세는 젊은 나이에 등극한 혁신적 여왕이었다.

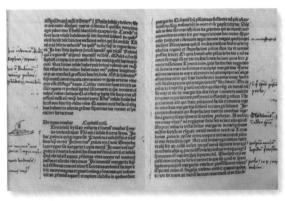

여왕에게 포르투갈과 영국이 거절한 콜럼버스의 제안은 흥미로운 사업이었다. 제안을 받아들인 여왕은 적극 후원에 나섰

그림 5.8 콜럼버스의 자필 메모가 기재된 《동방견문록》

으나 개인 자격의 후원이었다. 막대한
재정적 후원을 위해 여왕은 자신의 귀
금속을 내다 팔아야 할 정도였다.

그림 5.9 콜럼버스

1492년 8월 3일, 스페인 카디스를 떠
나 두 달 열흘 간의 여행 끝에 콜럼버
스는 바하마 제도에 도착했다. 마침내
콜럼버스는 대서양 항로를 통해 아메
리카 대륙을 발견했지만, 자신이 제출
한 제안서 조항을 획득하기 위해 그곳
을 인도라 주장했다. 그로부터 6년이 지난 1498년 5월에 아프리카 대
륙을 돌아 인도에 도착한 바스코 다 가마는 콜럼버스가 틀렸다고 주장
했다. 두 주장 사이에 진위 판정이 필요했다. 1503년 콜럼버스의 항로
를 따라 다시 항해에 나선 아메리고 베스푸치$^{Amerigo\ Vespucci,\ 1454\sim1512}$는 지
리서 《신대륙$^{Mundus\ Novus}$》을 통해 콜럼버스가 발견한 대륙은 인도가 아
니라 신대륙이라 밝혔다. 애초에 콜럼버스가 그곳을 인도라고 강하게
주장했던 탓에 신대륙 이름이 아메리고 베스푸치의 이름을 따 아메리
카가 되었지만, 고대 바이킹들 다음으로 이 대륙에 첫발을 디딘 주인공
은 콜럼버스였다.

신대륙에서 금은 등의 재화를 수탈하고자 했던 콜럼버스는 무자비
한 방식으로 원주민들을 학살했다. 그 광경을 보다 못한 스페인 관료
들조차 그 무자비함에 혀를 내둘렀을 정도였다. 오늘날 발상의 전환으
로 신대륙을 발견하여 이름을 평가받는 콜럼버스이지만 당대에는 그
의 사망이 신의 뜻이었다는 말이 일반에 회자될 정도로 악명이 높았

다. 그럼에도 콜럼버스는 스페인 여왕 이사벨 1세의 후원을 받아 위험을 감수하고 사업에 뛰어든, 오늘날 관점에서 기업가 정신의 대표적 사례라 이해할 수도 있다. 그의 발견은 훗날 세계 질서를 바꾸는 하나의 대륙이 역사에 등장하는 계기가 되었다.

❈ 바스코 다 가마, 희망봉을 돌아 인도로 향한 거친 모험가

바스코 다 가마*Vasco da Gama, 1469~1524*는 포르투갈의 대항해자로 남아프리카 희망봉을 돌아 동진하여 인도로 가는 해상로를 개척했다. 인도는 면화가 많이 재배돼 일찍이 면직물 생산이 활발했던 매력적인 땅이었다. 게다가 인도에서 생산되는 다양한 향신료는 유럽인들에게 새로운 맛의 세계에 눈뜨게 하였다. 다 가마가 발견한 신항로는 이탈리아와 오스만 제국이 장악하고 있던 육상 무역의 탁월한 대안이었다. 다

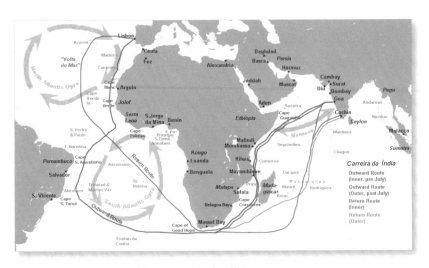

그림 5.10 바스코 다 가마가 개척한 포르투갈-인도 항해로

가마는 여러 차례의 원정 동안 원주민에 대해 무자비한 폭력을 행사했고, 심지어는 순례객들의 배를 가로채 약탈하고 몰살시키는 만행조차 서슴지 않았다. 인도인들을 죽이고는 인육으로 커리를 해 먹으라고 강요했을 정도였다 한다. 재화를 위해서라면 무슨 일이건 할 수 있었던 그는 위대한 모험가이자 발견자였지만 결코 도덕적 인물은 아니었다.

❉ 마젤란, 최초였으나 비운으로 마감한 세계 일주

1480년에 태어나 1521년에 사망한 마젤란^{Ferdinand Magellan}은 포르투갈 출신이면서 스페인의 탐험가다. 스페인 왕 카를로스 1세의 후원으로 세계 일주 임무에 나서 1519년 9월 20일 270명의 다국적 선원과 함께 5척의 배로 출발했으나 1521년 필리핀 막탄 섬에서 마젤란은 사망하고, 남은 선원들이 1522년 9월 6일 단 한 척의 배로 귀향했다. 같이 출항한 270명 중에서 살아 돌아온 선원은 18명이었다. 대서양을 통해 지구를 한 바퀴 도는 항로 중 마젤란 해협을 발견하는 성과를 올린다.

선원들의 반란과 진압, 식량이 떨어져 일부 선원이 아사하는 등 고난의 항해 끝에 마침내 태평양으로 진입한 마젤란 함대는 괌을 지나 필리핀에 도달했다. 필리핀 사람들에게 기독교를 전파하던 마젤란은 개종을 거부하는 부족과 전투를 벌이던 중 선원들이 철수한 상황에서 남아 싸우다 독화살에 맞아 사망했다. 41세의 젊은 나이였다.

마젤란의 충직한 노예이자 통역이었던 엔리케는 마젤란의 죽음이 선원들의 배신 때문이라고 생각하여 마젤란의 설득으로 개종한 세부의 추장을 설득해 복수에 나섰다. 세부 추장의 초청으로 배신했던 선원

그림 5.11 마젤란

들을 불러 모은 후 공격을 개시하여 공동 지휘관과 선원들을 죽이고 배 한 척을 자진 침몰시키고 남은 선원들을 모아 두 척의 배로 항해를 계속하여 스페인으로 귀환했다. 비록 소수의 선원과 빅토리아호만 유일하게 돌아왔지만, 이들이 싣고 온 정향은 최고의 향신료로 인정받아 그간의 경비와 고난을 충당하고 남을 만큼 충분한 보상이 되었다. 항해 기간의 이야기는 빅토리아호로 돌아온 항해사 프란시스코 알보가 교황의 권유에 따라 항해 일지를 토대로 체험담을 펴내며 공개되었다. 로도스 기사단장에게 보내는 서간문 형태로 서술된 이 책이 《최초의 세계 일주 항해 보고서*Relazione del Promo Viaggio Intorno Al Mondo*》다. 이 책을 통해 '태평양'이란 명칭이 처음 대중에 알려졌으며, 항해와 선교 활동 과정에 대해 잘못 알려져 있던 마젤란의 영웅담이 바로 잡혔다. 이에 따라 마젤란은 순교자로 자리매김되었다. 이후 많은 선교사들이 선교 목적의 항해에 나서면서 필리핀이 가톨릭 국가가 되는 계기가 되었다.

대항해와 청교도의 등불

대항해는 육로를 통해서만 동양과 교류하던 서방 국가에 새로운 대안 교역로가 되었을 뿐 아니라, 상대적으로 개발이 덜 된 신대륙을 수

그림 5.12 마젤란 함대의 유일한 귀환 선박 빅토리아호. 1590년 지도 삽화

탈하여 부를 축적하는 새로운 길을 열었다. 제국에서 살아남은 분열 왕조들은 저마다 세계로 뻗어 물자와 인력을 구하러 나섰다. 이제 유럽의 경제 권력이 대륙에서 해안으로 이동하는 새로운 시대가 펼쳐졌다. 계몽 시대에 유럽이 찬탄해 마지않던 중국 도자기를 비롯한 다양한 문물이 소개되고, 다른 세계의 존재를 확인하고 새로운 문명을 소화하고 발전시키는 길에 들어선다. 대항해 시대는 일찍이 제국이 품었던 세계 시민 정신이 아닌 열강의 경쟁에 따른 지배와 수탈의 구조로 세계를 몰아갔다.

대서양 연안에 자리잡은 포르투갈, 스페인과 달리 네덜란드와 섬나라 영국은 대항해 시대를 어떻게 거쳐 왔을까? 네덜란드는 포르투갈과 스페인에 비해 대항해 시대에 늦게 뛰어들었지만 동인도회사를 세워 효과적으로 향신료 교역 사업을 독점했다. 16세기까지만 해도 선도적 해양 패권국들에 비해 해상 지배력이 열세하여 대항해 시대의 지분을 차지하기 힘들었던 영국은 서서히 해군력을 키우기 시작해 마침내 그 존재를 세계에 드러내기 시작했다. 1620년경 영국은 네덜란드와 방위 조약을 맺어 몰루카 제도에서 나오는 향신료 1/3의 교역을 담당하기로 했지만 결국 양국 간 갈등이 불거진다. 몰루카 제도 중심에 위치한 암본이란 섬에서 소규모 영국 상선을 나포한 네덜란드인들이 영국 선원들을 고문하고 12명 중 10명의 목을 자르는 사건이 발생해 전 유럽인에게 공분을 산다. 그랬음에도 영국이 해군력으로 대서양 연안의 열강들을 압도하기 시작할 때는 이로부터 100년의 기간이 더 지난 후였다. 네덜란드 동인도회사는 향신료를 공급하는 지역의 반란을 무자비하게 진압하는 등 자신들의 이익을 추구했다. 바야흐로 전 세계는 제국주의 각축장으로 변해 갔다.

❋ 영국, 대항해의 최종 패권을 거머쥐다

영국은 상대적으로 늦게 대항해에 뛰어들었지만 포르투갈과 스페인에 비해 장점을 갖고 있었다. 그것은 섬나라라는 특성으로 인해 대륙의 각축전에서 상대적으로 비껴나 있다는 지리적 이점에 있었다. 인구 100만 명에 불과했던 포르투갈과는 규모 면에서 차이가 있었고, 스페인은 정치적 불안정 탓에 스스로 자멸해 가는 과정이었다. 늦게 해양 패권 경쟁에 뛰어든 영국은 17세기 들어 마침내 최종 패권을 거머쥐었다. 이렇게 거머쥔 해양 패권으로 영국에 새로운 잉여 자원이 공급되고, 경제적 자유를 얻은 계층이 늘면서 사회적 변화의 기틀이 되었다.

네덜란드 역시 상대적으로 작은 나라였지만, 동인도회사를 설립해 해양 무역과 시장 경제의 연결을 주도하며 자본주의적 시스템의 씨앗을 키웠다. 영국도 이를 따라 자본을 모아 투자하는 네덜란드식 시장 경제 방식을 추구했다. 해양 패권 경쟁 진입 초기에 영국은 네덜란드나 앞서의 지중해 연안 해양 패권국들과 마찬가지로 식민지 수탈을 통해 자본 축적을 도모했지만, 19세기 들어서면서 식민지 수탈로 얻은 원재료를 상대적으로 발달한 자신들의 생산력으로 가공한 상품을 식민지 사람들에게 되팔아 더 많은 부를 축적하며 대항해 시대 최종 강자로 확고히 자리잡았다. 해가 지지 않는 나라 영국의 탄생은 콜럼버스가 첫 발을 디딘 이래 아메리카 영토 개척에 나서던 유럽 국가들에게 18세기 혁명의 불씨를 당길 도화선이 되었다. 그것은 청교도 혁명과 청교도들의 아메리카 이주와 연결된 일이었다.

❋ 청교도와 영국

지중해 무역의 중심 이탈리아에서는 부를 축적한 상인들이 늘고 자유 수공업자들의 지위가 향상되면서 군주제에 맞서 시민의 의사가 의회의 결정에 합리적으로 전달되는 공화주의적 항명이 일어나기 시작했다. 피렌체의 메디치 가문과 공화주의자와의 갈등은 앞서 살펴보았다.

영국의 시계는 지중해 나라들보다 늦었다. 시차를 두고 페스트가 창궐했고, 장원 중심의 영주제가 무너지던 자리에 상공업으로 부를 축적하며 발언권이 높아진 신흥 세력들은 기존 질서를 유지하려는 왕권 세력과 대립하며 사회에서 실질적 힘을 갖는 위치에 오른다. 이들 신흥 세력들은 자신들의 의지가 관철되는 공화 정부를 원했다. 당연히 의회를 지지하며 기존 질서를 유지하려는 왕당파와 갈등을 빚었다. 왕권신수설을 주장했던 찰스 1세의 통치 기간 중 1642년에서 1651년까지 일어난 세 차례의 혁명은 의회를 지지하는 의회파와 왕당파 간 전쟁이었다. 첫 번의 혁명에서 의회파가 집권했지만 지나친 청교도식 통치로 시민들의 지지를 받지 못하는 바람에 잠시 왕정으로 복귀했지만 결국 의회가 봉기하여 영국을 지금의 입헌 군주제로 바꿨다.

※ 청교도의 미국

1620년, 미국의 폴리머스에 일군의 영국인들을 태운 메이플라워호가 도착했다. 종교의 자유를 찾아 나선 영국 청교도들이었다. 이후 10여 년 동안 영국 청교도들 중 18,000여 명이 미국으로 이주했다. 청교도들의 미국 이주는 1630년대 1,000여 명의 청교도들이 보스턴으로

그림 5.13 1773년 보스턴 항구의 차 파괴 사건을 묘사한 석판화

이주하여 성경에 기초한 법제하에 운영되는 경건한 도시를 만들고자 하는 의지에서 시작되었다. "국가란 무엇인가?"라는 물음을 두고 서서히 싹튼 시민 정신은 마침내 자신들이 만든 보스턴 차^{tea}에 영국이 과도하게 세금을 매기는 데서 비롯된 전쟁 끝에 1776년 마침내 자신들의 국가, '자유의 나라' 미국으로 독립한다.

5.2 깨어남

르네상스의 불길이 유럽 대륙에 타오르는 사이, 대서양 연안 국가들이 보여 준 모험적 항로 개발과 새로운 세계의 발견은 우리에게 많은 것을 생각하게 한다. 이제 지중해 중심 대륙 국가 패권에서 대서양 연안국과 영국이 세계 패권 무대에 등장했다. 대항해 시대를 이끌었던 네덜란드는 세계를 향한 특유의 열린 사고로 사상가들의 고향이 되었다. 당대의 진보적 지식인들은 네덜란드에서의 삶을 선호했다. 그들 중에는 근대 과학적 합리주의 사상의 주인공 데카르트와 청교도 혁명 실패 후 망명한 존 로크도 있었다. 사상이 무르익고 관심이 뚜렷해지면서 사회적 압력이 커진 명망가들이 자신의 사상을 자유롭게 펼칠 수 있는 곳을 찾아 나서는 일은 예나 지금이나 크게 다를 바 없는 현상이다. 칼빈 같은 종교 개혁가들이 스위스 같은 유럽 변방으로 옮겨 간 이유와 동일하다. 상대적으로 작은 나라였던 네덜란드가 오랜 기간 대항해 시대의 주도권을 유지한 데에는 이처럼 금융업의 발달이라는 단순 평가를 넘어서는 배경이 깔려 있다.

이 지점에서 당대 사회 변화를 주도했던 사상적 인물들에 관점을 돌려 살펴보자. 이탈리아에서 싹튼 르네상스를 주도했던 사상가들과 더불어 프랑스와 영국에서 피어난 사상가들과 그 사상적 배경을 약술하면 다음과 같다.

영국에서 일어난 청교도 혁명(1641~1651)은 유럽 사회의 변화를 극적으로 보여 준다. 왕당파와 의회파 간 경쟁의 와중에 국왕이 처형되는 극단적이지만 상징적 사건이 벌어졌다. 과학 철학에서 새로운 시대를 향한 발걸음은 영국의 과학자 뉴턴의 《프린키피아》를 정점으로 뉴턴주의라는 새로운 사상적 조류를 만들어 냈다. 합리적이고 명징한 뉴턴의 과학적 논리와 주장은 당대를 주름잡던 스콜라 철학 신봉자들의 몽상을 깨기에 충분했다. 18세기는 상식에 대한 의심과 새로운 지식을 체계화하고자 하는 노력으로 충만했던 시기다. 이미 바그다드에서 일어났다 꺼진 번역과 백과사전적 지식 체계화의 불꽃이 다시 타오르고 있었다.

엄밀한 수학적 방법으로 진리를 파악한 뉴턴의 과학적 사고는 당대 지식인들에게 철학, 문학, 사상, 정치의 영역에서도 사고의 변환을 추동하는 강력한 열망을 불러일으켰다. 이러한 변화는 형이상학적 철학적 주장에서 경험적 사실에 입각한 과학적 사고로의 변환을 의미했다. 사고 체계의 변화는 마침내 로크와 볼테르 같은 사상가들에게 영향을 미쳐 경험과 이성에 바탕을 둔 철학 체계의 확립으로 이어졌다.

17세기 후반에서 18세기 전반의 시대정신을 계몽주의라고 한다. 깨달음*enlightnement*은 이 시대를 대변하는 용어였다. 중세의 봉건적 권위에서 벗어나 개인의 자유가 보장되는 이성적 세계로 향한 흐름이 만들어 졌다. 미국 독립 전쟁(1775~1783)과 프랑스 혁명(1789~1799)은 새로운 세계로 나아가는 신호탄이었다.

계몽주의의 선구적 운동 집단에 프랑스의 '백과사전파^{Encyclopédistes} [4]가 있었다. 그들 중에는 디드로, 달랑베르, 몽테스키외, 볼테르, 루소 등의 인물이 있었다. 영국왕립학회와 대학, 프랑스과학아카데미와 에꼴 폴리텍 등은 과학 엘리트를 양산하며 다양한 경험주의적 학문의 발전을 이루어 냈다. 계몽 시대에 경험주의, 합리주의, 무신론, 자연법, 사회 계약법 등의 사상이 풍부하게 넘쳐났다. 사람들은 이성의 해방과 과학 지식의 발달이 인간을 행복으로 이끌 것이라 믿었다. 그런 연유로 과학기술의 발달은 더 가속화되었다. 이 시기에 전기에 대한 실험이 본격적으로 이루어졌고, 라부아지에 등의 과학자들에 의해 근대 화학이 싹트기 시작했다.

혁명의 사상가들

이탈리아의 갈릴레오 갈릴레이, 프랑스의 르네 데카르트, 영국의 아이작 뉴턴으로 대표되는 17세기 과학 혁명은 아리스토텔레스의 천체학의 꿈에서 인류를 깨워 냈다. 마찬가지로 왕의 권한이 신에게서 나왔다는 왕권신수설의 꿈에서 깨어나고자 하는 시대 정신이 싹텄다. 이

---

4 18세기 프랑스 계몽 사상의 기념비라 할 수 있는 《백과전서》(1751~1780)의 기고, 편집, 간행에 협력한 일군의 진보적 사상가들을 총칭한다.

러한 시대 정신은 수많은 토론과 공감을 불러일으켜 마침내 혁명의 불씨로 작용했다. 혁명은 성공과 실패를 반복했지만 한 번 흐르기 시작한 물줄기를 바꿀 수는 없었다. 이런 확고한 흐름의 물줄기를 만들어 낸 사상가들이 있었다.

✳ 1688년 혁명과 존 로크

뉴턴의 대단한 업적이 진행되던 시기 영국에선 왕권에 대한 도전이 전개되고 있었다. 왕권신수설을 주장한 찰스 1세를 옹위하는 왕당파에 대항해 의회파가 전쟁을 일으켰다. 이 전쟁의 주역이 의회의 대부분을 장악하고 있던 청교도였으므로 이를 청교도 전쟁(1642~1651)이라 한다. 전쟁 중에 스코틀랜드로 피신했다 포로로 넘겨진 찰스 1세가 처형(1649년)되고 의회파 리더 크롬웰*Oliver Cromwell, 1599~1658*이 의회를 장악했다. 하지만 혁명 정부는 그리 오래가지 못했다. 크롬웰이 혁명의 주역들보

그림 5.14 청교도 혁명 직전 소집된 영국 의회의 모습을 담은 기록과 삽화

다는 재력가와 결탁해 지나치게 엄혹한 정치를 펼친 탓에 혁명 세력 간 균열이 생긴 것이었다. 크롬웰 사망 후 공화정은 깨지고 혁명으로 처형되었던 찰스 1세의 아들이 망명지 프랑스에서 돌아와 찰스 2세로 즉위(1660년)하며 왕정으로 복고한다. 왕당파들은 필머$^{Robert\ Filmer,\ 1588\sim1653}$의 유작《족장제^{Patriarcha}》의 사상을 기반으로 왕권 강화를 주장하고 청교도 전쟁의 야만성을 선동하며 개신교도들을 격하하는 데 열을 올렸다.

찰스 2세에 의해 중용될 뻔했던 휘그당의 지도자이자 개신교도인 샤프츠베리 백작 1세(애슐리 쿠퍼 경$^{Anthony\ Ashley\ Cooper,\ 1621\sim1683}$)는 비록 모함으로 실각했지만, 그에게는 옥스퍼드에서 수학한 훌륭한 제자 존 로크[5]가 있었다. 백작은 로크에게 필머의《족장제》의 사상적 기반에 맞설 만한 책의 집필을 부탁했다. 왕당파의 주장을 꺾고 의회주의만이 영국을 강화하는 길임을 알리기 위함이었다. 이에 호응해 로크는《시민 정부에 대한 제1논고》와《시민 정부에 대한 제2논고》를 집필해 왕당파의 사상과 청교도 혁명의 문제를 논리적으로 비판했다. 1681년, 동생 요크공(제임스 2세)의 왕위 계승 문제로 휘그당과 갈등을 불러 일으켰던 찰스 2세는 의회를 해산하고 요크공의 계승을 반대하는 휘그당의 지도자 샤프츠베리 백작을 주모자로 몰아 투옥했다. 사형을 당할 처지였으나 간신히 탈출한 백작은 네덜란드로 피신해 여생을 마쳤다.

로크 역시 백작이 떠난 2년 후 네덜란

그림 5.15 존 로크의 초상

5 *John Locke*, 1632~1704. 영국의 첫 경험론 철학자이자 정치 사상가. 사회계약론과 자연법을 주장했다.

드로 넘어가 5년여 망명의 시간을 함께 보냈다. 백작은 네덜란드에서 숨을 거두었지만 로크의 글은 시대를 변화시키는 거대한 울림을 만들었다. 로크의 주장은 정부와 개인의 관계성을 혁신적으로 정의하며 왕권신수설 같은 미몽에서 헤어나야 한다고 주장했다. 로크의 주장에 따르면 국가는 왕권이나 특정 계층을 위해 존재하는 것이 아니라 개인의 재산을 보호하기 위해 존재한다. 보호받아야 할 부가 없다면 국가는 더 이상 존재의 이유가 없다. 국가는 통치자나 피통치자만을 향한 편향을 가지면 안 된다. 그중 한 가지에만 편향되어 존립의 근거로 삼을 때 국가는 그 정당성을 잃는다. 따라서 개인의 재산을 보호해 주지 못하는 국가에 대해 개인은 대항할 권리가 있다.

샤프츠베리 백작의 실각과 구금, 그리고 망명을 본 로크는 자신의 책이 출판될 경우 겪게 될 위험을 인지하고 스승을 따라 네덜란드로 망명하며 책 출판을 미룬다. 결국 청교도들의 반대에도 가톨릭 신봉자인 제임스 2세가 찰스 2세를 폐위하고 왕위에 오르지만 상당한 위력을 갖고 있던 청교도들에게 불신을 당하고 1688년에 실권한다. 이때 네덜란드에 총독으로 있던, 찰스 1세의 손자이자 개신교도인 윌리엄공은 제임스 2세의 딸이자 역시 개신교도였던 아내 메리와 함께 영국으로 돌아와 제임스 2세를 폐위시키고 왕위에 오르는 명예혁명을 성공시킨다. 이때 메리가 들고 온 게 바로 로크의 논문이었다. 로크의 논문이 출판되자 영국 지식층들은 비로소 자신들이 얼마나 깊은 왕정의 몽상에 빠져 있었는지 깨닫고, 의회 민주주의의 기틀을 마련하는 일에 일어섰다.

앞서도 이야기했다시피 영국과 네덜란드는 전쟁을 벌일 정도로 이해

충돌이 첨예했었으므로 네덜란드는 영국의 정치적 격동을 피해 온 망명가들을 품었으며, 또한 프랑스나 유럽 각국 사상가들의 피난처가 되어 주었다.

※ 1776년 혁명과 토머스 제퍼슨

로크가 주장한 국가의 정당성, 소유권, 권리와 같은 개념은 유럽과 미국 지식인들 사이에 널리 퍼지며 군주에 의한 전제 정치의 변화를 예고하였다. 미국에 이주한 영국인들과 아메리카 원주민들 간 마찰이 커지자 영국은 이주민들에게 엘리게니 고원 서쪽으로는 이주하지 않게 강제하고 인디언과의 교역은 영국에서 직접 관리한다고 결

그림 5.16 토머스 제퍼슨

정했다. 더욱이 이주한 신세계인들에게 세금을 거둬 들이되 세액은 영국에서 일방적으로 정한다고 발표했다. 이에 대해 토머스 제퍼슨[6]은 로크의 논리에 근거하여 자신도 영국인이지만 더 이상 영국 정부를 인정할 수 없다는 논리를 아래와 같이 전개하고, 영국으로부터의 분리를 주장했다.

1) 모든 사람은 동등하게 창조되었고, 양도할 수 없는 권리를 부여받았다. 그 권리는 생존, 자유, 행복의 추구이다.

---

6 *Thomas Jefferson*, 1743~1826. 독학으로 성장하였으나 미국 독립선언서를 기초하고 3대 대통령을 역임했다. 버지니아대학교를 설립했다.

2) 정부는 이러한 권리를 보호하기 위해 사람들 사이에 조직되었다.

3) 정부의 정당성은 이러한 권리를 보호하는 것에 대하여 피지배자의 동의를 얻는 데 있다.

4) 정부가 이러한 목적을 파괴할 때, 그것을 저지하고 폐지하고자 새로운 정부를 수립하는 것은 국민의 권리이다.

이러한 사상을 기초로 식민지 미국의 신세계인들이 영국을 부정하자 영국은 미국을 상대로 전쟁을 벌인다. 프랑스가 미국을 지원하기로 한데다 긴 전쟁에 피로해진 영국은 서인도 제도가 미국 본토보다 더 중요하다는 판단 등에 따라 마침내 미국을 독립 국가로 승인한다. 로크주의는 이와 같이 정부 선택권이 시민에게 있다는 민주주의의 모태로 완성되어 오늘날까지 유지되고 있다.

✳ 1789년 프랑스 혁명

프랑스에서 매력적인 왕들의 통치가 이어지던 시기 영국은 정치적으로 혼란기를 겪고 있었다. 특히 미국의 독립 전쟁은 영국이 미국으로부터 취하면 막대한 경제적 유익을 포기해야 하는 계기가 되었다. 프랑스는 매우 탁월한 왕들이 1650년에서 1750년까지 100년 간 태평성대를 이끌었다. 프랑스는 영국과 미국에서의 혁명을 접하면서 자신들처럼 단일 군주에 집중된 통치권에 의해 가족 같은 공동체 질서를 유지해야 한다는 생각을 고수했다. 하지만 이러한 사고는 영국을 견제하기 위해 미국 독립전쟁에 참전하면서 결정적 변화의 계기를 맞았다. 미국 독립전쟁에 파견되었던 프랑스 군인들이 제퍼슨의 사상을 접하고 자유를 위해 절대 군주와 싸우는 영웅적 미국 시민의 모습을 본 것이다. 루소, 볼테르와 같은 사상가들 역시 로크의 사상을 추종하여 1인의 절대 통치에 질문을 던졌다. 불온한 사상이 스멀스멀 프랑스 시민들에게 번지자 이를 차단하기 위한 프랑스 왕정의 탄압이 시작되었다. 섣부른 탄압은 오히려 역효과를 가져와 프랑스 시민은 궐기하기 시작했다.

1789년 자유, 평등, 박애의 기치를 내건 프랑스 대혁명의 불길이 타올랐다. 혁명의 성공기에 부패 척결의 선봉장 로베스피에르^{Robespierre,} $^{1758~1794}$는 혁명의 적들을 단두대에 세웠다. 단두대의 희생양에는 단두대를 발명한 기요틴 박사뿐 아니라 화학의 아버지 라부아지에도 있었다. 1793년과 1794년 사이에 수천 명이 단두대에서 목숨을 잃었다. 이

그림 5.17 7월 28일, 인민을 인도하는 자유의 여신, 외젠 들라크루아, 1830년 작

러한 잔혹함은 어쩌면 혁명의 정신과는 거리가 먼 것이었다. 그러나 구 정권 엘리트를 처단한 새 정권은 프랑스는 물론 혁명으로 쟁취한 자신들의 권력을 지킬 만한 힘조차 없어 보이는 풋내기에 불과했다. 이때 프랑스를 지킬 강력한 힘을 지닌 포병 장교가 등장했으니 바로 나폴레옹 보나파르트^{Napoléon Bonaparte, 1769~1821}였다.

혁명 정부를 지지한 나폴레옹은 프랑스 대혁명의 불온한 사상이 자국으로 번질 것을 두려워한 주변 왕정 국가들의 개입으로 벌어진 수많은 전투에서의 승리를 이끌어 프랑스를 유럽의 패권 국가 반열에 올리며 시민들의 열렬한 지지를 받은 끝에 마침내 스스로 황제에 올랐다. 결과적으로 그가 열광하고 지지했던 프랑스 혁명을 무위로 돌려버리는 선택이었다. 유럽 각국과의 전쟁에서 연전연승했지만 러시아 원정이 실패하는 등 몰락과 재기를 반복하던 나폴레옹은 반프랑스 유럽 동맹군과의 전투에 이은 워털루 전투에서 패하면서 권력을 잃고 유배지인 세인트헬레나 섬에서 생을 마감했다. 나폴레옹 사망 이후 프랑스는 수십 년간 전제 정부가 장악했으나 시민들에게 각인된 자유의 소중함과 사회적 평등의 가치를 되돌릴 수는 없었다.

우리는 과학과 정치 분야에서 두 개의 엄청난 혁명을 경험했다. 하니는 갈릴레이와 뉴턴 등 과학자에 의해 이끌어진 중세 신의 나라를 부순 '과학 혁명'이었고, 나머지 하나는 로크 등 사상가에서 비롯된 '계급 제도의 붕괴'였다. 두 개의 혁명은 논리적으로 당연한 귀결이었다. 신의 나라의 붕괴에 이은 이성적 인간의 나라로의 이행 과정에서의 불평등을 붕괴시키려는 혁명은 필수 불가결한 자연스러운 과정이다. 신의 나라의 붕괴까지 수많은 마녀사냥과 불온한 과학자의 죽음이 따랐고, 군주제의 붕괴 이면에 수많은 시민들의 피가 있었다는 사실에서 혁명의 논리적 당위에도 불구하고 그 비정함은 인정하지 않을 수 없다.

※ 독일의 계몽: 돈 조반니, 파우스트, 순수 이성 비판

프랑스와 영국이 혁명의 몸살로 들끓던 시기, 독일은 아직도 여러 작은 왕가들이 봉건 시대의 모습을 유지하던 조용한 나라였다. 하지만 이곳의 예술가, 지식인들은 이미 구습을 던져 버릴 혁명의 시대를 노래하고 있었다.

모차르트*Wolfgang Amadeus Mozart, 1756~1791*가 작곡한 〈피가로의 결혼〉은 프랑스 혁명이 일어나기 3년 전에 초연된 것으로 초야권을 가진 영주에 맞서 하인, 백작 부인, 그리고 당사자인 수잔나가 힘을 합친다는 내용으로, 귀족의 권위에 대항하는 혁명의 전주곡이 되었다. 또한 그가 작곡한 오페라 〈돈 조반니*Don Giovanni*〉는 프랑스 혁명 2년 전에 공연한다. 전설적 호색가 돈 후앙이 벌이는 여성 편력 행각을 담은 이 오페라에서 돈 조반니는 자신의 부도덕성을 자신과 관계한 여성들의 자발성이란 명분으로 변호한다. 오페라 1막에서 돈 조반니는 사람들을 초대해 연회를 여는데, 자신을 추적하는 사람들이 가면을 쓰고 나타나자 〈비바 라 리베르타*Viva la liberta*〉를 부른다. 이 구호는 혁명의 구호가 되었다.

독일의 대 문호 괴테*Johann Wolfgang von Goethe, 1749~1832* 역시 일생을 거의 다 바쳐 소설 《파우스트*Faust*》를 저술했다. 《파우스트》에서 푸들의 모습으로 나타난 악마 메피스토펠레스에게 파우스트 박사는 영혼을 건 게임을 한다. 게임에 몰두해 자아를 잃어 가던 파우스트는 평화롭게 사는

그림 5.18 칸트를 기리는 바이마르 공화국의 1926년 우표

바우치스 할머니와 필레몬 할아버지의 집을 없애 주길 바라는 지경에 이르고, 메피스토펠레스는 노부부의 집을 불태워 이들을 제거한다. 그 파국의 결과에 파우스트는 괴로워하면서도 어쩔 수 없는 진보를 위한 파괴라 역설한다. 혁명적 파괴는 새로운 나라의 등장을 웅변하는 역설이었다.

종교 개혁자 마틴 루터$^{Martin\ Luther,}$ $^{1483~1546}$가 라틴어 성경을 독일어로 번역한 것에 버금가게 임마누엘 칸트$^{Immanuel\ Kant,\ 1724~1804}$는 독일어로 자신의 철학을 표현했다. 그는 뉴턴주의에 따른 빛나는 계몽의 시대가 폭풍 같은 혁명의 시대에 영국의 경험주의(베이컨, 홉스, 로크, 버클리, 흄)와 대륙의 합리주의(데카르트, 스피노자, 라이프니츠)가 갖는 모순을 극복하는 방향으로 이어지길 고대했다. 칸트는 17세기 영국 경험주의가 가진, 다양한 현상에 대한 경험으로 일반적 지식을 구성할 수 있다는 귀납적 방법의 한계를 목도함과 동시에 합리주의가 가진 경험적 구체성의 결여를 고민한다. 그리하여 칸트는 인간이 지식을 획득하는 감정과 오성에 주목했다. 지식은 내용과 형식을 갖추어야 하는데, 그 내용을 구성하는 것이 감각적 경험이고 그 형식을 구축하는 것이 오성이라는 주장을 통해 경험주의와 합리주의를 통합하는 혁명적 사고를 주장했다. 통합은 변증적이고, 차원을 높인 사유에서 가능하다.

5.3 수근거림

아카데미와 살롱 클럽

❋ 아카데미의 출현

과학 혁명과 계몽의 시대에 지식인들의 모임이 활성화되었던 데 주목하지 않을 수 없다. 새로운 사상을 주장하는 지식인들은 교황청이나 왕 또는 영주들로부터 탄압받기 일쑤였고, 데카르트나 스피노자 같은 사람들은 사상적 자유가 어느 정도 허용되는 네덜란드로 거처를 옮겨 살아야 했다. 지식인들은 비밀의 서재에 모여 서로의 생각을 교류했다. 이 중에는 영국의 로버트 보일이 만들었던 '보이지 않는 대학*invisible college*'도 있었다. 이러한 비밀 모임들은 상당한 국제적 네트워크를 갖추었고 중요한 발견을 이루어 낸 기인기재들이 모여 들었다.

중세의 끝자락, 대항해의 돛이 바람을 가득 머금고 바다로 달려 나가고, 몽골의 정복 전쟁은 동서 교류를 활발하게 이끌었다. 페스트로 장원 경제는 무너지고, 길드[7]를 중심으로 한 기술자와 자본가들이 생겨났다. 길드가 자신들의 배움을 더욱 깊이 추구하면서 대학이 생겨났다. 이제 계몽의 시대를 인정하지 않거나 지원하지 않는 국왕이나 영주

---

7 *guild.* 중세에서 근대에 이르기까지 유럽의 도시에서 형성된 장인, 상인의 조합으로 동업자 조합에서 노동자 조합, 카르텔, 비밀결사에 이르는 형태가 있었다. 길드는 세계 최초의 대학인 이탈리아 볼로냐대학이 세워지는 데 역할을 했고, 영국의 옥스퍼드대학이나 프랑스의 파리대학들도 길드의 역할이 있었다.

는 시대에 뒤떨어진 존재로 인식되어 갔다.

1600년대 들어 마침내 지적 토의를 가능케 할 제도적 토대가 만들어졌다. 과학이나 수학에 대한 왕과 귀족들의 동경이 무르익어 갔고, 이 분야의 새로운 발견이 이어지며 과학의 진보에 대한 이야기가 폭넓게 회자되었다. 과학자들에 대한 동경으로 왕과 귀족들의 후원이 활발하게 이루어졌는데, 불과 한 세기 전과는 완전히 다른 양상이었다. 이런 지원으로 학회로서의 아카데미가 출범했다.

1603년, 이탈리아 로마에 '린세이 아카데미$^{Accademia\ del\ Lincei}$'가 만들어졌다. 린세이^{Lincei}는 '살쾡이'를 뜻하는 단어로 학문을 지켜보는 예리한 눈을 상징했다. 아카데미는 회원 선발을 엄격히 하여 그 권위를 지켰는데, 갈릴레이의 경우는 1611년에 회원이 되었다. 갈릴레이 사후 '시멘토$^{cimento,\ 실험}$ 아카데미'가 만들어졌다. 해부학자, 지질학자, 박물학자 등이 모여들었던 시멘토 아카데미$^{Accademia\ del\ cimento}$는 해산 후에도 회원들의 회비를 기반으로 운영하면서 많은 실험 연구 결과를 발표했다. 이들의 연구에 따른 발명품에는 온도계, 습도계, 비중계, 기압계 등 다양한 측정 도구도 있었다.

그림 5.19 영국왕립학회 학회지

영국에도 아카데미가 세워졌다. 1663년에 설립된 아카데미는 왕이 후원했으므로 '영국왕립학회$^{The\ Royal\ Society\ of\ London\ for\ Improving\ Natural\ Knowledge}$'라 명명했다. 학회는 학회지를 발간하여 새로운 연구 결과를 발표했는데, 학회지 표지에는 "권위로는 아무것도 만들어지지 않는다"라는 문장이 새겨져 있었다. 이 왕립학회의 빛나는 회원들로는 이전에 로버트 보일이 세웠던 인비지블칼리지에 드나들던 학자들이 대거 포진되었다. 빛나는 아이작 뉴턴이 있었고, 그와 갈등적 라이벌 관계에 있었던 로버트 훅[8]도 있었다.

※ 대륙의 살롱과 카페

18세기는 살롱과 클럽의 전성시대였다. 17세기 계몽 시대에도 존재했었던 살롱과 클럽은 사상가나 문호들의 생각을 펼치고 검증하는 매우 사적이며 동시에 공적인 자리였다. 대륙에선 살롱, 영국에선 클럽으로 운영되었다. 살롱은 귀부인이 주인이 되어 지식인들을 불러 모았다. 클럽은 남자들만의 모임이었다는 점에서 살롱과 차이를 보인다.

살롱은 16세기 말 프랑스에 등장하기 시작했다. 프랑스 상류층 인사들이 품위가 떨어지고 언어에 교양이 없음을 개탄하던 이탈리아 출신 마담 랑부이에$^{Madame, marquise de Rambouillet, 1588\sim1665}$가 개인 살롱을 열어 정치가와 시인들을 초대한 것이 시초였다. 그녀는 호화스런 가구를 배치해 사람들을 불러 모은 후 지적이고 교양 넘치는 사교 모임을 주도했다. 물론 이 모임에 아카데미 같은 엄격성과 권위가 필요하지는 않았다. 모인 사람들은 시를 낭송하거나 재담과 지혜가 담긴 말을 나누었다. 살롱에는 지금도 그 이름이 널리 알려진 인사들이 많이 출몰했는데, 당연히

---

8 *Robert Hooke*, 1635~1703. 영국의 과학자. 현미경으로 세포를 관찰했고 탄성의 법칙으로 강체의 복원력을 제시했다. 1662년 왕립학회 회원이 된 이후 활발한 토론을 주도했다.

계몽 시대 대륙의 인물들이 빠질 수는 없다. 그들 중에는 몽테스키외[9], 볼테르[10], 그리고 한참 후 루소[11] 같은 인물들이 가득 모였다.

상류층 사교 모임이 살롱에서 이루어졌다면 일반 시민들은 카페에 모였다. 커피를 마시는 가게는 아랍 압바스 왕조 시대부터 있었지만, 유럽으로 전수된 것은 이탈리아 베네치아에 만들어진 게 최초였다. 이탈리아 사람들은 이 장소를 '카페'라 불렀다. 17세기 중엽 유럽에 상륙한 카페는 18세기에 이르러 수천 개로 늘었다. 시민들의 살롱인 카페에는 시민 의식을 계도하며 자신의 존재를 드러내고자 했던 지식인들도 자주 참석했는데 볼테르, 디드로와 같은 백과전서파들이 그 주인공들로 여론 형성에 열을 올렸다. 프랑스의 유명한 카페 중에 '포아'란 곳이 있었는데, 이곳은 바스티유 감옥 습격 때 카미유 데믈랭이 탁자에 올라 "무기를 잡자"고 외친[12] 곳이었다.

✳ 영국의 클럽

영국은 여러 면에서 대륙과 차이가 있었다. 예컨대 대륙에서 합리주의 정신이 불붙고 있을 때 영국에서는 경험주의가 불타오르고 있었다. 당연히 대륙의 살롱이 영국에 발붙일 여지는 거의 없었다. 대신 클럽이 발달했다. 클럽은 남성들만의 모임으로 청교도 정신에 따라 지위 고하

---

9 *Charles-Louis de Secondat, Baron de La Brède et de Montesquieu*, 1689~1755. 프랑스 정치 사상가.

10 *Voltaire*, 694~1778. 프랑스 작가. 볼테르는 필명으로 본명은 프랑수아 마리 아루에(*François-Marie Arouet*)이다.

11 *Jean-Jacques Rousseau*, 1712~1778. 스위스 제네바 공화국에서 태어난 프랑스의 사회 계약론자.

12 1789년 7월 12일에 일어난 일이다. 데믈랭(*Lucie Simplice Camille Benoist Desmoulins*)은 프랑스 혁명파 저널리스트였다.

를 막론하고 같이할 수 있는 모임이었다. 이렇게 격의 없는 문화는 영국의 주요 개신교도들이 학식이나 직업의 귀천을 따지지 않고 주 안에서 한 형제 자매라는 가르침에 따른 문화의 확장이라고 이해할 수 있다. 클럽에서는 정기적으로 술과 다과를 들면서 밤새도록 토론하는 일이 많았다.

버밍험에 '루나 소사이어티*Lunar Society*, 달 클럽'라는 클럽이 있었다. 이 클럽은 18세기 중반에 만들어져 산업 혁명의 계기를 마련한 진원지였다. 당대의 부호였던 볼턴[13]이 후원자로 든든하게 뒷받침했던 이 클럽의 창립 멤버 중에는 진화론을 쓴 찰스 다윈의 할아버지이자 의사였던 이레즈머스 다윈[14]도 있었다. 정기 참석자 중에는 산소를 발견한 화학자 프리스틀리[15]가 있었으며, 증기 기관을 발명한 제임스 와트[16] 역시 클럽의 주요 멤버였다. 이들은 매월 보름달이 뜨는 날에 모였는데, 밤새 술을 마시며 토론한 뒤 돌아가는 길에 돌에 걸려 넘어지지 않게 달이 휘영청 밝은 날을 원했기 때문이라 한다. 이 클럽에 멀리 미국에서 건너와 참석하던 사람이 있었는데, 바로 벤자민 프랭클린[17]이었다. 인쇄업으로 40대에 이미 경제적 자유를 얻은 그는 지적 호기심 충족에 자기 삶을

---

13 *Matthew Boulton*, 1728~1809. 영국 버밍엄 출신의 사업가로 제임스 와트의 발명을 사업화하는 데 기여하였고, 제임스 와트의 특허 기간을 연장하는 등의 노력으로 산업혁명에 크게 기여했다.

14 *Erasmus Darwin*, 1731~1802. 자연 철학자, 생리학자, 의사. 찰스 다윈의 조부이다. 자신의 저서 《주노미아(Zoonomia)》(1794~1796)에서 라마르크와 유사한 진화 개념을 설명했고, 식물에도 감각과 의지가 있다고 주장했다.

15 *Joseph Priestley*, 1733~1804. 영국의 화학자, 성직자, 신학자, 교육학자, 정치학자, 자연 철학자

16 *James Watt*, 1736~1819. 스코틀랜드 장로교의 청교도, 발명가, 기계공학자, 증기기관 개량으로 산업화에 실제 사용 가능케 한 공로가 있다.

17 *Benjamin Feanklin*, 1706~1790. 미국 건국의 아버지 중 한 명으로 라틴어 학교 1년 수학이 전부이며 독학으로 자수성가해 인쇄업으로 40세에 경제적 자립을 이루고 조기 은퇴했다. 계몽 사상가들과 교류하고 유럽 과학자들의 영향을 받아 피뢰침, 다초점 렌즈 등을 발명했다.

그림 5.20 벤자민 프랭클린

바치는 자유로운 영혼으로 살고 있었다. 그는 가끔 미국에서 자신을 따르던 토마스 제퍼슨을 데리고 와 이 모임에서 함께 토론했다.

달 클럽은 당시 여느 클럽과 마찬가지로 정기적으로 모임을 가졌고, 다양한 직업, 다양한 계층의 사람들이 함께했던 것으로 보인다. 벤자민 플랭클린은 이러한 문화에 영향을 받아 필라델피아에 '준토^{Junto}'라는 비밀 결사 클럽을 결성하고 정기적으로 만나 자신들이 써 온 에세이를 낭독하고 토론했다. 아메리카 신세계 시민들은 유럽의 이런 문화에 매우 민감했던 것 같다. 역사를 돌이켜 보면, 달뜨는 날 모여 술을 마시며 토론한 이 달 클럽이 비록 아카데미의 권위를 갖지는 못했지만 훗날 실질적으로 세상을 바꾼 혁명의 장소였음을 알 수 있다.

볼턴은 제임스 와트를 후원했고, 와트의 증기 기관은 세상을 바꾸는 산업 혁명의 기폭제가 되었다. 한편 클럽 창립 멤버로 늘 이상한 처방을 내놓곤 했던 이레즈머즈 다윈이 쓴 원초적 진화론 주장이 담긴 책 《주노미아^{Zoonomia}》는 출간 후 금서가 되었지만, 대학생들이 몰래 읽는 베스트셀러가 되었다. 손자 다윈은 할아버지의 책을 읽으며 진화론을 꿈꾸었다.

클럽이 무엇보다 아메리카 신대륙에 크게 미친 영향은 벤자민 프랭클린과 토마스 제퍼슨으로 하여금 국가에 대한 로크의 사상을 확장하게 하여 미국 독립 선언문의 기초를 닦게 한 데 있었다. 이들은 현재의 미국을 만든 아버지들이었다. 물론 이러한 역사적 사건과 그에 미친 영향들을 우연이라 볼 수도 있겠으나 달 클럽이 갖는 다양성과 권위에 도전하는 정신, 그리고 그 속에서 이루어진 토론들이 혁명 정신의 하나의 도가니로 작용했던 건 아니었을까.

☀ 종이와 활자

살롱과 클럽의 역사를 돌이키며 우리는 그 속에서 오가던 고급스러운 담화와 혁명의 수근거림을 상상한다. 살롱과 클럽은 오늘날 우리 사회에 왜곡되어 각인된 이미지처럼 고급 와인이나 맥주, 커피 같은 것으로 한정되지만은 않는다. 모임에 참여해 함께 이야기를 나누던 사람들은 빈약한 기억력 보강을 위해 수첩을 지녔고, 좋은 생각을 갈무리해 부지런히 기록했다. 혹여라도 있을 비슷한 기회에 멋진 언변으로 사교계에서 인정받는 고매한 사람이 되고자 했다. 이러한 노트 쓰기의 방법은 후일 존 로크 같은 사람이 직접 만들어 책으로 출판하기도 했는데 꽤나 인기 있었다.

종이는 고대에 사용되었던 파피루스나 양피지에서 급격하게 혁신되었다. BC 105년경 중국에서 채륜이 발명한 제지술은 고구려 출

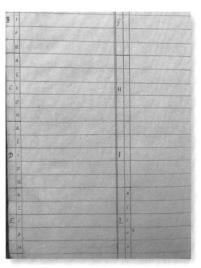

그림 5.21 로크가 사용하던 의학 수첩의 미완성 색인 첫 페이지. 로크는 자신만의 방식으로 노트에 색인을 만들어 기록했다. 옥스퍼드 도서관 소장

신으로 당나라 장수로 정복 전쟁에서 혁혁한 전공을 세웠던 고선지 장군이 패배한 751년 아랍과의 탈라스 전투가 계기가 되어 아랍으로 건너간다. 고대 문헌을 번역하며 아랍 문예 부흥기를 꽃 피웠던 14세기 압바스 왕조 시대 바그다드에 제지소가 만들어지며 그 기술은 아랍에서 왕성한 열매를 거뒀다. 펜에 잉크를 찍어 종이에 기록하는 방식은 중요한 지식을 갈무리하는 매우 효율적이고 유용한 방법이었다.

새로운 지식의 보고였던 책들은 이전 시기에 비해 더 많이 필사되어 퍼져 나갔으나 당대로서는 매우 비싼 사치품이었다. 이런 수작업을 기계로 대체한 기술이 탄생했으니, 바로 구텐베르크*Johannes Gutenberg, 398 ~ 1468*가 발명한 인쇄 기술이다. 납으로 만든 활자를 납과 주석에 안티몬을 넣어 견고하게 만든 활틀에 포도주 압착 장치를 이용해 붙인 금속 활자 인쇄기였다. 잉크는 그때까지 사용되던 오징어 먹물 대신 기름과 색을 내는 염료를 타 만들어 염료에 따라 다양한 색채가 인쇄기를 통해 표현할 수 있게 하였다. 종이, 잉크, 활자, 인쇄기라는 네 가지 요소가 다 완성되면서 유럽은 드디어 책이 범람하는 시대로 들어섰다. 초창기

그림 5.22 구텐베르크의 초상과 구텐베르크 박물관에 소장된 그의 인쇄기

성경을 주로 출판하던 데서 벗어나 다양한 책들을 출판했고, 그중 일부 책들이 베스트셀러에 오르며 출판사들은 막대한 자본을 축적하게 되었다.

사실 구텐베르크는 이 위대한 기계 발명에 재산을 탕진한 나머지 채권자의 빚 독촉을 피해 도망다니기까지 하였다. 죽을 무렵 즈음에야 비로소 그의 인쇄기가 찍어 낸 아름답게 채색된 성경책으로 비로소 인정받지만, 그의 삶에 있어서는 이미 늦은 시기였다. 전 재산과 삶을 바친 그의 발명은 비록 살아생전 재물로 보상받지는 못했지만 지금 그의 이름은 과학기술 인류 문명의 역사에 찬란히 빛난다.

인쇄 출판의 발전 역사와 관련된 한 가지 아이러니가 중세 인류 최대의 고난으로 기록된 페스트 사태였다. 페스트는 인쇄기의 발명과 더불어 유럽에서 출판 규모를 확대하는 데 이바지했다. 유럽을 습격한 페스트는 유럽 인구의 절반을 죽음에 이르게 했다. 다행히 살아남은 사람들은 정상적 환경이었다면 생각할 수 없었던 상속에 힘입어 부유해졌고, 죽은 이들이 남긴 넝마와 옷들은 널려 있었다. 잉여 자금은 문화적 욕구를 확장시켰고, 죽은 이들이 남긴 엄청난 넝마와 옷들은 종이를 만드는 데 부족했던 펄프의 재료가 되었다. 암흑의 고통이 희망의 싹으로 피어난 아이러니가 아닐 수 없다.

❋ 책과 문학

출판업은 이탈리아 베네치아의 중요한 산업이 되었다. 1453년 오스만튀르키에 정복당한 비잔티움 사람들이 필사본으로 전한 수많은

그림 5.23 토머스 모어의 《유토피아》 삽화, 1516년 작

그리스 로마 고전이 베네치아에서 인쇄되어 지식인들 사이에 퍼졌다. 이제 누구도 원하면 책을 손쉽게 얻을 수 있게 되었다.

라틴어를 독일어로 번역한 종교 개혁가 루터의 성경이 발행되어 만인에게 읽혔다. 이러한 분위기는 당대의 문인과 사상가를 자극했다. 이런 분위기에 힘입어 토머스 모어*Sir Thomas More, 1478-1535*는 《유토피아》를 통해 현실 정치 체제와 국가에 대한 자신의 사상을 설파할 수 있었다.

종교 개혁으로 중세의 제도는 무너지기 시작했다. 라틴어로 다스려진 로마 제국이 무너지고 교황권이 무너진 시대, 사람들에겐 자신들의 언어로 자신들의 생각을 표현하려는 욕구가 샘솟았다. 문학에서 이런 욕구를 뿜어낸 거장들이 나타났다. 프랑스의 몽테뉴는 《에세이》로 큰 반향을 얻었고, 영국에는 시인 스펜서*Edmund Spenser, 1552~1599*와 대문호 셰익스피어*William Shakespeare, 1564~1616*가, 스페인에는 《돈키호테》를 쓴 세르반테스*Miguel de Cervantes Saavedra, 1547~1616*가 있었다.

영국과 프랑스 등의 지적 진보에도 라인강 건너 독일은 루터 이후에도 깨어나지 못하고 있었다. 그러던 중 임마누엘 칸트가 독일어로 쓴 철학서가 세상에 퍼지며 마침내 독일 고전 철학이 인류 지성사에 그 거대한 족적을 남기기 시작했다. 이후 독일 철학은 피히테와 셸링, 그리고 헤겔의 변증법에 이르는 장대한 지적 발전의 여정으로 나아간다.

뉴턴주의의 확산

변화의 동력을 품은 수근거림 속에 다양한 배경의 사람들이 뉴턴주의에 매료되어 개인 실험실을 차리고 연구에 빠져 들었다. 아마추어 과학에서 출발한 이들은 저마다 프로로 성장해 갔고, 과학의 영역은 중력을 넘어 전자기력과 화학, 더욱 고도화된 수학으로 퍼져 나갔다. 이들 중엔 인쇄업자도 있었고, 세금 징수원도 있었으며, 일반적 배움의 과정을 거치지 못했던 청교도인들도 있었다.

※ 전기 물리

이 시기에 번개는 전기일 것이라는 생각하에 이를 획득하여 저장하고자 했던 위험천만한 실험이 행해졌다. 여기저기에서 정전기 현상을 확인하고 사용한 시도도 있었다. 1675년 토리첼리[18]의 수은 기압계를 흔들던 피카르[19]는 진공 속에서 이상한 형태의 빛이 나오는 것을 발견

---

18 *Evangelista Torriceli*, 1608~1647. 이탈리아의 수학자이자 물리학자. 수은 기둥의 높이로 대기압을 측정했다. 갈릴레오 갈릴레이의 조수 겸 제자이기도 했다.

19 *Jean-Felix Picard*, 1620~1682. 프랑스의 천문학자이자 사제. 지구의 크기를 측정했다.

하였다. 헉스비[20]는 이를 정전기 현상으로 설명하였다. 정전기 저장 장치가 개발되기도 했는데, 속이 빈 유리구를 매우 빠른 속도로 회전시켜 만든 장치였다.

축전기의 개발은 지속적으로 이루어져 1746년 네덜란드에서 라이덴대학 교수 뮤첸브록*P. V. Musschenbrock, 1692~1761*과 그의 제자 퀴네우스*J. A. Cunaeus*에 의해 라이덴 병[21]으로 불리는 축전기가 제작되었다. 라이덴 병은 이후 여러 사람들에 의해 개선되었다. 한편 정전기 현상을 이용해 생물체와의 연관을 살펴본 사람도 있었다. 전기를 통하게 한 줄기와 그렇지 않은 줄기가 다르게 자란다는 것을 확인하는 등의 실험적 결과들은 사람들의 흥미를 자아내기에 충분했다.

쿨롱*Charles de Coulomb, 1736~1806*은 정전하 사이에 작용하는 힘이 뉴턴이 발견한 만유인력 법칙과 유사함을 밝혀 뉴턴주의가 다양한 분야에 적용될 수 있음을 보였다. 미국에서는 벤자민 프랭클린이 번개가 라이덴 병의 불꽃과 같을 것이라 생각한 끝에 폭풍우 치는 날 연을 띄워 전기를 채집하는 실험을 했다. 프랭클린의 실험 정신은 18세기 계몽주의 사상가의 단면을 보여 준다. 이탈리아 볼로냐대학의 해부학 교수였던 갈바니[27]는 이른바 '동물 전기' 발견자로 유명하다. 일설에 따르면 갈바니는 가죽을 벗겨 낸 개구리를 무심코 실험실 책상 위의 대전시킨 전극 가까이 둔 채 병을 앓고 있던 아내에게 약을 먹이기 위해 일어섰다. 그 와중에 해부용 메스가 개구리 신경을 건드렸는데 개구리 다리가 심하

---

20 *Fransis Huxbi*, 1600~1723. 왕립학회에서 실험 장치를 담당했었다.

21 *Leyden Jar*. 정전기를 축전하는 병으로 오늘날 콘덴서의 원조이다.

22 *Luigi Aloisio Galvani*, 1737~1798. 이탈리아 출신의 해부학자이자 생리학자. 볼로냐대학에서 신학과 의학을 공부하고, 생체 전기 실험을 하였다.

게 떨리는 현상을 발견했다. 현상에 대한 연구 끝에 동물 전기가 존재하고, 두 개의 서로 다른 금속을 대면 방전된다는 사실을 알아냈다. 후에 전지를 발명한 이탈

그림 5.24 갈바니의 동물 전기 실험 개념도 삽화

리아의 화학자 볼타[23]가 이를 물리적으로 설명해 냈다. 이 분야에서 영국의 물리학자이자 화학자 캐번디시[24]의 연구를 간과할 수 없다. 매우 뛰어난 과학자로 인공 공기 실험, 전기 메기의 쇼크 실험 등에 관한 논문을 써 실험 과학에 크게 이바지하고 캐번디시연구소를 설립하는 등 과학사에 크게 기여했지만 사람 만나기를 싫어한 기인으로 알려져 있다. 그가 행한 많은 연구 중 대부분이 당대에 발표되지 않았으나 후에 그의 연구를 모아 놓은 책에 기재되었다.

✳ **화학**

화학의 발전은 미미했지만 지속적으로 이루어졌다. 러시아의 과학 융성에는 표트르 대제의 역할이 컸다. 페테르부르크에 '러시아 과학아

---

23 *Alessandro Volta*, 1745~1827. 이탈리아 밀라노 공국 출신 물리학자. 갈바니의 생체 전기 이론을 지지하다 후에 생체 조직은 필요 없고 금속으로 전기가 생성됨을 증명하여 전지를 개발하였다.

24 *Henry Cavendish*, 1731~1810. 영국의 화학자이자 물리학자. 40세까지 부유한 부친의 돈으로 적당히 살았으나 연구는 엄밀하게 실시했다. 사망 당시에도 영국 최고 부자 중 한 명이었다.

카데미'를 설립하는 등 표트르 대제의 과학 육성 정책에 힘입어 러시아 과학의 위대한 아버지 로모노소프*M. V. Lomonosov, 1711~1765*가 등장했다. 그는 과학뿐 아니라 러시아어 문법과 문학에도 정통한 걸출한 인물로 프리스톨리가 불의 기운으로 주장했던 플로지스톤설[25]에 반대하여 물질 불멸의 법칙을 제창했다. 한편 원자론적 견해를 갖고 있었지만 당시로서는 너무 혁명적이었으므로 발표를 삼갔다.

파리의 부유한 가정에서 태어난 라부아지에*A. L. Lavoisier, 1743~1794*는 매우 총명했다. 법률학과 지질학을 공부한 그는 마침내 화학자가 되어 25살에 파리 과학아카데미 회원이 되었다. 실험 비용을 충당하기 위해 세금 징수원 일을 하다 28세에 세금 징수원 조합 경영자의 14세 딸과 결혼했다. 부인은 총명한 여자로 실험실에서 조수 역할과 외국 문헌의 번역, 그리고 남편 라부아지에 사망

후에는 유고집 편집까지 맡아 했다. 나중에 그녀는 열역학으로 유명한 벤자민 톰슨 럼퍼드 백작*Sir Benjamin Thompson, Count Rumford*과 재혼했다.

라부아지에의 논문은 엄청난 양에 이르며 저서 또한 많이 남겼다. 주요 저서로 《화학 명명법*Methode de Nomenclature Chimique*》(1787, 공저), 《화학원론*Traite Elementaire de Chimie*》(2권, 1789),

그림 5.25 부인에게 실험 결과를 설명하는 라부아지에

25 *phlogiston theory*. 18세기 무렵 화학 현상을 설명하는 데 있어 지배적 지위를 차지했던 가설.

《물리학과 화학에 대한 참고서*Memoires de Physique et Chimie*》(2권, 1805) 등과 부인이 유고집으로 종합한 《라부아지에 저작집*Oeuvres de Lavoisier*》(6권)이 있다. 《화학원론》은 뉴턴의 《프린키피아》에 비견되는 시대적 역작이다. 연소 이론에서의 기나긴 논쟁에 대한 그의 실험적 태도는 화학의 기초를 다시 세우는 데 큰 역할을 했다. 그는 화학 실험을 위해 과학아카데미가 만든 커다란 렌즈로 다이아몬드를 태워 보였다. 알코올로 가득 찬 렌즈와 유리로 만든 작은 렌즈를 통해 생긴 태양의 열선으로 다이아몬드와 그 밖의 물질을 연소시켜 탄소 또는 이산화탄소가 됨을 입증했다. 또 밀폐된 공기 속에서 볼록렌즈를 사용해 납을 회화灰化하는 실험을 했다. 그중 유명한 실험이 공기 중에서 수은을 회화하는 실험으로 다음과 같은 결론에 도달했다.

공기는 물질을 태워 금속을 재로 변하게 하는 역할이 있는 기체와 그러한 역할을 하지 않는 기체의 혼합물이다.

공기 중에서 물질이 타는 것과 금속이 재가 되는 것은 원래 같은 화학적 변화다. 이것을 일괄하여 연소로 설명할 수 있다. 그래서 수은이 재로 변할 때 공기에서 빨아들인 8입방 인치의 기체를 '생명의 기체'(나중에는 '산소'라 명명), 연소 역할을 하지 않는 기체를 '독의 기체'(질소)라 불렀다. 그가 행한 수은의 회화 실험은 정확한 측정의 중요성을 보여 주는 훌륭한 예시가 되었다. 근대 과학에서 처음으로 실시한 중요한 실험 중 하나였다.

1792년, 프랑스에 공화정이 선언되자 세금 징수원들은 인민의 적으로 체포되어 처형되었다. 약삭빠르지 못했던 라부아지에 역시 기요틴 형장으로 끌려 나갔다. 이때 공화국 정부는 "공화국은 학자를 필요로 하지 않는다. 이제는 재판을 해야 할 때이다"라고 선언했다. 그러나 그가 처형된 다음 날 프랑스의 수학·천문학자인 라그랑주$^{Joseph\ L.\ Lagrange,}$ $^{1736~1813}$는 친구에게 "그들이 그의 목을 치는 데는 한순간이면 충분했지만 100년이 지나도 그러한 머리는 다시 태어나기 힘들다"고 한탄했다.

그가 징세를 통해 연구 자금을 구하고자 한 노력은 오늘날의 관점에서 보면 이해하기 어려운 면이 없지 않다. 오늘날은 과학자라는 이름 자체가 직업으로 정의되기 때문이다. 과학자들을 위한 일자리들이 연구소와 대학에 존재한다. 하지만 당시의 과학자들은 과학을 업으로 하기엔 쉽지 않은 환경이었다. 18세기에는 파리 왕립학술원 회원조차 징세원 일을 하며 연구를 해야 하는 상황이었지만, 19세기 들어 과학자들은 안정적인 직업을 보장받을 정도로 사회적 위치를 확보하기에 이른다.

❋ 수학

스위스의 수학자이자 물리학자인 오일러$^{L.\ Euler,\ 1707~1783}$는 베르누이 $^{Daniel\ Bernoulli,\ 1700~1782}$의 친구로 베르누이 가족과 함께 러시아를 방문하여 페테르부르크아카데미에서 물리학과 수학을 가르쳤다. 이후 1741년에는 프리드리히 2세의 초청으로 베를린아카데미의 부장이 되었다. 그 무렵 오일러는 운하를 계획하거나, 궁정 정원의 관개 시설을 설계하고 감독하는 등의 일을 했다. 만년에는 다시 페테르부르크를 방문하여 그곳에서 생을 마감했다. 28세에 한쪽 눈의 시력을 잃고 11년 후에는 나머지 눈의 시력마저 잃어 장님이 되었지만 그의 연구와 저작 활동은 멈추거나 줄지 않았다. 러시아에 머무는 동안 디드로[26]와 무신론에 대해 토론했는데, 대수식을 사용해 무신론을 부정함으로써 디드로를 혼란시켰다는 일화가 전해진다.

그는 천문학에 수학을 응용해 천체에 나타나는 섭동을 연구하기도 했고, 갈릴레이와 뉴턴의 기하학적 증명 대신 대수적 증명을 사용하여 라그랑주에게 연구의 기초를 제공했다. 또한 달의 운동이라는 복잡한 문제를 분석했다. 색깔의 차이는 파장의 차이라고 주장한 그의 이론은 1세기 후 토마스 영에 의해 실증된다.

달랑베르[J. le R d' Alembert, 1717~1783]는 프랑스의 수학자이자 물리학자, 철학자로 파리아카데미 회원이었다. 귀족의 아들로 태어났으나 교회 앞에 버려진 그를 교회 관리인이 데려다 교회명을 따 이름을 짓고 자신의 아들로 삼아 교육시켰다. 그가 유명해진 후 친모가 관계 회복을 시도했으나 거절당했다. 신학, 의학, 법률학을 공부한 뒤 역학 연구에 몰두한 그는 강체 운동론을 정리하여 해석 역

그림 5.26 오일러의 250번째 생일을 기념하는 구 소련의 1957년 우표

---

26 *Denis Diderot*, 1751~1780. 18세기 프랑스의 유물론을 대표하는 철학자의 한 사람. 계몽사상가이며 《백과전서》(1751~1780)의 편집·발행을 담당했다. 작가이자 예술비평가이기도 하다.

학의 기초를 쌓았으며 '달랑베르의 원리'를 세웠다. 그 밖에 세차^{歲差}나 칭동^{秤動}의 문제, 달의 운동과 3체^{三體} 문제 등에 관해 연구했다. 《백과전서》의 편집에도 참여해 수학 부분을 담당하고 서문에 베이컨의 과학론에 기초하여 과학의 기원에 대해 논했다. 철학적으로는 감각론의 입장을 취했으며 기성 종교를 인정하지 않아 신의 존재를 의심했다.

❊ 방적기

이 시대의 기술은 주로 방적기의 발명에 집중되었다. 반복되는 공정을 효과적으로 수행하기 위한 다양한 방법이 제시되었는데, 후일 와트의 증기 기관 같은 장치의 발명에도 도움이 되었다. 영국의 발명가 하그리브스^{J. Hargreaves, ?~1778}는 양모 섬유의 방적기를 개량한 후 아내의 이름을 따 '제니 방적기^{spinning-Jenny}'라 명명했다. 이 방적기는 후에 면화에서 씨를 빼는 기계와 더불어 미국 남북전쟁을 촉발하는 원인이 된다.

넓고 비옥한 토지를 갖고 있는 미국이 유럽에 수출할 수 있는 훌륭한 상품이 바로 면화였다. 제니가 개량한 방적기 덕에 더 많은 면화를 빨리 처리하여 더 많은 옷을 지을 수 있게 되었다. 와트의 증기 기관은 18세기 말에 완성되었는데, 방적 산업은 증기 기관을 가장 필요로 한 산업이었다. 이것이 바로 19세기 산업 혁명을 틔운 씨앗이었다.

방적기는 유럽에 도시를 만들고 사람들을 불러들였다. 과거에는 방적기 동력으로 수력을 사용해야 했으므로 공장 도시들은 주로 강변에 형성되었다. 지금도 라인 강변에는 유서 깊은 공업 도시들 또는 그 흔적들이 남아 있다. 그러나 와트의 증기 기관은 수력이 필요 없었으므로 도시들을 강변에서 멀어지게 했고, 바야흐로 유럽에서의 산업 혁명의 기운을 서서히 끌어올렸다.

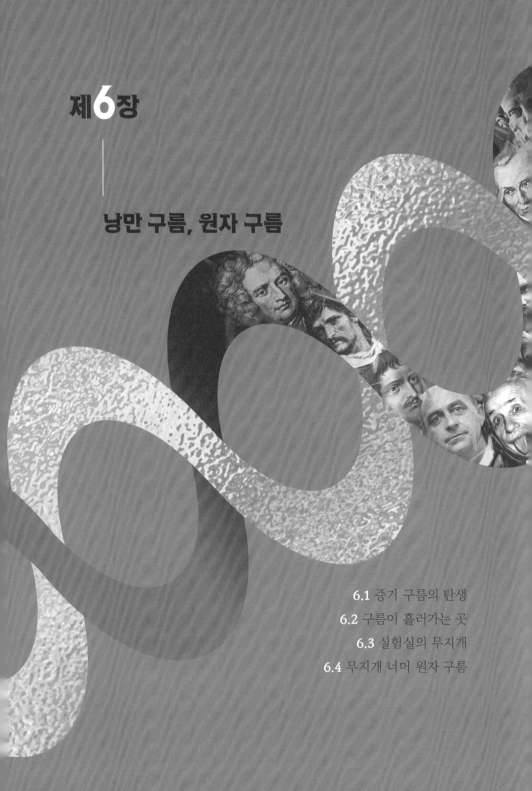

제6장

낭만 구름, 원자 구름

6.1 증기 구름의 탄생
6.2 구름이 흘러가는 곳
6.3 실험실의 무지개
6.4 무지개 너머 원자 구름

6.1 증기 구름의 탄생

프랑스 혁명과 나폴레옹 황제의 집권과 실권의 격동기를 거치며 17~18세기 계몽주의에 대한 반동으로 감성과 상상으로 나아가려는 낭만주의가 출현했다. 이 시기 과학기술의 눈부신 발전과 자본의 집중은 진리와 황금을 향한 욕망의 흔들림으로 인간 정신을 어지럽히다 마침내 양대 세계대전으로 불붙었다. '낭만' 코드로 시작된 이 시기 과학기술의 발전 양상과 흔들리는 인간 정신을 탐구해 보자.

낭만은 문학과 예술에서 피어올랐던 찬란한 뭉게구름이었고, 동시에 철길 위 증기 기관차의 힘찬 질주 속에 피어올랐던 하얀 증기였다. 상상 속에 가능했던 일들이 과학기술로 하나둘 실현되기 시작했고, 이러한 발명들은 자연의 진리를 파고들려는 사실주의적 낭만의 탄생으로 이어졌다. 욕망은 위태롭게 낭만을 흔들고 변덕을 부려 마침내 세계대전으로 몰아세웠다. 과학기술은 전쟁에 동원되고, 마침내 자연의 진리는 참혹한 버섯구름으로 피어올라 낭만의 끝을 가져다주었다. 쓰디쓴 욕망의 결과였다.

낭만 시대를 가장 길게 누렸던 이들은 대개 음악가들이었다. 대체로 이들이 주연이었던 낭만의 시기를 1815년부터 1960년대 초까지로 보는 경향이 있다. 이러한 경향은 라흐마니노프 등 후기 낭만주의 음악가들이 사라진 시기를 기준으로 한다. 한편 문학 등 다른 예술 분야에서는 낭만주의, 사실주의 등 다양한 사조가 시대적으로 종종 공존하는 양상을 보인다. 그러나 이러한 사조들의 출현과 공존 그리고 소멸은 낭만이라는 큰 주제에서 보자면, 낭만의 변덕 혹은 변주로 이해할 수 있다. 낭만이 감미로운 것만은 아니다.

엔진의 증기 구름

※ 까만 돌을 배급 받는 영국인들

19세기 초반의 산업 혁명은 사실 에너지 위기에서 기인한다. 18세기 말의 유럽은 극심한 에너지 고갈에 놓여 있었다. 혹자는 아메리카 신대륙을 발견하지 못했다면 어쩌면 유럽 전역이 사막화되었을 것이라 주장하기도 한다. 당시 사람들이 사용하던 난방용 에너지는 주로 산에서 벌채한 목재들이었기 때문이다. 목재의 고갈은 혹심한 유럽 겨울의 추위와 더불어 가속화되었다.

영국은 더욱 그 사정이 어려워 심지어 프랑스로 보내는 와인을 담은 오크통을 회수하는 지경에 이르렀다. 그리하여 영국인들은 땅속에서 갈탄을 채취해 연료로 쓰는 기술을 개발했다. 당시만 해도 갈탄은 프랑스나 독일에서는 생소한 연료였다. 영국을 여행하던 어느 프랑스 백작이 일기에 신기한 체험을 적었는데, 얘기인즉 다음과 같다.

일어나 보니 호텔 창밖으로 보이는 교회당 마당에 영국 주부들이 줄을 서서 까만 돌을 받아 가는 것이었다. 그는 영국인들이 가난하여 식량을 못 구하자 급기야 까만 돌을 먹기 시작했다 여겼다. 이 까만 돌은 빵이 아니라 화석 연료인 석탄이었다.

석탄의 화력이 나무보다 좋은 것을 알고 사업성을 눈치챈 사람들이 자본을 들여 석탄 채굴에 나서기 시작했다. 석탄 채굴 작업은 그 조

그림 6.1 Cobden의 1853년 저서 《영국의 흰둥이 노예들》에 묘사된 석탄 채굴 노동 삽화

건이 너무나 열악해 간신히 기어들어갈 수 있는 굴에 어린아이들을 들어가게 해 채굴을 시켰다. 어쩌다 지하수라도 흘러나오면 하염없이 퍼올려야 하는 참으로 열악한 노동 현장이었다. 고통스러운 석탄 채굴 노동의 무게를 덜기 위해 발명이 시작되었다.

※ 증기 엔진의 탄생

보일의 인비저블칼리지는 뉴턴과의 인연으로도 유명하지만 산업 혁명의 핵심 인재들이 이곳에서 태어났다. 그럼에도 그 과정에 있었던 보일의 역할은 잘 알려져 있지 않다. 플라톤의 아카데미가 인류 지성을 깨웠듯, 보일의 칼리지에 다재다능한 인재들이 모여 다양한 실험이 이루어졌다. 그중에서도 주로 압력과 힘에 대한 연구가 활발했다. 그 결과 보일과 그의 제자들은 증기 힘으로 일할 수 있는 최초의 엔진 발명에 성공했다.

첫 시작은 보일의 프랑스인 제자 파팽*D. Papin, 1647~1712*에서 비롯되었다.

프랑스에서 영국으로 이주한 파팽은 보일의 실험실에서 공동 연구를 진행했다. 오늘날에도 일반적으로 사용되는 압력솥은 그의 아이디어에서 만들어졌는데, 당시에는 고기를 삶는 데 편리하게 사용되었다. 그는 증기의 힘이 매우 강하다는 사실을 입증하고 그 힘을 이용한 펌프 개발에 나섰으나 실패했다. 증기의 힘을 이용해 엔진을 만들고자 본격적으로 노력한 연구자들과 그 내용을 간략하면 다음과 같다.

최초의 증기 기관 발명가는 영국인 세이버리$^{Th. Savery, 1650-1751}$이다. 파팽의 압력솥에서 힌트를 얻은 그는 새로운 양수용 증기 펌프를 발명하고 1698년에 특허를 얻었다. 그가 개발한 펌프는 15m 깊이의 물을 퍼올릴 수 있었다. 그러나 탄광에서 사용하기엔 그 정도가 충분치 않았다. 실용적 개발은 뉴커먼$^{Th. Newcomen, 1663-1722}$에 의해 이루어졌는데, 그 역시 보일에게 진공 원리를 배운 제자로 정식 교육을 받지 못한 대장장이 출신이었지만 연구심이 탁월했다. 뉴커먼이 1705년에 만든 최초의 증기 기관은 그 속도가 매우 느려 1분에 한 번 정도 움직이는 장치였지만 약 46m 깊이의 물을 퍼올리는 데 성공했다. 이 기관은 펌프를 가동하는 데 너무 많은 석탄이 들어가는 등 효율이 낮아 광산주들에게 외면당했다.

여기서 광산 관련 종사자들 대부분이 청교도였다는 사실에 주목할 필요가 있다. 그들은 청교도 혁명을 일으킬 정도로 시민적 교양을 갖춘 활발한 사람들이었지만 국교인 성공회가 지배하는 전체 사회 분위기상 정규 교육을 받거나 공직에 진출하는 데 어려움이 많았다. 신앙의 자유를 위해 일찌감치 사회로 뛰어든 청교도 중에는 광산업 및 제조업 등에 종사한 사람들이 많았다.

그림 6.2 〈제임스 와트, 19세기의 새벽을 열다.〉, 제임스 에크포드 라우더, 1855년 작

증기 펌프를 실용화한 제임스 와트$^{J.\ Watt,\ 1736~1819}$ 또한 청교도인 중 한 사람이었다. 와트는 엔진의 효율을 대폭 끌어올리는 기술을 개발했다. 뉴커먼이 개발한 펌프에 응축기를 달아 진공을 만드는 방식이었다. 뿐만 아니라 안정적 운전을 위해 기계식 조속기[1]를 개발하여 장착했다. 이로써 상업적 가치가 있는 증기 기관이 완성되었다. 1790년 히스필드의 집 지붕 아래 10평 정도의 작업장에서 이루어진 일이다. 18세기 말에 이루어진 와트의 득허는 19세기에 풀렸고, 이후 사람들은 이 기술을 개량해 사용하기 시작했다. 18세기 말에 15마력에 불과했던 에너지 효율은 20마력, 80마력까지 향상되었다. 오늘날 단위 시간당 발현되는 에너지의 단위 와트(W)는 그의 이름을 딴 것이다.

역사에서 사라진 엔진의 하나로 스터링 엔진$^{stirling\ engine}$이 있다. 이 역

---

1 엔진의 속도를 조절하는 컨트롤러. 회전하는 구체의 원심력을 이용하여 속도가 빨라지면 밸브를 닫는 방향으로 적용됨으로써 엔진 속도를 운용하는 기계.

시 청교도 목사 스터링[2]이 만든 것으로, 선교사들이 오지에 있을 때 어떤 연료로도 돌릴 수 있게 발명된 엔진이었다. 연료가 무엇이건 상관없이 돌아가는 외연 기관으로서 폭발에 의존하지 않으므로 조용하고 자동으로 발전되었다. 그러나 연이어 나오는 오토 엔진이나 디젤 엔진에 비해 크기가 크고 효율이 떨어져 증기 기관과 더불어 곧 엔진의 역사에서 사라진다. 이 기관은 최근 들어 폐열*waste heat*을 회수하는 환경 산업에서 다시 조명받고 있다. 역사 저편으로 사라진 기술이나 기계가 다른 각도에서 다시 조명될 수도 있음을 알려 준다.

※ 증기 엔진에서 내연 기관으로

17세기 인물 파팽[3]은 한편으로는 신비로운 인물이었다. 그는 마치 인류에게 엔진을 선물하기 위해 온 사람처럼 오로지 엔진 관련 사람들과 일했다. 보일을 만나기 전에 파팽은 네덜란드의 물리 천문학자 호이겐스*Christian Huygens 1629~1695*의 조수로 근무한 적도 있었다. 흥미로운 사실은 이미 호이겐스 같은 과학자들이 내연 기관의 가능성을 밝혔다는 것이다. 그럼에도 정작 내연 기관 개발이 시작된 시점은 증기 기관이 산업에 투입되어 혁혁한 공을 세우던 19세기 중엽 이후이다. 사람들은 증기 기관이 만들어 내는 충실한 작업을 확인하며 이를 더 발전시킬 새로운 아이디어를 구상했던 것이다.

증기 기관을 개조하여 내연 기관을 만든 사람은 프랑스인 르누아르

2 *Robert Stirling*, 1790~1878. 스코틀랜드의 성직자이자 엔지니어.

3 *Denis Papin*, 1647~1712. 프랑스의 발명가로 라이프니츠와 협력하였으며, 1676년에서 1679년 사이에는 로버트 보일과 함께 연구하였다.

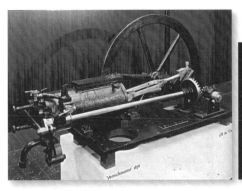

그림 6.3 오토의 4행정 기관과 가솔린 엔진 발명 75주년 기념 독일 우표에 새겨진 오토의 초상

J. J. E. Renoir, 1822~1900로 1859년 등화용 가스와 공기를 혼합한 기체를 증기 실린더에 주입하여 폭발시키는 방식으로 엔진을 만들었다. 엔진 온도 를 낮추기 위해 물을 이용했으며 연비는 매우 나빴다.

1867년 파리 전람회에 신기한 엔진이 등장했는데, 오늘날 '오토 엔 진'으로 알려진 내연 기관이었다. 독일인 오토Nikolaus August Otto, 1832~1891와 랑겐E. Langen, 1833~1895이 개발한 기관으로 내부 연소에 의해 피스톤을 네 번 움직이게 하여 효율을 대폭 향상시켰다. 이 엔진은 4행정 기관의 효 시로 피스톤이 아래로 내려갈 때 밸브를 열어 가스를 흡입하고, 다시 올라갈 때 가스를 압축시키며 이때 점화 장치로 점화시켜 폭발을 일으 킨다. 이 폭발력이 다시 피스톤을 아래로 밀어낸다. 이후 다시 피스톤 이 상승하면서 연소하고 남은 가스를 내보내는 방식으로 작동한다. 이 엔진은 효율이 매우 높아 자동차 등에 곧바로 활용되었고 나오자마자 수만 대 이상 팔렸다. 이로써 독점적 내연 기관 시대가 열리게 되었다.

오늘날 프로펠러 비행기나 오토바이 등에 사용되는 2행정 기관은 독 일의 다임러B. von Daimler, 1834~1900가 만든 것으로 1889년 특허를 얻었다. 이

내연 기관은 증기 기관과 달리 자동차와 비행기 등 운송 수단의 혁명
을 이루었다.

엔진이 만든 이동 수단

증기 기관은 단순히 노동력 대체 수준을 넘어 공간 이동 능력을 변
화시켰다. 말의 힘이나 바람의 힘을 이용했던 과거의 운송 수단이 속
속 엔진으로 바뀌면서 더 많은 양을 더 빠르게 운송하는 시대가 열린
것이다.

※ 레일 위의 증기 기관차

애당초 탄광의 지하수를 퍼올릴 목적으로 개발된 증기 기관이 석탄
을 나르는 말을 대신할 발명품이 된 것은 당연한 귀결이었다. 이동 수
단에서의 증기 기관의 사용은 애초에 레일 위를 달리는 기차가 아니라
자동차에서 이루어졌다. 첫 작품을 연 이는 프랑스인이었는데 증기 기
관을 발명한 파팽 역시 프랑스인이었던 것과 우연의 일치를 이룬다. 프
랑스 기술자 퀴뇨*N. J. Cugnot, 1725~1804*가 만든 첫 자동차는 구부러진 길에서
의 회전을 고려해 앞 바퀴를 한 개로 장착했다. 1769년에 만든 이 차
는 한 시간에 6.5km를 가는 수준이었다.

우리가 익히 아는 증기 기관차의 모습을 띠기 시작한 것은 와트의 공
장에서 일했던 스코틀랜드 출신의 발명가 머독*W. Murdock, 1754~1839*에 의해

그림 6.4 퀴뇨가 만든 첫 번째 증기 자동차

서였다. 1833년에 이르러 처치[W. Church] 박사가 만든 차가 실제로 약 50여 명의 인원을 태우고 런던에서 버밍엄까지 달렸다. 거니[G. Gurney]가 코크스를 연료로 하는 증기차를 만들어 시속 40km로 달리는 쾌거를 이루어 대량 수송의 가능성을 입증했다.

최초의 증기 기차를 발명한 이는 광산 기사 트레비식[R. Trevithick, 1771~1833]이었다. 그가 만든 증기 기차 운송 시스템은 기차 자체보다 레일 재료의 문제로 결국 파산에 이르렀다. 우여곡절 끝에 실용화를 완성한 이가 영국의 기술자 스티븐슨[G. Stephenson, 1781~1848]이었다. 그는 1825년경에 38대의 객차를 연결한 증기 기관차 '로코모션[Locomotion]호'를 제작하여 스톡턴과 달링턴 사이에 깔린 레일 위를 달렸다. 초기의 증기 기관차가 확대 보급되는 데에는 앞서 말한 도시화에 따른 도시 간 이동이 폭등했던 시대적 원인이 있었다.

❋ 바다를 달리는 증기선

무거운 증기 기관을 배에 적용하는 일은 자동차나 기차보다 쉬웠다. 배에 증기 기관을 장착한 인물은 나폴레옹을 위해 잠수함을 만든 미국의 발명가 풀턴[R. Fulton, 1765~1815]이다. 그는 1797년에 소형 잠수함 '노틸러스[Nautilus]호'를 제작했다. 이 이름은 쥘 베른이 1870년에 쓴 공상 과

그림 6.5 1934년 11월 30일 공식적으로 시속 160km에 도달한 최초의 증기 기관차, LNER 클래스 A3472 플라잉 스코트먼

학 소설 《해저 2만리》의 니모 선장이 승선했다는 잠수함의 이름과 같다. 이어 1807년에 거대 증기선이 만들어졌다. 150톤급의 '클레몬트 *Clermont* 호'는 뉴욕과 허드슨 강 상류 올바니 사이의 왕복 386km를 40명의 승객을 태우고 62시간 만에 주파하여 해상 운송 수단의 혁명을 일으켰다.

※ 하늘을 정복하기 위한 노력

증기의 힘은 사람들에게 하늘을 날고자 하는 열망까지 가능케 했다. 이 일 역시 프랑스 발명가들이 시작했는데, 몽골피에 형제[4]가 열 기구를 만들어 하늘을 나는 모험을 했다. 샤를의 법칙(또는 게이뤼삭의 법칙)으로 유명한 프랑스의 실험 물리학자 샤를[J. A. C. Charles, 1746~1823]은 수소와

---

4 *J. M. Montgolfier*, 1740~1810/J. E. Montgolfier, 1745~1799.

같은 가벼운 기체를 이용해 하늘을 나는 기구를 만들어 1783년 12월 1일에 베르사이유 광장에서 40만 명의 시민이 운집한 가운데 두 사람을 태운 기구를 올렸다. 이 장면이 바로 소설 《몽테크리스토 백작》에 나오는 한 장면이다. 2년 뒤에 프랑스인 블랑샤르[J. P. F. Blanchard, 1753~1809]는 샤를의 수소 기구에 키를 달아 도버 해협 횡단에 성공했고 낙하산도 발명했다. 비행기 발명과 관련된 숨겨진 한 사람의 일화를 소개해 보자. 이야기하고자 하는 일화는 19세기 발명가들의 삶을 들여다보기에도 좋은 예이다.

독일의 릴리엔탈[O. Liliental, 1848~1896]은 비행기 개발 역사에서 잘 알려지지 않은 인물이다. 1871년경부터 글라이더 제작을 위해 동생 구스타프의 협력을 얻어 실험과 계산을 거듭하며 글라이더 제작에 나섰다. 2개의 날개 각각에 7m 길이로 대나무와 등나무 골격을 만들고 그 위에 천을 덮어 날개 사이에 사람의 목이나 어깨가 들어가도록 했으며, 꼬리 날개도 만들었다. 오늘날 행글라이더와 같은 형태로 1890년 약 15m의 언덕 위에서 이 글라이더를 타고 300m 이상 날아 무사히 착륙했다. 이후 지속적으로 글라이더를 개량해 5년 동안 2,000회 이상 비행 실험을 했다. 그러던 1896년 8월 8일, 30m 상공을 날아 올랐으나 돌풍으로 날개가 꺾여 추락하는 바람에 사망했다.

그가 만일 엔진과 프로펠러를 달았다면 라이트 형제보다 먼저 비행기를 개발한 사람이 되었을 것이다. 그러나 그는 엔진의 힘을 이용하여 새처럼 날개를 펄럭일 궁리를 했던 것이다.

공장과 도시 위의 구름들

공장은 제품을 생산한다. 제품 생산을 위해서는 힘이 요구되고, 노동자의 노동력과 함께 수력과 같이 자연이 만들어 낸 힘을 활용했다. 일자리를 위해 노동자들이 공장 지역으로 몰려들며 도시가 형성되었다. 수력을 생산에 이용하던 공장들은 당연히 강변에 세워졌고 그렇게 공장을 따라 도시들이 만들어졌다.

엔진의 발명으로 이제 굳이 강변이 아니어도 공장을 세울 수 있게 되면서 더욱 많은 도시들이 새로이 생겨났다. 도시와 도시는 철도로 연결되어 사람들과 생산품이 기차로 운송되었다. 이들 도시에 신흥 부자들이 탄생했다. 도시 이름 끝에 예컨대 세인트 피터스부르크, 함부르크, 요하네스 부르크와 같이 '-부르크^{burg}'라는 접미사가 붙었다. 부르크의 신흥 공장 주인들을 '부르주아^{bourgeois}'라 부르기 시작했다. 후일 이 명칭은 공산주의 창시자들이 계급의 탄생과 투쟁을 논하는 과정에 더욱 명확하게 구분되어 정의되었다.

※ 기계와 엔진의 결합

제일 먼저 번창한 공장은 면직물 관련 산업이었다. 예일대학을 졸업하고 발명이 취미였던 휘트니[5]는 미국 남부 지방의 면직업자들로부터 목화씨 빼는 작업의 고충을 듣고 1793년에 이를 해결하는 기계를 만

---

5 *Eli Whitney*, 1765~1825. 미국의 발명가. 1793년에 면화씨 분리기를 발명하고, 1798년에 머스킷 총의 대량 생산 기술을 개발하였으며 1818년에 밀링 머신을 발명하였다.

그림 6.6 숄즈의 타자기 프로토타입(좌)과 레밍턴 타자기 No.2(우)

들어 그 이름을 진^{gin}이라 붙였다. 여기에 엔진을 붙이자 면직업은 비약적으로 발전했다. 덕분에 목화 재배 면적이 늘고 목화 따는 일손이 더 필요해지면서 많은 아프리카 흑인들을 노예로 들여오는 계기가 된다. 엔진은 출판 분야에서의 혁신도 가져왔다. 휘트워스$^{Joseph\ Whitworth\ 1803~1887}$는 1883년, 엔진을 장착한 인쇄 공장을 맨체스터에 건립했다. 이러한 자동화를 바탕으로 소형 정밀 기계들이 만들어졌는데, 타이프라이터도 이때 발명되었다. 1868년에 숄즈$^{Ch.\ L.\ Sholes,\ 1819~1890}$가 타이프라이터 관련 특허를 출원했고, 1874년에 레밍턴$^{Philo\ Remington,\ 1816~1889}$이 '레밍턴타자기'로 이름 붙인 타자기를 출시했다. 면화 산업의 발달이 노예 제도의 확대를 불러온 미국에서, 인쇄술의 발달은 《톰 아저씨의 오두막집》과 같은 책의 대량 출판을 가능케 만들었다. 이런 책들이 대량으로 출판되어 당시의 사회적 실상이 대중에 확산되어 공감대를 얻었다. 노예제에 대한 부정적 인식과 노예제 혁파에 대한 사회적 공감대는 결국 남북전쟁으로 이어져 역사적 변화를 이끌었다. 과학기술의 발전은 그것이 몰고 올 새로운 사회 문제와 그 해결에도 지대한 영향을 끼친다.

✳ 도시의 산물

19세기 이전, 독일은 봉건 영주들의 자그마한 성들로 구성되어 있었다. 영주와 농노들은 땅을 경작해 얻은 소작과 세금으로 삶을 영위했다. 이 시기 장인들의 삶은 간단했다. 자신들이 가진 특별한 재주를 이용해 제품을 만들어 파는 것이 전부였다. 과학기술이 가져다 준 다양한 제조 기계로 세워진 공장들은 사람들의 생활 양식을 변화시켰다.

공장 노동자들은 장시간 노동에도 매우 적은 임금을 받았다. 공장의 발달은 공장에서 일해야 삶을 영위할 수 있는 사람들을 대거 집중시켰다. 대규모 공장 생산이 시작되면서 노동자들은 전통의 거주 공간을 떠나 새로 만들어진 공장 지대에 거주하며 생산 활동에 나서야 했다. 19세기 이전의 봉건 영주 시대에도 도시는 존재했었다. 그러나 그 도시들은 야간에는 성문을 닫았고 때로는 통행료를 내야 통행이 허가되는 중세 봉건 시대의 특징을 고스란히 담고 있었다.

공장이 만든 도시에서 새로운 사업을 일으켜 부를 축적한 신흥 세력들이 생겨났다. 증기 엔진을 이용해 사업을 일으켜 거부가 된 인물 중에 마이어란 사람이 있었다. 1850년대에 사망한 하인리히 마이어 _Heinrich Maier_ 는 100만 마르크의 거부였지만[6] 어린 시절 그가 했던 일은 아버지가 손으로 만든 지팡이를 파는 일이었다. 아버지가 만든 지팡이는 상아로 아름답게 장식된 고급스런 물건이었다. 하지만 제아무리 정교하고 아름답다 해도 비싼 지팡이를 살 수 있는 사람은 극소수에 불과했다. 마이어는 증기 기관을 이용해 지팡이와 펜대, 담뱃갑, 우산 등을

---

6 《자본주의 250년의 역사》, _Arne Daniels, Stefan Schmit_, 미래의창, 2007.

만드는 공장을 설립했다. 19세기 초반 들어 규모가 거대해진 마이어의 공장에선 그 외에도 합판, 철도 침목 등 많은 제품이 만들어졌고, 양산 제품의 판매를 위해 세계 곳곳에 중개상을 두었다. 이익을 공유하는 조건으로 거액의 투자 자본을 조달하여 'H.C. 마이어'라는 대기업을 일군 마이어였지만 죽을 때까지도 '지팡이 마이어'로 불렸다.

이러한 거부들의 출현 배경엔 인구의 도시 집중이 있었다. 19세기 초 10%도 안 되었던 인구 5,000명 이상의 도시가 점점 늘었다. 공장의 발달과 더불어 새로 만들어진 도시들은 사람과 자본이 모여들며 더 커지고, 다시 사람과 자본을 불러 모으는 선순환 구조가 만들어졌다. 중세에 세워진 도시 성벽은 무너지고 새로운 건물들이 들어섰다. 사람들과 차가 넘쳐나 차도와 인도의 구분이 시작되었고, 빠른 이동을 위해 도시 간 철도가 연결되었다. 그럼에도 괴테의 이탈리아 여행(1786~1788년)이 근 2년간에 걸쳐 이루어진 사실로 미뤄 짐작하면, 철도망이 잘 갖추어진 것은 훨씬 후의 일이라 생각할 수 있다.[7]

자본이 이끄는 기술 개발

기계에 엔진을 장착하며 불붙은 산업 혁명은 자본주의 없이 지속될 수 없었다. 봉건 시대 영주는 장원에서 자급자족하고 남은 잉여 생산

---

7 1700년대 후반 프랑크푸르트의 유대인 빈민 게토에서 태어난 로스차일드(*Rothschild*)는 10명의 자녀 중 5명의 아들을 유럽의 주요 도시에 보내 어음 환전업을 하게 했다. 로스차일드 가문의 사업은 국가 경계를 넘나드는 글로벌 금융업의 시작을 알렸고 자본주의의 핵심을 만들어 냈다. 《전설의 금융 가문 로스차일드》, 니얼 퍼거슨, 21세기북스, 2015년.

물로 부를 축적했다. 하지만 신기술은 막대한 자본을 필요로 했기에 특정 개인의 자본을 넘는 자본 투자 방식으로 발전했다. 공장 건설이나 도시와 도시를 연결하는 철도나 운하 건설에는 막대한 자금이 요구되었다. 당연히 투자자들은 이런 시설의 운영에서 얻은 이익을 나누는 방식으로 수익을 만든다. 자본을 모으고, 투자된 자본으로 비즈니스를 창출하고, 비즈니스에서 창출된 이익을 배분하는 오늘날 자본주의 양식의 모태가 19세기에 만들어졌다. 이런 자본과 기업의 발달이 당시에도 오늘날과 같은 다국적 기업을 탄생시키기도 했다. 지멘스^{Siemens} 형제들은 각기 다른 나라에서 기업을 영위하며 서로 연계되었다. '베를린의 지멘스'라 불리는 맏형 베르너 폰 지멘스는 전기 기술 사업, '런던의 지멘스'라 불리는 둘째는 영국에서 철강업을 이끌었다. '드레스덴의 지멘스'는 유리 공업을 이끌었고, 막내는 '러시아의 지멘스'라 불렸다.

자본주의는 19세기를 발명의 시대로 이끌었다. 낭만의 시대 1850년에서 1950년 사이에 유럽은 과거 600년보다 평균 50배 이상 빠른 성장을 보였다. 산업 혁명이 만든 도시의 확장은 철도를 중심으로 하는 운송 산업뿐 아니라 통신 산업에서의 혁신도 이끌었다. 화가이자 발명가였던 모스[8]는 점과 선으로 신호를 구분하고 이것에 알파벳을 대응해 원거리 의사 소통을 가능케 하는 전신 장치를 발명했다. 1843년에 미국 의회로부터 3만 달러에 워싱턴에서 볼티모아까지 전신 장치 가설을 승인받아 설치했는데, 이듬해 두 도시 사이의 전신 시스템이 완성되어 전신문이 오갔다. 최초의 전신문의 내용은 다음과 같다.

---

8 *S. F. B. Morse*, 1791~1872. 미국의 발명가. 예일대학 출신의 칼빈주의 기독교도이다. 중간 이름 *B*는 *Breese*의 약자로 훗날 동명이지만 중간 이름을 *Brown*으로 사용한 사람이 등장하며 구분을 위해 발명가 모스에게는 *B*를 붙여 구분한다.

What Hath God Wrought?

(신은 무슨 일을 하였는가?)

그림 6.7 첫 전보를 보내는 모스

전화는 1861년에 라이스[J. P. Reis]가 발명하여 텔레폰[Telephone]이라 이름 붙였으나 사업화에 성공하지는 못했다. 전화의 상용화는 벨[A. G. Bell, 1847~1922]에 의해 이루어졌다. 1876년 2월 15일 오후에 벨이 신청한 특허는 에디슨의 특허 신청보다 몇 시간 차이로 앞섰다. 벨은 이후 통신 사업으로 번창했다. 에디슨은 비록 전화기 특허에서 벨에게 한 발 뒤졌지만, 오늘날 19세기 발명의 시대를 선두에서 이끈 영웅으로 인정받는다. 에디슨[Thomas Alva Edison, 1847~1931]은 정규 교육을 받지 못했다. 12세에 철도에서 신문을 팔며 실험했고, 15세 이후에는 철도 전신수로 미국 이곳저곳을 전전했다. 그가 맡았던 철도 전신수는 앞서 말한 모스의 발명 덕에 생겨난 직업으로 이때 에디슨은 발명에 눈을 뜬다. 그렇게 번 돈으로 실험 기구를 장만했고, 패러데이의 책을 읽고 수학을 잘 몰라도 연구가 가능하다는 생각에 열심히 매달렸다. 1870년 작은 발명품을 팔아 모은 자금으로 뉴저지에 공장을 열었다. 1877년 축음기를 발명했는데, 모스와 벨의 아이디어를 조합한 발명품이었다.

에디슨은 1878년에 가스등을 대체하는 전등 개발에 몰두했다. 1년 만에 한 개의 탄소 필라멘트로 40시간 이상 불을 밝히는 데 성공한 그는 점등 시간을 늘이기 위한 노력에 열정을 불태웠다. 오늘날 전구의

그림 6.8 멘로 파크의 에디슨 실험실, 1880년

필라멘트로 텅스텐이 사용되지만 당시 에디슨은 수천 번의 실험 끝에 일본 대나무를 태워 얻은 필라멘트가 가장 좋은 소재라는 사실을 확인하고 이를 활용한 전구 사업에 10년 이상을 전력했다.

에디슨과 테슬라의 운명적 만남은 전기 산업에 중요한 역사였다. 에디슨은 직류 시스템, 테슬라는 교류 시스템을 추구하여 이후 각자의 영역으로 결별했지만, 오늘날 전기 산업과 전력 에너지 산업에 남긴 두 사람의 족적은 실로 크다. 에디슨은 축음기에 만족하지 않고, 영화 촬영기와 영사기(1891년)를 만들어 영화 산업의 핵심 기술을 제공했다.

한편 에디슨은 자신의 회사에서 기술 책임자로 일하던 포드 *Henry Ford, 1863-1947*가 자동차에 관심이 많다는 것을 알고 격려했다. 포드는 이후 자동차 생산 방식을 혁신하여 자동차 시대를 새롭게 열었다. 포드가 만든 자동차에 고무 타이어를 장착한 파이어스톤 *Harvey Samuel Firestone, 1868-1938* 역시 포드의 친구이자 돈독한 사업 파트너로서 이들은 사업에 성공하여 엄청난 재벌이 되었다. 둘은 가난했던 시절을 떠올리며 해마다 '베가본드' 모임을 가졌는데, 야영하며 서로의 생각을 나누는 모임이었다. 이 모임은 점차 유명해져 미국 대통령마저 합류를 원할 정도였다. 정규 학력은 보잘 것 없었지만 이들은 자신의 지식을 확장하고 또 확장하면서 19세기 발명의 시대를 열었다.[9]

6.2 구름이 흘러가는 곳

낭만적인 너무나 낭만적인

❋ 계몽의 반발과 낭만주의

증기 기관을 발명한 영국은 산업 혁명의 중심지가 되었다. 과학기술이 그 혁신의 기적을 울릴 때, 영국의 시인들은 과학기술이 몰고 온 혁신적 계몽주의로부터의 일탈을 꿈꿨다. 낭만주의 문학이 탄생한 것이다. 낭만주의는 프랑스 혁명의 소용돌이에서 18세기 초반에 이르는 대략 1790년대에서 1830년 사이의 문예 사조를 일컫는다. 혁명기 프랑스에서 일어난 루소*Jean Jacques Rousseau, 1712~1778*의 외침이 시인들의 마음을

---

9 장순흥은 자신의 PSC 교육 중 *collaboration*에서 미국 발전을 이끌었던 황금 세대의 모임 '베가본드'에 대해 설명했다. 《장순흥의 교육》 장순흥, 이재영 저, 들녘, 2023년.

흔들었고, 개인의 영감과 힘의 중요성을 깨치는 울림에 영국의 워즈워스[10], 독일의 프리드리히 휠덜린[11], 프랑스의 로베스피에르[12] 같은 이들이 화답했다. 짧은 기간 계몽주의에 대한 반동으로 등장한 낭만주의의 단편은 당대의 아이콘 바이런을 통해 이해할 수 있다.

증기 기관의 연기가 하늘로 피어오르던 시기, 영국에서 상식을 깨는 일탈로 사람들의 마음을 흔들었던 젊은 천재가 있었다. 1788년에 태어나 1824년 36세의 젊은 나이로 세상을 뜬 바이런*George Gordon Byron*이었다. 그가 살았던 시간은 낭만주의 문학을 이야기하던 시기와 거의 비슷하다. 안짱다리에 오른발을 살짝 절었던 바이런은 낭만의 끝을 한없이 탐험한 사람으로 여성 편력 또한 대단했다. 그의 풍자 서사시의 주인공 돈 후안이 유부녀와의 사랑으로 쫓겨나 전 세계를 돌아다니며 다양한 여인들과 사랑에 빠졌듯, 바이런 자신도 200여 명의 여성과 나눈 사랑 편력을 스스럼없이 고백했다. 35세에 그리스 내전에 참전했다 36세에 말라리아에 걸려 죽은 그에 대해 웨스터민스터 사원이 안장을 거부할 정도로 그의 낭만주의적 활동은 시대를 앞섰다.

과학기술의 발달을 바라보는 당대 사람들의 시각이 짙게 깔린 문학 작품 《프랑켄슈타인》의 탄생 배경에도 바이런이 연관되어 있다. 1816년 어느 날 바이런이 스위스의 한 별장으로 친구들을 불러 모았다. 마

---

10 *William Wordsworth*, 1770~1850. 영국 낭만주의 시인으로 새뮤얼 콜리지와 함께 쓴 《서정시집》이 유명하다.

11 *Friedrich Holderlin*, 1770~1843. 독일 낭만주의 시인. 괴팅겐대학에서 철학자 헤겔, 셸링과 더불어 3총사로 우정을 나눴으나 성직자의 길을 포기하고 방랑 시인이 되었다. 1806년 정신병이 악화되어 치료를 받았다.

12 *Maximilien François Marie Isidore de Robespierre*, 1758~1794. 프랑스 혁명을 주도한 혁명 정치가, 법률가, 작가.

그림 6.9 알바니아 의상을 입은 바이런, 토머스 필립스, 1813년 작

침 폭풍우가 몰아쳐 꼼짝할 수 없었던 일행들에게 바이런은 무서운 이야기들을 하나씩 써 보자고 제안했다. 이 중에 메리[13]도 있었다. 아무리 생각해도 쓸 만한 이야기가 떠오르지 않던 어느 날 저녁, 메리는 바이런과 친구가 나누는 대화를 무심히 듣게 되었다. 대화의 내용은 갈바니라는 과학자가 실험 중 개구리 다리에 전기를 흘렸는데 다리가 움직였다는 이야기였다. 이야기를 들은 메리는 죽은 사람들의 신체 부위를 이어 붙여 소생시킨 자신의 피조물 앞에서 떨고 있는 창백한 표정의 과학자를 상상하며 소설적 플롯을 구상했다. 2년 후인 1818년, 그렇게 해서 태어난 소설 《프랑켄슈타인》은 대성공을 거두었다. 당시 획기적으로 발전하고 있던 과학기술의 성과와 신기한 발견에 사람들이 느끼던 깊은 불안을 건드린 결과였다.

이보다 훨씬 전에 조나단 스위프트[14]는 《걸리비 여행기》를 써서 과학자들에 대해 가신 일반인들의 불안을 풍자했다. 걸리버 여행기는 1726년 출판되었지만 영국의 정치를 지나치게 풍자했던 탓에 금서로 지정되기도 했었다. 걸리버의 세 번째 여행지 라퓨타는 하늘을 날아 다

---

13 *Mary Wollstonecraft Shelley*, 1797~1851. 영국의 소설가. 남편은 영국의 대표적 낭만 시인인 퍼시 비쉬 셸리(*Percy Bysshe Shelley*)이다.

14 *Jonathan Swift*, 1667~1745. 영국 아일랜드 태생의 소설가이자 성공회 신부.

니는 천공의 섬이다. 지름 4.5마일 정도되는 이 섬에 사는 주민들은 지식층과 하인들로 계층화되어 있다. 지식층은 수학, 천문학, 과학에 몰두하는 과학자들로 이들은 허구한 날 쓸모없는 공상으로 시간을 보낸다. 그래서 이들의 공상을 깨우는 전문직조차 생겨 날 정도였다. 스위프트는 이들을 종래의 과학자를 일컫는 '자연 철학자$^{Philosopher\ of\ Nature}$'라는 용어 대신 '사이언티스트^{scienctist}'라고 지칭했다. 사이언티스트가 '공상에 빠져 현실감을 잃은 천공의 섬 사람'이란 의미로 시작되었다는 기원은 당시 과학자들의 위대한 발견에 대해 품은 일반인들의 감정이 어떤 것인지 이해할 수 있게 한다.

낭만 사조는 과학과 계몽에 대한 반동으로 시작되었다. 이들은 과학 대신 자연을 노래했고, 꿈과 사랑을 노래했다. 개구리 다리에 전기를 가하는 과학이 아니라 생명이 피어나는 세계와 거기에 덧붙인 상상을 이야기했다. 폄하되었던 그리스 로마 신화가 다시 들춰졌고, 사랑과 성에서의 규범을 깨뜨리는 대범한 일탈이 낭만주의자들의 행동으로 나타났다. 낭만주의는 전 유럽을 흔들었다. 워즈워스는 보통 사람의 언어로 서정을 노래했고, 존 키츠$^{John\ Keats,\ 1795~1821}$는 몽상가적 표현을 즐겼다. 바이런은 일반인의 경지를 넘어선 초인적 낭만을 노래했다. 이 시기 스페인에서는 에스프론세다$^{Jose\ de\ Espronceda,\ 1808~1842}$가 활동했으며 이탈리아에는 우고 포스콜로$^{Ugo\ Foscolo,\ 1778~1827}$가 낭만주의와 민족주의를 섞었다. 러시아 시인 푸쉬킨$^{Alexander\ Sergeyevich\ Pushkin,\ 1799~1837}$은 오늘날까지도 사람들의 가슴에 단비를 적시는 많은 시를 남겼다. 폴란드에는 미츠키에비치$^{Adam\ Bernard\ Mickiewicz,\ 1798~1855}$가 있었으며, 미국에는 모험 소설의 거장 쿠퍼$^{James\ Fenimore\ Cooper,\ 1789~1851}$와 더불어 초자연적이고 신비적인 작품으로 유명한 소설가 에드가 앨런 포^{Edgar Allan Poe, 1809~1849}가 있었다. 또한 제인 오스틴의 《이성과 감정^{Sense and Sensibility}》(1811), 뱅자맹 콩스탕의 《아돌프^{Adolphe}》(1816), 스탕달의 《적과 흑^{Le Rouge et le Noir}》(1830)도 중요한 낭만주의 소설이다. 바이런의 사망과 더불어 영국 낭만주의는 급격히 쇠퇴한다. 19세기 초반에 이미 과학기술은 천공의 섬에서 공상에만 잠겨 있지 않고 실용적 성과를 내기 시작했기 때문이다. 사람들은 점차 과학기술자들이 천착하는 사실에 눈길을 돌리기 시작했다.

영국과 달리 프랑스 낭만주의는 고전주의에 정면으로 대결하며 등장했다. 빅토르 위고^{Victor-Marie Hugo, 1802-1885}는 희곡 《크롬웰》의 서문에서 아카데미 프랑세즈를 지배했던 고전주의 문학에 정면으로 맞선 낭만주의 연극 이론을 선언하고 프랑스 낭만주의 문학을 이끌었다. 1830년 2월 위고의 희곡 《에르나니^{Hernani}》의 무대 공연이 고전파의 야유 섞인 방해 공작 속에서도 성황리에 관객들을 사로잡으며 낭만파의 승리를 이끌었다. 위고는 이후 대통령 나폴레옹 3세의 황제 등극에 반대해 추방당한 1851년까지 프랑스 낭만주의 문학을 이끌었다. 잘 알려진 소설 《레미제라블》은 1832년대 과학기술이 발전히면서 양극화된 프랑스 사회상을 고발한 작품으로 고단한 현실을 지순한 사랑으로 극복해 나가는 장발장의 모습을 그렸다. 미국 낭만주의 작가로는 휘트먼^{Walter Whitman, 1819~1892}과 롱펠로^{Henry Wadsworth Longfellow, 1807~1882}, 워즈워스처럼 일반적 논리와 경험을 초월한 '통찰'의 힘

그림 6.10 빅토르 위고

을 확언한 에머슨*Ralph Waldo Emerson, 1803~1882*과 《월든》을 통해 초월주의적 주장을 펼친 소로*Henry David Thoreau, 1817~1862*가 있었다.

❈ 사실적 낭만주의

19세기 중반 프랑스와 러시아에서 사실주의 예술 운동이 펼쳐진다. 사실주의*realism*는 1826년, 자연과 현실을 사실 그대로 묘사하는 예술가 운동으로부터 출발했다. 낭만주의의 아이콘 바이런이 죽은 지 2년 뒤의 일이다. 영국 낭만주의의 불꽃이 옮겨 붙은 프랑스 낭만주의 문학은 나폴레옹 3세[15]가 황제로 등극한 1850년 무렵부터 사실주의로 옮겨 갔다. 이러한 사조에 반발했던 낭만주의의 거장 빅토르 위고가 나폴레옹 3세 즉위에 반대하다 추방당한 일은 사실주의 사조의 발흥에도 연관된다. 상상력을 배제하고, 현실을 사실적으로 그려 내는 사실주의는 낭만주의에 대한 반동이었다.

프랑스 사실주의를 이끌었던 작가 플로베르*Gustave Flaubert, 1821-1880*는 소설 《마담 보바리》를 통해 보바리 부인이 갖는 상상적 이상을 묘사했다. 소설 속에서 마담 보바리는 실재와는 다른 상상을 통해 현실에 불만을 품는다. 보바르의 상상은 자신뿐 아니라 타인과 사회에 걸친 변형과 불만을 자아내는 폐해를 일으킨다. 플로베르는 보바르의 상상으로 대변되는 낭만주의의 폐해를 소설로 지적한 것이다. 《마담 보바리》의 파격성 때문에 플로베르를 비롯한 작가들이 풍기문란죄로 법정에 서면서

---

15 샤를 루이 나폴레옹 보나파르트, 1808~1873. 1848년 2월 혁명 후 국민투표로 프랑스 최초의 대통령에 당선되었으나 1851년 친위 쿠데타로 독재 체제를 구축한 후 1852년 제2제국 선포와 함께 황제에 즉위했다.

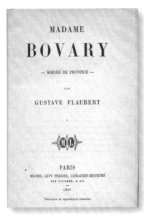

그림 6.11 《마담 보바리》의
1857년 초판본 표지

대중의 관심을 더 끌었다. 이 사건은 오히려 현실을 사실적으로 치밀하게 묘사한 그의 문학성이 당대에 인정받는 계기로 작용했다. 에밀 졸라, 발자크 같은 작가들이 연이어 등장하여 한 인간이 사회 구조 속에서 영향을 받으며 변해 가는 과정을 치밀하게 묘사한 소설들이 등장한다.

영국 사실주의는 1858년 다윈의 《종의 기원》이 발표되면서 과학의 진보에 대한 회의가 증가하던 시절에 확장된다. 영국 작가들은 빅토리아 시대의 급격한 물질적 풍요 속에서 상실되는 인간의 운명을 그리기 시작했다. 이들은 19세기 일상 생활을 세부적이고 사실적으로 묘사하는 데 집중했다. 디킨스*Charles John Huffman Dickens, 1812~1870*는 《크리스마스 캐럴》(1843), 《황폐한 집》(1853) 등의 작품을 통해 생생한 체험을 바탕으로 세상의 모순과 부정을 지적하며 유머를 잃지 않는 모습을 그렸다. 이후 점차 많은 인물을 등장시켜 사회의 단면을 드러내는 파노라마적 사회 소설로 옮겨 갔다.

러시아 사실주의 작가군에 투르게네프*Ivan Sergeyevich Turgenev, 1818~1883*가 있었다. 투르게네프는 러시아 최고의 구도자적 작가로 사실에 입각한 교훈적 문학을 통해 세상을 변화시키려 했다. 또한 톨스토이[16]를 빼놓을 수 없다. 부유한 지주 출신에 작가로서도 성공한 그는 50세 무렵에 스스로를 기생충이라 생각하여 자살 충동에 빠진다. 스스로를 늘 불행

---

16 *Lev Nikolayevich Tolstoy*, 1828~1910. 러시아의 소설가, 시인, 사상가.

한 지식인이라고 생각했던 톨스토이는 건강한 신앙생활을 통해 행복을 누리는 자신의 농장 농노들의 삶을 자각한 후 자살 충동에서 벗어나 《고백록》을 썼다. 《고백록》 출판을 기점으로 그를 유명하게 만들었던 이전의 작품들과 이후 작품의 결이 달라진다. 《전쟁과 평화》, 《안나 카레리나》가 《고백록》 출판 전 작품이라면 《부활》은 후의 작품이다.

❈ 낭만 시대의 철학

프랑스 혁명의 와중에 존재한 실제적 폭력은 철학자들에게 다른 차원의 충격을 주었다. 자유, 평등, 박애의 기치가 단두대의 잔혹한 처형으로 나타났기 때문이다. 이를 지켜보던 독일 철학자들의 가슴에 절대적 이성에 대한 회의가 고동쳤다. 칸트를 계승한 피히테[17]는 자아$^{das\ Ich}$를 철학의 절대적 원리로 세우고자 노력했다. 그는 《요한복음》에 기술된 '말씀'이라 불리는 '로고스'에 기초하여 이를 더욱 확고히 하고자 했다. 한편 셸링$^{Friedrich\ Wilhelm\ Joseph\ von\ Schelling,\ 1775~1854}$은 자연 철학을 개척했다. 셸링은 자아를 주장했던 피히테와 달리 '자연'은 자아보다 먼저 주어진 것으로 자연 자체가 영혼을 소유한다고 보았다. 그래서 자연은 우리 안에 존재하는 영혼이나 의식과 동일하다는 것이다. 이러한 범신론적 철학이 칸트의 뒤를 잇고 있었다.

스스로 칸트의 직계 제자라고 주장하는 쇼펜하우어$^{Arthur\ Schopenhauer,}$ $^{1788~1860}$는 세계를 하나의 표상으로 정의하고, 그 근저에서 활동하는 맹

---

17 *Johann Gottlieb Fichte*, 1762~1814. 헤겔, 셸링과 더불어 관념론의 대표 사상가. 칸트에서 헤겔로 사상적 연결을 주도했다.

목적 삶의 중요성을 저서 《의지의 표상으로서의 세계》에서 주장한다. 그에 따르면, 세계를 움직이는 것은 이성이 아니라 맹목적 의지이다. 의지는 욕망이고 이 욕망을 무한 충족시키고자 하지만 실제로는 제약이 있으므로 고통으로 다가온다. 따라서 우리가 발 디딘 세계는 최악의 환경이다. 쇼펜하우어는 의지 자체를 억제하는 것만이 고통에서 해탈하는 길이라 주장했다. 염세주의는 19세기 후반 독일에서 유행했다.[18] 그 이유는 무엇이었을까? 그것은 바로 과학기술이 가져다 준 과학 만능 사상과 그에 따른 부에 기인한다. 칸트의 황금같이 견고한 뉴턴주의적 합리성이 염세주의로 흔들리는 시대가 19세기였다. 인간 정신의 흔들림은 20세기 초반 세계 전쟁으로 폭발한다. 우리는 여기서 쇼펜하우어와 동시대 인물 헤겔에 주목하지 않을 수 없다.

헤겔*Georg Wilhelm Friedrich Hegel, 1770~1831*의 사상은 강력하게 유럽의 지성을 흔들었다. 영국에서 시작된 산업 혁명이 온 유럽으로 퍼져 나가 인류는 전에 없던 강력한 힘과 부를 축적하게 되었다. 에너지를 변환시키는 각종 기계가 등장하고, 사람들은 농촌을 떠나 새로운 일터인 공장으로 몰려들었다. 새로운 도시가 형성되고, 도시의 익명성에 기대어 인간 사회의 폐악들이 도처에 나타났다. 포이에르바하[19]에게 있어 헤겔 철학은 자연을 신이 창조했다는 신학 이론으로 치부되었다. 그는 철저하게 유물론자의 입장을 견지한다. 신도 다만 인간이 만들어 낸 고안물에 불과하다. 인간은 스스로 신을 만들어 자신이 바라는 영원한 행복과 전지전능을 기원했다는 것이다. 그러므로 철학은 자연이나 신에서 일탈

---

18 쇼펜하우어, 사무엘 베케트, 에밀 시오랑 등이 대표적 염세주의 사상가이다.

19 *Ludwig Andreas Feuerbach*, 1804~1872. 독일의 철학자.

하여 철저하게 인간으로부터 출발해야 한다고 주장했다. 몸을 지니고 자연 안에서 행동하는 인간, 인간의 감정을 주제로 하는 인간학적 유물론이었다. 이러한 견해의 최종적 결론은 사실 시민이 주체가 되는 사회 혁명이었다.

그림 6.12 헤겔

헤겔의 추종자들 역시 만만치 않았다. 키에르케고르[20]는 헤겔이 말한 변증법적 진보는 관념적으로만 가능하고 실제로는 가능하지 않은 이상론으로 생각했다. 현실 세계에서 정과 반이 대립하면 합을 도출(正反合一)하는 일은 거의 불가능하고 양자택일만 요구된다는 것이다. 이때 중요한 것은 냉정한 결단이다. 결국 누구에게나 통용되는 객관적 진리보다는 나에게 중요한 진리가 더 중요하다. 내가 나로 존재하는 것이 가장 중요한데, 키에르케고르는 이것을 '실존'이라 불렀다. 인간은 미적 실존, 윤리적 실존, 종교적 실존을 구하려 하는데 최종적 완성은 자기 자신과의 싸움을 통해 비로소 신 앞에 홀로 선 단독자여야 한다고 주장한다.

키에르케고르가 내면의 변증에 침잠했다면 마르크스*Karl Heinrich Marx, 1818~1883*는 19세기 자본주의의 팽창 앞에서 사회적 변증에 고민하며, 오로지 자본 축적을 위해 노동자를 착취하는 자본가와 노동자 간 모순의 극복을 고민한다. 노동의 결과물인 이윤을 갖지 못하는 노동자는 노동에서 소외된 인간으로 볼 수 있다. 이러한 자본주의적 생산 과정

---

20 *Sører Aabye Kierkegaard*, 1813~1855. 덴마크의 철학자. 하녀와의 외도로 나온 자식들이 30세 즈음에 사망하자 부친은 그 모든 게 자신의 죄라며 평생을 우울하게 살았다. 키에르케고르도 30세 즈음에 죽을 것이라 생각하며 '죽음에 이르는 병'을 고민했다.

그림 6.13 마르크스

에 내재된 모순은 자본주의의 붕괴를 통해 혁신된다고 보았다. 그러므로 노동자에 의한 자본가 타도 혁명이 모든 잉여가 공동으로 분배되는 세계를 만들 수 있다고 주장했다. 마르크스는 원시 공산 사회로부터 역사에 존재하는 생산 방식에 따른 모순의 극복 과정을 고찰하여 자본주의에서 사회주의, 사회주의에서 공산주의로 이행하는 사회 변혁을 주장했다. 19세기 과학의 발전과 인간이 향유하게 된 다양한 과학기술적 능력, 예컨대 하늘을 날고, 소리를 녹음하는 등의 놀라운 일들을 바라보는 마르크스의 관점은 오늘날 우리가 바라보는 과학기술 주도 사회에 대한 감각과는 많이 달랐다.

19세기 후반, 독일에서는 쇼펜하우어나 키에르케고르가 던진 염세적 사상들이 판을 쳤다. 그 과정은 경제의 급팽창 과정에서 생성되는 거품을 증명하는 과정이었다. 니체*Friedrich Wilhelm Nietzsche, 1844~1900*는 기독교와의 전쟁을 선언했다. 그는 천박하고 병들고 약한 자들만을 위하는 기독교적 윤리는 폐기되어야 하고 오로지 고귀하고 강인한 군주 도덕君主道德 [21]이 세워져야 한다고 주장했다. 사실 니체 자신은 거의 앞을 못 보는 극도의 약시였고 병들고 약한 인물이었다. 그는 이전의 모든 가치 기준으로 존재했던 신의 사망을 선고했다. 신의 사망 이후 도래할 허무주의를 영원한 반복의 틀에 넣고 선악을 초월하여 현실에 더욱 적극

---

21 권력에의 의지에 충만한 강자의 도덕을 의미한다. 인간 사이에 위계가 있으므로 스스로를 긍정하고 가치를 만들어 나약하고 비열한 노예 도덕을 물리치고 권력을 쟁취하려는 도덕적 의지를 가져야 한다는 주장이다.

적이고 긍정적으로 사는 삶을 강조했다. 결국 선과 악을 초월한 삶의 의지는 권력에의 의지로 표현되는데, 니체는 그 도덕적 의지를 실제화할 존재로서의 '초인'을 내세웠다. 니체의 사상은 흔들리는 정신의 정점에서 결국 20세기 초반 전 세계를 상대로 독일이 펼쳤던 세계대전의 사상적 지주로 악용되기에 충분한 것이었다.

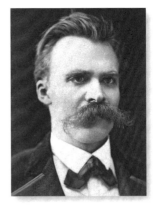

그림 6.14 니체

야스퍼스[22]는 죽음, 병, 고뇌 등의 한계 상황에서 자아의 눈을 떠 자신이 될 것을 역설했다. 하이데거*M. Heidegger, 1889~1976*는 시간의 흐름 속에서 인간 존재의 본질을 해명하며, 인간은 세계에 던져진 '현 존재'로서 자신을 발견하는 '개인적 존재'와 다른 사람과의 관계에서 자기를 발견하는 '공동 존재'라고 주장했다. 특히 죽음을 가장 확실한 현상으로 이해

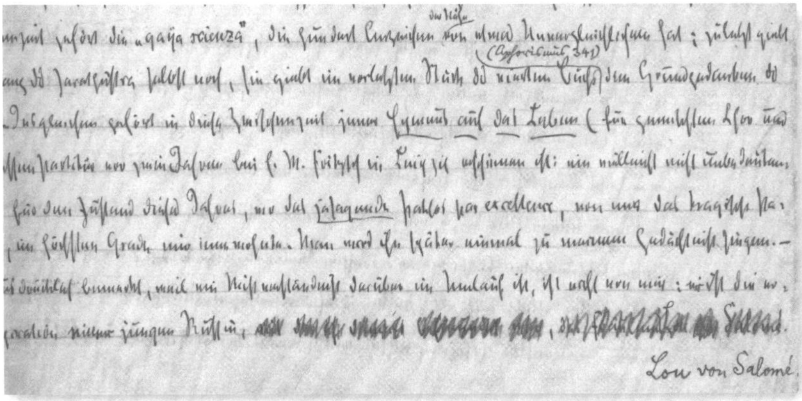
Lou von Salomé.

그림 6.15 니체의 육필 원고. 정신증세 발현 후 그의 승인 없이 수정한 흔적이 있다.

22 *K. Jaspers*, 1883~1969. 독일의 실존주의 철학자.

하여 직시함으로써 실존을 회복한다고 주장했다. 사르트르^{Jean Paul Sartre,} ^{1905~1980}는 문학과 생으로 실존을 실천하며, "실존은 본질에 앞선다"고 설파했다. 실존주의 문학가로 도스토예프스키, 카뮈, 카프카 등이 있었다. 실존주의 철학자들은 19세기 말에서 20세기 전반에 걸쳐 영향을 끼쳤는데, 산업화 사회에서 개인 인격의 상실과 대량화·표준화 속에서 대중적 정의만이 존재하는 인간 소외 시대에 인간을 지탱해 줄 어떤 요소가 존재했기 때문이었다.

❋ 낭만 시대의 사회상

19세기 중반 자본주의와 산업화가 전 유럽을 점령했다. 이제껏 상상 못 했던 경제 발전이 이루어졌다. 그 배경에 도시로 몰려들어 자신의 노동력을 값싸게 제공할 수밖에 없었던 노동자들이 있었다. 그들은 기계에 매달려 숭고한 땀을 바쳤지만 삶의 비참함에서 벗어나지 못했다.

1844년 6월 5일, 슐레지엔^{Schlesien 23}에서 직조 공장 노동자들이 폭발했다. 노동자들은 돌과 몽둥이를 들고 공장주의 집을 향해 돌진했다. 돌진하는 노동자 무리를 향해 군인들이 총을 쏘았다. 11명이 목숨을 잃고 수십 명의 부상자가 발생했다. 그럼에도 노동자들의 강렬한 저항에 공장주를 보호하려 출동했던 폰 로젠베르거 소령은 결국 후퇴를 명령하고, 노동자들의 봉기는 성공을 거두었다. 슐레지엔의 공장주들은 노동자를 착취하는 데 여념이 없었다. 노동자들이 너무 적은 임금 탓

---

23 유럽 중북부 오데르강 상·중류를 차지한 지역. 폴란드 남서부 지역으로 체코·슬로바키아·독일에 걸쳐 있다. 석탄·철광·니켈·구리·납·암염 등 광물 자원이 풍부해 18세기부터 공업이 발달한 중공업 지대이다(세계인 문지리사전, 2009. 3. 25).

그림 6.16 직조공들의 봉기 중 〈공격〉, 케테 콜비츠의 판화, 1895~1897년 작

에 감자조차 사 먹을 수도 없다고 하소연하자 풀을 뜯어 먹으라고 소리 쳤다. 지역에 노동자는 넘쳐났으나 일자리는 극히 적어 임금을 제대로 주지 않고도 얼마든지 노동력을 구할 수 있기 때문이었다. 농노의 신분에서 해방되어 도시로 몰려간 사람들에게 허용된 자유는 굶어 죽을 자유밖에 없었다. 그들은 주린 배를 움켜쥐고 뼈 빠지게 노동했다. 유럽 대륙은 변하고 있었다. 새로운 길은 대륙을 가로질렀고 광업 도시가 발전했다. 하인리히 하이네*Heinrich Heine, 1797~1856*는 1844년에 쓴 〈슐레지엔의 직조공들*The Slesian Weavers*〉이라는 시에서 이렇게 노래했다.

침침한 눈에는 눈물이 말랐다 / 우리는 너의 수의를 짠다 / 거기에 세겹의 저주를 짜 넣는다 / 우리는 짠다 / 우리는 짠다.

망명객 하이네는 파리에서 조국 독일을 쓸어 버리기를 갈구했다. 마르크스는 봉기에 환호했다. 마르크스 입장에서는 자본가뿐 아니라 기계를 가동하는 기계공들 역시 노동자를 착취하는 대상이었다. 슐레지

엔에서 봉기한 노동자들은 기계공들이 틀어 놓은 엔진에서 나오는 거친 소리와 방출되는 증기에 겁을 먹었다. 그러나 마르크스가 쾌재를 불렀을 프로이센에서의 직조공들의 반란은 심화되지 않았다. 사회주의자들의 예상처럼 노동자들이 자본가와 맞서 투쟁하고 착취자의 상품을 구매할 소비자가 차차 줄어드는 것은 아니었기 때문이다. 노동자의 형편이 눈에 띄지 않게 서서히 좋아지고 있었다. 19세기 중엽만 해도 하루 12~16시간에 달하던 노동 시간은 서서히 줄기 시작했다. 대도시 상하수도 시설이 개선되며 도시 노동자의 건강도 좋아졌다. 사회 보장을 위한 약간의 제도가 이들의 삶을 보조했다.

자본가들은 노동자들이 단지 생산의 도구가 아니라 자신의 제품을 구매하는 소비자임을 깨달았다. 이러한 순환적 인식은 초기 천박하게 굴러가던 자본주의를 안정화하는 데 기여했다. 만일 노동자가 생산 수단으로서만 존재한다면 기계보다 하등한 존재, 그리고 숭고한 노동의 결과를 향유하지 못하는 소외자로 존재할 것이다. 그러나 노동자는 자신의 노동의 직접적 결과물뿐 아니라 다른 노동자의 노동의 결과물을 소비하는 소비자로서 노동의 결과를 소유하는 존재인 것이다.

6.3 실험실의 무지개

과학기술의 발전은 우연한 발견에서 시작해 점차 확장되고 서로 연결된다. 계몽 시대 뉴턴주의는 점차 과학의 다른 영역으로 확장되어 사람들에게 새로운 사실들을 알려 주었다. 사람들은 점차 사실의 중요성을 깨달았다. 실험실에서의 과학자들의 탐구는 문학으로까지 이어진 하나의 사조가 되었고, 미술에서도 사실주의 화풍을 열게 했다.

전자기장의 신비

호박이나 석영관을 천에 문지른 후 머리카락 가까이 대면 머리카락이 보이지 않는 어떤 힘에 끌려 서는 것을 볼 수 있다. 이렇게 보이지 않는 힘을 연구하기 시작한 것도 19세기 들어서다.

프랑스 혁명의 혼란기에 지방 도시에 은둔하여 연구에 몰두하다 전자기 힘을 알아낸 쿨롱$^{Ch. A. de Coulomb, 1736~1806}$은 행운아다. 그는 두 개의 하전된 존재 사이에 작용하는 힘이 뉴턴의 만유인력처럼 거리의 제곱에 반비례한다는 것을 확인했다. 그 힘은 각 전하량의 곱에 비례했다. 19세기 초반 영국의 톰슨$^{B. Thompson, 럼퍼드 백작, 1753~1814}$은 미국 독립 전쟁 초기에 참전했다 영국으로 돌아와 1798년에 왕립연구소$^{Royal Institution}$를 설립했다. 이 연구소에서 그는 데이비$^{H, Davy}$, 패러데이$^{M. Faraday}$ 등 걸출한 인물을 키워 냈다. 갈바니는 1791년 개구리 다리에 전기를 자극해 생체 전기를 발견했다. 이 실험을 계기로 볼타는 두 개의 금속판 사이에 전기가 저장된다는 사실을 확인하여 전지를 개발했다. 갈바니와 볼타는 본디 좋은 친구 사이였으나 볼타가 갈바니의 연구를 사이비 과학으로 몰면서 둘은 절교한다. 갈바니의 연구는 20세기 들어 진행된 신경 연구의 기초가 되었다. 볼타의 전지는 많은 과학자들의 연구에 사용되었는데, 특히 화학 원소를 찾아내는 화학자들에게 매우 유용했다.

전지의 양극에서 전하가 이동하는 현상을 전류라고 하는데, 프랑스 물리학자 앙페르 $^{André\ Marie\ Ampére,\ 1775~1836}$에 의해 연구되었다. 근대 화학의 아버지 라브아지에와 함께 프랑스 혁명 당시 단두대에서 목숨을 잃은 아버지 탓에 극심한 우울에 시달렸지만 오직 연구와 독실한 신앙으로 이를 이겨 내고 연구에 전념해 전류와 자기장의 상호 관계를 밝혀 마침내 앙페르의 법칙을 세웠다. 유도 전류는 동화 작가 안데르센의 친구였던 덴마크 코펜하겐대학 물리학 교수 외르스테드 $^{H.\ Ch.\ Oersted,\ 1777~1851}$가 우연히 발견해 앙페르와 패러데이 연구의 초석을 쌓았다. 패러데이는 유도 전류를 이용해 모터를 발명했다.

패러데이 $^{M.\ Faraday,\ 1791~1867}$는 정규 교육을 받은 적 없음에도 자연의 비밀을 밝힌 위대한 영혼이었다. 영국의 가난한 대장장이 아들로 태어나 제본소에서 도제로 책을 제본하며 생계를 유지했던 패러데이는 인류 역사상 손꼽을 천재 실험 물리학자이다. 자신이 제본하던 책들을 읽으며 과학에 강한 흥미를 느낀 그는 1813년에 왕립연구소 교수 데이비에게 실험실 청소를 마다않는다는 간청 끝에 조수로 합류해 실험에 몰두할 수 있었다. 후에 스승 데이비가 질투할 정도로 뛰어난 실력을 발휘하여 '패러데이 법칙'을 확립한 그는 연구의 전 과정을 노트에 기록했다. 그의 연구 노트야말로 정신력의 기록이었다. 연구를 종합하여 '자기력 선'이라는 개념을 도입하고 자기장 개념을 창안했다. 이 연구 결과는 현대의 '장^{field}' 이론에 뻗어 있다. 오로지 과학에 헌신한 결과에 따른 엄청난 성과에도 조그만 시골 교회 장로로 봉직하며 일체의 물욕이 없었던 그가 수많은 연구 노트 및 메모와 더불어 마지막으로 남긴 말은 "나는 마지막까지 다만 마이클 패러데이로 살고 싶다"였다. 그의 강연은 너무도 위대해 수많은 청중을 사로잡았다. 탁월한 실험가였지만 체계적 학습을 받지 못했던 패러데이는 자신의 연구를 수학적으로 표현할 길이 없었다.

그림 6.17 마이클 패러데이, 1842년

패러데이의 연구 결과를 수학적으로 표현한 맥스웰$^{J.\ C.\ Maxwell,\ 1831\sim1879}$은 케임브리지대학 교수가 되기 훨씬 이전인 1864년부터 이 작업을 진행해 마침내 맥스웰의 전자기 방정식을 만들었다. 이 방정식으로 정의된 전기장과 자기장을 조합하면 전자기 파동의 전파 방정식이 만들어진다. 이 전자기파의 전파가 바로 빛의 전파로서 빛 연구에 연결된다. 맥스웰 방정식의 비밀을 밝힌 사람으로 독일의 물리학자 헤르츠$^{H.\ Hertz,\ 1857\sim1894}$와 오스트리아 물리학자 도플러$^{C.\ J.\ Doppler,\ 1803\sim1853}$가 있었다. 도플러는 자신의 연구를 통해 관측자의 상대 속도에 따라 진동수와 파장이 바뀌는 '도플러 효과'를 발표했다.

빛과 원소의 신비

19세기 인류는 탁월한 천재들의 출현으로 빛에 대한 많은 비밀을 밝혀냈다. 토마스 영[24]은 빛이 파동임을 밝혀냈다. 천재를 꼽으라면 그를

24 *Thomas Young*, 1773~1829. 영은 많은 문헌을 조사하여 지구가 길어도 10,000년 이하의 나이를 가

두고 한 말이니 두 살부터 책을 읽었고, 14세에 라틴어로 자서전을 썼으며 21세에 왕립학회 회원이 되었다. 의학을 공부해 병원을 개업하기도 했다. 나폴레옹이 가져온 로제타석을 해독해 이집트 상형문자의 원리를 밝혀냈다. 56세로 생을 마감하기 전까지 브리태니커 백과사전 편찬에 관여했고 보험 체계의 정비에도 나서는 등 많은 족적을 남겼다. 그는 모세관 현상에 작용하는 표면장력 연구에도 핵심적 기여를 했다. 방해석 결정을 통과한 두 빛이 서로 간섭이 없다는 현상 해석을 통해 빛에 관한 핵심 이론을 제시했다. 레오나르도 다 빈치가 미완성 작품을 많이 남겼듯, 만능의 천재 과학자 토마스 영 또한 수많은 분야에 업적을 남겼지만 완성도는 부족했다. 그 빈 공백을 채운 인물이 바로 프랑스 과학자 프레넬$^{Augustin\ Jean\ Fresnel,\ 1788~1827}$이었다.

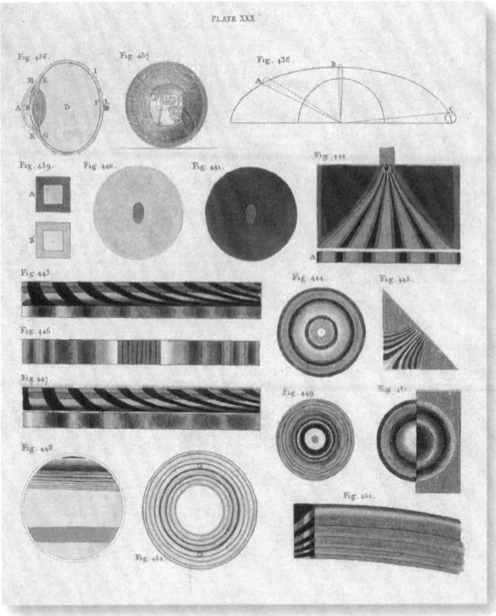

그림 6.18 토마스 영의 1802년 빛의 파동에 대한 왕립학회 강의 노트 일부

대기만성형 과학자였던 프레넬은 방해석 결정을 통과한 빛의 연구를 통해 편광 이론을 완성했다. 비록 39세의 젊은 나이에 세상을 떴지만 그가 발견한 횡파는 당시 사람들이 우주를 채우고 있다고 믿었던 에테르의 존재를 부정하는 선구적 연구였

진다고 주장했다.

다. 이 연구는 후일 마이켈슨 실험으로 입증되었고, 아인슈타인[25]이 빛이 속도가 일정하다는 가정하에 세운 상대성이론의 기초가 되었다.

그림 6.19 프레넬

영과 프레넬의 연구는 원자의 구조를 밝혀 양자역학 탄생에 결정적 산파 역할을 한 분광학의 핵심 기초가 되었다. 분광학에서의 결정적 연구는 독일의 물리학자 키르히호프[G. R. Kirchhoff, 1824~1887]와 독일 괴팅겐 출신의 화학자 분젠[Robert Wilhelm von Bunsen, 1811~1899]이 공동으로 분광기를 개발하며 급격히 발전했다. 각각의 슬릿(가느다란 틈)을 통과한 파장이 각기 다른 빛을 프리즘으로 스펙트럼 분해하여 망원경으로 관측하는 장치였다. 한편 빛의 연구에 혁혁한 공을 세운 프라운호퍼[Joseph von Fraunhofer, 1787~1826]의 연구는 원소의 분석에 결정적으로 기여했다.

원소를 찾아 나선 과학자로 맨체스터대학의 달턴[26]이 있었다. 달턴은 1801년에 분압의 법칙을, 1803년 '배수 비례의 법칙'을 확립했다. 기체의 작은 입자를 '원자'라고 불러 원자론자로 알려져 있다. 원소 탐구는 톰슨의 제자 데이비[H. Davy, 1778~1829]가 열정적이었다. 웃음 가스로 알려진 아산화질소(N_2O)를 발견해 마취용으로 사용할 수 있게 했다. 달변가인

---

25 *Albert Einstein*, 1879~1955. 독일 태생의 이론물리학자로 스위스의 취리히연방공과대학교(ETH)에서 박사 학위를 받았다. 히틀러의 집권에 반대하여 1933년 미국으로 망명했다. 1921년에 광전 효과로 노벨상을 수상했다.

26 *John Dalton*, 1766~1844. 달턴은 정규 교육을 받지 않았으나 독학으로 위대한 결과를 만들어 냈다. 지독한 색맹에 독실한 개신교도였다.

그는 강연으로 영국 귀부인들의 마음을 사로잡았다. 제자인 패러데이와 함께 많은 물질을 분해하여 원소를 찾았다. 프랑스의 게이뤼삭*J. Gay-Lussac, 1778~1850*은 기체 반응의 법칙을 알아냈다. 이러한 연구자들의 노력으로 화학에 사용되는 많은 원소들이 확인되기 시작했다.

그림 6.20 멘델레예프

원소의 체계는 러시아 화학자 멘델레예프 *D. I. Mendeleeff, 1834~1907*에 의해 비로소 세워졌다. 시베리아 출신으로 러시아계 아버지와 몽골계 어머니 사이 14형제 중 막내로 태어났다. 멘델레예프가 14세 되던 해에 부친이 사망하여 어려운 상황에서도 모친은 집안을 경영하며 아들의 교육에 열성을 다했다. 페테르부르크대학에 입학하자마자 사망한 모친의 살아생전 소원을 이루기 위해 열심히 공부한 멘델레예프는 대학을 수석으로 졸업한 뒤 독일에서 분젠과 키르히호프의 지도하에 함께 연구했다. 귀국

그림6.21 멘델레예프의 《화학의 원리》 초판본(위)과 최초 주기율표(아래)

후 1861년에 페테르부르크대학 교수가 되어 주기율표를 발견하기까지 수없이 많은 원소의 자료를 수집해 체계화했다. 산더미처럼 쌓인 자료를 모아 분류하고 그로부터 법칙을 찾아내는 작업은 오로지 시베리아 태생의 그만이 할 수 있는 일처럼 보였다. 동시대 지식인 톨스토이와 도스토예프스키와 교감하여 함께 교류했던 멋진 과학자였다.

열과 일의 신비

증기 기관의 발명으로 산업 혁명이 일어난 19세기였지만, 정작 열에 대한 과학적 이해는 깊지 못했다. 열의 과학은 맨체스터대학에 입학했으나 부친의 급작스런 사망으로 학업을 포기한 영국의 물리학자 줄$^{J.\,P.}$ $^{Joule,\,1818~1889}$에서 비롯된다. 개신교도였던 그는 같은 신앙 공동체에 속한 달톤을 스승으로 모셨다. 개신교가 국교로 인정받지 못했기 때문에 개신교도들이 정상적 교육을 받지 못하는 경우가 많은 시절이었음에도 학벌이나 지위를 떠나 상호 교류하는 전통은 살아 있었다.

어린 시절 병약했던 줄은 독서로 많은 시간을 보냈다고 한다. 그는 모터로 연결된 날개로 물을 저어 물의 온도가 올라가는 현상에 흥미를 가져 이것을 실험적으로 기록했다. 부친은 양조업에 종사했는데, 맛있는 주류 생산을 위해서는 발효에 적합한 온도 조

그림 6.22 줄의 초상

건을 맞추는 일이 중요했다. 양조업자들은 비록 학자 신분은 아니었지만 기술 교류를 위해 모임을 가졌는데, 줄은 10대에 이미 전동기에서 발생하는 열량 측정 결과를 양조업자들의 모임에서 발표하기도 했다. 1840년에 전기적 열량은 전류의 제곱네 저항을 곱한 값이라는 연구 결과를 발표한다. 신혼여행 중에는 폭포의 위 아래 온도를 측정해 위치 에너지가 온도 변화로 나타나는지 여부를 측정하기도 할 정도로 과학에 몰두했다.

1847년, 줄은 일과 열의 상호 관계를 밝히는 연구를 통해 '일당량' 개념을 정립하여 주제 발표를 했다. 열역학은 열을 일로 전환하는 엔진과 열을 일로 이동시키는 열펌프 기술이 주요 기술로 줄의 일당량은 그 기술의 핵심 개념이다. 그럼에도 한낱 양조업자의 연구에 과학자들은 크게 관심을 두지 않았다. 더욱이 그의 실험 결과는 아주 작은 온도 변화를 기술하고 있어 실험 오차일 것이라고 무시하는 사람도 있었다. 그런 그에게 다가선 과학자가 있었다. 다름 아닌 톰슨이었다. 톰슨은 줄보다 23살 젊었다. 본명은 윌리엄 톰슨*william Thomson*이지만 1892년 열역학 연구 업적을 인정받아 작위를 부여받은 후 켈빈 남작*Baron Kelvin*으로 불린다. 절대 온도 단위 K는 그의 이름에서 따 온 것이다. 줄의 연구에 관심을 가졌던 톰슨은 줄과 함께 연구를 진행해 공동의 역작으로 '줄-톰슨 효과'를 발견했다. 줄(J)은 에너지 단위로 사용된다. 열역학 제1법칙은 에너지 보존 법칙으로 열과 일이 에너지라는 점에서 중요하다. 열역학 제2법칙은 열에서 일을 뽑아내는 과정의 법칙으로 열 과학의 중요한 발견이었다.

줄의 열의 일당량 연구에 대해 깊이 통찰한 또 한 명의 과학자가 독일의 이론 물리학자 클라우지우스$^{R.\ J.\ E.\ Clausius,\ 1822\sim1888}$다. 열은 차가운 곳에서 뜨거운 곳으로 저절로 이동할 수 없으며 이런 온도차의 균형을 '엔트로피^{entropie}'라 규정한 그는 가역 변화에서는 엔트로피가 변하지 않지만, 비가역 변화에서는 항상 증대한다는 사실을 밝혔다. 한편 세계는 비가역적으로 변하므로 "세계의 엔트로피는 근대를 향하여 증대한다"는 주장을 펴기도 했다.

이제 우리는 빛과 열을 연결할 준비가 되었다. 분광학의 발전에 따른 빛 연구의 확대 발전과 열의 일당량 연구 결과를 연결하는 작업이다. 이것은 양자역학의 태동과 관련되는데, 20세기 초 과학 혁명에서 다루고자 한다.

생명의 신비

19세기 빅토리아 여왕 시대 영국은 표면적으로는 국교에 귀의한 거룩한 나라였다. 그러나 사람들은 국교에서 멀어져 갔고, 그 멀어짐의 중심에 진화론이 있었다.

❋ 다윈의 진화론

오늘날에도 다윈$^{Charles\ Robert\ Darwin,\ 1809\sim1882}$에 대한 찬양과 혐오는 상호 팽팽하다. 혹자는 그가 어려서 말썽꾸러기로서 매우 게으른 학생이었다고 혹평한다. 그러나 왕립학회 지질학회장을 역임했다는 사실을 아

그림 6.23 1850년대 중반 무렵의 다윈

는 사람은 많지 않다. 그는 링컨과 같은 해 같은 날(1809년 2월 12일)에 태어났다. 할아버지 뒤를 이어 의사가 되려다 적성에 맞지 않음을 알고 성직자가 되려 했다. 하지만 그조차 맞지 않던 다윈은 훔볼트의 저서 《박물학》 독서가 계기가 되어 이 분야로 뛰어든다. 1831년에 해군 측량선 비글호에 박물학 연구원으로 승선하여 남반구를 일주했다. 항해 중 다윈은 산호초와 서너 개 섬들의 지질 구조 등 과학적 연구의 대상이 되는 모든 것에 강한 호기심을 가졌다. 자료를 정리하여 《비글호 항해 중의 동물학*Zoology of the Voyage of H. M. S. Beagle*》을 발표했다.

다윈은 신중하게 진화론을 준비했다. 그렇게 신중하게 접근하는 사이 영국의 박물학자 월리스*Alfred Russel Wallace, 1823~1913*가 다윈의 생각과 거의 같은 논문을 발표하는 지경에 이른다. 이를 안 다윈은 월리스에게 편지를 보내 자신의 22년간 연구를 소개하며 공저로 발표할 것을 요청하여 마침내 월리스와의 공동 발표가 성사된다.[27] 다윈은 자신의 연구를 확고히 하기 위해 1859년에 진화론에 대한 논문 《자연 선택에 의한 종의 기원에 대해*On the Origin of Species by Means of Natural Selection*》(1859년, 통칭 《종의 기원》)을 발표했다. 이 저서는 대단한 반향을 불러일으켜 초판 1,250부가 출간 즉시 모두 팔려 나갔다. 진화론이 발표되자 찬반 양론을 포

---

27 다윈은 대학이나 연구소와 무관한 독립 연구자였다. 철도에 투자하여 얻은 수익으로 연구와 삶을 영위하며 10명의 자녀를 키웠다. 후에 영국 지질학회 회장을 역임하기도 했다.

함한 커다란 논쟁으로 전 유럽이 들끓었다. 1865년 영국과학진흥회 주최 회합에서 진화론 옹호자 헉슬리*Th. H. Huxley, 1825~1895*와 교회를 대표해 진화론을 공격할 윌버퍼스*Wilberforce* 간 쟁쟁한 논쟁이 벌어졌다. 시간이 지나며 진화론은 과학계에서 인정받았고 종교 관계자들의 격렬한 반대에도 다윈은 자신이 살아 있는 동안 승리를 거뒀다. 1882년 4월 19일에 사망한 다윈의 유해는 웨스트민스터 대성당에 안치되었다. 뉴턴과 패러데이의 묘소와 가까운 곳이었다.

그림 6.24 1837년 다윈의 노트. 종의 변환에 관한 노트의 36페이지에 진화 나무와 I think라고 쓴 문장이 보인다.

❋ 멘델의 유전 법칙

멘델*G. J. Mendel 1822~1884*은 수도사로서 생명의 비밀에 도전했다. 그는 1856년 수도원에서 기르는 완두콩의 겉보기 특징에 따라 유전적 특징을 알아내고자 했다. 그의 연구가 다소 조잡하고 유전 구조를 밝히는 경지까지 이르지는 못했지만, 그의 연구는 오늘날 유전공학의 선구가 되었다. 유전 법칙[28]

그림 6.25 멘델

---

28 우열의 법칙, 분리의 법칙, 독립의 법칙.

을 발견했으나 아마추어 과학자로서 당대 과학계에서는 거의 인정받지 못하고, 35년 이상이 지난 후에야 다른 식물학자에 의해 그의 연구가 거의 동시에 재발견되면서 세상에 알려졌다. 다윈의 진화론이 온 세상을 들썩이게 하던 중에 이름 없는 수도원장이 쓴 통계 자료에 기반한 논문에 주의를 기울인 학자들은 없었다.

❋ 파스퇴르

"과학에는 조국이 없지만 과학자에겐 조국이 있다"는 말로 유명한 생물학의 아버지 파스퇴르 *Luis Pastuer, 1822~1895*는 애초 미술을 지망했지만 뒤마의 강연을 듣고 생각을 바꿔 화학을 전공했다. 파리고등사범학교를 졸업하고 이어 스트라스부르, 릴, 소르본느의 여러 대학과 고등사범학교의 화학 교수를 역임했으며, 마지막으로 파스퇴르연구소를 설립해 소장이 되었다.

그림 6.26 십대 소년에게 광견병 백신 투여를 지시하고 지켜보는 파스퇴르. 1885년 12월 19일. 〈하퍼스 위클리〉 기사 삽화.

릴대학 근무 당시 파스퇴르는 발효에 대해 연구했다. 포도주 양조업자로부터 포도주의 부패 원인을 조사해 달라는 실제적 문제를 의뢰받았던 것이다. 알코올이 발효할 때 침전하는 효모의 정체가 균류라는 사실은 알고 있었으므로 실험을 통해 발효를 일으키는 원인 물질이 효모임을 증명했다. 발효가 실패하는 이유 또한 효모 외의 균 때문임을 밝히고 이를 제거하는 방법도 개발해 포도주 산업에 엄청나게 기여했다. 전통적 발효 산업에 과학화의 문을 연 것이다. 그는 또한 생물학의 본질적 문제 중 하나인 자연 발생에 대한 연구도 진행했다. 1860년경에 자연 발생의 불가성을 입증하기 위한 독특한 실험을 한다. 목 부분이 길고 구부러진 플라스크에 효모와 고기 끓인 물을 넣고 가열한 후 냉각시켰다. 공기는 플라스크의 구부러진 목을 통해 플라스크 안으로 침투할 수 있지만 세균이 부착된 공기 중 먼지는 구부러진 목 부분에서 붙잡혔으므로 플라스크 안으로 들어갈 수 없었다. 이 경우 언제까지도 신선하게 유지되던 영양물이 길고 구부러진 목을 잘라 버리자 플라스크 안으로 세균이 침투 부착되어 부패가 시작되었다. 술 창고와 들, 산 등 장소를 옮겨 가며 같은 실험을 했다. 이 실험을 통해 그는 발효나 부패를 막는 실질적 방법을 제시했을 뿐 아니라 자연 발생설의 불가성을 주장했다.

한편 그는 양잠업과 축산업의 발전에도 기여했다. 1866년 프랑스 남부에서 발생한 누에의 병을 연구해 그것이 미립자병과 연화병軟化病이라는 미생물에 의한 전염병임을 밝혀내고 감염된 누에와 뽕잎을 제거했다. 1880년에는 닭의 콜레라 병원체 순수 배양에 성공했으며, 그 병원체를 바탕으로 제너와 함께 백신을 만들어 콜레라 발생을 막았다. 이듬해에는 소와 원숭이가 걸리는 탄저병을 치료하면서 병원균인 탄저균을 연구해 면역법을 개발했다. 비극적으로 실패한 실험도 많았다.

그의 명성을 인정하여 모인 기금으로 1886년 파리에 설립된 파스퇴르연구소에서 66살부터 사망 시까지 연구소장을 지냈다. 수차례 뇌졸중이 발생했지만 초인적 의지로 극복하고 연구에 몰두했다. 아무도 출근하지 않은 연구소에 가장 일찍 출근하여 쿵쾅거리며 2층으로 올라가곤 했던 파스퇴르는 십자가와 부인의 손을 잡은 채 73세의 나이로 생을 마감한다. 장례는 어느 황제 못지 않은 국민장으로 치러졌다. 과학자 중 가장 성대하게 장례를 치러 준 사람일 것이다.

6.4 무지개 너머 원자 구름

상대성의 무지개

우리는 기적의 해 1905년을 기억해야 한다. 이 해에 봉두난발의 특허청 직원이었던 아인슈타인은 세 편의 논문을 발표했다. 박사 학위 수여에 최소한의 요건을 충족시키기 위한 일이었지만 과학 발전의 역사에서 그의 연구는 기존의 패러다임을 대체하는 혁명적인 것이었다.

그가 대체한 것은 다름아닌 뉴턴의 역학이었다. 뉴턴은 만유인력을 제시하고 행성의 타원 궤도를 예측하는 쾌거를 이루며 과학계의 영웅으로 등장했다. 그의 이론은 의심할 여지없이 신이 창조한 세계의 질서를 설명했고, 오직 신만이 자연의 법칙인 프린키피아를 위배할 능력이 있다고 믿어졌다. 뉴턴은 유클리드의 《기하학원론》의 정신에 맞추어 그의 생각을 전개하길 원했기에 몇 개의 가정을 전제했다. 그것은 시간, 공간, 물질은 절대적인 것으로 서로 연관이 없는 독립된 것으로 정의한 것이다. 이 절대적 시공간 개념과 운동 법칙은 합리적 계몽의 가장 든든한 반석이었다.

아인슈타인은 시간과 공간에서 물질이 빛의 속도에 대해 어느 정도의 속도로 움직이고 있는가 하는 상대 속도에 따라 변화됨을 주장했다. 그는 빛의 속도가 일정하다는 가정 하나만을 갖고 이 생각을 전개해 나갔다. 빛의 속도가 일정하다면, 운동을 관찰하는 관찰자의 시공간과 움직이는 대상의 시공간은 움직이는 속도에 따라 상대적 값을 갖게 될 것이다. 그의 이론에 따르면, 빛의 속도에 육박하여 움직이는 대상의 시간은 천천히 흐르게 될 것이고, 그의 공간은 수축된다. 만일 쌍둥이가 있는데, 한 명을 우주선에 태워 매우 빠르게 우주여행을 시킨 후 돌아오면 시간이 천천히 흘러 지구에 남아 있던 다른 형제보다 젊을 것이라는 쌍둥이 패러독스를 낳기도 했다.

아인슈타인의 상대성이론은 많은 낭만적 상상을 자아냈기에, 연인과 보내는 시간과 악당과 보내는 시간의 감정적 상대성을 이야기하는 호사가들도 생겨났지만, 사람들에게 절대라는 개념에 의심을 던져 줬다는 측면에서 엄청난 생각의 확장을 유발시켰다. 진리와 관련된 절대성이 흔들리기 시작한 것은 이후 오늘날의 시대를 만드는 것에도 커다란 역할을 했다.

아인슈타인의 상대성이론이 가져온 엄청난 파급 효과는 바로 질량에 있다. 그는 에너지가 질량에 빛의 속도의 제곱을 곱한 것이라는 것임을 이론적으로 밝혔다. 질량이 에너지라는 그의 생각은 파격적이었지만 상대성이론을 적용한 그의 공식을 테일러 시리즈로 전개하면, 자연스럽게 둘째 항에서 운동 에너지가 나온다는 점에서 고전적 에너지

개념을 모두 소화하고 있다. 물질 에너지에 대한 그의 생각은 원자 에너지를 추출하는 기술을 촉발시키는 계기가 되었다. 그리고 이것은 나중에 원자 구름으로 피어났다.

아인슈타인은 특이한 인물이었다. 특이한 행동으로도 유명했지만, 유대인으로서 독일의 학교 교육에 적응하지 못했던 인물이기도 했다. 끊임없는 질문 탓에 수업에 방해가 된다고 하여 김나지움에서 퇴학을 당하기까지 했다. 낙천적 성격의 그의 부친은 퇴학당한 아들과 여행을 다녔고, 마음을 추스른 그는 독일 대학에 입학할 자격이 안 되어 당시로선 변방에 속했던 스위스에서 대학 입시 준비를 한다. 그마저 순탄치 않아 재수 끝에 간신히 합격했다. 지금은 세계적 명문 대학으로 인정받는 쮜리히 연방공대에서 그는 물리학을 공부했다. 민코브스키라는 4차원 수학의 대가가 있어 아인슈타인은 상대성이론을 구축할 기본적 지식을 배울 수 있었다. 그의 스승은 수학의 세계에 머물렀으나 그는 실제 세상의 이치에 이를 적용했다.

나중에 부인이 된 밀레바의 노트 덕에 간신히 대학을 졸업한 아인슈타인은 친구 아버지의 추천으로 가까스로 입사한 특허청에서 특허 업무를 담당하며 발명을 하기도 했다. 그의 발명 중에는 흡열식 냉동 장치가 있었는데, 이것은 오늘날도 사용되는 요긴한 발명이다. 그가 다루었던 특허 주제들 중에는 도시 여기저기에 생겨난 철도역에 제시간에 기차가 도착하게 하는 문제들이 있었다. 이 문제는 무엇보다 모든 지역에서 시간이 같이 정의되어야 했다. 전기 신호를 보내는 텔레그래프로 해결되었지만 여전히 기차의 운동과 정차해야 할 역의 위치와 시간은 중요한 생각거리였다. 특허청 일을 보는 틈틈이 아인슈타인은 움직이

는 대상의 시공간과 관측자의 시공간을 놓고 고민하는 즐거운 상상을
했고, 그 상상은 마침내 상대성이론으로 탄생했다.

불확정성의 무지개

오늘날 우리는 양자 컴퓨팅을 이야기하고, 양자 얽힘이라는 이론으
로 노벨상을 수상한 과학자들의 이야기를 듣는다. 상대성이론이 아인
슈타인이라는 단 한 명의 과학자가 탄생시킨 이론이라면, 양자역학은
20세기 초반 과학자들의 지적 흥분이 만들어 낸 거대한 결과물이다.
상대성이론이 도시 여기저기의 기차역에서 제각각 울려대는 시계 종소
리를 맞춰 보려는 특허청 직원의 열망에서 나왔다면, 양자역학은 양조
공장의 주인들이 만든 열역학의 끝자락에서 나왔다.

뜨겁게 가열된 물체에서 나오는 빛을 복사^{radiation}라고 한다. 이 빛은
뜨겁게 달궈진 물체가 갖는 열에너지가 방출되면서 나타난다. 이 빛의
강도와 파장을 조사한 연구가 진행되었는데, 모든 빛을 흡수하고 자신
이 내는 고유한 빛만 방출하는 물체인 흑체$^{black\ body}$에 관한 연구였다. 흑
체에서 나오는 빛과 그 빛을 유발하는 원인 물체의 온도와의 상관 관
계를 밝히고자 했던 연구자들로 빌헬름 빈$^{Wilhelm\ Wien,\ 1864~1928}$, 존 레일리
$^{John\ William\ Strutt\ Rayleigh,\ 1842~1919}$ 등이 있었지만, 각자 부분적 상관식을 제시
하고 있었다. 1900년 12월, 독일 베를린대학의 이론 물리학 교수였던
막스 플랑크$^{Max\ Planck,\ 1858-1947}$ 교수가 물리학회에서 중요한 논문 하나를
발표했다. 복사 에너지가 자신이 제시한 특정한 상수에 빛의 진동수를

그림 6.27 1918년 노벨상 수상 당시의 막스 플랑크

곱한 것과 같다는 연구 결과였다. 이것으로 20세기 양자역학에 의한 과학 혁명이 시작된다.

플랑크는 1901년 이러한 열 복사를 조화 진동자 모델로 설명하고자 했는데, 이 경우 각각의 진동자들은 고유 특성 주파수의 정수 배의 에너지를 방출해야만 했다. 이는 각 진동자에서 방출되는 에너지가 양자화(에너지 덩어리화)되어 있음을 의미한다. 이렇게 띄엄띄엄 결정된 진동수와 에너지를 연결하는 상수가 플랑크 상수다. 이런 플랑크의 생각은 과학계에 빛과 입자에 대한 의구심을 던졌다.

기적의 해 1905년에 아인슈타인은 플랑크의 생각에서 더 나아가 광전 효과라는 논문을 썼는데, 이 논문이 아인슈타인에게 노벨상의 영예를 안겨 주었다. 아인슈타인의 광전 효과 이론은 오늘날 태양전지에 일상으로 적용되지만 당시로선 매우 혁신적인 주장이었다. 즉 플랑크가 말한 양자가 진동자 모델의 이론적 존재가 아니라 실제로 물리적 입자로 작용한다는 주장이었다. 이렇게 양자 현상에 중요한 기여를 한 아인슈타인이었지만, 정작 양자역학의 발전 과정에서 그는 매우 비판적인 입장을 취했다. 그 이유는 양자역학을 구성하는 과정에 등장한 확률론적 구조

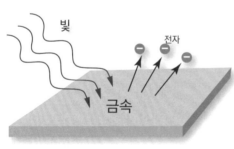

그림 6.28 광전 효과 모식도

때문이었다. 자연법칙은 인과율에 따라야 한다는 굳은 믿음을 갖고 있었던 그는 양자역학에서 등장하는 확률론적 현상의 발현과 관련한 비판을 멈추지 않았다. 아인슈타인의 끝없는 비판은 사실 매우 단단한 양자역학의 기반 구축에 큰 역할을 했다. 더욱이 그의 비판 중 하나는 21세기 들어 양자 얽힘*quantum entanglement*이라는 현상과 이론으로 입증되어 놀라움을 준다.

아인슈타인의 비판거리가 된 양자역학 연구는 초기 수소 원자의 스펙트럼 연구에서 시작된다. 분젠이 만든 버너는 다양한 원소를 가열하여 얻어지는 특이한 빛을 분광기를 통해 분석 가능하게 했다. 프라운호퍼와 분젠의 기여로 원소마다 나오는 빛이 연속적이지 않으며, 각기 파장이 다르다는 사실이 밝혀졌다. 특히 발머[29]와 뤼드베리[30]는 수소 원자가 보여 주는 4개의 선 스펙트럼을 설명하는 식을 만들기도 했다. 이것을 원자의 구조로 이해하고자 한 사람이 보어[31]였다.

보어는 대범한 원자 가설을 제시했다. 원자의 중심에 양의 전하를 띤 핵이 있고, 주변에 띄엄띄엄 에너지 준위에 맞는 궤도에 전자가 존재한다는 가설을 제시했다. 여기에 더해 전자는 일종의 정현파로서 에너지를 손실하지 않은 채 궤도에 존재한다는 가설이었다. 전자가 입자일 때 하전 입자의 원 궤도 운동은 원심력에 입각한 등가속 운동이므로 제동 복사 현상에 의해 지속적으로 제동 복사 에너지를 방출하며 궤도를 유지하지 못하고 마침내 원자핵으로 귀속되어야 한다. 보어는 이러

---

29 *Johann Jakob Balmer*, 1825~1898. 스위스의 수학자이자 물리학자. 1897년 발머 공식을 발표했다.

30 *Johannes Robert Rydberg*, 1854~1919. 스웨덴의 물리학자. 광자의 파장 공식을 발견했다.

31 *Niels Henrrik David Bohr*, 1885~1962. 덴마크의 물리학자, 원자 구조와 양자역학 연구에 기여한 공로로 1922년 노벨 물리학상을 수상했다.

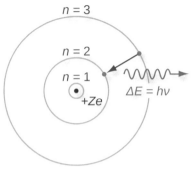

$n = 3$

$n = 2$

$n = 1$

$+Ze$

$\Delta E = h\nu$

그림 6.29 보어와 수소 원자의 보어 모델

한 모순을 해결하기 위해 전자를 일종의 파동으로 설명했다. 보어의 가설은 현상적으로 관측된 수소 원자의 스펙트럼을 잘 설명하였지만, 가설이 갖는 물질에 대한 설명을 위해 양자역학이 탄생하기까지 많은 갑론을박이 있었다. 이런 와중에 슈뢰딩거[32]는 양자역학의 파동 방정식을 공식화해 우리가 경험하는 물리 세계가 물리량을 파동 함수의 평균화를 위한 전체 적분의 결과로 이해하게 만들었다. 이 이론은 우리가 절대적으로 이해하는 측정 값들이 사실은 파동 함수와의 결합 속에서 확률적으로 결정된다는 이론으로, 상식의 세계관을 넘어서는 것이다.

결정론적 세계에서 빛의 속도에 대한 상대성으로 시공간을 정의한 상대론의 관점과 또 다른 세계관은 심지어 아인슈타인조차 받아들이기 어려운 논의였다. 하이젠베르크[33]는 이런 양자역학적 사고가 필연적으로 경험하게 되는 한계를 지적하고 그것을 '불확정성의 원리'라고 불렀다. 우리가 무엇을 측정하고자 할 때, 측정 대상 시스템을 관찰하는

---

32 *Erwin Schrodinger*, 1887~1961. 오스트리아 출신의 이론물리학자. 나치의 오스트리아 합병에 반대해 아일랜드로 망명하여 정착했다.

33 *Werner Karl Heisenberg*, 1901~1986. 독일의 이론물리학자. 1927년 불확정성 원리를 발표하여 1932년 노벨 물리학상을 수상했다..

행위가 필요한데, 그저 쳐다보는 행위만으로 도 보내진 빛의 반사를 측정하는 오차가 개입 된다는 사실에 주목했다. 전자는 파동이며 동 시에 입자이므로 우리가 무엇을 관찰한다는 사실은 또한 파동의 개입을 의미한다. 따라서 관찰에는 필연적 오차가 존재하는데, 그 오차 가 어떤 범위를 갖는다고 주장했다.

그림 6.30 슈뢰딩거

조화 진동자에 기반한 역학을 구축하던 하이젠베르크는 1925년 6 월 고열병에 시달리다 잠시 휴양을 떠났던 헬골란트 섬에서 모든 항이 에너지를 보존한다는 사실을 증명해 냈다. 2개의 물리량의 곱으로 나 타나는 에너지 항에 대한 연구로 위치와 힘의 곱인 운동량, 시간과 파 워의 곱이 나타내는 에너지에 관한 것이었다. 이 연구에서 그는 2개의 물리량이 각기 측정 오차를 갖는 경우에 이것의 곱이 플랑크 상수보다 크다는 것을 발견했는데, 바로 하이젠베르크의 불확정성 원리다. 그에 따르면, 2개의 오차의 곱이 특정 값보다 크므로 만일 우리가 정교한 관측으로 하나의 물리량 오차를 없애면 다른 물리량의 오차가 무한대 로 커지는 상황에 직면하게 된다. 예컨대 위치 와 속도를 측정할 때, 우리가 어떤 입자의 위 치를 정확히 특정해 해당 입자의 속도를 측정 하고자 한다면 역설적으로 그 오차가 매우 커 진다는 설명이다. 이것은 양자역학이 갖는 심 오한 철학이자 물리 현상으로 자연계의 측정 에 있어 물리량 오차를 허용할 수밖에 없음

그림 6.31 하이젠베르크

을 의미한다. 예컨대 우리가 세포를 알아내기 위해 세포에 염색하여 현미경으로 보면 그 세포벽과 내부를 들여다 볼 수는 있겠지만, 그 순간 세포는 이미 살아 있는 세포가 아닌 다른 존재가 되어 있으므로 관측은 실제와 달리 오차를 포함한다.

전자의 파동성과 입자성에 대한 논쟁은 마침내 이중성^{duality}으로 이해되었다. 전자는 입자로도, 파동으로도 거동하는 이중성을 띤다는 것이다. 이 실험을 위해 전자총으로 두 개의 슬릿이 있는 벽에 전자를 쏘았다. 전자가 입자라면 두 개의 슬릿을 통과해 벽 너머에 있는 필름에는 두 개의 선만 관측될 것이다. 하지만 그 실제 결과는 마치 파동이 두 개의 슬릿을 통과하며 상호 작용하여 이루어진 물결 무늬 같은 패턴으로 나타난다. 이 실험을 통해 전자의 파동성을 확인할 수 있다. 이러한 이중성을 물질파라는 개념으로 정리한 드브로이[34]는 1929년 노벨 물리학상을 수상했다.

남은 자와 망명한 자

물리학에서 과학 혁명이 찬란한 꽃을 피우던 20세기 초, 전 세계는 전쟁의 광풍에 휩싸인다. 영국에서의 과학 혁명의 중심 축을 넘겨 받은 독일이 세계대전의 주범으로 등장한다. 히틀러를 중심으로 형성된 나치당은 게르만 민족의 우월성을 앞세워 야만의 제국을 만들어 갔다.

---

34 *Louis Victor de Broglie*, 1892~1987. 프랑스의 양자 물리학자.

나치즘과 파시즘이 극에 달하면서 미국으로 망명한 유럽의 과학자들은 마침내 제국주의자들이 일으킨 세계대전을 마감하는 핵 기술을 개발하기에 이른다. 정치적 파국 속에서 개별 과학자들의 삶을 간단히 조망해 봄으로써 전쟁이라는 야만에 조응해 지식이 어떻게 대응하는지 그 의미를 되새기고자 한다.

❋ 엔리코 페르미

페르미[35]는 이탈리아 물리학자다. 그는 로마대학에서 연구를 했고, 대학 시절에 이미 스승들을 능가하는 지적 능력을 보였다. 곳곳에서 천재성을 드러냈던 그였지만, 그 역시 파시즘을 피해 미국으로 망명한다. 이탈리아 망명자들이 많이 살던 시카고에 정주한 그는 시카고대학 교수로 봉직했다. 이론 물리학에서 베타 붕괴 관련 업적을 쌓고 시카고 대학의 운동장에 최초의 원자로를 만들어 조절 가능한 핵분열을 실험적으로 입증한다. 물론 그는 맨해튼 프로젝트에 참여해 원자폭탄을 만드는 데 결정적으로 관여했다. 많은 제자들을 키워 냈는데, 그중에는 1957년 노벨 물리학상을 수상한 중국인 제자 양첸닝楊振寧도 있었다.

❋ 아인슈타인

아인슈타인은 유대인으로서 역시 나치의 압제를 피해 미국으로 망명

---

35 *Enrico Fermi*, 1910~1954. 이탈리아의 물리학자. 미국으로 망명하여 최초의 핵 반응로 '시카고 파일-1'을 완성했다. 맨해튼 프로젝트에 참여했고, 페르미-디락 통계를 발표했다. 1938년 초우라늄 원소 발견으로 노벨 물리학상을 수상했다.

했다. 프린스턴대학 고등과학원에서 교수로 연구하며 많은 후학들에게 영향을 끼쳤다. 주로 혼자 연구하길 좋아했던 아인슈타인이었지만 프린스턴대학 물리학과의 학생들에겐 항상 본받고 싶은 스승이었다. 노벨 물리학상 수상자이며 현대 나노 과학의 아버지 리차드 파인만*Richard Feynman, 1918-1988*도 그의 앞에서 했던 논문 발표의 순간을 감격적으로 회고했다. 아인슈타인은 원자폭탄 개발을 건의하기도 했지만 원폭의 파괴력을 보고 나서 이를 반대하는 운동에 앞장서기도 했다.

❋ 오펜하이머

오펜하이머*1904~1967*는 망명한 과학자는 아니었지만 미국 태생의 유대인으로 망명자들과 함께했고, 반나치주의에 동참했다. 하버드에서 공부했던 그는 영국으로 건너가 캐번디시연구소에서 톰슨과 함께 연구했다. 이후 양자역학의 중심지였던 독일의 괴팅겐대학으로 옮겨 막스 보른 밑에서 수학했다. 후에 막스 보른은 독일 정부에 의해 추방당하지만, 1926년에서 1929년 사이의 괴팅겐 생활은 오펜하이머로 하여금 20세기 초 과학 혁명의 쟁쟁한 주역들과 어깨를 나란히 할 수 있는 기회였다. 이때 함께한 주역들로 하이젠베르크, 파울리, 페르미 등 쟁쟁한 인재들이 있었다. 4년 동안 절정의 논문 16편을 발표하는 등 과학자로서 정상의 반열에 오르던 오펜하이머는 25세에 미국으로 돌아와 버클리대학 교수가 되었다. 버클리에서 그는 독특한 언행과 열정적 교수법으로 학생들의 이목을 끌며 리더십을 키워 나갔다. 가속기를 함께 개발하며 친분을 쌓았던 로렌스의 추천으로 맨해튼 프로젝트의 수장을 맡는다. 스승 막스 보른의 추방에 충격을 받아 반나치즘 및 반파시즘 운동에 적극적으로 나섰던 좌익계 사람들과 함께하며, 그 인연으로 공산당원의 전처였던 카타린 해린슨과 결혼했다. 이 결혼은 이후 미국을 혼돈의 도가니로 몰아넣은 매카시 선풍 당시 그를 간첩으로 몰아간 결정적 이유가 되기도 했다.

그림 6.32 로스 알라모스연구소장 시절의 오펜하이머

1943년 3월에서 1945년 10월까지 맨해튼 프로젝트를 진두지휘했던 로스 알라모스연구소 소장으로서 일본에 투하된 원폭 '리틀 보이'와 '팻맨'을 만들었다.

❋ 하이젠베르크

저서 《부분과 전체》를 통해 우리는 독일에 남아 끝까지 독일 과학을 붙잡았던 '불확정성 원리'의 주인공 하이젠베르크의 진면목을 엿볼 수 있다. 괴팅겐대학 재학 시절 우연히 참석한 세미나에서 닐스 보어와 운명적 만남을 가진 후 하이젠베르크는 양자역학의 세계로 깊숙히 빠져든다. 학문적 친구로서 그와는 성격이 완전히 다른 이론 물리학자 볼프강 파울리도 있었다. 하이젠베르크가 교수가 되었을 때, 나치당에 가입한 학생들로부터 정치 참여 요구가 강했지만, 그는 물리학자로서 정치적 중립을 지키고자 했다. 하이젠베르크는 독일의 오토한 등 핵분열을 발견한 연구자들과 함께 독일 핵 개발에 관여하게 되었다. 천연

우라늄 원자로 개발에 참여하여 주요 세미나를 주도했다.

　1945년 5월 3일, 독일의 원자폭탄 개발 프로젝트를 확인하는 작전을 펼친 연합군에게 알소스 핵 시설이 점령당하며 그곳에 있던 하이젠베르크도 함께 체포된다. 영국에 억류되어 있던 그해 8월 6일, 하이젠베르크는 일본에 원자폭탄이 투하된 사실을 들었다. 억류 기간 중 확인된 사실에 의하면, 하이젠베르크는 원자폭탄이 제조되어 투하되었다는 사실을 초기에는 믿지 않았을 뿐더러, 자신은 한 번도 원폭 연구를 한 적이 없고 천연 우라늄으로부터 에너지를 얻고자 원자로 연구를 한 것으로 믿었다고 알려져 있다.

세계대전과 과학

※ 유럽에서 태평양으로 번진 불꽃

　제1차 세계대전과 제2차 세계대전을 구분하지 않고 '20세기 세계대전'으로 총칭하기도 한다. 19세기의 발전은 몇몇 국가에 전에 없는 부를 안겨 주었다. 이에 따라 다른 나라를 제압해 식민지로 삼을 만한 힘을 갖춘 강대국이 출현했다. 제국주의적 식민지 건설 초기 아프리카와 아시아 지역을 대상으로 식민지 확장에 나서며 긴장 관계를 만들던 이들 국가들의 경쟁은 마침내 세계대전으로 폭발되었다. 일반적인 전쟁 발생 메커니즘은 전쟁을 일으킬 만한 군사력과 그 군사력을 발휘하게 만들 지도자의 존재로 이루어진다. 그리고 그 군사력을 발휘해 전쟁을 일으킬 명분이 있어야 한다.

　일본의 경우, 유럽에 도자기를 수출하여 얻은 막대한 이익이 있었고, 메이지 유신 이후 소멸된 막부들이 일왕을 중심으로 강력한 중앙 집권적 군부를 형성하여 군국주의적 태도를 취하게 된다. 아시아에서의 일본의 패권 확장을 견제하려는 러시아와의 갈등이 러일전쟁으로 전개되지만, 쉽게 승리할 줄 알았던 러시아는 예상과 달리 일본에게 대패한다. 이 전쟁의 결과 나폴레옹의 모스크바 정복 실패로 쌓아 올렸던 막강 러시아의 이미지가 깨어지는 동시에 일본이 새로운 열강으로 등장하는 결과로 이어졌다.

　자국의 힘을 과시하려는 전쟁의 심리는 광범위하게 확장되었는데, 이는 원시 시대부터 내려온 인간 내면에 존재하는 폭력의 흔적이다. 당연히 이야기되는 전쟁의 참상에도 불구하고 혹자는 전쟁이 사회 발전의 원동력으로 기능한다는 평가를 하기도 한다. 전쟁에 사용될 각종 기술 발달을 유도함은 물론, 전쟁의 결과 패전국의 부녀자들에 대한 승전국 군인들의 겁탈이 젊은 용사들의 유전자 혼합 및 전이로 이어진다는 설조차 있다. 전쟁의 비인간성을 이렇게 무심히 평가할 수는 없는 일이지만 인류가 전쟁의 광포에 몰두했던 과정은 역사적 사실이다. 1914년 전쟁의 원인에 대해서는 알려진 많은 설이 있지만, 혹자는 기나긴 번영과 평화에 대한 염증과 지루함이 원인이었다고도 한다.

　전쟁이 처음부터 전면전으로 흐르지는 않는다. 전주곡으로서의 분쟁이 여러 상대를 불러들여 확장되며 심지가 타들어가듯 마침내 대폭발로 이어진다. 아프리카 식민지를 통치해 온 서구 열강의 힘의 균형은 서서히 깨어져 갔다. 남아프리카 식민지인들이 영국 법을 따르지 않겠다는 선언이 계기가 되었다. 보어인들이 주축이 된 이 저항은 저항군의 게릴라 전법으로 제압이 매우 어려웠고, 영국은 막대한 화력을 퍼부어 결국 복종시켰으나 유럽 열강은 이 과정을 주의 깊게 지켜보고 있었다. 특히 독일 군부는 전술적 관점에서 이 전투를 분석했다.

화약고는 유럽에 있었다. 발칸반도였는데, 예나 지금이나 다양한 종족이 다른 언어를 사용하며 복잡하게 얽혀 사는 지역이었다. 지정학적 위치와 민족적 성향으로 1912년에서 1913년 사이 작은 분쟁이 그치지 않았다. 1914년 6월 오스트리아가 발칸반도에 강력한 영향력을 행사하겠다고 천명하였다. 오스트리아는 오스트리아-헝가리 왕위를 계승할 황태자를 보스니아 수도 사라예보에 보내 대공으로서의 임무를 맡겼다. 그런데 세르비아 청년의 총격으로 황태자가 사망하는 사건이 일어났다. 청년이 쏘아 올린 총성은 유럽의 평화가 끝나고 전쟁으로의 돌입을 알리는 신호탄이었다. 외교적 교섭이 한 달을 끌었지만 1914년 8월 1일 전쟁은 본격화되었다. 제1차 세계대전(1914~1918)과 제2차 세계대전(1939~1945) 사이 20년은 겉으로는 평온의 시대처럼 보였지만 전쟁 중 잠시의 휴식기에 불과했다.

1930년대 일본이 식민지 조선을 통해 만주와 중국 본토를 침공했다. 히틀러가 집권(1937년)하고 독일은 다시 세계 패권을 잡기 위해 1939년 9월 1일 폴란드를 침공했다. 제2차 세계대전이 발발한 것이다. 이후 6년의 세계대전에서 미국의 참전은 전쟁의 승패를 가를 중요한 이정표가 되었다. 사실 다수의 미국인들은 세계대전에 참여하는 것을 꺼렸다. 고립주의는 미국이 유럽이나 아시아 대륙에서 멀리 떨어진 지리적 이점을 누리는 일이었다.

한편 일본은 유럽에서 해군의 역할이 그다지 크지 않았던 상황과 달리 매우 막강한 해군력을 구축하고 있었다. 진주만 공습 당시 일본은 항공모함을 8대나 갖고 있었지만 미국은 3대로 열세였다. 구축함도 일본은 129대로 미국의 80대에 앞서 있었다. 일본의 진주만 공습은 미국이라는 강대국을 공략하되 하와이 진주만에 있는 태평양 함대를 초토화시키면 이를 회복하느라 미국이 시간을 쓰는 사이 동남아시아를 모두 점령할 수 있다는 계산이 있었다. 더불어 미국이 다시 고립주의를 택하여 일본의 패권을 인정할 것이라는 착각에 있었다. 1941년 12월 7일 일요일 아침, 하와이에 접근한 일본 항공모함 6척에서 400여 대의 함재기가 출격해 진주만을 공습했다. 공습 소식에 미국의 여론은 급격히 바뀌었고 수많은 젊은이들이 자원 입대했다. 그중에는 유력 정가의 젊은이들도 있었다.

※ 맨해튼 프로젝트와 원자 구름

진주만 공습은 일부 핵 물리학자들이 제안한 원폭 개발 프로젝트인 맨해튼 프로젝트를 가속화했다. 1941년 10월에 원자탄 개발을 기획한 미국의 루스벨트 대통령은 진주만 공습이 일어난 일주일 후인 1941년 12월 14일에 첫 회의를 소집했다. 그리고 우라늄을 분리하는 공정과 원자폭탄의 설계가 시작되었다. 우라늄 235를 85% 이상 농축한 것은 '리틀 보이'라는 원자탄에 적용되었다. 이 프로젝트에 대해서는 실험이 필요 없을 정도로 성공을 확신하고 있었다. 반면 플루토늄을 이용해 제조한 '팻맨'이라 이름 붙인 원자탄은 원형으로 둘러싼 정교한 설계가 필요했기 때문에 실험 장치가 필요했다. 플루토늄은 흑연을 감속재로 사용하는 X-10이라는 원자로에서 생산되었다. 이 원자로는 페르미가 시카고대학에서 주도해 만든 장치였다. 뿐만 아니라 더 많은 핵물질 생산을 위해 하나의 포드에 원자로를 설치했다. 플루토늄 원폭에 대한 실증 실험이 필요하다는 판단에 따라 1945년 7월 13일 '가제트'라고 명명된 트리니티 실험이 이뤄졌다. 실험에는 원폭 개발의 주역들이 모두 참석했다. 아내 로라 페르미가 쓴 《원자 가족》이라는 책에서 페르미는 종이를 날려 원폭의 폭발력을 역산했던 추억을 회고했다. 실험 성공 후 일본의 심장 도쿄에 대한 원폭 투하 작전은 피격 위험이 상대적으로 높다고 판단한 연합군 지휘부는 큐슈의 나가사키와 히로시마에 원폭을 투하하기로 결정했다.

1945년 8월 6일, 우라늄 원자탄 리틀 보이를 실은 B29 폭격기가 히로시마를 목표로 비행을 시작했고, 만일의 격추 위험을 대비해 코쿠라나 나가사키가 대안 후보지로 결정되었다. 리틀 보이는 히로시마 상공에 530m에 달하는 원자 구름 기둥을 만들고, $12km^2$의 면적을 완전히 파괴했다. TNT 13kt의 폭발력에 맞먹는 파괴력에 사망자는 8만 명에 달했다.

3일 후인 1945년 8월 9일, 또 한 발의 원폭이 터졌다. 이번에는 플로토늄 원폭 팻맨이었다. B29 폭격기 조종사는 트리니티 실험에서 팻맨의 위력을 확인했던 인물이었다. 애초의 투하 목표지는 기타큐슈의 코쿠라였으나 기상이 좋지 않아 나가사키에 투하했다. TNT 21kt의 위력으로 폭발한 팻맨은 나가사키의 44%를 파괴하고, 3만 5천 명의 사망자를 발생시켰다. 8월 19일에 또 다른 원폭 투하를 계획하고 있었던 미국은 일본이 8월 15일 무조건 항복을 선언함으로써 추가 투하를 취소했다.

※ 원자 구름 속에 사라진 낭만 시대

욕망은 낭만 구름을 피워 낸다. 낭만 구름은 한여름 뭉게구름처럼 피어오르다 검게 하늘을 덮고, 우박과 비, 천둥과 번개를 동반한다. 그리고 언제 그랬냐는 듯 높은 하늘을 새털구름으로 장식한다. 낭만은 그렇게 아름답고, 치열하고, 변덕스럽고, 생산하고, 파괴한다. 우리는 프랑스 혁명 이후 사랑과 상상을 노래한 바이런의 시가 땅으로 내려앉아 사실을 파헤치고 다시 인상, 상상, 추상으로 번져 나가다 마침내 퇴폐적 낭만으로 변해 간 변덕을 기억한다. 그리고 마침내 낭만 구름은 530m 높이의 거대한 버섯구름으로 변했다.

후기 낭만주의 거장 라흐마니노프는 1943년 3월 28일, 버섯구름의 파괴적 장면을 보지 못하고 세상을 떴다. 라흐마니노프의 음악이 던져주는 종교성과 우울은 낭만주의의 끝에 닿은 이런 전쟁과 참혹한 파괴라는, 아주 먼 거리의 연결선을 갖고 있었던 것인지도 모른다.

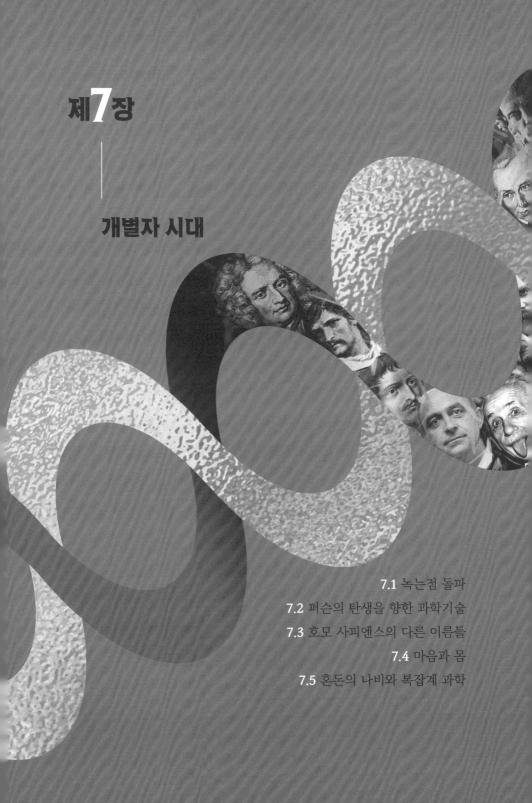

제7장

개별자 시대

7.1 녹는점 돌파
7.2 퍼슨의 탄생을 향한 과학기술
7.3 호모 사피엔스의 다른 이름들
7.4 마음과 몸
7.5 혼돈의 나비와 복잡계 과학

7.1 녹는점 돌파

퍼슨*person*은 '소리를 내는*sona* 개인*per*'이다. 개별적 의견을 갖는 사람으로 피플*people*과 다르다. 우리가 기억하는 링컨의 게티스버그 연설 "포 더 피플*for the people*, 바이 더 피플*by the people*, 오브 더 피플*of the people*"에서 피플은 시민*citizen*과 그 외의 사람들을 모두 포함하는 광의적 의미를 갖는다. 정부는 피플을 상대하고, 피플은 정치적 색깔에 따라 정당을 선택하고, 선택한 정당에 정권을 주기 위해 투표했다. 그러나 1950년대부터 2019년까지의 시대는 피플에서 퍼슨으로의 길을 달려왔다.[1] 피플은 가고 퍼슨의 시대가 왔다. 이 장에서는 1950년 이후의 현재에 이르는 시대를 살펴보기로 한다. 세계대전이 끝나고 이념 전쟁과 학생 혁명, 민주화, 디지털 개인, 과학기술의 폭주를 목도하는 시대이다.

이데올로기는 사람들을 전쟁으로 내몰았고, 사람들은 이에 반항했다. 전쟁이 없는 평화, 개인의 자유와 존엄을 요구하는 행진이 이어졌다. 기술 진보에 따른 퍼스널 컴퓨터의 급속한 확산으로 개인들은 국가에 버금가는 정보력을 갖추게 되었고, 인공 지능을 탑재한 스마트폰은 개인들에게 평등한 지적 권력을 누리게 해 주었다.

이데올로기라는 거대 담론을 해체하기 위한 일련의 철학적 성찰은 포스트모던이라는 시대정신으로 나타나 개별 담론의 중요성을 일깨웠다. 휘발성*volatile*, 불확실성*uncertain*, 복잡성*complex*, 모호성*ambiguous*이란 개념으로 정리되는 시대적 양상은 이전 시대와는 뚜렷이 다르다. 그 사이

---

1 퍼스널 도구들은 발달하고 있으나 정작 사람들은 개별적 자기 목소리를 찾기보다 진영으로 나눠 쏠리고 다툰다. 아직 퍼슨이 아닌 개별자(individual)이다.

세계는 독일 통일, 소련 붕괴, 세계화, 신자유주의, 9·11 테러, 코로나 팬데믹, 경제 위기의 시대를 거쳐 왔다. 바우만[2]은 이 시대를 '액체 근대$^{liquid\ modern}$'의 시대라 불렀다. 근대의 고체성이 녹는점$^{melting\ point}$에 도달하여 용융되기 시작했다는 의미다. 그의 생각은 매우 물리적이다. 상변화$^{相變化,\ phase\ change}$는 열이 공급될 때 가능하다. 그렇다면 그 융점 돌파를 가능케 한 원동력으로서 이 시대의 에너지는 무엇이며, 그 에너지가 탄생시킨 액체 근대의 입자는 무엇인가? 바로 퍼슨이다.

이데올로기 전선의 형성

❋ 얼음의 형성

1945년 히로시마와 나가사키 하늘에 번진 원자폭탄의 버섯구름은 2차 세계대전의 막을 내리게 했다. 독일, 일본과 연합군의 대결은 연합군의 승리로 끝났다. 물론 이 승리의 주역은 단연코 역사의 무대에 새롭게 주연으로 등장한 미국이었다. 산업 혁명 이후 낭만 시대 세계 패권의 흐름은 영국에서 미국으로, 유럽 과학주의의 패권은 독일에 그 자리를 내주었다. 나치즘과 파시즘은 독일 과학자들을 미국으로 몰아냈고, 이들은 미국을 세계 최고의 강국으로 만들었다. 미국이 최강국으로 성장하고, 전쟁의 뒷자리에서 공산주의 국가들이 생겨났다. 이들

---

2 *Zygmunt Bauman*, 1925~2017. 폴란드 출신의 사회학자. 영국 리즈대학교 교수로 재직했으며《액체근대》를 발표했다.

국가들은 18세기 민주주의 혁명으로 유럽에서 시작된 민주적 공화정을 아직 경험하지 못한 나라들이었다. 과거의 봉기와 혁명이 신흥 부호들의 권리 주장에서 출발했다면, 이제 불붙은 공산 혁명의 주역은 생산에서 파생된 이익을 공동으로 분배하자는 노동자들이었다. 그러나 혁명 성공 후 공산당은 권력을 완전 독점해 규칙과 감시로 질서를 잡고자 했고, 그 질서는 얼음처럼 견고했다. 왕정과 파시즘의 빈 자리로 독재가 자리할 수 있다는 역사적 교훈을 안겼다.

이후 만들어진 세계 질서를 얼어 붙게 만든 얼음의 핵은 러시아로부터 비롯되었다. 지중해 중심의 상업이 발달했던 시절, 러시아는 먼 동방의 나라였다. 서유럽 연안 국가들이 대항해를 시작하여 신대륙을 발견하고, 여기저기 식민지를 건설하며 번영을 구가하던 때에도 러시아는 멀리 있었다. 그럼에도 뒤늦게 낭만 시대의 끝자락에 문학의 꽃을 활짝 피웠다. 비록 유럽 각국에 비해 상대적으로 늦게 출발했지만 1860년대 이후 광물 등 풍부한 자원을 이용해 공장이 만들어지고 도시화가 진척되면서 노동자 수가 급격히 늘기 시작했다. 조업 환경은 열악했고, 자본가들의 착취 또한 심했다. 이러한 변화의 과정에 도스토예프스키와 톨스토이와 같은 대문호들이 탄생했고, 이들은 실존의 문제를 하나 하나 캐물었다. 러시아 문학은 세계인의 마음을 사로잡았다. 러시아 지식인과 종교인들은 20세기 들어 비로소 이웃나라들이 이미 완성한 역사의 진도를 밟아 나아가기 시작했다.

1905년에 처음으로 차르의 전제 정치에 대항하는 운동이 일어났다. 러시아 정교회 신부의 주도하에 러일전쟁의 중지, 헌법 제정, 기본적 인권 확립 등을 요구하는 파업이 일어났다. 1905년 1월 9일 일요일, 니콜라이 2세에게 직접 청원하기 위해 노동자들이 행진에 나섰다. 차르의 절대 권력은 개혁을 요구하는 목소리를 무력으로 진압했다. '피의 일요일'이라고 불리는 이 사건은 그동안 러시아 민중들이 품고 있던 차르에 대한 환상을 부수는 계기가 되었다. 피의 일요일 사건은 마침내 1917년, 산업화가 이루어지고 있던 도시 노동자와 농민, 병사들을 주축으로 한 소비에트 혁명으로 이어진다(10월 혁명). 혁명은 마르크스와 엥겔스 사상을 기초로 레닌 주도하에 이루어졌다. 1917년 11월, 레닌이 이끄는 볼세비키는 차르와 전제 정치를 폐지하고 소비에트공화국의 탄생을 선언했다. 제정 러시아가 소비에트공화국으로 새롭게 탄생하는 순간이었다. 1920년대 들어 소비에트공화국은 이웃 벨라루스 공화국과 우크라이나 공화국 등 주변국들을 연합하여 소비에트사회주의연방공화국(소련)으로 세계사의 전면에 등장했다.

❋ 얼음의 성장

소련이 완성되고 레닌의 뒤를 이어 권력을 잡은 스탈린[3]은 국내적으로는 권력 유지를 위해 차가운 철권 통치를 펼치고 대외적으로는 팽창 전략을 추구했다. 소련은 이제 다가오는 고체 세계의 중심 핵이 되었다. 스탈린은 혁명을 완성시켰던 레닌의 사상을 비틀어 자신의 사상을 마르크스-레닌주의로 포장했다. 그 사상적 토대는 대륙에 서 있었던 일원론과 이원론 중 헤겔의 일원론적 사변 철학에 두었는데, 이는 기

---

3 *Iosif Vissarionovich Stalin*, 1879~1953. 조지아 출신. 기독교 성직을 꿈꿨으나 신앙을 포기하고 공산주의 혁명에 뛰어들었다.

하학적 논리 전개, 연역적 명증, 실천적 실증의 특성으로 나타난다. 헤겔의 변증을 적용하여 정신적 사유와 육체적 노동을 하나로 합침으로써 노동을 정반합의 정점에 두었다. 완전한 노동은 인간의 기계적 행동이 아닌 완전한 사유 활동으로 인식하고, 고대 노예, 봉건 농노, 자본주의 노동자는 완전한 노동으로 나아가지 못했다며 인간 내면에 작용하는 기계적 행동이 사유에 공존하는 '모순'이라는 주장을 폈다. 러셀[4]의 말처럼 이들의 철학은 '신 없는 신학' 혹은 '신 없는 종교'였다. 그들은 그렇게 자신들만의 윤리와 도덕 체계를 갖추어 갔다. 소비에트적 근대의 수용이자 견고한 질서 구축의 시작이었다.

철저히 독재자로서의 지위를 구축하려 했던 스탈린은 사상적 토대를 마련하기 위해 마르크스와 레닌의 사상을 자신의 방식으로 재해석하여 마르크스-레닌주의라 명명했다. 마르크스의 학위 논문에 주목한 그는 모든 사물은 더 이상 쪼개지지 않는 원자들의 구성으로 질적 변화가 없다는 데모크리토스의 사상과 원자 나열의 양적 구성이 아타락시아^{ataraxia}라는 질적 변화를 일으키는 자유 의지를 발현시킬 수 있다고 한 에피쿠로스의 주장에 특히 주목했다. 스탈린은 후일 이것이 스토아학파의 통일적 유물주의로 나가는 통로가 되었다고 주장했다.

최고로 복잡하고 높은 경지의 물질체인 인간이 아타락시아를 구현하기 위해 자유 의지를 발휘하는 행위는 인간을 구성한 원자 덩어리라는 양적 제한을 질적으로 변화시키는 양질 전환의 예라고 해석한 것이다. 이들이 고대 그리스에서 활동했다면 매우 치열한 철학 논쟁으로

---

4 *Bertrand Athur William Russell*, 1872~1970. 영국의 수학자, 철학자, 역사가, 사회비평가. 1950년 노벨 문학상을 수상했다.

전개되었을 터였고, 그 논쟁의 실질적 결과는 인류 지성사에 유해하지 않은, 개인적 행복을 추구하기 위한 삶의 철학이 되었을지 모를 일이었다. 그럼에도 스탈린의 유물론과 국가 주도 경제 개발의 신속성은 최초의 우주인 가가린[5]을 우주로 보내는 등 현실적으로 성공한 과학사의 쾌거로 드러남으로써 원자폭탄으로 세계 패권을 쥔 미국에 경각심을 준 것은 사실이다.

경제 체계의 혁명적 비판에서 출발한 공산주의는 소련이라는 실체적 경험을 바탕으로 점차 전 세계로 그 세력을 확장해 간다. 영국, 독일, 프랑스 등 유럽 제국주의 피해국들을 중심으로 세력을 확장한 공산주의는 중국, 한국, 몽골, 쿠바, 베트남 등 아시아 지역에서 확장되었고, 독일과 한국은 분단국으로, 중국과 베트남은 전역이 공산화되는 결과로 이어졌다. 1927년, 중국은 공산당이 세력을 확장하면서 장제스[6]의 국민당과 마오쩌둥[1893~1976]의 공산당 간 대립으로 내전이 발발했다. 중국 내전은 2차 세계대전 종전 이후까지 지속되었다. 1949년 중국 공산당이 베이징을 비롯 주요 도시를 장악하는 등 공세에 밀린 국민당이 1949년 12월 27일, 타이완으로 탈출함으로써 중국 대륙의 공산화는 마침내 완성되었다.

1945년 일본의 2차 세계대전 패망으로 해방을 맞은 대한민국은 38도선을 기준으로 북쪽은 소련, 남쪽은 미국이 지원하는 분할 체제에 들어섰다. 1948년에 남쪽엔 대한민국, 북쪽엔 조선민주주의인민공화국이 각각 정부 수립을 선포한다. 불행히도 얼음 시대 이데올로기 전

---

5 *Yurii Alekseevich Gagarin*, 1934~1968. 1961년 인류 최초로 지구 궤도를 비행했다.
6 蔣介石, 1887~1975. 1948년에서 1975년까지 5대째 타이완 총통을 역임했다.

쟁의 첫 발화는 바로 38도선을 기준으로 분리된 한반도에서 1950년 6월 25일 북한의 남침으로 시작되었다. 쿠바는 1959년 혁명으로 공산화되었고, 베트남은 1930년에 호치민이 결성한 베트남 공산당이 1955년 프랑스령 인도차이나의 독립 전쟁(1차 인도차이나 전쟁)을 승리로 이끈 후, 다시 미국이 지원하는 남베트남과 전쟁을 치른 끝에 1975년에 미국이 최종 철군하면서 공산화된 통일 국가가 완성되었다.

❋ 얼음의 실상

스탈린은 1인 독재를 위한 강력한 관료주의 체제로 국가 주도 경제를 끌고 나갔다. 권력 독점을 위해 스탈린은 친구와 동지들마저 무자비하게 숙청했다. 1937년과 그 다음 해에 걸쳐 2년 동안에만 100만여 명이 처형되었다. 강제 노동 수용소에 보내진 인원도 수백만 명에 달했다. 고발장에 10%의 사실만 있어도 숙청 대상으로 낙인찍혔다. 혐의 입증을 위한 고문이 자행되었고, 가족에 대한 협박으로 많은 사람들이 이미 조작된 죄의 틀에 맞추어 자백해야

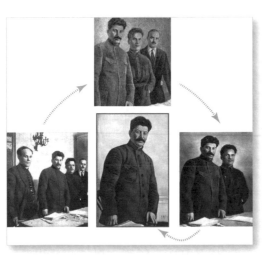

그림 7.1 스탈린은 집권 초기 동지가 숙청될 때마다 그 대상을 사진에서도 지워 나갔다. 하단 왼쪽 사진이 원본으로 화살표 방향으로 변화되어 공개되었다.(김재한 《전략으로 승부하다, 호모스트라테지쿠스》, 카오스북, 2021년. 480쪽)

그림 7.2 1988년 11월 19일 모스크바에서 열린 '양심의 주간'이라고 명명된 스탈린주의 범죄에 관한 첫 번째 전시회

했다. 정책은 농민들에게도 가혹해 이로 인해 죽은 농민의 수는 헤아릴 수 없다.[7] 그의 독재적 행태에 그의 아내마저 반대를 나타낼 정도였다. 스탈린에 대해 2차 세계대전을 최후 승리로 이끌고 소련을 지켜 낸 지도자라는 평가가 있는 반면 무자비한 독재자로 소련 및 세계 질서를 얼어붙게 만든 얼음 왕국의 주인공이란 평가가 일반적이다.

마오쩌둥의 주도로 공산혁명에 성공한 중국 공산당은 1949년 마르크스-레닌주의에 입각한 1국 1당 체제를 구축하고 1958년부터 국가 주도 경제 개발을 위한 대약진 운동과 이후 1966년부터 진행된 문화혁명기를 통틀어 수많은 사람들을 강제 노동에 처하거나 숙청했다. 소련과 미국의 동북아 질서 재편 경쟁에 따라 소련의 절대적 지원을 등에 업은 북한은 마르크스-레닌주의를 차용한 스탈린의 권력 집중 과

---

7 스탈린, 독재자의 새로운 얼굴 올레크 V. 흘레브뉴크, 유나영 옮김, 삼인. 647쪽.

정과 거의 유사한 길을 걸었다. 내부 권력 투쟁을 통해 확고한 권력을 틀어쥐고 1당 체제를 확립한 김일성은 국가 주도 계획 경제를 추진하며 한때 경제적으로 남한보다 월등한 위치에 서기도 했다. 1국 1당 체제의 국가 주도 경제 발전은 필연적으로 독재 강화로 이어져 현재까지 대를 이어 권력을 세습하고 있다.

마르크스-레닌주의로 포장된 스탈린주의는 결국 1당 독재라는 정치 체제와 계획 경제로 공식화되었다. 시간의 검증은 시장 규모가 커지고 세계화되는 과정에서 다양한 경제적 주체의 창의성이 요구되는 환경에서 국가 주도 계획 경제만으로는 경쟁에서 성공하기 어렵다는 사실로 도출되었다. 중국은 마오쩌둥 사망 후 문화혁명 당시 숙청되었던 혁명 동지 덩샤오핑이 집권하면서 자본주의적 실용 노선으로 전환하여 기업가 정신을 받아들이는 등 경제적으로 큰 변화를 꾀했다. 그럼에도 공산당 1당 독재 체제는 여전히 고수하고 있다.

❋ 얼음 전쟁

1950~1953년에 벌어진 한국전쟁은 공산주의 확장 정책이 자유주의와 충돌한 이데올로기 전쟁으로 근대의 이념 대결이 전쟁으로 확장된 사례다. 스탈린의 군사 지원을 받은 북한은 1950년 6월 25일 38선을 넘어 전격적으로 남침을 감행했다. 유엔은 미국을 주축으로 유엔안전보장이사회 82호 결의에 따라 한국 파병을 결정하였다. 더글러스 맥아더를 총사령관으로 하는 유엔군이 조직되어 파병되었다. 개전 초기 파죽지세의 공세에 밀리던 남한은 낙동강 방어선을 최후 거점으로 연

합군의 인천 상륙 작전을 통해 전세를 뒤집으며 북진하였다. 그러나 중공군의 개입으로 다시 일진일퇴의 치열한 공방 끝에 1953년 7월 현재의 휴전선을 분기선으로 휴전협정을 체결하며 전쟁의 막을 내렸다.

이 전쟁과 협정으로 한국은 현재까지 세계 유일 분단 국가로 남게 되었다. 연합군 참전국 중 최대 파병국인 미국은 160만 파병군 중 36,492명이 사망하고, 영국은 56,000명 파병에 1,177명 사망, 캐나다는 27,000명 파병에 516명이 사망했다. 그 외에도 튀르키에, 호주, 필리핀, 태국, 네덜란드, 콜롬비아, 그리스, 프랑스, 벨기에, 이디오피아, 남아공, 덴마크, 노르웨이, 스웨덴, 인도, 이탈리아, 룩셈부르크 등 16개국 1,754,400명이 참전하여 40,896명의 사상자를 냈다. 오늘날 대한민국이 세계 원조에 나서는 대상국 중에는 당시 참전국들이 포함된다. 이는 원조 수혜국에서 원조 공여국으로 바뀐 첫 사례로 국제적으로 그 위상을 인정받고 있다.

제2차 세계대전의 종식과 더불어 베트남은 식민지에서 벗어나려는 투쟁으로 대 프랑스 전쟁을 벌였다. 1946년 1차 인도차이나 전쟁의 결과 발생한 내부 분열로 베트남은 남·북으로 분단되었다. 이후 1955년 11월 1일부터 1975년 4월 30일까지 20년에 걸친 긴 내전은 자본주의 진영과 공산주의 진영의 대리전 양상으로 전개되며 1964년 8월부터 1973년 3월까지 한국을 포함한 미국 등 외국 군대가 10여 년 개입하면서 주변 캄보디아와 라오스 등으로 확대되었다. 베트남 전쟁에서 발생한 미군 사망자 수 58,193명, 부상자 수 303,644명의 수치는 전쟁의 참상을 미국에 실체적으로 알렸다. 동맹으로 참전한 한국군의 전사자도 5천여 명, 부상자는 만여 명에 이르렀다. 20년에 걸친 전쟁 기간에 전체 민간인 사망자는 25만~50만 명, 군인 사망자는 65만~140만 명에 이르렀다. 한국전이 소련과 미국의 치열한 이념 대결에 따라 3년에 걸쳐 진행된 매우 집중적인 전쟁이었다면, 베트남에서의 전쟁은 무려 20년에 걸쳐 길게 진행된 이데올로기 전쟁이었다. 제2차 세계대전 직후 벌어진 두 전쟁은 이데올로기 대결이 인류에게 얼마나 큰 고통을 안겨 주는지 근원적으로 성찰하는 계기가 되었다.

융점을 넘어선 세계

※ 얼음이 녹는 소리

한 나라의 내전이 자본주의와 공산주의 이념 대립에 따른 대리전 양상으로 번지면서 젊은이들은 참전의 당위성도 찾지 못한 채 동원되어 전사하거나 부상을 입었다. 전쟁의 참혹한 결과는 전쟁을 바라보는 사회적 시각을 변화시켰다. 전쟁은 결국 세계 패권을 차지하려는 중심 국가 미국과 소련의 힘겨루기이고, 그 결과는 나의 삶과는 상관 없는 타국의 정권을 어떤 세력이 장악하는가의 문제에 불과했기 때문이다. 베트남전처럼 내부 분열에서 시작된 국지전조차 이렇게 강대국의 대리전 성격을 띠면서 끝을 알 수 없는 전쟁으로 확전되는 현실은 전쟁 당사국도 그렇지만 참전국 젊은이들에게도 엄청난 고통이 아닐 수 없었다.

이제 젊은이들은 전쟁 없는 평화의 세상을 갈구하는 노래를 부르기 시작했고, 이데올로기를 내세워 개인의 존엄과 자유를 억압하는 권력에 분노하기 시작했다. 소련의 마르크스-레닌주의 역시 내부적 비판에 직면해야 했다. 생산 수단의 사유와 자유로운 생산 활동의 결과로 드러날 모순을 통제한다는 명분으로 생산 수단의 국유화를 통한 국가 주도 경제를 펼쳤지만, 그 경제 발전의 잉여물이 사람에 복속되지 않고 전쟁에 소모되었을 뿐 아니라, 사람들을 전쟁으로 몰아넣는 도구가 되어 버린 것이었다. 자본주의적 자유를 주창하는 미국 역시 마찬가지였다. 서서히 이념이 몰아가는 세계에 대한 염증이 퍼져 나갔다. 사람들은 이념보다 개인의 자유와 존엄을 외치기 시작했다.

지난 시대를 구분하는 일은 역사가들의 논쟁에 맡길 일이다. 그렇게 우리는 역사가들이 구분하여 명명한 지난 역사의 시대를 받아들여 이해하지만, 지금 숨쉬는 현 시대를 구분하여 명명하는 일은 쉽지 않다. 어느 누구도 현 시대를 명확히 규정할 만큼 특징적 삶의 양상을 정확히 짚어 내기 힘들기 때문이다. 그래서 프랑스 철학자들을 중심으로 '포스트모던 시대'라는 명칭이 친숙하게 번져 가고 있었다.

❋ 68혁명의 물결

1968년 프랑스 드골 정부의 실정에 반대하여 분출한 학생 운동이 전 세계로 번져 나갔다. 권위적 이데올로기 정권에 맞선 저항이 출발이었다. 시작은 낭테르*Nanterre*대학이 학생들과의 대립으로 일시 폐쇄를 결정하고 이 소식이 다른 대학으로 번지며 확산되었다. 그 과정에서 일단의 학생과 노동자들이 베트남 침공에 항의하며 '아메리칸 익스프레스' 파리 사무소를 습격하고 성조기를 불태우는 사건이 일어나 일부가

그림 7.3 68혁명 당시 벽에 쓰여진 슬로건 '금지하는 것을 금지하라!'

체포되었다. 시위대들은 이 회사를 베트남을 침공한 미국 제국주의의 상징으로 보았다. 연이어 이에 항의하는 집회가 소르본대학 등 여러 대학으로 번져 대학을 점거하는 시위로 이어졌고, 이것을 진압하면서 사태는 더욱 커진다. 마침내 생제르망 거리에서 학생과 경찰 간 시가전 양상으로 접어들었다. 이후 노동자들이 참여하면서 상황은 더욱 확대되었다. 100만 명의 노동자가 파업으로 동참한 것이다. 이에 위협을 느낀 대통령 드골이 잠시 피신하고 군사력 투입까지 전개되며 드골 정부의 몰락으로 이어지는 듯했다. 6월 들어서며 시위가 진정되는 양상을 보였고 시위 지도부의 실책으로 혁명적 상황은 지속되지 못했다. 직후 치러진 선거에서 상대적 극단화가 보수화로 회귀되며 드골의 승리로 문제는 종결된 듯했다. 그러나 1969년 4월 국민 투표에서 드골은 52.4%의 부결로 대통령직을 사임한다.

이 시위의 양태는 이후 학생 운동의 일반적 형태로 자리잡음과 동시에 권력 당국이 학생 시위에 대처하는 하나의 방식이 되었다. 학생의 선도적 시위에 대중 참여가 이어지며 '정권 타도' 구호는 공식이 되었다. 이후 이러한 물결은 각국 민주화 과정의 전형적 양태가 되었다. 5월혁명의 과정은 드골 정권의 실각까지 1968년 3월의 사소한 대립에서 시작되어 5월 시민 봉기, 이듬해 4월 드골 정권의 국민 투표 부정으

그림 7.4 1968년 5월 28일 학생들이 점령한 소르본

로 몰락에 이르는 1년 남짓한 짧은 혁명이었다. 프랑스 보수 정권은 유지되었고, 베트남 전쟁은 오히려 심화되어 가는 등 혁명은 실패로 끝난 것으로 보였다. 그러나 학생들이 주축이 된 혁명의 광풍은 곧 전 세계를 강타했다.

❋ 히피들의 합창과 베트남 전쟁의 종결

영국과 미국에선 히피 문화가 싹트고 있었다. 60년대 록음악이 젊은 이들을 사로잡았고, 비틀즈[8], 롤링스톤스[9] 같은 밴드들이 이런 움직임을 이끌었다. 보수적 사회 분위기 속에서 자유 연애와 마약을 즐기며 자유를 구가한 청년들을 '히피*hippie*'라고 불렀다. 당시 젊은이들은 오늘

---

8 *The Beatles*. 1960년 리버풀에서 태동한 영국 록밴드. 존 레논, 폴 메카트니, 조지 해리슨, 링고 스타로 구성되었다. 발라드, 인도 음악, 하드록까지 폭넓은 음악을 구사했으며 반문화 운동의 선두에 섰다.

9 *The Rolling Stones*. 1962년 결성된 영국 록밴드. 재즈와 로큰롤을 구사했다.

그림 7.5 1969년 8월 우드스톡 음악제에서의 젊은이들

날의 디지털 혁명을 닮은 스티브 잡스[10]의 젊은 시절처럼 머리를 기르고, 마약을 하며 때로는 동양 사상에 심취해 명상을 하며 집단 생활을 즐겼다. 존 레논은 〈이매진^{Imagine}〉을 통해 전쟁으로 얼룩진 세상이 아니라 평화와 평등 세상을 노래했다. 청바지에 통기타를 들고 노래하며 내일이 없는 듯, 억압을 거부하며 현실을 마약으로 도피하는 젊은이들의 모습에서 어쩌면 암울한 세대의 미래 모습이 드러나는 현상은 당연하다. 이들의 운동에는 성차별, 인종차별 같은 차별이 주는 특권을 누리는 권위주의에 대한 저항도 컸다.

미국에선 마틴 루터 킹 목사가 흑인의 인권을 주창했고, 자유주의 좌파적 성향의 케네디가 대통령에 당선되기도 했지만 둘 다 암살로 삶을 마감해야 했다. 이러한 사회 정치적 분위기는 이후 보수화의 경향으로 드러났고, 그러한 경향 속에서 히피들의 이해할 수 없는 행태는 보수화된 사회의 지지를 얻지 못했다. 그런데 그렇게 대책 없어 보이던 히피의 출현에 손가락질하며 비판의 시선을 던지던 사람들은 지금, 당시 히피들이 이루어 낸 새로운 세계의 과실을 향유하고 있다. 오늘날 디지털 세계를 만들어 낸 주역들이 바로 70년대 히피들이다. 이 또한 역사

---

10 *Steven Paul Jobs*, 1955~2011. 1976년에 애플을 창업하여 퍼스널 컴퓨터 시대를 연 주인공, 2010년 아이패드를 개발하며 포스트 PC 시대를 열었다.

의 아이러니가 아닐 수 없다.

압도적 파워의 미군 참전으로 금새 끝날 듯했던 베트남전의 양상은 그렇게 낙관적으로 흐르지 않았다. 네이팜탄까지 동원해 총공세를 펼쳤지만, 세계 최강 군사력을 자랑하던 미국은 자국의 의지대로 베트남전을 종결짓지 못하고 1975년 끝내 철군을 결정한다. 그 결정에는 히피들을 중심으로 한 미국 내 반전 운동이 큰 몫을 차지했다.

❋ 베를린 장벽의 붕괴

베를린 장벽의 붕괴는 소련 붕괴의 전주곡이었다. 베를린 장벽이 무너진 계기는 정부 간 합의에 따른 결정이 아니었다. 서독으로 가고자 했던 동독인들의 염원과 우발적 실수가 겹쳐 일어난 사건으로, 개인의 힘이 다시 한번 거대한 역사의 물줄기를 돌릴 수 있음을 보여 준 대사였다. 장벽 붕괴의 전주곡은 동독에서의 국외 이주에 대한 새 법령을 발표하는 기자회견장에서 벌어졌다. 정책 설명 과정에서 동독의 사회통일당 대변인이 정책을 착각해 실수로 모든 동독 주민들이 베를린 장벽을 포함한 국경 출입이 가능하다고 발표해 버린 것이다. 여기에 더해, 기자 회견장에 참여했던 이탈리아 기자 리카르도 에르만이 국경 '개방'을 '철거'로 오인해 '국경 철거'로 기사를 실었다. 이 기사를 접한 동·서 베를린 시민들이 모여들어 장벽을 허물기 시작하면서 마침내 베를린 장벽이 허물어진 것이다. 베를린 장벽의 붕괴는 몇 개의 실수와 오해가 겹쳐 예상치 못한 수순으로 역사가 전개되는 사례를 극명하게 보여 주었다. 이러한 현상은 전형적으로 복잡한 엔지니어링 시스템에

그림 7.6 1989년 11월 9일의 동독 기자회견. 귄터 샤보스키(무대 위, 오른쪽에서 두 번째)를 비롯한 동독 관리들의 기자회견이 장벽 붕괴를 초래했다. 연단 테이블 바로 앞 바닥에 앉아 있는 기자가 리카르도 에르만이다.

서 휴먼 에러에 의해 벌어지는 사고의 전형과 비슷하다.

장벽 붕괴 후 동독 정부의 내부 통제권은 약해지기 시작했고, 독일 통일에 따른 주변국들의 군사·경제적 우려와 반대에도 마침내 통일 독일이 탄생했다. 1990년, 동독에서 진행된 처음이자 마지막 자유 선거로 마침내 동독은 해체되고, 동독 지역 5개 주가 서독에 가입하는 형식으로 독일연방공화국이 탄생하여 통일 독일이 완성되었다.

❉ 소련의 붕괴와 동유럽의 자유

동독의 붕괴와 통일 독일의 탄생은 소비에트 연방에 엄청난 반향을 일으켰다. 독일 통일 1년 후인 1991년 소비에트 사회주의 연합이 붕괴된다. 1985년 소련 공산당 서기장으로 임명되어 권력을 장악한 고르바초프는 페레스트로이카와 글라스노스트를 앞세워 소련의 경제 개혁과 개방을 추진하였다. 이후 서방 세계와의 유화 정책을 통해 소련 및 동구 공산주의권의 정치적 자유화와 냉전 종식에 핵심 역할을 담당했다. 독일 통일은 그런 유화 정책의 과정에 소련의 묵인이 있었기에 평화롭게 진행되었다.

1987년 7월 소비에트연방 소속 발트 3국이 분리 독립을 선언하자, 연방 존속을 묻는 국민 투표를 통해 그 결과를 토대로 연방을 유지하고자 했다. 그러나 옐친을 중심으로 하는 쿠데타가 일어나고 그는 실질적 권력에서 밀려난다. 그리고 1922년 12월 30일 탄생한 소비에트 연방은 1991년 12월 26일 마침내 연방 소속 국가들이 분리 독립하며 해체되었다. 세계사의 가장 큰 실험이었던 70년의 공산주의 실험은 그렇게 실패로 끝났다.

2000년에 《액체 근대》[11]라는 책을 통해 현대 사회를 해석한 영국의 사회학자 지그문트 바우만은 근대 철학의 견고한 논리가 만들어 낸 '신이 필요 없는 공산 사회'의 붕괴를 고체같은 견고한 근대 모던 타임즈의 용융으로 해석했다.

❋ 불안정성

소련 붕괴 이후 동유럽 국가들은 유럽연합에 합류했다. 통일 이후 독일 경제는 고도성장했고, 화석 에너지와 원자력 에너지를 사용하지 않는 그린 에너지 국가로의 방향성을 제시했다. 이제 인류는 새롭게 제시

---

11 액체 근대, 지그문트 바우만, 이일수 역, 강, 2009년. 원제, *Liquid Modernity*, 2000년

된 담론들에 휩싸여 있다. 표면적으로는 다양한 이념을 앞세우지만 석유와 희토류를 비롯한 에너지 및 미래 자원 관련 갈등이 그 이면에 있다. 이러한 상황은 이데올로기적 갈등이 아니라 현실적 생존의 문제에 따른 대립과 갈등이다. 에너지를 놓고 벌이는 경쟁은 이제 인류에게 새로운 불안정성을 던져 주고 있다.

7.2 퍼슨의 탄생을 향한 과학기술

근대가 녹아내리는 경이로운 시대를 보낸 바우만은 '액체 근대'라는 개념으로 근대의 향수를 붙잡고 싶어했다. 그에겐 아직도 세계는 근대 합리성의 기둥 사이에 세운 벽들이 무너지며 흘러가는 '무너짐의 시대'로 보였던 것일까?

바우만은 유대인으로 소련 지배하의 폴란드 정보장교 출신이다. 그는 누구보다 대륙의 합리주의 이성이 만들어 낸 이상 사회가 견고한 이념과 규칙으로 둘러싸인 고체 질서 사회를 경험했다. 폴란드에서의 반유대 운동으로 군에서 불명예 제대 후 1971년 영국으로 망명하여 리즈대학 사회학 교수로 재직하던 바우만은 정년을 앞둔 1992년, 그 견고했던 이성의 성이 무너지는 것을 보았다. 바로 소련의 붕괴다. 정년 이후 비로소 세계사적 흐름에 눈을 뜬 그는 열심히 사회학적 소견을 발표했다. 《액체 근대》는 그를 유럽 지성의 위대한 반열에 이름을 올려 놓았다. 프랑스 철학자들이 포스트모더니티로 세계 지성을 주도

하던 시대, 영국을 대표하던 지성으로서 그는 근대성과 합리성에 주목하였다. 홀로코스트가 전근대적 야만으로의 회귀가 아니라 절차적 이성, 노동 분업, 종들에 대한 분류학적 범주화 및 규칙 엄수 등 근대적 질서 수립 과정의 일환으로 보았다. 더불어 포스트모더니티와 소비주의에 주목하여 20세기적 전환 사회의 모습을 액체 근대와 고체 근대란 개념으로 분석했다. 2019년에 바우만은 세상을 떴다. 프랑스 포스트모더니스트들이 하나둘 세상을 뜨던 시기는 대부분 바우만이 사망하기 전이었다. 바우만이 생존해 있어 2020년 초반 전 세계를 휩쓴 COVID-19 팬데믹 사태를 겪었다면 어떻게 평가 분석했을까? 그가 말했던 바, 액체 모던은 팬데믹과 그 이후 세상에 어떻게 전이되리라 생각했을까? 액체 모던 다음은 무엇일까?

여기서 우리는 과학자들이 알아낸 액체의 비밀을 들여다볼 필요가 있다. 원자론자들이 모든 물질은 원자와 그를 둘러싼 허공으로 정의하듯, 액체 역시 원자들의 화합으로 이루어진 상태 중 하나다. 물은 수소 원자 두 개와 산소 원자 하나가 만나 한 몸을 이룬 상태이다. 온도

그림 7.7 1953년 정보장교 시절과 2015년의 지그문트 바우만

가 낮으면 고체가 되고, 온도가 좀 더 상승해 얼음이 녹기 시작하면 액체가 된다. 이 과정에 얼음과 물이 공존하는 상태가 있는데, 얼음이 녹아 사라질 때까지 아무리 열을 가해도 물의 온도는 0℃로 변함이 없다. 이 고정된 온도를 상변화^{相變化} 시기의 '포화 온도'라고 한다. 포화 온도는 액체에서 고체로 응고되거나 고체에서 액체로 융해될 때 동일하게 같은 값을 갖는다. 내부에서는 격렬한 변화가 일어나지만 손가락에 전해지는 온도는 일정하다. 그러므로 우리는 상변화를 유도하는 온도가 아니라 고체성의 소멸 혹은 고체성의 생성에 주목해야 한다.

코로나 팬데믹 시기 마스크 의무 착용 문제에 대해 동서양의 관점이 극명히 갈리는 모습을 보았다. 대한민국의 경우 전 국민이 철저히 마스크를 쓰고, 정부가 권고하는 방역 지침에 따라 일사분란하게 움직였다. 정부의 강력한 규제와 개입은 다시 우리 사회를 고체 사회로 나아가게 강제하는 듯 보이기도 했다. 한편 일부에서는 마스크 착용을 강제하는 정부 규제가 개인의 자유를 억압하는 행위로 여겨 코로나19 전염이 어떤 상황으로 전개되건 관계 없이 거부하는 주장도 있었다. 결과적으로 많은 목숨이 희생되는 불행한 결과에 직면했지만, 여기에 대응하는 양식은 나라마다 문화마다 달랐다. 코로나19 변이가 약해지기 시작하여 엔데믹에 들어서면서 지난 팬데믹 3년의 삶의 기억이 멀어져 가고 있다. 그럼에도 코로나19 팬데믹에 따른 변화는 많았다. 정부 규제가 끝난 시기임에도 사람들은 개별적·사회적 거리 두기를 유지하기도 한다. 이제 액체 분자들의 거리는 더욱 멀어졌고, 그렇게 멀어진 거리는 이전보다 더 많은 에너지 소모를 요구한다.

이제 우리는 위대한 개별자의 시대로 나아가고 있다. 개별자의 시대를 향한 고민들을 살펴보고, 이것을 가능케 한 과학기술의 변화를 살펴볼 일이다. 개별자의 시대를 가능케 한 기술은 앞서 말했듯 히피들이 만든 컴퓨터의 진화에 힘입은 바 크다.

개별자의 디지털 파워

※ 쇼클리의 고체 반도체

1950년대 벨연구소 연구원 윌리엄 쇼클리$^{William\ Bradford\ Shockley,\ 1910-1989}$가 존 바딘과 월터 브래튼 등 연구원들과 함께 식빵을 반으로 잘라 그 끝을 접시에 세운 듯한 장치를 만들어 냈다. 실리콘 금속 결정을 삼각형으로 만들어 그 끝을 동판에 붙여 아주 작은 접점을 만든 소자였다. 물론 그 끝부분에 게르마늄 불순물이 들어가게 하는 작업은 미리 해 두었다. 이렇게 소량의 불순물로 오염된 삼각형 끝부분으로 전기가 한쪽 방향으로 흐르고 반대 방향으로는 흐르지 않게 하는 '트랜지스터', 라고 부르는, 진공관을 대신한 고체 반도체가 만들어진 것이다.

쇼클리는 미국 동부에 위치한 벨연구소에서 근무했지만, 어렸을 때 자랐던 캘리포니아주의 작은 마을에 실리콘밸리 창업을 이끌었던 스탠포드대학 터먼 교수의 부친이자 역시 스탠포드대학 심리학 교수였던 루이스 터먼$^{Lewis\ Madison\ Terman,\ 1877~1956}$이 살았다. 그는 마을 사람들의 지능을 테스트한 후, 그들의 일생을 추적하여 지능과 성공의 상관 관계를 분석하는 연구를 진행했다. 이 연구에서 같은 마을에 살던 쇼클리는 평균 지능에 해당되어 추적 연구 대상에 포함되지도 않았다. 그러나 쇼클리는 벨연구소에서 고체 반도체를 개발하고 그 공로로 동료들과 함께 1956년 노벨 물리학상을 수상하는 등 빼어난 업적을 이루었다.

쇼클리가 만든 반도체 소자는 점차 작아져 좁은 면적에 집중적으로 쌓을 수 있게 향상되면서 마침내 오늘날 디지털 시대를 여는 핵심 키가 되었다. 예전에는 건물의 한 층을 통째로 써야 할 정도 규모의 연산 장치가 타일만 한 칩에 들어가면서 정보 기기가 갈수록 작아져 마침내 손 안에 휴대할 수 있는 컴퓨터가 만들어졌다. 사람들은 언제 어디서나 서로 연결되고, 지식 및 정보 공유 서비스를 제공받게 되었다.

이제 퍼슨들은 집단 지성을 형성하면서 개인적으로도 충분히 기관의 정보력과 맞설 수 있는 환경을 갖게 되었다. 니체를 비롯 낭만 시대 후기 철학자들이 이런 시대에 살았다면 실존과 개인의 의미에 대해 어떻게 논할까? 이들이 실존을 논하던 시기에 개인은 초라하고 이념으로 포장한 국가나 권력의 횡포 앞에 무기력했기에 불확실한 시대를 살아가는 중요한 화두로 실존*being*과 되어감 *becoming*에 주목했다.

21세기 퍼슨들 역시 쉽게 접근 가능하고 엄청난 양의 지적 능력에도 여전히 불확실성과 불안에 직면해 있다. 게다가 SNS 등 온

그림 7.8 벨연구소에서 바딘(좌)과 브래튼(우)과 함께 연구 중인 쇼클리(중)

갖 이용 가능한 네트워크를 통해 타인의 삶을 실시간으로 들여다보고 자신의 일거수 일투족이 노출되는 세계에서 현대인은 끊임없는 비교에서 벗어나지 못한다. 그래서인지 더욱 니체가 말한 초인적 삶이 요구[12]되는 것인지 모른다.

❋ 히피들이 만들어 낸 퍼스널 컴퓨터

쇼클리의 고체 반도체를 이용해 뭔가 해 보고자 했던 한 인물이 있었으니 바로 스티브 잡스였다. 잡스는 1955년 2월 24일에 조앤 시블의 아들로 태어났으나 부모에게 버림받아 입양되어야 했다. 그를 입양한 양부모는 어려운 형편에도 잡스의 교육에 열정적이었다. 그러나 출생과 입양에 대한 불덩이 하나가 가슴속에 활화산처럼 자리잡은 청년 잡스는 학교를 그만두고 히피의 대열에 선다. 사과만 먹으며 지내는가 하면 인도의 요가 구루를 찾아 지도를 받았다.

고체 반도체를 가지고 무언가 만들기를 좋아하던 잡스는 우연히 히피들 중에 개인용 컴퓨터 제작 동호회가 있다는 소식을 접한다. 오직 기관과 정부를 위해 존재해 온 컴퓨터를 개인용으로 만들고자 했던 시도는 히피 운동이 마약이나 한갓 구호와 몸짓으로만 의미가 있었던 게 아니라 인류 미래를 혁신할 무엇인가를 꿈꾸었던 그들의 의식에서 의미를 갖는다. 사람들의 손길을 기다리다 어느날 등장해 삶을 한순간에 바꿔 버리는 유용한 도구나 사물은 시대의 변화를 말없이 웅변한다. 잡스는 그렇게 운명적 만남을 가지게 되는데 그 상대가 바로 워즈

---

12 《니체의 인생 강의》 이진우, 휴머니스트, 2021.12.13.

그림 7.9 Apple II

니악^{Stephen Gary Wozniak, 1950~}이다. 록히드사 엔지니어였던 부친의 영향을 받아 어릴 적부터 기술에 관심이 많았던 워즈니악은 여러 대학을 전전하다 휴렛팩커드^{HP}에 취직했다. TV에 연결한 Apple I을 만들어 보여 주는 워즈니악에게 잡스가 개인용 컴퓨터 사업을 함께하자고 제안했다. 그렇게 의기투합한 잡스와 워즈니악이 1977년에 APPLE II를 개발해 세상에 내놓았다. 상업화된 개인용 컴퓨터의 시작이었다.

개인용 컴퓨터가 탄생하기까지 인류가 달려온 컴퓨터 디바이스의 역사는 실로 복잡하다. 그 디바이스의 역사가 종합되어 개별자들의 책상에 놓인 것은 1980년대부터다. 1966년 제록스^{Xerox}가 원거리 복사기, 즉 최초의 상업용 팩스를 개발했다. 이동식 저장 장치는 1971년 플로피 디스크가 만들어진 후 1985년에 CD-Rom으로 대체되었다가 USB로 발전해 왔으며 저징 용량은 비약적으로 커졌다.

반도체 집적회로의 발달로 원칩 컴퓨터가 가능해진 것은 1976년 Apple I에서 시작되었는데, 1981년에 IBM PC와 랩톱 컴퓨터가 등장했다. 1984년에 Apple Macintosh와 IBM PC AT가 출시되었으며, 이후 마우스를 사용한 인터페이스가 표준이 되어 누구나 쉽게 사용할 수 있는 기반이 만들어졌다. 1983년 《타임》은 올해의 인물로 '컴퓨터'를 선정하였다.

※ 개별자 세계의 와이드웹

인터넷은 1969년에 군사적 목적에서 처음 개발된 알파넷^{ARPANET}을 모태로 태어났다. 이것이 월드와이드웹$^{World\ Wide\ Web}$으로 세상 모든 사람들이 사용할 수 있게 되면서 퍼스널 시대 변화의 정점에 섰다. 1994년, 미국 정부는 군사적 목적에서 시작한 컴퓨터 간 연결망의 통제를 포기하고 모든 퍼스널 컴퓨터에 개방했다. 월드와이드웹과 네트워크 기술의 발달에 따른 전송 속도의 광속화는 정보통신 시대의 변화를 추동한 가장 큰 요인이다.

네트워크 통신은 초기에는 일본이 미국보다 앞섰다. 1979년 일본에서 최초로 셀롤러폰 네트워크가 시작되었다. 1980년 소니^{SONY}가 워크맨을 개발하여 시판하는 등 전자 부문에서 최고의 과학기술 강국으로 등장한 일본은 1985년에 차량용 셀룰러폰이 출시되어 대량으로 팔렸다. 이후 전화와 카메라 정도의 기능을 가졌던 폰이 손 안의 원칩 컴퓨터로 바뀌어 디지털 네트워크에 연동되는 스마트 시대는 애플의 스티브 잡스가 바꾼 또 한 번의 마법이었다. 바로 스마트폰의 등장이었다. 애플은 2007년에 등장한 이 폰을 i-Phone이라 명명했다. 스마트폰으로 모든 개인은 이제 무한히 열린 네트워크 속 존재로 자리하게 되었다. 사과^{apple}는 드디어 개인^{individual}이 되었다.

개별자의 헬스 파워

❋ 80억 인구를 먹여 살리는 그린 혁명

2022년 세계 인구는 80억 명을 돌파했다. 석가나 공자 그리고 그리스 철학자들이 인생을 논하던 BC 600년경 세계 인구는 대략 500만 명 정도였다고 한다. 이때도 사실 이전 시기에 비해 인구가 갑자기 증가한 시기였다. 인구는 로마 시대 이후 17세기 동안에 대략 2배 증가했고, 17세기 10억 명에서 다시 2세기만인 19세기에 20억 명으로 2배 성장하여 지수함수의 증가 추세를 보였다. 20세기 중반의 그린 혁명과 페니실린 발견, 21세기의 나노과학과 유전자공학 등의 혁신 기술은 이러한 기제를 더욱 강화했다.

이렇게 많은 인류가 현존하는 시대를 '인간세^{Anthropocene}'라 제안하기도 했다. 그린 혁신은 지구상 가장 우세종으로서 인류 생존에 필요한 식량·에너지 공급에서의 혁신을 이루었고 페니실린 같은 항생제와 백신 개발은 생명을 위협하는 질병과의 전투에서 혁신을 이루어 냈다. 나아가 생명 비밀의 핵심인 유전자의 비밀을 해독하고 조작하는 기술이 나날이 새로워지면서 기회와 더불어 또 다른 위협으로 대두되고 있다.

1960년대 후반부터 농업 분야에서 큰 혁신이 일어났는데, 기아 문제를 해결하기 위한 노력에서 시작되었다. 그러한 노력은 현대적 관개 기술, 농약, 그리고 합성 비료의 탄생으로 나타났다. 여기에 더해 병충해에 더 강하고, 많은 생산성을 내는 품종 개량으로 이어졌다. 1965년에서 2010년 사이 농업 수확량은 44% 증가했고, 21세기 들어서는 농업에 정보 기술이 가미되어 수직 농업$^{vertical\ farming}$ 기술까지 등장했다. 이는 토지에 의존하던 농업에서 토지가 필요없는 공장형 재배를 가능케 한 혁신적 변화이다. 이미 딸기 재배를 비롯한 많은 작물 재배가 이러한 시설에서 토지와 계절에 무관하게 생산이 이루어지고 있다. 토양의 제한과 농업용수의 제한을 극복한 이러한 기술들은 지속적으로 발전하여 도시 건물이나 사막 지대에서의 식량 생산을 가능하게 하였다.

기아 탈출의 기폭제가 된 것은 종래의 천연 비료의 성능을 더욱 향상시킨 합성 비료를 만드는 기술에 있었다. 하버-보쉬 공정으로 알려진, 대기 중 질소를 고정하여 비료를 만드는 기술이 그 첫 사례였다. 콩과 식물은 공기 중 질소를 고정하여 토양의 영양분을 증가시키는데, 화학 공정을 이용해 영양분인 질소 비료를 생산하는 아이디어였다. 1909년 독일 화학자 하버$^{Fritz\ Haber,\ 1868\sim1934}$는 질소 비료의 주 성분인 암모니아를 생산하는 방법을 찾아냈다. 메탄^{CH_4}에서 탄소^{C}를 분리하고 대신 질소^{N}를 삽입하는 공정을 통해 암모니아^{NH_3}를 생산해 냈다. 독일의 최대 화공사였던 바스프^{BASF}는 화학공학자였던 보쉬$^{Carl\ Bosch,\ 1874\sim1940}$에게 자금을 지원하여 하버의 암모니아 합성 생산 공정을 만들게 함으로써 대량 생산이 가능했다. 공정은 점차 개선되고 최적화되었다. 이 기술은 당시 독일 정부에 의해 비밀 기술로 규정되었다. 이렇게 생산된 암모니아가 폭약의 재료가 되는 질산암모늄을 만드는 데 사용될 수 있기 때문이었다. 질산암모늄^{NH_4NO_3}은 질산과 수산화암모늄을 반응시켜 얻는다.

제1차 세계대전 동안 독일로 하여금 염소 등 독가스를 만들어 사용하게 만든 단초를 제공한 하버는 이후 '독가스의 아버지'라는 오명을 얻었다. 1차 세계대전 종전 후 독일 대표로 프랑스와 베르사유 평화 교섭을 맺기도 했던 보쉬가 이 기술을 프랑스에 건네줌으로써 프랑스에서도 1920년부터 하버-보쉬 공정으로 암모니아를 생산하기 시작했다. 암모니아 합성 방법으로 하버는 1918년 노벨 화학상을 받았고, 보쉬 역시 프레드릭 베르기우스*Frederick Bergius*와 함께한 고압 화학 공정 연구로 1932년 노벨화학상을 수상했다. 살상용 무기 제작에 활용되었던 질산 암모늄은 이제 식물의 성장을 돕는 비료가 되었다. 비료 사용은 1961년에서 2019년 사이 800% 증가한 것으로 알려져 있다.

농약은 또다른 합성 화합물이다. 경쟁 식물을 제거하는 제초제나 병충해를 일으키는 해충을 없애기 위해 개발된 일종의 독성 화합물이다. 농약으로 식용 작물은 경쟁 식물과 해충으로부터 보호받으며 더 많은 생산뿐 아니라 장기 보존까지 가능하게 되었다. 합성 화합물들이 대거 사용되면서 그 반작용으로 많은 환경 문제가 유발되었다. 토양에 뿌려진 비료와 농약이 토양뿐 아니라 하천으로 흘러들어 수질 오염으로 생태계를 파괴하고, 사람들의 건강을 위협하는 역설적 상황이 벌어졌다.

합성 화합물에 의존하던 농업은 이제 변화의 시기를 맞았다. 도시인들은 농약 위험이 없는 안전한 식재료를 원하고, 이에 따라 유기 농업과 더불어 앞서 설명한 토양에 의존하지 않는 식물 공장의 개발이 가속화되었다. 단백질 공급을 위해 전통적으로 공급되던 소, 돼지, 닭과 같은 육류 부문에서도 사료가 되는 곡물 등의 부족과 가축이 만들어 내는 또 다른 오염의 문제, 그리고 동물권 보호 운동 등이 결합되어 곤충과 같은 새로운 단백질원의 개발로 혁신을 도모하고 있다.

이러한 일련의 변화는 모두 건강을 소중히 여기는 개별자들의 요구에 따라 이뤄진 변화다. 현대의 개별자들이 주장하는 청정하고, 맛있으며, 영양가 있는 식품을 안전하게 먹을 권리 역시 기술 혁신을 통해 그 가능성을 모색하고 있다.

※ 장수 사회의 의약 혁명

20세기초만 해도 평균 수명은 40세에 불과했다. 사람들은 각종 질병과 사고로 목숨을 잃었다. 중세 말엽, 단기간에 유럽 인구의 1/3의 목숨을 앗아간 것은 페스트뿐만이 아니었다. 스페인독감 역시 수많은 생명을 앗아갔다. 클림트^{Gustav Klimt, 1862-1918} 같은 유명 화가조차 생명을 명성에 의지하지 못한 채 55세의 나이에 스페인독감 후유증으로 세상을 떠야 했다. 세균과의 전쟁에서 파스퇴르 같은 위대한 과학자의 노력으로 혁신이 이루어졌다. 미리 면역 체계를 훈련시키는 백신과 세균을 죽이는 페니실린의 발견은 인류의 평균 수명을 획기적으로 늘렸다.

페니실린^{penicillin}의 발견은 우연하게 이루어졌다. 영국의 의사이자 생물학자였던 플레밍^{Alexander Fleming, 1881-1955}은 1928년 어느 날, 포도상구균을 연구하던 중 휴가를 다녀왔는데, 푸른 곰팡이가 생긴 사례에서 병원균이 자라지 못하는 현상을 발견했다. 우연히 보게 된 이 현상을 집중 연구한 끝에 마침내 페니실린을 만들어 냈다. 당시는 외상에 의한 직접적 사망보다 외상 치료 과정에서 세균 감염으로 목숨

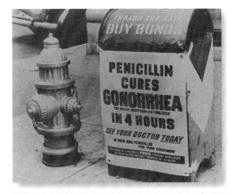

그림 7.10 '기적의 치료법' 페니실린의 1944년 광고

을 잃는 경우가 많았다. 페니실린의 발견은 치료 과정에서의 세균 감염을 막아 수많은 환자들을 살려 냈다. 플레밍은 이 발견으로 1945년 노벨 의학상을 수상했다.

마취제의 발전은 수술 과정의 안전성과 외과적 직접 치료를 가능케 하여 또한 많은 사람들을 부상 및 질병으로부터 구하는 데 큰 도움을 주었다. 뿐만 아니라 병의 진단을 위한 X-선 촬영이나 초음파 탐상 같은 기술들이 몸의 내부를 들여다보게 하여 진단을 정확하게 할 수 있게 해 주었다. 진단의 정밀도는 핵자기 공명과 같은 기술을 사용한 컴퓨터 단층 촬영을 통해 아주 미세한 조직까지 확인할 수 있게 진전되었다. 로봇 수술은 의사의 실수를 줄여 줄 중요한 기술적 진보로 여겨진다. 암 환자의 생존율과 완치율이 점점 늘어나며 이제 암의 완전 치료를 예측하는 것도 무리가 아닌 시대가 되었다.

의료보험제도의 발전과 더불어 비약적 수명 연장이 기록되고 있다. 한국의 경우 2023년 기준 90세를 넘은, 일제 강점기와 한국전쟁의 참혹한 시대를 관통하며 가난과 위험을 견뎌 살아온 어르신들을 보면서 이제 100세 시대는 쉽게 예견된다.

✳ 이중 나선과 생명

낭만 시대 말엽에 우리는 생명 과학의 발전에 있어 이정표적 발견을 보았다. 한국전쟁이 한창이던 1951년, 영국 캐빈디시연구소 생물학 연구원이었던 왓슨[13]은 분자 생물학자 클릭, 생물 물리학자 윌킨스*Maurice*

---

13 *James Dewey Watson*, 1928~ . 미국의 물리학자, 생물학자, 유전학자. 1953년 프랜시스 크릭과 함께

_Wilkins, 1916~2004_와 함께 단백질 구조를 밝히기 위한 X-선 회절 자료를 뒤지고 있었다. 연구 끝에 이들은 세포핵 속에서 추출한 단백질이 이중 나선 구조를 갖는다는 사실을 밝혀 냈다. 이 발견의 공로로 세 명의 연구자는 공동으로 1962년 노벨 생리의학상을 수상했다. 세 연구자가 기대었던 X-선 회절법은 애초에 군사적 목적으로 개발되었던 기술로 이후 평화적 목적으로 민간에 이양된 기술이었다.

사람들은 이 이중 나선 구조의 DNA에 모든 생명 정보가 담겨 있을 것이라 판단하고 암호 해석에 몰두해 마침내 인간 게놈^{genom} 지도를 완성하였다. 유전 정보 검색을 통해 예컨대, 친자 확인이나 범죄자 색출 등에서 이전에는 불가능했던 과학적 방법이 도입되었다. 나아가 다양한 생물 유전자 분석과 이종 간 유전자 정보의 차이를 찾아 나서기도 했다. 유전자 정보 비교를 통해 오랫동안 논쟁이 되어 왔던 사람과 유인원 사이의 유전자 비교가 가능했고, 그 결과는 진화론에 대한 지지를 고양시키는 계기가 되었다.

옥스퍼드대학 생물학자 리처드 도킨스는 《이기적 유전자》에서 인간 유전자는 인간의 문화적 의식을 앞서는 유전자 '끌림'과 '배척'이 작용한다고 주장하며 문화적 유전자^{meme}를 통해 유전자의 이기적 행동을 제어하는 삶을 조망하기도 했다. 진화론적 입장을 갖는 과학자들의 약진은 매우 눈부셔서 생물학 및 생명공학의 발전과 인간 사회의 행동 및 결정 등에 상당한 통찰을 가능케 했다.

유전자적 지식은 종종 인공 지능의 최적화 알고리즘으로도 사용되어 생존에 최적화된 유전자 정보 형성 방식이 공학적 설계에도 사용

공동으로 유전자의 이중 나선 구조를 밝힌 공로로 1962년 노벨 생리의학상을 수상했다.

가능함을 입증했다. 양자 컴퓨터의 경우 기존의 이진법적 정보 체계를 벗어나, 다중 정보 체계를 가능하게 하는데, 유전자가 갖는 4정보 체계의 유용성이 적용되기도 한다. 유전자의 이중 나선 구조는 유전자 혼합이라는 방식으로 서로 다른 개체가 새로운 유전자를 생성해 환경 변화에 적응성을 강화하는 방식으로 설계됨을 확인한 생명과학의 커다란 혁신이었다. 이제 유전자 정보 기술은 그 해독을 넘어 유전자를 일부 잘라내고 편집하는 기술로 나아가기 시작했다. 유전자 조합을 바꾸는 방식으로 치유 불가능했던 많은 질병의 치료 가능성을 보여 주고 있다. 줄기세포 연구도 이와 연결되어 있으며, 이제 동물 복제까지 가능함을 증명했다.

유전자 구조를 발견한 지 불과 70년 사이에 인류는 생명 정보 기술에서 엄청난 혁신을 이루었다. 윤리적 논리를 배제하고 과학적 결과만 놓고 보면, 인간은 자신을 복제하여 적어도 자신과 같다고 추정되는 존재를 남길 수 있게 되었으며, 다양한 생명체를 만들어 낼 수 있는 단계에 서 있다. 이러한 기술들이 향후 어떻게 전개될 것인지, 인류와 시대를 위한 논의가 시급한 지점에 이르렀고 그러한 논의들이 다양하게 진행되고 있다. 이러한 기술들이 개인의 존엄과 능력을 강화시켜 줄 것인가? 하는 물음은 지혜로운 기술 발전 방향을 어떻게 정립하는가에 달려 있고, 또한 윤리적 관점을 어떻게 견지하는지에 달렸다.

✳ 포스트휴먼

생명과학적 진보와 더불어 인간의 능력을 대폭 향상시키는 기술들이 발전하고 있다. 인간의 힘을 보조해 증폭시키는 로봇 기술을 넘어 주요 장기를 인공 장기로 대체하는 기술들이 나오고 있다. 공상 과학 영화가 보여 주는 하나의 꿈이 증강된 현실 인식 기술, 증강된 파워, 증강된 이동 능력 등을 갖춘 슈퍼맨 기술이다. 이러한 기술은 궁극적으로 증강된 뇌를 만들어 내는 것까지 포함된다.

증강된 뇌에 관한 기술은 이미 동물 실험이 시작되고 있어 뇌에 연계될 인공 지능으로 활용될 컴퓨터 칩 기술은 이미 우리에게 성큼 다가와 있다. 문제는 이러한 기술적 진보의 결과로 나타날 포스트휴먼 시대가 스스로의 노력이나 타고난 우월성이 아니라 기술적 장치에 의해 결정되고, 해당 기술 구매 능력의 유무에 따라 사회 공정성이 위협받을 수 있다는 점에서 현재 사회와 매우 다른 사회가 될 우려가 분명히 존재한다는 데 있다.

현재 사회와 같이 개인의 정보 획득 환경에서 평등을 이루어 낸 듯 보이는 환경에서조차 정보 기기 구매력과 정보 지식의 획득 능력에서 차이가 존재하고 그 차이는 차별로 이어지기도 한다. 이러한 환경에서 이보다 더한, 전혀 경험하지 못한 새로운 사회로의 변화가 분명할 포스트휴먼 소사이어티에서 개인들이 어떤 위치를 갖게 될 것인지 단언할 수 없다. 포스트휴먼 사회를 퍼슨 타임즈 이후 사회로 열망하고 나아가야 할지, 아니면 더 이상 나아가서는 안 될 금지 사회로 규정할지 고민해야 할 때이다.

에너지를 과소비하는 개별자들

앞서 말한 대로 이 시대를 특징 짓는 개인들은 과거 인류와 비교할 때 온갖 문명의 이기와 장수를 선물받은 초인류임에 분명하다. 우리가 현재 누리는 전에 비할 바 없는 문명의 이기와 그것들을 활용하여 만들어 내는 온갖 결과물은 에너지 소비로 지탱된다. 80억 명으로 늘어난 인류의 규모 자체도 문제지만 오늘날 개인들은 과거 제왕들이나 사용했을 법한 정도의 에너지를 소비한다.

[그림 7.11]에서 보듯 전 세계 에너지 소비는 1950년의 20,000테라와트아워(TWh)[14]에서 2020년 들어 160,000TWh로 증가하여 70년 만에 8배의 소비 증가세가 나타났다. 산업 혁명은 종래의 목재 중심의 바이오 에너지에서 화석 연료 소비를 증가시켰다. 1940년까지는 석탄

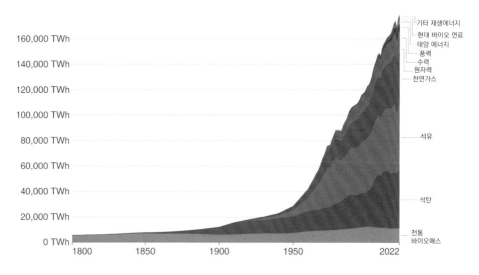

그림 7.11 1차 에너지 소비 변화 트렌드(OurWorldData.org)

14 현대 원자로 1기가 1GWh이므로 1,000기의 원자로를 1시간 가동할 때 나오는 에너지 양이다.

이 주를 이루었던 에너지원은 이후 석유로 변화되며 급속하게 증가했다. 천연가스의 사용은 1990년대부터 비약적으로 증가했다. 이런 관점에서 원자력 에너지나 신재생 에너지 사용 비율은 21세기 들어서도 일부 국가에서 통계적 의미를 가질 뿐, 전 지구적으로는 큰 위치를 점하지 못한다. 반면 세계 인구 증가 추이는 흥미로운 결과를 확인시켜 준다. 1950년대에서 2020년까지 에너지 소비는 8배 증가한 반면, 인구는 3배 증가했다. 인구 증가는 개발도상국의 경우 더욱 가파른 성장세를 보이는데, 만일 이들 국가의 경제력이 향상되면 에너지 소비 증가세는 더욱 커질 것이 분명하다.

에너지 소비 증가와 인구 증가 추이를 나타낸 두 개의 그림은 퍼슨 타임즈의 극명한 모습을 보여 준다. 이렇게 많은 인구 중 퍼슨 타임즈의 주인공으로 살아가는 개인들은 얼마가 될 것인지도 생각해 봐야 할 중요한 요소이다. 한편 개도국의 경우에도 휴대폰을 이용한 핀테크 기술의 보급 등 혁신적 디지털 기술의 확대를 통한 디지털 전환*digital transformation*을 정책의 최우선순위로 두고 있다. 따라서 에너지 사용은 향후 더욱 증대할 것이 분명하다.

대한민국의 60대 이상은 위에서 언급한 에너지 소비 변화를 생활 속에서 뚜렷이 겪었다. 70년

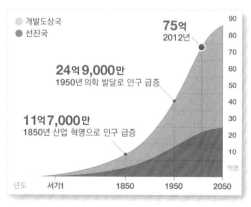

그림 7.12 세계 인구 증가 추이 (Naver Inforgraphics SearchTM, 2011)

대 후반까지만 해도 연탄으로 난방과 취사를 해 연탄가스 중독을 일으
킨 사례는 기사도 안 될 정도로 흔한 일이었다. 이후 석유 보일러에 이
어 LNG를 중심으로 하는 도시가스가 지역마다 중앙 공급 방식으로
전 가구에 보급되었다. 아직 원자력이나 신재생에너지를 이용해 생산
된 전기를 난방과 취사까지 활용하기에는 이르지만, 무엇이 되었건 환
경이나 효율성 측면에서 에너지의 전환은 피할 수 없는 상황이다.

❋ 전기 에너지 전환 시대

전기가 생활에 없어서는 안 될 필수 에너지로 된 지 오래다. 냉방은
전기 에너지 없이는 생각할 수 없다. 물론 일부 흡열식 냉동 사이클을
사용하기도 하지만, 건물 냉방에 사용되는 열 펌프는 대부분 전기로
작동하는 컴프레서가 필요하기 때문이다. 난방과 취사에선 도시가스
비중이 여전히 높지만 전기 기구가 일반적으로 보급되어 있다. 도시가
스가 없더라도 전기로 난방과 취사를 하는 데 전혀 어려움이 없다. 다
만 전기 사용료와 가스 사용료 사이의 가격 격차가 문제될 뿐이다.

수송 부분에서는 초기부터 지금까지 변함 없이 화석 연료를 사용하
던 내연 기관이 특히 지구 온난화를 가져온 원인 중 하나로 지목되며
전기 모터로의 전환이 매우 급격히 진행되고 있다. 여기에는 과거 골프
장 카트에서나 사용되던 전기 배터리 자동차가 내연 기관 자동차와 경
쟁할 정도로 혁신시킨 일론 머스크의 테슬라가 매우 큰 역할을 했다.

이제 전기를 저장하는 배터리 산업이 반도체 산업과 더불어 미래 시
장의 가치를 만들며 새로운 물결을 이끌고 있다. 내연 기관 자동차에

서 전기 자동차로 변화되는 와중에 디지털 파워가 더욱 강화되었다. 자동차는 이제 모터 제어 기술에 자율 주행 능력을 탑재하고 증강 현실과 각종 편의를 더한 사용자를 위한 완벽한 디지털 스테이션으로 변신하고 있다. 이러한 기술적 경향은 '소리 내는 개인'의 영역을 더욱 강화하는 역할로 자리매김할 것이 분명하다.

전기는 이제 철강 생산 같은 전통적 온실가스 배출 산업에서도 해결책으로 역할하는데, 탄소 환원 제철보다는 전기 환원 제철로 전환되고 있다. 이러한 방식의 에너지 전환은 에너지 소비는 전기로, 따라서 생산되는 에너지의 대부분을 전기로 몰아가는 전기 중심 에너지 사회를 만들어 낸다. 문제는 전기 에너지 생산을 위한 대형 발전소 대부분이 열역학을 적용하는 랭킨 사이클을 사용하는데, 이 과정에서 고온의 열이 요구된다는 데 있다. 현재까지 대부분의 발전소에서 필요한 열은 화석 연료인 석탄, 석유, 천연가스를 통해 획득했지만, 1970년 이후 핵분열을 이용해 열을 공급하여 전기를 생산하는 원자력 발전소가 등장했다. 원자력 발전소는 기존 화석 원료와 달리 이산화탄소를 배출하지 않는다.

탄소 배출 없이 생산되는 에너지는 현재 수력 에너지, 태양 에너지, 풍력 에너지, 바이오 에너지, 조력 에너지 등이 있다. 이러한 에너지들을 통칭해 신재생 에너지$^{renewable\ energy}$라 한다. 태양 에너지는 집속한 빛으로 생성된 고온의 열을 이용해 기존의 발전소를 돌리는 방식도 있지만 반도체 기술의 광전 효과를 활용하는 방향으로 발전하였다. 뚜렷한 효율성 증대에 따라 태양 전지 기술은 화석 연료를 대체할 중요한 에너지 기술로 인정받고 있다. 풍력도 매우 중요한 에너지다. 북대서양의 양질의 바람에서 전기를 생산하는 기술은 풍차 날개를 키우는 방향으로 발전하고 있는데, 풍력 발전기 1기당 10MW급 전기를 생산할 정도로 발전하고 있다. 바람이 많은 해변이나 해양에 풍력 발전소 설립이 확대되고 있어 미래 에너지의 일익을 담당하게 될 전망이다.

❋ 전기 물질 변환

신재생 에너지는 이산화탄소를 배출하지 않아 지구 온난화를 지연시킬 핵심 기술임에 틀림없지만, 현 단계에서의 문제는 이들 에너지 생산이 간헐적으로 유지된다는 데 있다. 특정 시간대에 과잉 생산되거나 전기가 생산되지 않는 시간대의 경우, 송전 그리드에 부담을 주어 심한 경우 정전 사태를 유발할 가능성이 있다. 따라서 신재생 에너지를 고려할 때 잉여 전기를 보관할 에너지 저장 장치가 요구된다. 에너지 전체에서 신재생 에너지가 차지하는 비율이 증가할수록 에너지 저장 장치의 효율성 요구는 커진다.

현재 에너지 저장 장치로 사용되는 가장 쉬운 해법은 배터리를 사용하는 것이다. 급속히 보급되고 있는 전기 자동차에서 사용되다 성능이 다소 저하된 배터리를 재사용하는 안이 하나의 대안으로 제시되고 있다. 이 해법은 현재로선 막 보급되기 시작한 전기 자동차가 수명을 다하여 배터리가 회수되어 시장에 나오기까지 몇 년을 더 기다려야 한다. 한편 저장된 전기는 일정 시간 안에 사용하지 않으면 방전되어 사라질 수도 있다.

에너지를 전기로 저장하기보다 물질로 바꾸어 저장하는 것이 더 현명한 방식이 될 수 있다. 전기는 일단 물질로 전환되면 소멸될 가능성이 작아지기 때문이다. 이런 이유로 전기를 배터리에 저장하기보다 수소 생산에 활용하는 방향으로 기술 개발이 이어지고 있다. 물을 전기 분해하거나 천연가스를 열이나 전기로 분해하는 방식으로 수소를 생산하거나 암모니아와 같은 물질로 변환시키면 저장과 수송이 용이해진다. 이와 같은 방식으로 저장된 수소를 필요한 상황에서 수소로 바꾸고, 수소 연료 전지를 이용해 바로 전기를 생산하거나 수소를 태워 발생하는 열을 사용해 엔진을 돌리거나 발전소를 돌릴 수도 있다. 이런 방식으로 반응 후 배출되는 물질은 수증기로 화석 발전 후 생성되는 탄소와 달리 지구 온난화에 어떠한 영향도 주지 않는다.

❋ 수소 전기 사회의 기대

에너지의 미래는 결국 수소와 배터리를 활용해 전기를 생산하는 방식으로 갈 수밖에 없다. 전기의 사용은 더욱 증가할 것이고, 전기 생산에 이산화탄소 발생을 최소화하는 에너지 시스템이 인류의 미래를 좌우할 것이다. 에너지의 미래는 기술 혁신에 달려 있다. 핵융합을 통해 얻어내건 지구 대기권 밖에 띄운 솔라 패널로 24시간 광전 에너지를 흡수해 마이크로웨이브로 지구에 송전하건 결국 늘어나는 전기 에너지 소비를 위한 안전하고 친환경적인 에너지 생산이 가능할 때 더욱 지능화되고 효율적인 세계를 개인들에게 선사해 줄 것이다.

20세기 후반 이후 벌어진 갈등들은 표면상 종교 전쟁의 형태를 띠었지만 대부분 에너지에 연관된 것이었다. 중동의 이슬람과 기독교의 대결보다는 사실상 석유 자원에 대한 통제력 확보를 위한 충돌이 그 원인이다. 이데올로기에서 자원으로 전환되어 가는 갈등 구조가 팬데믹 이후 배터리와 반도체를 놓고 다시 발생하고 있다. 배터리의 소재가 되는 리튬, 코발트, 니켈 등의 광물을 보유한 국가들이 신흥 에너지 소재 강국으로 등장했다. 이들은 과거 중동 석유상들이 했던 것처럼 자국 광물의 개발과 수출을 통제하기 시작했다.

개별자 시대에 일어난 거대 담론은 결국 에너지 자원의 확보에 집중되었다. 이 측면에서 과거 이데올로기 전쟁과는 다른 양상이 새롭게 전개될 것이다. 과거 이데올로기 전쟁을 반대하고 평화를 요구하는 목소리와 행진은 늘 있어 왔지만, 그것이 생존에 따른 일차 욕구는 아니었다. 하지만 에너지 문제는 생존의 절대적 일차 조건이 되었으므로 에너지 자원을 놓고 벌이는 갈등은 보다 첨예할 수밖에 없다.

개별자 시대에 존재하는 이 거대 담론에 대해 사람들의 선택은 매우 이기적으로 이루어질 가능성이 높다. 에너지 식민지 확보 움직임이 이미 초강대국들 사이에 암암리에 벌어지고 있다. 물론 이러한 움직임이 과거와 달리 세련된 형태의 원조와 외교로 나타날 수도 있지만, 자원을 이면에 두고 언제건 국제적 갈등이 벌어질 소지는 더욱 커졌다.

※ 황제 같은 그러나 우울한 개별자

개별자 시대를 영유하는 개인들은 최소한 에너지 소비에 있어서는 과거 어떤 제국의 군주보다도 더 많이 소비하는 호사스런 삶을 살고 있다 해도 틀린 말은 아니다. 로마 황제나 중국 황제와 대등하거나 더한 에너지의 부를 누리고 있다. 더욱이 지식에 관한 한 현대의 '소리치는 개인'들은 더 많은 교육을 받았고, 디지털 기술과 끝없는 네트워크는 실시간 지식 획득을 가능케 했다. 이러한 호화스런 삶 속에서도 개인들은 불안감과 우울감에 더욱 깊이 빠져들고 있음을 부인할 수 없다.

제국의 황제는 타국을 정복해 식민지를 개척함으로써 자신의 힘을 과시하고 부를 확대해 가지만, 개별자 시대의 황제들은 모두 파편화되어 각자의 삶을 찾아야 하는 외로운 존재다. 그러니 끊임없이 다른 황제들과의 상대 평가에 몰두하여 자신의 처지를 비관하다 우울의 골짜기로 빠져든다. 다만 수많은 개인에 둘러싸인 하나의 나약한 존재임을 확인할 뿐이기 때문이다.

마음을 편집하는 뇌

❋ 오징어의 거대 축삭

오징어는 물속의 제트기다. 물을 한꺼번에 뿜어내는 워터 제트$^{water\ jet}$의 반작용으로 몸을 이동한다. 오징어는 머리와 다리가 바로 붙어 있다. 머리와 다리 사이에 붙어 있는 입이 물을 분사하는 노즐이 되고, 몸통에는 물을 담는 사이폰 튜브$^{siphon\ tube}$가 있다. 오징어는 위험한 상황이나 먹이 활동을 위해 한꺼번에 물을 뿜어 추진 행동을 조절하기 위해 전기 화학적 신호를 전달하는 신경세포^{neuron}를 갖고 있다. 이러한 신경세포를 축삭(돌기)^{axon}이라 한다. 오징어의 경우 다른 생물에 비해 직경이 0.5~1mm에 달하는 거대 축삭*giant axon*을 가진다. 축삭의 직경이 클수록 신호를 전송하는 데 전기 저항 값이 작아지므로 0.5~1mm 직경의 축삭에서는 210m/s의 속도로 신호가 전달된다. 사람의 경우는 오징어보다 축삭의 직경이 작은데, 매우 큰 편에 속하는 사람의 알파 뉴런의 경우 직경이 13~20㎛ 정도로 전달 속도는 80~120m/s이나. 그러나 온도를 감지하는 수용기의 경우 냉감은 1~5㎛ 직경에 3~30m/s의 전달 속도, 온감은 이보다 작아 0.2~1.5㎛ 직경에 0.5~2.0m/s의 전달 속도를 갖는다. 아마도 추위가 생명에 더 위험하므로 이런 구조로 진화된 것으로 추측된다. 이런 면에서 오징어의 거대 축삭은 신경 신호 전달 연구에 매우 중요한 재료가 되었다.

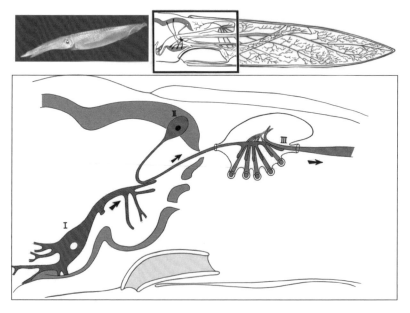

그림 7.13 오징어의 신경 전달 메커니즘. 거대 신경세포 시스템의 화살표는 머리 신경절에서 맨틀 쪽으로 전달되는 흐름의 방향을 나타낸다. 하단의 옅은 깔때기는 맨틀이 수축할 때 급속한 배출에 따른 물의 흐름이 일어나는 곳이다.

1909년에 윌리엄스$^{Leonard\ Williams}$의 논문 〈일반 오징어의 해부학〉을 통해 처음 알려진 이 세포 연구를 기반으로 영국의 호지킨$^{Alan\ Hodgkin,}$ $^{1914~1998}$과 헉슬리$^{Andrew\ Huxley,\ 1917~2012}$는 전기 실험을 통해 뉴런의 신경 전달 메커니즘을 밝혔다. 이 연구로 호지킨과 헉슬리는 1963년에 노벨 생리의학상을 수상하는 영예를 얻었다. 호지킨의 연구는 2차 세계대전 발발 전인 1935년에 케임브리지대학에서 학부생이었던 헉슬리와 공동으로 시작되었다. 헉슬리는 다윈의 진화론을 변호했던 바로 그 헉슬리의 손자였다. 이들의 연구는 미국 록펠러재단의 지원을 받고 미국의 한 물리학자가 만든 회로를 활용하여 진행되었는데, 2차 대전 발발로 연구가 중단되고 호지킨은 연합군의 항공 의학 담당자로 전쟁에 관여하게 된다.

종전과 함께 케임브리지로 복귀한 호지킨은 다시 헉슬리와 함께 1945년에서 1950년 사이에 일련의 연구를 통해 신경세포의 활동 전위 신호를 확인해 이를 수학적으로 표현했다.[15] '호지킨-헉슬리 활동 전이 모델'로 알려진 이 연구 결과는 전후 민간으로 복귀한 연구자들의 쾌거 중 하나다.

그림 7.14 알렌 호지킨(좌)과 앤드류 헉슬리(우)

15 Hodgkin AL, Huxley AF (August 1952). "A quantitative description of membrane current and its application to conduction and excitation in nerve". *The Journal of Physiology.* 117 (4): 500–44.

뉴런의 신호 전달에 관한 이 실험은 이후 뇌 과학[16] 연구의 중요한 이정표가 되었다. 1950년대는 새로운 시대의 시작이었다.

☀ 뇌 신경 흉내내기

세기의 천재 앨런 튜링*Alan Mathison Turing*은 세계대전 시대의 과학자다. 그가 1945년에 개발한 튜링머신은 오늘날 인공 지능의 길을 개척한 위대한 발견이었다. 1912년에 태어난 탁월한 과학자였지만 1952년에 동성애 혐의로 수감되어 호르몬 화학 치료를 받는 등 1954년 시안화칼륨 중독으로 사망하기까지 평범하지 않은 삶을 살았다. 그의 사망이 시안화칼륨이 들어있는 사과를 베어문 것으로 알려지면서 '튜링의 사과'는 다양한 의미로 해석된다. 2013년 그의 동성애 죄는 사면되었다.

튜링은 상상의 생각 기계를 고안했다. 그의 상상의 기계에는 칸들이 무한히 이어진 띠가 있고, 각 칸마다 하나의 기호를 섞어 넣을 수 있다. 이렇게 정보가 담긴 띠의 각 칸에 들어 있는 정보를 읽고 수정해 다시 쓸 수도 있다. 그리고 띠에 적힌 그 정보에 따라 명령을 수행하는 기계다. 이것이 오늘날 컴퓨터의 원형이 된 기계의 설계였다. 컴퓨터의 메모리는 각 칸으로 구성된 긴 띠에 해당한다. 각 칸에 입력된 기호를 읽고 처리하는 기계는 중앙처리장치*CPU*에 해당한다. 이뿐 아니라 그는 암호 해독 기계를 개선해 2차 세계대전에서 영국의 승리에 크게 기여했다.

튜링은 인공 지능이 튜링 테스트를 통과해야 '지능'이라 부를 수 있

---

16 Nelson ME (2005) *Electrophysiological Models In: Databasing the Brain: From Data to Knowledge.* (S. Koslow and S. Subramaniam, eds.) Wiley, New York, pp. 285–301

다고 했다. 인공 지능이란 개념은 1956년에 처음 등장했다. 다트머스 대학 존 메카시 교수가 주도하고 10여 명의 과학자들이 함께한 세미나에서 전자계산기에 의해 생성되는 추론과 탐색 기능을 '인공 지능^{Artificial Intelligence}'이라 칭하며 등장했다. 현대 과학기술로 이어진 이런 새로운 아이디어와 개념들은 주로 1950년대에 만들어졌는데, 우주 팽창을 발견한 과학자들이 과거로 가다 보면 우주가 점점 작아져 마침내 하나의 점에서 출발했을 것이라는 '빅뱅 이론'도 이 시기 등장했다. 일부 과학자들로 하여금 "우주에 태초가 있었다"는 성경 구절을 진지하게 해석하게 만든 이론이기도 하다.

1958년 프랑크 로젠블랫^{Frank Rosenblatt, 1928~1971}이 인간의 뇌를 구성하는 뉴런을 모방한 퍼셉트론^{Perceptron}을 주장하는 등 아이디어가 넘쳐나기 시작했다. 그럼에도 1970년대 퍼스널 컴퓨터의 탄생은 인공 지능을 확장하기보다 다소 움추려들게 했다. 전문가 시스템 구축에 드는 품이 너무 많고 적용 분야 역시 아직은 한정되어 있었기 때문이다.

1980년대로 접어들면서 인공 지능은 다시 부흥기를 맞는다. 로젠블

그림 7.15 1928년의 앨런 튜링과 튜링머신 모델

랫이 주장했던 퍼셉트론의 단층 구조가 은닉층을 포함하는 다층 퍼셉트론$^{multi-layer\ Perceptron}$으로 재개념화되고, 역전파 알고리즘^{backpropagation} ^{algorithm}이 장착되면서 이용 가능성이 늘었기 때문이다. 하지만 히든 레이어를 늘릴수록 노드마다 필요한 웨이팅 값을 학습시키고 이를 역전파하는 데 어려움이 많아 실망하는 사람들이 늘어갔다. 1987년에서 1993년에 인공 지능의 거품이 사라지면서 300여 기업이 부도를 맞는 사태까지 발생한다.

무어의 법칙과 같이 컴퓨터 칩이 해마다 두 배의 성능으로 성장하면서 인공 지능 기술은 비약적 발전과 안정적 성장세를 이어 갔다. 머신러닝 기술의 발전과 더불어 방대한 데이터 처리 능력이 향상되었기 때문이다. 게임 분야에서 인간과 겨루는 AI가 탄생하기 시작했다. 체스나 일부 게임에서 인공 지능이 우승하는 일들이 곧잘 뉴스를 장식했다. 인공 지능 기술의 진정한 혁신은 심층 신경망$^{DNN,\ Deep\ Neural\ Network}$이 등장으로 가능했다. 이전 신경망 기술과 달리 더 많은 히든 레이어를 장착한 구조의 심층 학습$^{Deep\ learning}$ 알고리즘이 등장한 것이다. 2012년 구글은 1만 6천 개의 컴퓨터를 연결해 10억 개 이상의 연결점을 갖는 신경망을 구성해 고양이를 구분해 내는 알고리즘 개발에 성공했다. 2016년에는 페이스북에서 짓는 사람들의 다양한 표정을 알아보는 '딥페이스'를 만들어 97% 이상의 정확도를 보였다.

그렇게 발전을 거듭하던 인공 지능의 능력이 사람들 머리에 충격적으로 각인되는 장면이 TV에서 생중계되었다. 2016년 구글을 모기업으로 하는 인공 지능 개발사 딥마인드가 개발한 AI와 인간과의 바둑 대회였다. 당대 최고수로 인정받던 대한민국 이세돌 9단과 AI '알파고'

간 세기의 대결은 인공 지능의 승리로 끝났다. 간신히 한 판을 이긴 이 세돌의 투혼에 사람들은 감동과 더불어 안도의 숨을 내쉬었지만, 인간의 지능과 예측을 넘어선 AI의 진격에 경악했다.

2023년, 세계는 다시 한번 인공 지능의 파워에 놀라움과 두려움을 경험해야 했다. 그 놀라움과 두려움의 대상은 어느 날 갑자기 우리에게 다가온 ChatGPT라는 괴물이다. '생성형 인공 지능'이라는 개념의 ChatGPT는 사람들의 일상적 대화 수준을 뛰어 넘을 정도로 자연스러울 뿐 아니라 제시하는 온갖 질문과 과제를 쉽게 풀어 충격을 주었다. ChatGPT는 시를 짓고, 그림을 그리고, 작곡도 한다. 애당초 창작의 고통이란 있을 수 없고, 단 몇 초만에 인간이 제시한 대로 작품을 만들어 내는 이 지식 기계는 그 어느 시기, 그 어떤 기술보다 퍼슨의 미래에 대해 큰 질문을 던지고 있다. 전문가들의 세계에 머물던 인공 지능 기술이 개인들에게 노출되기 시작했다. 사람들과의 대화보다 인공 지능과의 대화에 편안함을 느끼는 개인들이 늘 것이고, 많은 일들이 인공 지능의 도움으로 진행될 것은 자명한 미래이다.

❋ 나노 스케일의 고집적 반도체

윌리엄 쇼클리가 고체 반도체를 개발한 이후 70여 년간 숨가쁜 반도체 집적의 시대를 보내 왔다. 동일한 평면에 더 많은 회로를 넣기 위해서는 연결되는 선을 가급적 가늘게 해야 한다. 그렇게 신호 처리 능력을 증대시키려는 노력이 반도체 제조 공정의 진화로 이어졌다. 초미세 공정을 통해 마이크로프로세서의 집적도를 높이는 공정은 정교한 장치와 더불어 많은 노하우를 요구했다.[17] 반도체 분야에서 초기 세계적 약진을 보였던 일본이 어느 순간 대한민국에 뒤쳐졌다. 메모리 반도체 분야를 집중적으로 개발한 대한민국의 경쟁력 제고 전략이 통했다. 그러나 마이크로프로세서 같은 시스템 분야는 원천 기술을 보유한 미국과 제조 측면에서 투자를 아끼지 않았던 대만이 탄탄한 경쟁력을 가지고 있다.

이제 반도체 공정은 1나노 공정을 향해 나아가고 있다. 1㎚^{나노미터}는 원자의 직경에 근접하는 길이 척도이므로 양자역학적 현상이 발생하는데, 하이젠베르크가 말한 '불확정성 원리'가 그것이다. 양자역학적 불확정성을 수용하는 반도체 설계를 위해서는 새로운 혁신이 요구된다. 1나노 공정을 향한 반도체 집적은 마치 도시에 고층 건물을 세우듯 2차원 반도체 칩의 구조를 3차원으로 올려 설계하는 것이다. 동일 면적에 여러 층의 칩이 생겨 실제 건평은 작아도 실사용 평수가 커지는 건물의 설계와 같은 원리다. 3차원으로 적층하면, 실제 척도가 1나노에 이르지 않더라도, 동일 면적에 1나노 혹은 그 이하의 미세 공정으로 만든 반도체를 장착한 효과를 얻을 수 있기 때문에 양자역학적 불확실성을 배제하면서 집적도를 높이는 방법이 될 수 있을 것이다.

이러한 초고집적 회로는 뉴런을 모방한 지능 칩을 만드는 데 결정적 역할을 한다. 이러한 개념은 3차원 주상 복합 아파트 같은 구조를 갖는 GPU*graphic process unit*의 성능 향상으로 가능해졌다. 현재까지 표준적으로 사용되었던 폰 노이만식 구조에서는 CPU*central process unit*와 메모리

---

17 MOSFET은 Metal Oxide Semiconductor(MOS)+ Field Effect transistor(FET)의 약자이다. 1960년 한국 출신 과학자 강대원 박사의 발명으로 기존 트랜지스터와 달리 게이트와 바디 사이의 전압을 조절해 전류 흐름을 조절할 수 있게 한다.

사이를 버스로 연결해 데이터를 저장하고 패치를 수행했지만, 이 구조를 통합한 GPU로 연산 속도가 전에 비할 바 없이 빨라져 2023년 현재 1초에 1조 개의 유닛을 처리하는 능력을 갖추게 되었다. 이 기술이 ChatGPT의 개발을 가능케 한 오픈 AI 탄생의 배경이 된 것이다.

무어가 얘기한 바, 반도체 칩의 집적도와 성능에서 2년에 두 배의 컴퓨팅 파워 증가를 경험했다. 최근 들어 그 증가 속도는 3.5달에 두 배의 파워로 증가하고 있다. 만일 이러한 증가 추세가 지속된다면 1,000배로 증가하는 데 걸리는 시간은 35개월 정도이니 향후 3년 이내에 1,000조 개의 유닛을 1초에 연산하는 시스템 향상을 기대할 수 있다는 뜻이다. 마찬가지로 6년 이내에 100만조 개, 10년 이내에 10억조 개의 단위 연산을 예측할 수 있다. 물론 이것은 지나친 낙관일 수 있다. 그럼에도 인류는 지금 생성형 인공 지능을 막 경험하기 시작했다. 2050년쯤이면 더 진전된 새로운 기술이 우리를 또 엄청난 시대로 이끌어 갈 것임은 따로 예상치 않아도 분명하다.

❋ 휴머노이드와 포스트휴먼

이제 우리는 생활 속으로 훌쩍 다가선 인공 지능을 실감하게 되었다. 우리의 조상들이 경험하지 못한 새로운 도구를 갖게 된 것이다. 인공 지능에 관련하여 심리학적 가치를 말하는 과학자들이 많지만, 이 부분은 재현성에 있어 아직 확실치 않은 부분이 있으므로 그 기술적 기반을 가지고 생각해 보자. 인공 지능은 아직 인간에 못 미치지만 기계로서 갖는 우수성이 있다.

첫째, 저마다의 생각을 가진 인간들 간 상호 협력은 기본적으로 대화를 통한 공감을 전제로 하지만, 인공 지능은 다른 유닛과의 단순 연결만으로 병렬 계산 및 협업 계산이 가능하다. 이것으로 어떤 문제건 인간 집단보다 빠르게 처리할 수 있는 기술적, 구조적 장점을 갖는다.

둘째, 현재의 데이터 메모리 기술을 생각할 때 이들은 인간의 두뇌가 갖는, 시간에 따른 망각과 생체 뉴런의 손상 등과 같은 문제에서 훨씬 자유롭고, 메모리 용량을 필요에 따라 확장할 수 있으므로 인간의 기억에 비해 무한대의 메모리를 간직할 수 있다. 그러므로 한 번 기억한 것을 잊지 않는다는 특징을 갖는다.

셋째, 졸지도, 자지도, 죽지도 않는 메모리 수명의 무한성은 메모리의 가치를 다시 생각하게 만든다. 더욱이 그러한 특성에 더해 1초에 1조 개의 유닛을 연산하는 초고속 연산 능력이 있다.

넷째, 학습에 따라 종교성을 드러낼 수도, 특이한 성향을 드러낼 수도 있다. 이것은 앞으로 인공 지능이 드러낼 수 있는 부정적 문제일 수 있다. 사람의 경우 그가 가진 고유의 개성과 사상은 존중되어야 마땅하나 인공 지능이 이런 고유한 개성과 사상, 혹은 편견을 갖거나 거짓을 위장하는 경우, 이를 믿고 사용하는 사람들 사이에 대 혼란의 발생 가능성이 매우 크다.

다섯째, 인간보다 월등한 파워와 센싱 및 통신 능력을 갖춘 로봇에 인공 지능이 탑재되고, 이것이 인간의 모습과 심지어 피부까지 갖게 될 때, 이러한 휴머노이드는 지능뿐 아니라 거의 모든 영역에서 인간을 능가할 것이다. 휴머노이드들이 인간과의 협업 대신 경쟁으로 치닫는다면 그 월등한 능력으로 인해 인간들에 의한 제어가 불가능할 수 있다.

앞서의 논의는 동시에 포스트휴먼 시대를 생각하게 만든다. 예컨대 사람들의 신체를 보조해 인간 능력을 증가시키는 방향으로 적용할 수 있다. 현재 활용되는 의족은 남은 다리를 보조하여 균형을 잡는 정도의 기능을 가지지만 인공 지능과 연계된 튼튼한 의족을 개발해 보통 인간의 힘보다 훨씬 세진다면, 무거운 물건을 번쩍 들어올릴 수 있는 괴력을 선사해 줄 것이다. 인간의 눈을 대신하여 매우 정교하고 다양한 기술이 장착된 눈으로 대체할 수도 있을 것이고, 인공 장기로 수명을 연장할 수도 있을 것이다. 몸의 많은 부분이 고성능 기계로 대체된 인간이 인간과 기계의 중간 존재로 자리하는 인간 이후의 인간, 즉 포스트휴먼 시대를 상상하게 만드는 것이다.

아예 인간의 신체를 버리고, 인공 지능 네트워크로 들어가는 방법도 논의된다. 두뇌의 모든 뉴런 정보를 다운로드받아 컴퓨터 네트워크에 올리고, 그곳에서 살다 필요시 로봇에게 다시 업로드해 현실 세계의 일을 보고, 다시 네트워크로 들어가는 방식이다. 디지털 세계에서 정보로 변한 인간이 영원을 누리는 모습을 상상하는 일도 어색하지 않은 세상이다. 이런 포스트휴먼의 미래가 온갖 공상 과학 영화의 소재로 자주 등장하는데, 아바타를 매개로 증강 현실이나 가상 현실과 실제의 세계가 연동된 메타버스^{Metaverse}는 바로 이렇게 정보화된 개인의 삶의 일단을 보여 준다. 과연 현재의 퍼슨 시대가 디지털 퍼슨 시대로 순조롭게 이행될 것인가? 아마 메타버스의 세계에서 디지털 정보가 된 디지털 퍼슨은 이렇게 노래할지 모른다.

"디지털이여 영원하라!"

그러나 이 가상의 세계는 전기가 공급되지 않으면 사라질 수밖에 없는데, 어떤 영웅적 로봇이나 포스트휴먼 중 누군가가 다시 전원을 살려 내기 전까지는 긴 휴면에 들어가야 한다. 마치 알라딘의 요술 램프 속 지니와 같은 상태에 머물게 되는 것이다. 물리 세계에 등장하기 위해서는 휴머노이드가 필요하고, 휴머노이드는 컴퓨터 속 디지털 퍼슨을 다운로드한다. 뇌에 마이크로 칩을 심는 방식을 통해 디지털 퍼슨으로 나아가는 기술은 이미 시작되고 있다.

2020년 일론 머스크는 자신이 설립한 뇌신경과학 기업 '뉴럴링크'가 '거트루드^{Gertrude}'라는 이름의 돼지의 뇌에 칩을 심어 실험한 연구를 유튜브 영상으로 생중계했다. 거트루드가 냄새를 맡으며 코로 킁킁거릴 때마다 뇌에 전달되는 신호가 칩을 통해 실시간으로 잡히는 것이었다. 이 시스템에서 신호를 양방향으로 오갈 수 있게 하여 인간의 뇌에 마이크로칩을 심는다면 휴머노이드의 세계는 그리 멀지 않은 미래에 우리에게 다가올 수 있음을 확인시켜 준 연구 결과였다.

우리는 이제 현재와 같은 교육 과정에서 배워왔던 바의 지식이나 직접 접해 보지 못했지만 누군가에 의해 또는 인공 지능에 의해 학습된 지식을 마이크로칩을 통해 즉시 받아들이는 기술의 미래를 상상한다. 이제 지식은 누구에게도 독점되지 않고, 따라서 학력을 기준으로 우월성을 가리던 고루한 시대는 사라질 것이다. 게다가 디지털 퍼슨은 정기적으로 식사를 할 필요가 없으므로 생활에서 배출되던 쓰레기도 없어질 것이고, 애써 땅을 일궈 식물을 키울 필요도 없어질 것이다.

오직 전기 에너지에 의존해 살아가는 디지털 퍼슨은 오늘날과 같은 환경 오염에서 지구를 지켜 낼 것이다. 이런 잠시의 상상으로 장밋빛 미래를 내다보며 즐거움에 빠져들 수는 있겠으나 이것이 당장 실제 현실로 다가온다면 문제는 그리 간단하지 않다.

싱귤래리티, 특이점이 온다

생물의 다양성은 종종 우리에게 엄청난 영감과 당혹감을 던져 준다. 해변을 거닐다 보면 종종 오각형 별 모양의 불가사리를 볼 수 있다. 오랫동안 생물학자들은 불가사리에겐 신경이 모인 뇌가 없다고 생각해 왔다. 최근의 연구는 불가사리의 온몸에 뇌의 유전자가 발현된 세포가 산재하고 그런 면에서 불가사리는 뇌가 온 몸을 장악한 특이한 생물이라는 사실이 밝혀졌다. 사실 대부분의 생물은 좌우 대칭을 이루는데, 오각형은 대칭을 찾기 어렵다. 이런 불가사리에게서 우리는 뇌로만 구성된 생명체를 상상할 수 있다. 상상의 나래를 더 펼쳐 어쩌면 뇌로만 구성된 인간을 상상해 볼 수도 있겠다. 싱귤래리티, 즉 특이점 이후의 인간이 선택할 수 있는 선택지 중 하나다.

싱귤래리티^{singularity}는 '특이점'으로 번역되는 수학적 용어이다. 방정식 좌변의 분모가 0으로 되는 순간 좌변은 무한대로 발산하여, 그 해답을 담보할 수 없다. 만일 분자도 0으로 수렴한다면 답을 정할 수 없는 '부정'이 된다. 이럴 때 우리는 로피탈의 정리를 사용해 답을 구하기도 한다. 아인슈타인의 일반 상대성 방정식 역시 이런 문제를 포함하고 있었다. 아인슈타인은 이 특이점을 제거하려 이리저리 애를 썼지만, 결국 이것이 블랙홀이라는 실재하는 답이라는 것을 알아내기까지는 시간이 걸렸다. 특이점은 그저 제거해 버려야 할 쓸데없는 가짜 답이 아니라 종종 가장 중요한 강력한 해답이기도 하다.

✳ 기술적 싱귤래리티

기술적 싱귤래리티*technological singularity*는 지능과 관련되어 주장되었다. 오랫동안 인간의 지능은 축적되는 지식에 따라 증진된 것이 사실이다. 수명 연장도 한몫했을 것이다. 평균 연령이 40살쯤 되었던 인류의 오랜 역사에서 현자들은 항상 80살 이상을 살았던 장수인들이었다. 소크라테스가 그랬고, 원자론의 아버지 데모크리투스의 경우는 100세를 넘게 장수했다. 인류의 현자들이 대체로 장수했다는 사실에서 어쩌면 지식 축적의 힘이 느껴진다. 평균 연령이 80세를 넘어선 오늘날 생명 연장은 인간 지능의 평균적 성장을 이끄는 주 요인이다.

인간 지능은 동시에 기계 지능의 발전에 힘입어 증가할 것이다. 그

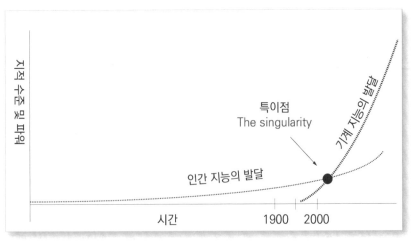

그림 7.16 싱귤래리티

런데 인간 지능 발달의 완만함에 비해 기계 지능의 발전 속도는 가공할 만하다. 일찍이 인텔의 공동 창업자 무어^{Moore}는 해마다 반도체의 집적 정도가 두 배씩 증가한다고 주장했는데, 오랜 정보 기기 발전의 역사가 보여 준 현상은 2년에 두 배씩 증가하는 것이었다. 이러한 반도체 집적의 발전 법칙을 '무어의 법칙'이라 한다. 이러한 지수 함수적 증가는 인간 지능의 발전과는 비교가 안 될 정도의 폭발적 양상이다. [그림 7.16]에 나타낸 바와 같이 기계 지능은 가까운 시일에 인간 지능을 능가할 것이 분명하다.

기계 지능이 인간 지능을 능가하는 순간을 '기술적 특이점'이라고 한다. 이미 알파고가 이세돌을 이긴 순간부터 우리는 초기 인공 지능 구조가 딥러닝으로 바뀌며 발생한 실제적 파워를 실감했다. 이제 생성형 인공지능 ChatGPT가 인간의 지능적 삶에 대화 상대로 등장하고, 믿음직한 문서 작성자로 등장했다.

※ 바이올로지컬 싱귤래리티와 트랜스휴먼

기술적 싱귤래리티를 넘어서면 트랜스휴먼^{transhuman}의 등장이 예견된다. 그 방향성은 인간의 유한한 생명을 넘어서고자 하는 생명 특이점$^{biological\ singularity}$을 향한 것이다. 인체의 주요 장기들을 대체하는 기계들의 등장과 더불어 더욱 중요한 기술로서 유전자 기술과 세포 치료 기술들이 난치병 극복이 불가능하지 않음을 알려 준다. 체세포 복제 기술은 물리적으로 거의 동일한 존재를 만들어 낼 수 있음을 암시한다. 기계가 인간의 지능을 넘어서는 지점, 이것을 싱귤래리티라고 주장한 미래학자 레이먼즈 커즈와일[18]은 저서 《특이점이 온다》에서 이런 미래를 내다본다. 그는 2045년이 되면 장기臟器 조직 재생 기술이 완성될 것이라고 믿고, 그때까지 살아남는 것을 목표로 개인 프로젝트를 시행하고 있다. 이러한 그의 목표는 사실상 생물학적 특이점을 의미한다. 누구나 겪어야 할 필연적 요소인 죽음을 넘어서는 일조차 과학기술로 가능하다고 보는 낙관론이다. 이러한 낙관은 인공 장기 기술과 세포 재생 기술, 그리고 유전자적 재생 활성화 기술들에 기반한다.

✳ 트랜스휴먼에서 포스트휴먼으로의 싱귤래리티

커즈와일에 따르면 2045년쯤이면 어느 정도 트랜스휴먼의 영생을 예상하는 듯하다. 그러나 영원한 생명이 인간에게 꼭 필요한 요소는 아니다. 오히려 행복으로 충만한 건강하고 유한한 삶이 더 선호될 수 있다. 그럼에도 이러한 문제가 한 사람의 인생으로 끝나는 문제는 아니다. 사람은 타인과의 관계 속에 의미를 만들고 문화를 만들어 내는 존재이므로 수명에 대한 선택권이나 이로 인한 다양한 문제들 역시 관계와 연관해 보아야 할 것이다. 한편 육체를 버리고 디지털적 영생을 택할 수도 있을 것이다. 현재 디지털 아바타를 통해 디지털 영생의 가능성이 시현되고 있다. 얼마 전 TV 프로그램에서 오래전 인기를 끌었던 드라마 주인공들이 다시 재회하는 장면이 방송되었다. 그중 이미 명을 달리한 배우가 AI로 TV 화면에 등장하여 실제 인물들과 대화하는 모

---

18 *Raymond "Ray" Kurzweil*, 1948년~ . 미국의 컴퓨터 과학자, 발명가, 미래학자. 2005년에 《특이점이 온다(*Singularity point is near*)》를 저술했다. 2012년부터 구글엔지니어링 이사를 역임하며 인공 지능 개발에 힘쓰고 있다.

습을 방영하여 화면 속 주인공들뿐 아니라 시청자들의 공감을 자아내는 데 성공했다. 일부 출연자는 현실로 착각하여 감정을 억제하지 못했고, 일부 출연자는 두려워하기까지 하였다. 불완전한 육체를 벗어 버리고 뇌의 모든 정보를 네트워크로 업로드하여 저장하는 방식으로 디지털 영생을 얻고자 하는 시도는 이미 시작되었다. 뇌와 정보 기기의 연결이 발전하면, 우리는 교육을 받지 않고도 필요한 지식을 한순간에 획득하는 지식 민주화 시대를 영위할 수도 있겠지만, 아바타에 디지털 영혼을 탑재해 현실화하는 일도 가능해질 것으로 예견된다.

공상 과학 소설에 등장하는 일들이 실제로 이루어진 일들을 이미 수없이 목도한 까닭에 우리는 이러한 이야기를 허무맹랑한 공상으로만 치부할 수 없다. 이제 바야흐로 영적 싱귤래리티*sprital singularity*의 단계를 예견하게 하는 과정으로 들어서고 있다. 트랜스휴먼은 기술을 사용해 부분적으로 장기를 교체하거나 그 기능을 향상시키는 방식, 뇌의 기능을 보조하는 장비를 연결하는 방식, 기계와의 효과적인 협업 등의 방식으로 추진되지만, 죽음을 초월하는 문제는 결국 인간 실존과 영적 문제에 봉착할 것이다. 〈3000년의 기다림〉이라는 영화 속에서 영원의 존재인 지니는 유리병 속에서 수천 년을 갖혀 사는 무료함을 견딘다. 영화 속 지니는 우리에게 영원의 시간이 인생의 유한성에 대비되지만 진정 영원의 삶이 능사인가라는 물음을 던진다. 영적 싱귤래리티를 맞이하며 우리에겐 이전과 비교도 안될 정도로 삶의 가치와 살아간다는 것에 대한 성찰이 요구될 것이다. "나는 생각한다. 고로 존재한다"와 같은 말이 트랜스휴먼에게도 통할 것인가?

트랜스휴먼을 넘어선 단계를 포스트휴먼*post-human*이라 한다. 기계적 지능이 이미 인간의 지능을 넘어선 시대, 병을 극복하고 생명이 보장되는 시대에 삶의 철학과 모호한 삶과 죽음의 경계에서 인문학적 싱귤래리티를 생각하게 한다.

7.3 호모 사피엔스의 다른 이름들

과학기술의 미래를 여행하고 온 우리는 이제, 어떻게 살면 좋을까? 라는 주제로 다시 돌아가야 한다. 새로운 과학기술의 지속적 발견과 개발은 이전에 없던 세계로 우리를 인도할 것이다. 그리고 과거 어느 때보다 그 발전 속도와 영향력은 사람들의 생각을 압도할 것이다. 1950년대에 꽃 피웠던 반도체, 항생제, DNA, 뉴런, 인공 지능 등에 대한 발견이나 개발은 21세기 들어 그 열매를 맺고 있다. 그러나 우리에겐 여전히 어떻게 살아야 하고, 어떤 사회를 만들어야 하는가? 하는 물음이 남아 있다. 인간 정신이 어떻게 형성되어 사람들과 공감하며, 삶의 패턴으로 드러나는지, 흔들리는 갈대와 같은 우리의 생각을 심도 있게 하여 바로잡을 때이다.

'인간세'를 영위하는 우리는 이미 지구의 지배자다. 린네[19]가 《자연의 체계$^{Systema\ Naturae}$》(1735년)에서 인간종을 명명한 호모 사피엔스$^{Homo\ Sapience}$는 '지혜의 무리'라는 뜻이다. 호모 사피엔스는 수많은 사람 비슷

19 *Carl von Linne*, 1707~1778. 스웨덴 식물학자. 《자연의 체계》, 《식물의 종》을 저술하고 4,000종의 식물과 5,000종의 동물을 분석했다.

한 무리^{homo}들 가운데, 지식 혁명을 이룬 무리들을 일컫는다. 이들은 생각을 나누고, 마침내 그것을 기록하기에 이른 무리들이었다. 기록물은 전수되어 원저자가 죽어 사라진 이후에

그림 7.17 린네의 초상과 《자연의 체계》 표지

도 읽는 자에게 영감을 주고 생각하게 만들어 줌으로써 발전의 원동력이 되었다. 이 종들은 다른 종에 비해 두뇌의 비중이 현저히 컸고, 직립 보행을 하며 손을 매우 정교하게 사용하였다.

이후 우리는 호모 사피엔스의 다른 이름들을 많이 들어 왔다. 사람들은 즐거이 이름들을 만들어 붙이고는 그 성격이나 특징에 맞아 떨어지는 듯하면 만족해 했다. 때론 달리 붙여진 이름을 좋아해 그 이름대로 살고자 노력하는 사람들도 있었다. 호모 사피엔스의 다른 이름들은 사피엔스가 간과한 특징들을 끄집어내 인간 속 인간들을 불러 모았다.

호모 파베르

프랑스 철학자 루이 베르그송[20]은 실존 철학의 한가운데서 '되어감

20 Henri-Louis Bergson, 1859~1941. 프랑스의 철학자, 교수, 사회학자. 1928년 노벨 문학상을 수상했다. 《물질과 기억》(1896), 《창조적 진화》(1907), 《사유와 운동》(1934) 등 많은 저작을 남겼다.

becoming'을 주창했다. 그 되어감에는 환경에 대한 어쩔 수 없는 적응도 포함되겠지만, 적극적 의지의 표현은 '만듦*fabrication*'으로써 가능하다. 인간은 되어감을 향해 무언가를 '만드는 존재'라고 본 베르그송은 이러한 인간을 호모 파베르*homo faber,* 공작인라고 이름했다.

인간은 기계 중의 으뜸 기계다. 그 기계의 정점에 손이 있다. 손이 모든 것을 만들어 냈다. 뇌 과학자들은 뇌의 상당한 신경이 손에 연계되어 있음을 확인했다. 다른 동물종들에 있어 손은 하늘을 날기 위해 펄럭이거나 땅을 빠르게 박차는 뒷다리와 별 차이 없는 기관이지만, 유독 인간의 뇌 신경은 손을 정교하게 제어하도록 되어 있다.

21세기 퍼슨을 만들어 낸 위대함은 바로 호모 파베르의 손에서 나왔다. '만드는 손'은 인류 문명을 창조해 왔다. 호모 파베르의 손은 21세기 디지털 혁명과 에너지 혁명을 일으킨 도구들을 만들어 사용하고 있다. 나아가 호모 파베르들은 이제 자신의 지능을 능가할 휴머노이드를 만들어 내는 지경에 이르렀다. 이쯤되어 인공 지능과 휴머노이드에 의한 문제가 위협으로 다가올 때, 안일하게 '전기 공급을 끊으면 되겠지 뭐' 하는 안일한 생각을 하는 사이, 인공 지능은 벌써 그 가능성까지 제어하여 인간을 넘어설 것이 분명하다. 혹은 호모 파베르들 스스로 제한된 신체적 한계를 벗어나기 위해, 인공 지능이 만들어 놓은 디지털 네트워크로 자신을 업로드할지도 모른다.

호모 파베르는 이미 지구 생명체를 모두 파괴하고도 남을 충분한 핵무기를 만들어 놓았다. 그래 놓고는 그 무기들이 자신을 지켜 주고 세계 평화를 유지해 줄 것이라 생각한다. 호모 파베르의 이런 낙관적 생각은 그저 만들고 만드는, 한없는 생산 중독에 걸린 호모 사피엔스다.

호모 파베르는 생산을 소비하는 '호모 컨슈무스^{Homo Consumus}'가 만들어 낸다. 이 둘은 일란성 쌍생아이고, 동전의 양면처럼 두 얼굴의 한 몸이다. 호모 파베르는 '얼리어답터'라는 호모 컨슈무스에 의해 관심을 끌고, 최종적으로는 로열 호모 컨슈무스의 사랑을 받아 낸다. 관심과 사랑은 호모 파베르의 끝없는 창작과 생산을 독려하는 동력원이다.

절제 없는 생산은 생존을 위협한다. 이미 호모 파베르가 만든 화석 연료를 사용하는 기계들은 지구 환경에 충분한 위협이 되었다. 물론 호모 파베르는 이런 문제를 해결할 새로운 도구를 만들어 내는 일에도 열광한다. 그들을 자극하는 모든 문제들은 그들이 만든 도구로 파생된 것일지라도 그것들이 다시 파베르의 본능을 자극한다. 그러기에 호모 파베르는 끝없이 만들어 내며 실존한다.

호모 파베르를 과학기술자로 한정하는 것은 지나친 단순화다. 모든 제작은 파베르의 활동이다. 제작하는 자는 모두 호모 파베르다. 공자는 '술이부작^{述而不作}'이라 했다. 옛 것을 서술하는 것 이외에 따로 지어 붙이는 것을 거부했다. 그렇다고 공자가 호모 파베르가 아닐까? 그가 옛 것의 편집을 통해 유학을 만들어 냈다 해도 그 행위 역시 만들어 내는 데 다름 아니다.

흙을 다듬어 그릇을 만들어 내는 도공이나 로켓을 쏘아 올리는 기술자나 게임을 만들어 내는 개발자나 모두 그들의 뮤즈로서 호모 컨슈무스가 울리는 북소리를 듣고 만들며 희열에 빠진다. 주변에 성가신 일들이 가득할지라도 만드는 것에 집중하여 성가심 없음의 경지인 아타락시아에 이르곤 한다.

호모 루덴스

에피쿠로스 학파처럼 오해받는 철학이 또 있을까? '쾌락주의'라는 번역은 잘못이다. 이들은 오히려 욕망의 절제나 회피를 통해 인생의 행복을 찾고자 하는 사람들이다. 이들의 쾌락은 감각적 쾌락이 아니라 성가신 일이 없는 아타락시아의 추구다.

'놀이하는 인간' 호모 루덴스^{Homo Ludens}는 에피쿠로스가 요청한 삶의 전형은 아니다. 2차 세계대전 이전을 살았던 철학자 호이징가[21]는 1938년에 출간한《호모 루덴스》를 통해 지혜로 사유하는 인간인 호모 사피엔스의 합리성에 대하여 유희하는 인간을 이렇게 제시했다. 두 차례 세계대전을 겪은 유럽인들에게 심각하게 던져졌던 실존 문제에 대해 그는 합리적 이성의 결과가 광기와 폭력으로 드러난 역사적 사실을 인식하며 차라리 놀이와 유희에 몰두하는 인간을 제시했다. 이

그림 7.18 호이징가와《호모 루덴스》한국어판 표지

런 인간은 인생의 가치를 얼마나 즐겁게 잘 누리느냐에 두므로 소비, 레저, 향락, 놀이에 집중하게 된다. 놀이가 인간 역사에서 문화를 형성하는 데 매우 중요한 역할을 한 점에도 주목한

---

21 *Johan Huizinga*, 1872~1945. 네덜란드 역사학자, 철학자.《중세의 가을》(1919),《에라스무스》(1924),《호모루덴스》(1938) 등의 저작이 있다.

다. 더욱이 호모 파베르가 생산을 위한 노동에서 실존을 찾는다면, 호모 루덴스는 노동 이후 여유로운 삶의 방향을 추구한다. 호모 파베르가 쌓아 올린 놀라운 기술의 바벨탑 앞에서 유희하는 인간 호모 루덴스는 어쩌면 호모 파베르가 만들려는 새로운 세계를 지연시키는 방어적 집단 지성일지도 모른다.

2000년 밀레니엄을 맞이하여 탄생한 새로운 세대를 'MZ 세대'라 부른다. 우리는 이 세대에서 호모 루덴스들을 많이 목격한다. 이들은 디지털 원주민으로 태어나 디지털 세계에서 충분한 놀이를 발견하여 즐긴다. 인공 지능의 발달로 현재의 직업 대부분이 사라질 것이라는 비관적 예측 속에서 새로운 문화를 만들어 내는 일은 인공 지능이 학습하지 못한 새로운 세상이 될 공산이 크므로 이들의 놀이는 포스트휴먼 시대를 지연하고, 디지털 퍼슨 이전에 인간으로 지구상에 좀 더 남아 있을 수 있게 하는 건강한 노력일 수 있다. 먹고, 마시고, 노는 것, 이것은 개미와 베짱이의 우화에서 언제나 손가락질 받던 베짱이의 삶이 어쩌면 더욱 가치 있음을 알려 준다. 인공 지능 탓에 현재 직업의 80% 이상 소멸한다면 극단적으로 다음 세 개 직업군만 남을 것이다.

첫째, 인공 지능을 개발·개혁하는 직업이다.

둘째, 인공 지능을 응용하여 삶에 적용하는 직업이다.

셋째, 육체노동을 해야 하는 직업이다.

처음 두 개는 인공 지능 전문가이고, 다음 하나는 육체노동자다.

이 세계는 마치 중세 봉건 영주의 장원이 영주와 기사, 그리고 농노로 구성되었던 것과 비슷하다. 영주는 자급자족의 장원을 운영했다. 마찬가지로 극단적 미래가 현실이 된다면, 사람이 할 수 있는 영역은 육체를 이용하는 노동 영역밖에 없을 것이다.

그러나 발달한 기술로 얻은 부를 이용해 사람들에겐 기본 생존이 가능한 기본 급여가 지급되고, 지급되는 기초 급여의 규모에 따라 삶의 질이 결정되며 그에 따른 인구의 증감이 일어날 것이다. 그리고 불요불급한 육체노동에 참여하는 사람들을 제외하면 기초 급여를 토대로 살아가며 놀이에 몰두하는 사람들이 많아질 것이다. 이들은 골치 아픈 일들을 사고하지 않으며 무언가를 만들기 위해 끊임없이 질주하는 파베르들이 만들어 준 부를 토대로 적극적으로 유희하는 호모 루덴스들로, 그 숫자는 사피엔스나 파베르보다 훨씬 많을 것이다.

하루하루 디지털 자동화로 사라지는 일자리들을 보며 우리는 일하지 않으면서 놀이를 즐기는 유희 인간을 희구한다. 이들이 누리고자 하고 누릴 수 있는 새로운 유희를 만들어 내는 일 역시 호모 파베르들일 터이다. 그렇게 만들어지고 누릴 수 있는 유희가 2021년 세계적 흥행을 누렸던 드라마 〈오징어 게임〉 속 파괴적 놀이만 아니라면 디지털 퍼슨 시대의 미래는 호모 루덴스적 삶을 통해 더 건강해질지도 모른다.

호모 데우스와 인간 한계

이스라엘의 사학자 유발 하라리[22]가 쓴 일련의 베스트셀러 중 《호모 데우스 *Homo Deus: A Brief History of Tomorrow*》(2016년)라는 책이 있다. 유발 하라리의 주장을 여기서 서술할 필요는 없다. 다만 그가 제조한 호모 데우

---

22 *Yuval Noah Harari*, 1976~ . 히브리대학 역사학과 교수. 《사피엔스》, 《호모데우스》 등의 저작이 있다.

스에 대한 생각을 함께
나눠 보고자 한다.

그림 7.19 유발 하라리와 《호모 데우스》 히브리어판 표지

하라리는 유일신을 믿
는 유대 가정에서 태어
났다. 그에게 신의 존재
는 특별했다. 성경의 신
은 세상을 창조했고, 그
모든 피조물 중 인간을
특별히 자신의 형상에 따라 지어 냈다. 하라리에 따르면 유대인이 믿는
하나님인 야훼는 대장장이들의 신으로, 대장장이들이 풀무질할 때 나
는 숨소리의 의성어라고 했다. 불바람의 신 야훼는 형상을 만들면 안
되므로 그들의 계명에는 형상을 만들지 말라는 규율이 있다. 한편 그
신의 형상으로 인간이 지음받았다는 부분은 상호 모순적이다. 물론 이
런 모순을 설명 못 하지는 않을 것이다.

호모 파베르의 노력으로 21세기 인간의 한계는 극복 가능하다는 류
의 생각이 호모 데우스를 만들었지만, 이 지점에서 다시 한번 우리의
과학적 지식의 한계를 돌아볼 필요가 있다. 인간이 필멸의 존재라는
한계 외에도 몇 가지 한계가 있음을 확인해야 하는 까닭이다.

❉ 제1한계, 운동의 한계

아인슈타인의 상대성이론은 우리에게 시간과 공간에 대한 새로운 이
해를 갖게 했다. 더욱이 물질 자체가 에너지라는 새로운 이해를 갖게

했다. 이 이론에 따르면 인간을 포함한 물질로 정의되는 존재는 운동의 한계를 갖는다. 그 한계는 바로 빛의 속도로 이동하지 못한다는 사실이다. 빛의 속도로 이동하는 순간 시공간은 되돌릴 수 없게 왜곡된다. 예컨대, 몸무게는 무한대가 되고 시간 역시 거의 흐르지 않으며 존재의 크기는 거의 소멸된다. 이러한 상황에서 운동은 불가능하다.

빛의 속도보다 빠른 가상의 물질을 '태키온^{Tachyon}'이라 한다. 이것의 운동에 대한 연구도 있지만, 복잡한 상대론을 들먹이지 않더라도 빛의 속도로 움직일 수 있는 존재는 질량을 갖지 않아야 한다. 자연에서 입증되듯 빛은 질량이 없다. 우리가 빛이 아닌 이상 빛의 속도로 움직일 수는 없다. 혹자는 말할 것이다. 빛의 속도로 움직이지 못하는 것이 어떻게 인간 능력의 한계가 되는가? 그러나 생각해 보라. 우주를 논하는 우리가 우주의 어떤 존재를 찾아 나선다고 해 보자. 아니 신을 찾아 나선 누군가 있다고 하자. 이때 가장 중요한 것은 운동의 속도가 아니겠는가? 속도의 한계가 존재한다는 사실은 관측하고 탐색 가능한 우주의 영역에 한계가 있다는 사실을 말해 준다. 혹자는 말한다. "그러므로 우리가 신을 찾아가는 것은 불가능하다. 신이 우리를 찾아 주었으므로 우리는 신과 조우할 수 있다." 신의 존재에 대한 믿음은 각각이겠으나 만일 그러한 존재가 우주에 있다면, 운동의 한계를 가진 인간이 찾아내기란 불가능한 일이다.

❋ 제2한계, 측정의 한계

양자역학은 현대인의 관점에서도 기묘하여 그 이해는 결코 쉽지 않다. 미시 세계에서 발생하는 양자 현상을 거시 세계에 적용하면 동일한 현상이 일어날 확률이 매우 작아 경험할 수 없다. 우리가 파동으로 정의하는 파동함수*wave function*에 우리의 존재 위치를 알리려면 전 우주에 대해 파동함수의 내적을 파악해야 된다. 현재 우리가 여기 있다고 하는 말은 여기에 있을 확률이 매우 높다는 의미에 다름 아니다. 우리가 여기 있다고 굳게 믿는 상황에서도 우리의 파동함수는 전 우주에 연관된다. 마치 내 몸의 일부가 여기저기 놓여 있는 상황이다. 이러한 상황에서 하이젠베르크는 인간의 관측에 한계가 있음을 설파했다.

우리가 관측하는 기본은 빛이다. 우리는 빛의 교신을 통해 대상을 확인한다. 그러나 빛이 대상에 도달하는 시점에 대상은 그 빛으로 교란된다. 결국 우리가 측정하는 것은 측정을 위해 보낸 빛에 의해 교란된 대상의 모습이다. 아무리 노력해도 대상의 원래 모습을 관측할 길이 없다. 마치 생물학 시간에 세포의 모습을 본다고 세포를 염색하는 것과 같은 이치다. 우리는 염색된 세포의 형상을 보고 세포를 이해했다고 좋아하지만, 그것은 염색 전 온전한 세포의 모습이 아니다.

관측 행위 자체가 관측 대상을 교란하는 현상에 대해 하이젠베르크는 위치와 운동량에 대한 '불확정성 원리'[23]로 정리하여 발표했다. 그의 이론에 따르면 어떤 두 물리량의 불확정성의 곱이 제아무리 정교하게 관측해도 양자 상수의 범위에 있다는 것이다. 예컨대 위치를 정확히 측정한다 해도 그 측정 행위에 따른 운동량의 퍼짐(불확정도)은 무한대

---

23 양자역학의 세계에서는 운동량을 측정 오차와 위치 측정 오차의 곱이 항상 플랑크 상수의 특정 배율보다 커야 한다. 또한 에너지 측정 오차와 시간 측정 오차의 곱이 역시 같은 값보다 커야 한다. 따라서 만일 우리가 속도를 정확히 측정하여 운동량 측정 오차가 0이라면 위치 오차가 무한대로 발산하여 위치를 고정할 수 없는 한계를 드러낸다.

의 오차로 커지게 된다는 의미다. 사랑하는 애인의 손을 잡는 순간 애인의 몸은 안개처럼 늘어날 것이다. 우리가 시간을 정확하게 측정한다면 그 대상의 에너지를 알 길이 없다. 그렇다면 우리가 측정한 값은 과연 정확한 값일까? 20세기 과학은 인간이 모든 것을 정확하게 측정할 수 없음을 확인시켜 준다. 또한 인간이 전혀 파악할 수 없는 시공간이 존재할 수도 있음도 확인시켜 준다.

하이젠베르크의 불확정성 원리가 적용되는 크기의 시공간이 존재한다면, 우리 인간은 그곳에서 무슨 일이 어떤 인과관계로 발생하는지 알 길이 없다. 또한 이러한 불확정성은 오늘날 동물 복제로 완전한 쌍생아를 만들어 냈다고 기염을 토하는 일부 생명공학자들에게 그 한계를 말해 줄 수도 있다. 그 둘은 결코 같을 수 없다. 바로 이 불확정성 때문이다. 복제 동물의 몸이 만들어지는 모든 과정에 존재하는 불확정성의 개입으로 우리의 눈에는 같아 보이지만 정밀하게 전혀 같지 않은 독립된 개체일 뿐이다. 생물학적 친화성은 존재하겠지만 복제된 존재이므로 원형에 완전히 복속된다는 생각은 버려야 한다. 어쩌면 인류는 미래에 수많은 복제 인간을 만나게 될지도 모른다. 그러나 불확정성 원리는 '복제'라고 개념 짓는 우리의 어리석음과 실제로 복제물은 원형과 다른 존재라는 사실을 예견하게 한다. '복제'라는 말은 인간의 오만을 대변하는 말이다.

※ 제3한계, 생각의 한계

아인슈타인의 옆방에서 연구한 수학자가 있었다. 괴델*Kurt Godel, 1906~1978*

이라는 이름의 오스트리아 태생의 미국 수학자였다. 이 뛰어난 수학자의 연구는 매우 독특했는데, '괴델의 불완전성 정리'[24]라 불리우는 연구였다. 이 연구를 통해 괴델은 인간 사유의 불완전성을 수학적으로 입증했다. 인간은 모든 것을 완전히 증명할 수 없다는 그의 주장이 일상에 적용되기는 어렵겠지만 인간 정신에 던지는 메시지는 명확하다.

17세기 뉴턴 이후 18세기 황금 같은 계몽 시대는 19세기의 과학 문명을 우리에게 선사했다. 인간 이성의 힘은 실로 찬란하게 세상을 변화시켰다. 오늘날 인간은 이전의 어떤 인류도 소유하지 못했던 능력을 소유했다. 새처럼 하늘을 날았고, 빠르게 육지를 이동했다. 멀어서 보이지도 않는 사람과 이야기를 하게 되었고, 지구 반대편에서 일어나는 일을 앉아서 볼 수 있게 되었다. 중국 무협지에서 보았던 무협 도인의 현존이 바로 오늘날 인류 아니던가? 그렇게 빛나는 인간 이성에 한계가 존재한다는 사실은 우리에게 시사하는 바 매우 크다.

겸손하게 우리가 가진 지적 능력을 의심해야 한다. 오류가 존재할 수 있음을 고백해야 한다. 사실 1970년대 이후 지성에 대한 의심은 이미 나타나고 있었다. 그 의심은 이성이 만들어 낸 거대 담론들에 대해 적용되기 시작했는데, 포스트모던 사조가 그것이다.

❋ 제4한계, 생명의 한계

육체는 영원할 수 없다. 육체를 버릴 때 영원의 가능성은 높아진다.

---

24 *Gödel's incompleteness theorems*. 아인슈타인과 동료로 프린스턴 고등과학원에 있던 괴델은 수리논리학에서 모든 무모순의 공리계는 항상 일부 명제를 증명할 수 없으며, 특히 스스로의 무모순성을 증명할 수 없다는 논문을 1931년에 발표했다.

21세기 들어 비약적 발전을 이어 가는 수명 연장 기술이 인류에게 희망을 주고 있다. 암을 비롯한 난치병 치료에서 이전과 다른 유전자 치료 기술의 발전은 획기적 변화를 가져다 줄 것이라 기대되고 일부는 그 효능이 증명되기도 했다.

한편 노화를 지배하는 유전자 정보를 주기적으로 리셋하는 기술이 개발되면 장수로 나아가는 길이 획기적으로 열릴 것이다. 체세포 복제를 통해 자신과 동일한 사람을 만들어 내는 기술이 뇌를 복제하는 기술 개발과 이어진다면, 다소 불편하겠지만 어쩌면 특정 시기의 삶을 지속적으로 이어가는 방편이 될 수도 있을 것이다.

신과 같은 인간은 이런 육체적 강건함만으로 가능하지 않다. 신은 자신의 세계를 손수 만들어 내는 존재이기 때문이다. 신은 저마다 자신의 세계관으로 세계를 창조한다. 그러므로 자신의 의견을 말하는 자, '퍼슨'의 긍극적 상태는 자신만의 고유한 세계관을 갖는 것이다.

세계대전 이후 사람들은 이제 저마다의 의견을 중시하며 살아간다. 물론 인공 지능이 던져 주는 온갖 미디어 정보를 통해 확증 편향을 갖는 '피플'도 더 늘고 있지만, 사회는 개인들이 더욱 개인으로서의 독특성을 갖는 방향으로 나아간다. 이러한 고유함은 기존 종교가 요구하는 교리에 순복하지 않도록 이끈다. 물론 고유함이 종교와 일치하는 개인들은 누구보다 더 깊은 신앙을 보일 것이다. 이런 방식으로 사람들은 자신이 신이 되어 세상에 외치는 퍼슨, 호모 데우스가 될 것이다. 비록 아직 기술적 진보가 부족해 불멸의 삶을 제공해 주지는 못하지만, 정신만큼은 자신들을 신과 동등하게 바라보는 시대가 되고 있다.

✱ 제5한계, 핵무기와 지속 가능성의 한계

1945년 히로시마와 나가사키에 투하된 원자 폭탄은 핵에너지의 가공할 위력을 전 세계인들에게 드러냈다. 전쟁은 이로써 종결되었지만 냉전 시대에 자본주의 진영과 공산주의 진영은 경쟁적으로 핵무기를 비축하며 힘을 과시하고자 했다. 이제 우리는 머리 위에 엄청난 양의 핵무기를 지고 살아가는 위험한 시대의 퍼슨이 되었다. 전쟁에 사용된 X-선 분석 기술이 DNA를 알아내는 데 기여한 바와 같이, 원자력 에너지 기술은 이후 세계가 사용할 에너지의 대안으로 성장하기 시작했다.

소형 원자로 개발은 냉전 시대 원자 폭탄 개발 못지않게 중요한 주제였다. 소형 원자로는 잠수함이나 항공모함에 탑재하면 연료 주입을 위해 항구를 찾지 않아도 매우 긴 거리 항해를 가능하게 해 준다는 점에서 전략적으로 중요했다.

원자로 기술은 이탈리아에서 미국으로 망명한 페르미$^{Enrico\ Fermi,}$ $^{1901~1954}$에 의해 주도되었다. 그는 시카고대학 운동장 스탠드 아래에 그

그림 7.20 엔리코 페르미와 그가 만든 최초의 원자로 시카고 파일 1호 삽화

라파이트 블록으로 감속재를 삼은 원자로(시카고 파일 1호$^{Chicago\ Pile-1}$)를 만들어 핵분열 시 튕겨 나오는 중성자를 한 개만 남기고 없애는 중성자 포획 기술을 시연했다. 이것으로 연쇄 반응을 제어하는 획기적 기술이 탄생했다. 이런 원자로 기술을 핵 잠수함에 최초 적용한 사람은 미 해군 제독 리코버였다. 1951년 7월, 그는 핵 엔지니어들로 팀을 구축해 제작한 최초의 핵 잠수함 노틸러스^{Nautilus}호를 진수시켰다. 핵 잠수함은 핵폭탄 이후 등장한 가장 가공할 무기 체계였다. 핵 잠수함에 사용하기 위해 개발된 원자로가 육지로 상륙하는 데는 오랜 시간이 요구되지 않았다. 물을 냉각재와 감속재로 사용하는 원자로는 물의 끓는 점을 올리기 위해 100기압으로 압력을 높여야 했다. 이것을 가압 경수로라 한다. 이보다 낮은 압력에서 가동시키되 아예 원로심에서 물이 끓도록 설계한 비등수형 원자로는 제너럴일렉트릭^{GE}사에서 설계되었다.

웨스팅하우스가 주축이 되어 설계한 가압 경수로와 GE의 비등수형 원자로가 양대 산맥으로 건설되어 운영되었다. 원자력 발전소가 전 세계로 퍼져 나간 시점은 석유 파동이 있었던 1970년대였다. 석유는 특정 지역에서 집중적으로 생산되므로 가격 담합에 따라 세계 경제 전체에 임청난 위험이 된다는 사실을 경험히였기에 에너지원의 다변화를 꾀하는 상황에서 원자력은 중요한 대상이 되었다. 대한민국 역시 부산 기장군 고리에 웨스팅하우스로부터 원자로 1호기를 도입하였다. 고리 원자로 1호기는 현재 사명을 다하고 퇴역한 상태다.

원자력 발전은 핵에서 전기를 뽑아내는 획기적 기술이지만, 너무도 강한 에너지 밀도와 더불어 원자로 정지 후 핵분열로 생성된 물질들에서 나오는 방사능 에너지를 제거해 주지 않으면 원자로심이 용융될 위험성이 상존하기 때문에 사고에 대비하는 안전 설계가 중요하다.

상업용 원자로 최초의 사고는 1979년 3월 28일 미국 펜실베이니아주 스리마일 섬에서 일어났다. 노심 일부가 녹는 사고였는데, 격납 용기가 건전해 방사성 물질을 외부로 누출시키지 않은 게 그나마 다행이었다. 이 사고로 미국의 원자력 계획은 탄력을 잃었다. 이후 흑연을 감속재로, 경수를 냉각재로 사용하는 또 다른 원자로형이 폭발하면서 최악의 방사능 누출 사고로 이어졌다.

구 소련 시절, 현재의 우크라이나와 벨라루스 접경 지역인 체르노빌에서 1986년 4월 26일 4호기 원자로가 비상시 전력 공급 시험 운전 중 운전 미숙으로 연이은 폭발이 일어났다. 이 사고로 방사성 물질이 발전소 인근은 물론 바람을 타고 중부 유럽까지 퍼져 심각한 위협을 주었다. 가장 최근의 사고는 2011년 일본 동쪽의 지진으로 후쿠시마에 위치한 비등수형 원자로들이 핵 연료 용융과 수소 폭발을 일으킨 사건이었다.

사고 때마다 안전 증대를 위한 원자로 설계 기술이 발전해 왔는데, 현재의 원자로 설계 기술은 자연재해 대응 능력 및 안전성에서 과거 원자로와는 비할 바 없이 높아졌다. 현재까지 인류가 경험한 원자로 사고는 모두 초창기에 설계된 1세대 원자로란 사실은 참고할 만하다. 결국 인류는 스스로 개발한 기술로 파멸의 길을 열어 두고 있다. 지속 가능성에 대한 최고의 위협은 핵에너지의 파괴력을 서슴없이 사용할 파괴된 인간 정신의 우발적 발작이다.

7.4 마음과 몸

신화의 시대에 인류는 혼돈을 정벌한 질서의 신을 찬미했다. 혼돈은 모든 것의 원형이었고, 질서는 혼돈의 죽음에서 탄생한다. 혼돈을 제거하는 일은 모든 통치자들의 임무였고, 학자들의 사명이자 성직자들의 기도였다. 혼돈은 종종 사탄으로 묘사되었고, 그 해석할 수 없음은 불길함의 상징이었다.

인류는 통제할 수 있는 것에 안심했고, 통제할 수 없는 것은 신의 영역으로 몰아냈다. 통제할 수 없는 선善과 사랑이 있기도 하지만 통제할 수 없는 자연의 힘은 공포의 대상일 수밖에 없다. 세계대전을 겪으면서 흔들리는 인간 정신을 놓고 고민했던 실존 철학은 이런 시대적 흐름을 만든 구조를 성찰하게 만들었다. 그 시작은 언어학에서 발현되었지만 점차 사회를 이해하는 방향으로 나아갔다. 포스트구조주의 철학자들 중 과학기술 분야에서 형성된 비선형 다이나믹에서 많은 영감을 얻은 사람들이 등장하기 시작했다. 과학기술자 역시 사회와 소통하기 위한 운동이 활발히 전개되었다. 이러한 상호 작용은 미래 사회가 어떻게 구축될지 예측하게 한다.

이 절에서는 20세기와 21세기를 관통하는 구조주의 철학의 변화와 과학자들이 발견한 비선형 역학에 의한 혼돈과 질서에 대한 다양한 발견들이 복잡계 물리에서 복잡계 경제나 복잡계 네트워크로 점차 확산된 과정을 살펴본다. 이후 과학기술 사회에서 필연적으로 나타나는 전문가와 대중 사이의 소통과 함께 때때로 불거지는 불일치를 민주적으

로 해소하는 방법들을 살펴 건강한 합의를 만들어가는 거버넌스의 가
능성을 논의한다.

마음과 몸

1900년에 프로이트[25]는 《꿈의 해석*Die Traumdeutung*》을 출판한다. 이때부
터 현대 철학이라 불리는 현대 정신이 탄생한다. 20세기는 정치적으로
불안정한 시대였고, 지식인들 모두 광폭한 흐름에 휩싸였다. 하이데거
같은 주요 철학자마저 히틀러를 지지하여 나치즘에 빠지기도 했던 시
대였다. 독일 관념론은 19세기 들어 낭만주의 사조와 함께 강력한 비
판에 직면하고, 영국과 미국에서는 경험주의와 과학주의에 의존한 실
증주의가 더욱 강화된다. 또한 이성의 표현으로 볼 수 있는 언어와 논
리에 대한 분석 철학이
출현하고, 독일에서는
현상학이 철학으로 자
리잡는다. 이러한 분화
는 마치 20세기의 세계
대전이 그러했듯 기존
사상을 허문 자리에 새
로운 사상을 건설하려

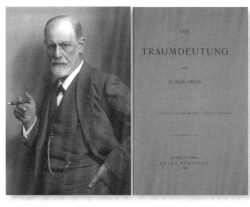

그림 7.21 지그문트 프로이트와 《꿈의 해석》 독일어 초판
표지

25 *Sigmund Freud*, 1856~1939. 오스트리아 심리학자. 정신분석학을 창시하고 무의식과 억압에 대한 방
어기제에 대한 이론과 상담 심리의 임상 치료를 창안했다.

는 파괴와 재건의 시대정신이었다.

아인슈타인의 상대성이론은 인문학자들에게도 깊은 감동을 안겨 새로운 생각거리를 던져 주었다. 사무엘 알렉산더[26]는 만일 아인슈타인의 주장대로 시공간이 물질을 만든다면 물질에서 생명이, 생명에서 마음이, 마음에서 신이 나온다는 진화론적 발상을 주장했다.

버트란드 러셀[27]은 이성론, 물질주의, 이중성 등을 다루면서 아인슈타인의 생각을 차용했는데, 우주에 중성적 유일 정신은 없고 모든 것은 시공간의 사건에 의해 만들어지며, 사건은 정신적인 것도 물리적인 것도 아니라고 주장한다. 물질과 마음은 시공간을 조직하는 다른 방식일 뿐이라는, 즉 이중적인 것이라는 생각을 펼친다. 이러한 생각들은 마음과 정신의 발현에 대한 강렬한 철학적 주제를 던져 주었고, 우리의 언어와 논리 등을 철저하게 탐구할 필요를 일깨웠다. 따라서 두뇌에 대한 이해와 신경 심리학적 연구가 촉발되었다. 그러나 버트란드 러셀은 이러한 분석을 오히려 패러독스가 존재하는 문장의 진위를 따지는 '기호 논리학'이라는 수학을 사용하여 분석하고자 했다. "이 마을 사람은 모두가 거짓말쟁이"라고 주장하는

그림 7.22 버트란드 러셀 탄생 100
주년 기념 인도 우표, 1972년

---

26 *Samuel Alexander*, 1859~1938. 오스트리아 태생의 영국 철학자. 《시간, 공간, 신성(*Space, Time and Deity*)》을 펴냈다. 관조와 향유가 인생의 근본임을 강조했다.

27 *Bertrand Russel*, 1872~1970. 영국 웨일즈생. 비트겐슈타인과 함께 분석철학을 창시했다. 반전주의, 자유무역주의, 핵 무장 반대 운동을 펼쳤으며 1950년 노벨 문학상을 수상했다. 청소년기 고독한 시간을 보냈고, 15세에 기독교 교리 탐구 후 18세에 완전한 무신론자로 전향했다. 화이트헤드와 함께 《수학 원리(*Principia Mathematica*)》를 저술했다.

마을 이발사의 주장의 진위를 따지는 문제는 아주 좋은 예였다. 러셀은 화이트헤드[28]와 더불어 젊은 시절의 대부분을 이 분야의 수학적 연구에 바친다.

비트겐슈타인[29]은 러셀의 제자로 원래 항공 기계공학을 전공했으나 고성능 엔진 설계를 그만두고 철학에 합류한 사람이다. 그는 자연 언어에 존재하는 불이해성을 연구한 끝에 결국 러셀의 기호 논리학에 기반한 수학적 분석으로는 이를 이해할 수 없다는 사실을 주장했다. 언어는 기능을 갖고 있으며 단어는 그 기능을 발휘하기 위한 도구로서 단순 의미 전달을 넘어 주장, 질의, 명령 등의 다양한 기능을 가지며 단순히 참인 명제만으로 구성된 논리 체계가 아니라는 것이다. 그러므로 의미는 문단적 대의로 해석되어야 하고, 세상의 의미는 사회적 동의로 해석된다. 따라서 세상을 이해하려면 언어를 이해해야만 한다고 주장했다.

에드워드 사피어[30]는 언어와 생각이 상

그림 7.23 트리니티칼리지 교수 시절의 비트겐슈타인, 1929년

---

28 *Alfred North Whitehead*, 1861~1947. 영국의 철학자, 수학자. 수리 논리학, 분석 철학, 과정 철학, 유기체 철학을 펼쳤다. 《수학 원리》, 《과정과 실재》 등 저서를 통해 교육 철학 부분에서 오늘날 많은 반향이 있다. 다학제(multidisciplinary)를 뛰어넘어 학제간 융합(Trans disciplinary) 교육으로 지혜를 함양하게 해야 한다고 주장했다. 교육에서 상상력, 사상의 자유로운 개진과 동시에 엄밀한 커리큘럼의 중요성을 강조했다.

29 *Ludwig Josef Johann Wittgenstein*, 1889~1951. 오스트리아 출신의 영국 철학자. 논리학, 수학 철학, 심리 철학, 언어 철학을 펼치며 《논리 철학 논고》, 《철학 탐구》 등의 저서가 있다. 오스트리아 철강 재벌의 아들이었으나 전 재산을 기부했다. 스승 러셀과 전쟁 관련 이견을 보였는데, 참전하여 무공훈장을 받기도 했다.

30 *Edward Sapir*, 1884~1939. 미국의 언어학자, 인류학자. 《부모 이론》 등의 저서를 남겼으며 언어에 관한 많은 연구를 진행했다. 사피어 위프가설(Sapier Whorf hypothesis)로 한 사람이 세상을 이해하는 방법과 행동은 그 사람의 언어와 문법적 체계에 연관된다고 주장했다.

호 작용하며 언어에는 문화와 경험이 녹아 있어 말하는 이가 세상을 이해하게 하는 형이상학^{metaphysics}적 구조가 있다고 생각한다. 비곳츠키[31] 역시 비슷한 결론에 도달했는데 언어가 어린아이를 사회인으로 성장시키는 도구가 되듯 한 인간의 생각의 성장은 사회에 영향받는다고 했다.

심리학에서도 양자 물리학에서의 입자와 파동의 이중성 같은 분석 체계가 발생했다. 행동 과학자들의 분석과 인지 과학자들의 분석이 서로 반대의 주장으로 나타난 것이다. 파블로프[32]와 같은 행동 과학자들은 행동은 자극과 반응의 패턴에 불과하다고 했다. 파블로프 실험처럼 동물의 행동은 조건에 대한 반사이고, 조건은 학습을 시킨다는 것이다. 그의 주장은 다윈의 진화론에 제대로 양립하는 주장이었다. 행동 학자들은 마음이라는 것을 별 볼 일 없는 것으로 끌어내렸다. 생각은 우리의 행동에 어떤 영향도 못 미치고, 우리의 신경망에 학습시킨 조건만 중요한 것이 되어 버리기 때문이다.

그러나 형태 심리학자(게슈탈트 심리학$^{Gestalt\ psychologie}$)들인 베르트하이머[33]와 볼프강 쾰러[34]는 이와 반대로 생각했다. 인간의 경험성은 개별

---

31 *Lev Semenovich Vygotsky*, 1896~1934. 벨라루스 출신의 심리학자. 37세에 결핵으로 사망할 때까지 10년 정도의 짧지만 강력한 발달심리학 분야 연구를 진행했다. 《심리학의 위기》, 《사고와 언어》, 《아동의 정신발달에서의 행동과 역설》, 《아동의 문화적 발달에서의 이슈》 등의 저서를 남긴 그는 아동의 실제적 발달(독립적 문제 해결)과 잠재적 발달(도움을 받아 더 높은 차원의 문제 해결) 사이에 근접 발달 영역이 있으므로 선생은 학습자를 도와 발달을 지원할 것을 요구하여 오늘날 토론식 수업이나 문제 중심 자기 주도 학습 등의 교육 방법을 제공했다.

32 *Ivan Petrovich Pavlov*, 1849~1936. 러시아 생리학자. 개의 침샘 연구 중 조건 반사를 찾아냈다.

33 *Max Wertheimere*, 1880~1943. 오스트리아-헝가리 제국의 심리학자. 게슈탈트 심리학 창시자 중 한 명으로 1933년에 미국으로 귀화했다, 초기에 시각 동작 게슈탈트 검사(Visual-Motor Gestalt Test)로 불렸던 벤더-게슈탈트(BGT) 검사를 창시했다. 이 테스트는 제시된 그림을 따라 그리다 보면 뇌의 병변을 확인할 수 있다는 가설이다.

34 *Wolfgang Kohler*, 1887~1967. 독일의 심리학자, 게슈탈트 심리학 창시자 중 한 명으로 1935년에 미국으로 망명했다. 시행착오를 통한 통찰과 지혜-사고-기억 현상 관련 게슈탈트 심리학을 구축했다. 《유인원

적 자극이 개별적 반응과 1:1로 대응하지 않는다. 즉 인지는 대상을 인지하는 개별적 요소의 합으로 구성되는 것이 아니라 전체적 관계 또는 형태 속에서 각자의 인지 구조로 재구성하여 이루어진다는 것이다. 그 일반적 형식은 바로 자극과 반응 사이의 어떠한 프로세스에 의한다고 추론했다. 현대의 인공 신경망을 구성하는 논리와 매우 유사하다. 따라서 인지 과학자들은 두뇌를 일종의 전체 시스템으로 인식했다.

골드스타인[35]의 질병에 대한 이론도 인식론적 사고의 전형이다. 그는 몸의 기관을 개별적인 것으로 보고 이들과 환경과의 관계가 변할 때 질병이 발생한다고 주장했다. 따라서 치료는 고침이 아니라 전체 몸의 기관을 새로운 정상 상태로 인도하는 과정이라 생각했다. 그러므로 골드스타인에게 있어 병든 몸은 전체적으로 새롭게 재조직화해야 할 상태를 말한다.

장 피아제[36]는 마음에만 집중했다. 특별히 마음의 성장에 대해 연구한 그는 몸이 성장하는 것처럼 일생 동안 마음도 성장한다는 사실을 밝혔으며, 인식은 자동 제어 장치처럼 기관과 환경 사이에 균형을 찾아 준다고 주장했다. 피아제는 이러한 인식이 선형적으로 나타나지 않고 어느 순간 급작스런 각성의 양상으로 나타난다고 했다. 어린 시절의 비가역적인 수용적 인식*perception*으로부터 어른이 되어가면서 가역적인

의 지혜》(1917), 《게슈탈트 심리학》(1927) 등을 남겼다. 통찰의 탄생 장소로 3B(Bus, Bath, Bed)를 예를 들었다. 통찰은 직면한 문제 해결을 위한 전 해결 단계(pre-solution stage)를 거친다고 주장했다.

35 *Kurt Goldstein*, 1878~1965. 독일의 신경학자, 정신과 의사, 히틀러의 탄압을 피해 난민 생활을 하기도 했다. 저서로 《*The Organism*》(1934)이 있다. 정신분열증, 전쟁으로 인한 트라우마에 대해 뇌의 중앙 통제 기능 손상에 따른 신체 조정 능력을 검토했다. 자기 실현의 원리로 도달하여 메슬로의 인간 욕구 구조 연구에 영향을 끼쳤다.

36 *Jean Piaget*, 1896~1980. 스위스의 자연 철학자, 발달심리학자. 1955년 스위스 제네바에 국제발생인식론센터를 창립하고 1980년까지 지도적 위치를 담당했다.

추상적 사상*abstract thought*으로 변해 간다. 찰리 브로드[37] 역시 물질론자로 오로지 마음과 모든 인식을 뇌의 전기 작용으로 이해하고자 했다.

그렇다고 영성이 모두 사라진 것은 아니었다. 마틴 부버[38]는 사람들이 객관적 사실을 주관적인 것으로 대체하는 과정에서 신을 상실했다고 지적한다. 그는 원래 우리가 '나와 너*I-You*'의 상태로서 '나'는 세상을 인식하는 존재인데, 우리는 이제 '너'를 물질화하여 '나-그것*I-It*'의 상태로 갔다는 것이다. 그러면 결국 나는 물질에 불과해지는데, 가장 '궁극적인 너*eternal you*'는 바로 '신'이므로 자연스럽게 신을 상실하게 되었다고 주장했다.

한편 하이데거[39]에게 있어 마음이나 생각, 행동보다 더 중요한 주제는 바로 '존재*being*'였다. 철학의 근본 문제인 "존재란 무엇인가?"에 답하

그림 7.24 하이데거, 1960년

기 위해서는 존재에 대한 물음을 제시하는 유일한 존재자인 인간, 즉 현존*Dasein(Existence)*에 대한 분석이 더 필요하다고 보았다. 그는 인간은 그저 존재하는 것*seiende(beings)*이 아니라 세계 속에 존재하는 것*In dez welt sein(Being in the world)*임을 강조하며 세상과 분리하여 하나의 사물과 같은 존재로 있을 수 없음을 주장했다. 이러한 하이데거의 주장은 과학기

---

37 *Charlei Dunbar Broad*, 1887~1971. 영국의 인식론자, 철학자, 심령 연구자. '행위자-인과'와 '사건-인과' 사이의 현대적 구별의 기초를 제시하였다.

38 *Martin Buber*, 1878 ~ 1965. 오스트리아 출신의 유대계 종교 철학자. 신비주의적 유대교 운동을 벌였으며 저서로 《나와 너》(1923), 《사람들의 문제》(1948) 등이 있다.

39 *Martin Heidegger*, 1889 ~ 1976. 독일의 철학자로 현상학, 해석학 연구자이자 실존주의 철학자 에드문트 후설의 제자. 《존재와 시간, Sein und Zeit》(1927) 등의 대표 저작이 있다.

술 사회가 인간에 끼치는 영향이 매우 심대할 수 있음을 예고하는 것이었다. 버나드스키[40]는 모든 존재가 공존하는 바이오 공간*biosphere*의 개념을 주장했다. 화이트헤드는 세상의 조화로운 단합은 구성 요소의 지속적인 상호 작용에 의한 것이고 물질이나 마음은 실제에 대한 다른 표현에 불과하다는 주장을 한다. 모든 사건에는 주관적 요소인 경험과 객관적 요소인 물질이 존재한다는 것이다. 이후 여러 사람들이 자아와 외적 실체의 상호 작용과 정의를 위해 노력했다. 이 과정에 종교인들도 참여하여 서로 다양한 의견이 개진되었다. 너무도 잘 알려진 경제학자 케인즈[41]가 후기 산업화 시대에 대해 궁극적·철학적 질문을 던졌다는 점은 흥미롭다. 그는 번영한 사회의 시민으로서 더 이상 생존의 위협을 받지 않는 현대인들이 결국 찾게 될 참된 문제가 있다고 주장했다. 그것은 바로 번영으로 얻은 자유를 어떻게 사용할 것인가 하는 문제이다. 인간은 다양한 존재 양식을 고를 자유가 있지만 실제로는 역사와 사회 환경 등으로 그다지 자유가 많지 않다는 것은 생각해 볼 일이다.

구조주의

20세기의 절반 정도는 구조주의라는 철학적 사조가 지배했다. 구조

---

40 *Vladimir Vermadsky*, 1863~1945. 러시아의 광물학자, 지구과학자, 우크라이나 과학아카데미를 창립하였다. 저서로《*The Biosphere*》(1926),《*Geochemistry*》(1924)가 있다.

41 *John Maynard Keynes*, 1883~ 1946. 영국의 경제학자. 거시경제학을 연구하여 경제 정책에 반영하였으며 대표 저서로《고용·이자 및 화폐의 일반이론》,《화폐 개혁론》,《화폐론》등이 있다.

그림 7.25 페르디낭 드 소쉬르

주의는 20세기 초 프랑스의 언어학자 소쉬르[42]의 업적에서 비롯되었지만, 세계대전 이후 1950년대에 레비스트로스[43]에 의해 확산되었다. 구조주의는 19세기 경험주의나 실증주의를 떠나 인문 과학에 자연 과학적 엄밀함을 부여하려는 운동이다. 전통적 근대 사상들이 인식에 있어서의 주체와 객체를 구분하는 형식에 주목하여, 특히 주체로서 인간을 중심에 세우는 것에 대한 반성에서 출발했다. 이러한 시도는 데카르트 이후 인간 이성 중심의 근대 사상을 폐기할 근거를 마련했다는 점에서 의의가 있다.

인간을 비워 낸 자리를 채우기 위한 다양한 주장이 전개되었다. 어떤 이는 심층 구조를, 어떤 이는 언어를, 어떤 이는 무의식을 놓기도 했다. 이러한 관점에서 인간의 의식을 배제한 자연 과학적 태도를 지향하게 만들었다. 이런 생각은 역동적으로 변하는 역사나 사회 현상보다는 그 내부에 존재하는 구조에 집중함으로써 현상학이나 해석학보다 인문 과학에 엄밀성을 부여하는 장점이 있었다. 그런 까닭에 구조주의는 인문학 분야에서 넓게 확산되었다. 이러한 구조주의적 태도는 자칫 구조를 파악하고 나면 모든 변화나 변종은 그 구조의 틀 안에 존재하게

---

42 *Ferdinand de Saussure*, 1857 ~ 1913. 스위스의 언어학자. 구조주의 언어학의 시조로 평가되며 《일반 언어학 강의(Cours de linguistique générale)》(1916) 등의 저서를 남겼다.

43 *Claude Lévi-Strauss*, 1908 ~ 2009. 프랑스의 인류학자. 사회 문화를 이해하는 방법으로서 문화상대주의를 발전시킨 그는 사회를 바라보는 대립쌍에 의해 구조화되는 사회 관계와 행위들에 주목했다. 저서로 《신화와 의미》, 《슬픈 열대》, 《야생의 사고》, 《보다 듣다 읽다》 등이 있다.

되므로 이데올로기로 굳어질 수 있다. 하지만 구조주의는 겉 포장에 가려져 있는 실제 의미를 드러낼 것을 주장한다. 이는 어느 정도 양자역학적 인식론이 적용된 것으로 보인다. 양자역학에서의 입

그림 7.26 97세의 레비 스트로스, 2005년

자와 파동의 이중성이 갖는 파동함수와 파동함수의 전 우주적/내적으로 정의되는 입자적 존재론에 대입하면, 겉으로 보이는 입자성은 내면의 파동성을 감춘 우리의 표피적 인식의 틀이라는 것을 이해할 수 있다.

소쉬르는 개인적이며 구체적으로 발화되는 언어를 파롤^{Parole}, 사회적이고 체계적으로 등장하는 언어를 랑그^{labgue}로 구분했다. 사람들은 일상에서 랑그를 자유롭게 변형하여 파롤로 사용한다. 파롤은 단어뿐 아니라 어떤 종류의 느낌 같은 것들이 포함된다. 소쉬르는 언어의 핵심을 파롤이 아닌 랑그에 두었다. 랑그는 사람들이 언어 활동을 하되, 자신만의 고유한 의미가 아닌 객관적 의미를 전달하는 체계가 되므로 개인이 파롤을 사용하는 현상보다 랑그라는 구조가 더 우위라는 생각이었다. 그러나 랑그는 시대의 흐름에 따라 변하는데, 소쉬르는 이런 시대적 변화보다는 동시대에 형성된 구조에 주안점을 두었다.

소쉬르는 또한 기호에 대한 의견도 주장했는데, 시니피앙$^{signifiant,\ 기표}$과 시니피에$^{signifié,\ 기의}$에 대한 주장이 대표적이다. 여기서 시니피앙은 대상을 표기하는 표시나 문자이고, 시니피에는 그 대상이 언어로 표현된 내용을 의미한다. 소쉬르는 기호와 사물과의 관계에서 언어 현상을 오

그림 7.27 자크 라캉

직 그 자체로만 보는 '기호 세계의 닫힘'이라는 개념을 제시하였다.

프랑스의 철학자이자 정신분석학자였던 라캉[44]은 시니피앙과 시니피에의 경계선이 불분명할 때 정신병이 발현한다고 주장했고, 롤랑 바르트[45] 같은 이는 예컨대, 추상화에서 우리 눈에 보이는 이미지 자체는 시니피앙이고, 그 뒤에 숨어 있는 의미를 시니피에라고 했다. 그러나 그 그림이 갖는 의미는 종종 작가의 주장에 불과하고 보는 이에 따라 다를 수 있으므로 시니피에의 주관성은 포스트모던적이다. 시니피앙이 상호 인정되지 않으면 대화는 불가능해진다. 따라서 문화에 대한 다양한 시니피에를 넘어선 공통의 시니피에를 확인하는 과정에서 분석적 방법(과학적)을 사용해야 한다. 그러므로 구조주의는 다소 과학주의와 연결된다.

구조주의는 언어학을 넘어 역사, 사회, 문화로 번져 나갔다. 100세를 넘어 장수했던 레비 스트로스는 인류학에 이를 적용했다. 그는 신화와 상징, 친족 관계 등에 이를 적용하였고, 우리의 논리적 사유와 신화적 사유를 조망하여 마침내 신화적 사유에 인간의 마음을 분석할 원초적 요소가 존재함을 주장했다. 이러한 그의 주장은 그의 명저 《신화와 의

---

44 *Jacques Lacan*, 1902 ~ 1981. 프랑스의 정신의학자, 정신분석학자. 거울 단계 이론 등으로 유명하나 수학적 언어를 남용한다는 비판을 받기도 했다.

45 *Roland Gérard Barthes*, 1915 ~ 1980. 프랑스의 철학자, 비평가. 소쉬르로 대표되는 구조주의는 기의(signifié)가 전체 언어 체계 안에서 다른 언어들과의 관계에 따라 결정된다고 주장하지만, 바르트를 위시한 포스트구조주의자들은 기의를 표시하는 형식인 기표(signifiant)가 1:1로 매칭하는 것이 아니라 다양하게 해석될 수 있음을 주장했다. 미셸 푸코의 동성 연인이었다.

미^{*Myth and Meaning*}》의 전반부에 신화를 조망하면서 선사 시대 인류의 과학적 사고를 논의하는 철학적 배경이 되었다. 우리 삶에서 신화적 사유는 어떤 것일까? 종교적 영성에서 비롯된 초현실적 사유일 수도 있고, 꿈에 나타나는 생각일 수도 있다. 그러한 측면에서 우리는 우리의 원초적 요소를 발견할 수 있을 것이다. 오늘

그림 7.28 롤랑 바르트

날에도 최면 상태에서 심층적 욕구를 분석하고 치유하려는 현상은 이러한 생각을 지지한다.

롤랑 바르트는 사회적 의미를 형성하는 집단적 무의식의 기호 체계가 대중적 이데올로기로 작용하는 과정을 구조주의로 설명하였다. 그는 구조주의를 기호 논리학으로 변형하여 일반 대중 문화에 숨어 있는 인간 정신을 알아내는 과학적 방법으로 제시했다. 언어 속에 들어 있는 참과 거짓 명제의 혼합을 분석하면, 그 안에 존재하는 패러독스 등 비논리적 요소의 정도를 알 수 있다는 것이다. 이를 통해 유행이라거나 인기인에 대한 추종 심리 등을 과학적으로 분석할 수 있다는 주장이다. 인간 정신을 과학적으로 분석한다는 점에서 야심 찬 부분이 없지는 않으나 기호 논리학으로 모든 인간 정신을 파악할 수 있다는 주장은 대중 문화라는 표피적 시스템을 거둬 내고 인간 정신의 속살을 드러내는 도구로서 기호 논리학을 인정한다는 의미다.

라캉은 무의식에 구조주의를 적용하여 프로이트의 정신 분석학을 발전시켰다. 1960년대부터 구조주의는 언어를 넘어 사회·문화·심리

의 넓은 영역을 해석하고 이해하는 중요한 인간 정신의 도구가 되었다. 그는 자아를 잠재의식의 허상으로 보고, 무의식을 표상의 시스템으로 분석했다. 잠재의식을 어떤 사안들이 불안정하게 연결된 사슬로 이해했다. 그러므로 나이가 들수록 사슬은 길어지고 복잡하게 꼬인다. 이에 따르면 갓 태어난 아이는 심리적 통일성을 갖는다. 잠재의식의 사슬이 짧기 때문이다. 이 상태에서 아기의 자아와 무의식은 서로 같다. 실제로 아기들은 어머니의 몸과 자신의 몸을 구분하지 못하는 경우가 많다. 산부인과 신생아실에서 한 아기가 울면 모든 아기가 따라 우는 것도 같은 현상이다. 이들은 내 몸과 남의 몸의 구분이 매우 박약하다.

그러나 아기가 어머니로부터 벗어나면서 자아와 무의식의 통일성은 깨진다. 통일성이 깨지면서 자아^{self}가 탄생한다. 다시 말하면 자아와 무의식이 멀어진다. 아기의 원초적 상태를 희구하는 자아는 무의식을 통합하려고 무던히 애를 쓴다. 이것이 인간의 생에 있는 고통이다. 바울이 성경에서 겉사람과 속사람의 투쟁을 이야기하는 것은 그 좋은 예이다. 그의 속사람은 하나님과 일체였던 내면의 자아이다. 그러나 겉사람은 하나님과 분리된 에덴동산 밖의 인간 자아이다. 그러므로 겉사람은 속사람과 일치하고자 노력하지만 그것은 절망을 가져다 준다. 바울은 스스로 괴로워하며 이렇게 외친다.

"오호라 나는 곤고한 자로다."

일부 천재성을 가진 사람들 중 어른이 되어도 이러한 통일성을 유지하는 경우가 있다. 아인슈타인은 그러한 좋은 예이다. 이들은 사람들이 갖는 사회적 통념에 크게 신경쓰지 않고 어린아이처럼 자신의 목적에 충실한다. 예수는 제자들에게 어린아이와 같이 되어 천국에 갈 것을 요구했다. 어린아이의 마음은 자아와 무의식이 일치하는 순하고 온전한 것이기 때문이다. 그런 면에서 라캉의 구조적 분석은 사실 서양에 오랫동안 내려오는 정신 중 일부이다.

그림 7.29 미셸 푸코

구조주의는 가끔 정치 사회 분야에 대해 과도하게 성급한 결론을 내리기도 했는데, 푸코와 라캉 등이 그 예이다. 미셸 푸코[46]는 서구의 인문과 민주 사회의 구조를 분석했다. 그는 표피적 사회의 내부에 들어 있는 폭력성을 지적했다. 폭력을 둘러싼 현란한 언어로 치장된 사회 구조를 들추기 시작한 것이다. 푸코는 걸인과 광인들을 사회와 격리시키는 사회 시스템[47]을 보며 고대와 달리 현대 사회가 더욱 폭력적이라고 생각했다. 나아가 광인에 대한 사회적 제약을 바라보면서 사회가 갖고 있는 폭력으로 광기의 창조적 힘을 범죄로 단정하는 사회적 심리를 지적했다. 뿐만 아니라 고상한 민주주의 사회에서의 폭력을 언급하면서

---

46 *Michel Foucault*, 1926 ~ 1984. 프랑스의 철학자.《정신병과 심리학(*Maladie mentale et psychologie*)》(1954),《광기의 역사(*Histoire de la folie à l'âge classique*)》(1961),《말과 사물(*Les mots et les choses*)》(1966),《감시와 처벌(*Surveiller et punir*)》(1975),《성의 역사》등 많은 저작을 남겼다.

47 《광기의 역사》1961년판 서문에서 푸코는 다음과 같이 말했다. 현대인은 더 이상 광인과 의사소통하지 않는다. (중략) 공통의 언어가 없거나 정신 질환으로서의 광기가 더 이상 존재하지 않는 것으로 여긴다. 18세기 말에 대화의 단절을 목격하고, 이미 제정된 대로 사회적으로 격리하여 기억에서 추방한다. 확립된 구문이 없고 비틀거리며 말하는 모든 불완전한 단어들에 광기와 이성이 교환되었다. 광기에 대한 이성의 독백으로서의 정신의학 언어는 그러한 침묵 속에서만 존재할 수 있었다. https://en.wikipedia.org/wiki/Michel_Foucault

그림 7.30 광인의 집. 프란시스코 고야, 1812~1819년 작. 17세기 이성의 시대에 광인들과 사회적으로 바람직하지 않은 사람들은 매드하우스에서 삶을 마감해야 했다.

마음에 가하는 학대를 말했다. 누구나 폭력적이라고 말하는 전제주의 국가는 죄인의 몸을 학대했지만 민주주의 국가에선 범죄의 마음을 학대했다. 그런 면에서 전제주의 국가의 폭력은 겉과 속이 일치하는 것이었다. 그는 광인의 마음을 창조적 힘으로 인정했는데, 그의 입장에서 서구 사회는 사실 수많은 혁명을 통해 몰아낸 전제 정권과 다를 바 없는 짝퉁으로 보였다. 감옥이라는 기구에 대한 성찰은 성적 도착과 범죄의 범위에까지 확대되었다. 나아가 그는 자신의 삶을 이러한 관점에서 실천하고 증명하고 투쟁했다.

✳ 후기 구조주의

구조주의는 이항 대립을 인정한다. 이항 대립은 남자/여자, 말하기/

그림 7.31 장 프랑수아 리오타르

글쓰기, 상징적/상상적, 시니피앙/시니피에와 같은 것이다. 그러나 남자/여자와 같은 이항 대립이 언어에 자리하고 있더라도 20세기 사회는 이를 이항으로 대립시키기에는 너무나 다양한 이슈가 형성되는 시대가 되었기에 구조주의의 이항 대립적 구조로 해석하기에는 어렵다. 그러므로 후기 구조주의자들은 대상 자체와 대상을 생산하는 지식 체계의 해체 필요성을 주장하였다. 언어로만 보자면 구조주의는 랑그가 파롤에 우위에 서는 것으로 보지만, 포스트구조주의는 랑그는 언제나 파롤(개인)에 의해 동력을 얻기도 하고 해체되기도 하는 것이라 본다. 후기 구조주의라고 불리던 이런 주장은 리오타르[48]가 《포스트모던의 조건*The post modern condition*》이라는 책에서 처음 고안했다.

2차 세계대전을 직접 겪고, 68혁명을 겪은 프랑스 철학자들이 포스트모던 철학에 대거 참여하였고, 지금도 많은 사람들의 관심 대상이다. 사회학자 지그문트는 《액체 현대》에서 소련의 붕괴를 바라보며 오늘날의 세계를 표현했다. 과학 철학자 가스통 바슐라르[49]는 새로운 방

---

48 *Jean-François Lyotard*, 1924 ~ 1998. 프랑스의 철학자, 포스트모더니티가 인간 상태에 미치는 영향을 분석하고 자크 데리다, 프랑수아 샤틀레, 질 들뢰즈와 함께 세계철학대학(Collège international de philosophie)을 창립했다.

49 *Gaston Louis Pierre Bachelard*, 1884~1962. 프랑스의 철학자. 물, 흙, 불, 공기와 같은 4원소설의 물질적 요소들과 정신과 상상을 연결하는 연작을 포함하여 《순간의 미학(*L'intuition de l'instant*)》(1932), 《새로운 과학 정신(*Le nouvel esprit scientifique*)》(1934), 《불의 정신 분석(*La psychanalyse du feu*)》(1938), 《공의 철학(*La philosophie du non*)》(1938), 《물과 꿈(*L'eau et les rêves*)》(1942), 《공기와 꿈(*L'air et les songes*)》(1943), 《대지 그리고 휴식의 몽상(*La terre et les rêveries du repos*)》(1947) , 《대지와 의지의 몽상(*La terre et les rêveries de la volont*)》(1947) 등의 저서를 남겼다.

법론으로 포스트모던적 사고방식을 열었다. 그에게 영향받은 사람들 중에 미셸 푸코, 자크 데리다 같은 철학자들이 있다. 들뢰즈[50], 펠릭스 카타리 등의 철학자들은 방대한 저술로 참여했다.

포스트모던주의는 과학주의와 대립적 관계에 있다. 고체적 근대의 상징인 마르크스주의와 같은 사회 과학과도 대립된다. 종교적 도그마와도 대립되는 포스트모던주의는 점차 그 영향력을 상실하는 듯한 모습을 노출했다. 21세기 들어 세계는 다시 종교 갈등에 따른 전쟁과 테러로 얼룩졌고, 신냉전과 탈세계화의 물결이 들어서고 있기 때문이다.

종종 들뢰즈 같은 사람들은 과학주의에서 자신들의 주장을 지지할 동력을 찾고자 했다. 들뢰즈는 《주름: 라이프니츠와 바로크 *Le pli : Leibniz et le baroque*》에서 비선형 시스템의 다이나믹스가 만들어 내는 카타스트로피 이론 *Catastrophe theory, 파국 이론* 같은 수학적 개념을 철학에 도입했다. 실제로 그의 철학에는 수많은 자연 과학적 개념들이 등장하는데, 뉴턴주의에 대립한 라이프니츠 같은 철학자를 중심에 두거나 자연 생태계에서 얻은 영감을 도입하기도 했다. 그가 주장하는 리좀 *rhizome, 뿌리줄기* 은 나무와 같은 하나의 거대 개체의 성장이 아니라, 평등한 개체가 서로 연결된 네트워크로서의 군락에서 영감을 얻고자 한 것이었다. 그런 면에서 포스트모던 사상가들은 중심이 없으면서 평화와 지속 가능성을 유지하는 사회의 가능성을 고민하는 것이다. 이런 지속 가능성에 가장 크게 영감을 주는 것으로 구조주의가 갖는 질서의 랑그가 아닌 다양하게 변형 가능한 파롤의 혼돈에 대한 탐구가 요구된다.

---

50 *Gilles Deleuze*, 1925~1995. 프랑스 철학자. 저작으로 《차이와 반복》(1968), 《감각의 논리》(1969), 펠리스 카타리와 공저로 《안티 오이디푸스-자본주의와 정신분열증》(1972), 《천 개의 고원: 자본주의와 정신분열증 2》(1980) 등이 있다.

7.5 혼돈의 나비와 복잡계 과학

엔트로피 신트로피

프리고진[51]은 러시아 출신의 화학자다. 범죄 심리학을 공부하던 그가 화학에 빠져든 것은 우연이었다. 1941년 비가역 현상에 대한 열역학 연구로 학위를 받은 그는 1951년부터 브리셀대학에서 교수로 재직한 다. 화학 물질을 반응시키는 과정에 시공간적 패턴이 형성되는 것에 주목했는데, 그 화학 반응이 통상적으로 열평형 상태에서 기술된 현상과는 다른 양상이었기에 이를 집중 연구했다. 평형에서 다소 멀어진 상태에서 공간적 패턴, 즉 질서가 생겨나는 것은 흥미로운 일이었다.

화학 분자를 눈으로 관찰하는 일은 엄청나게 많은 분자가 집단적으로 거동할 때 가능하다. 프리고진은 평형에서 멀어진 비평형 상태에서 외부 교란이 오히려 질서를 만들어 내는 현상에 주목했다. 기존의 열역학 제2법칙인 우주의 엔트로피 법칙, 즉 무질서는 지속적으로 증가한다는 법칙은 평형 상태에서 적용되는 법칙으로 이해했다. 이제 평형에서 멀어진 비평형 상태에서는 엔트로피가 오히려 질서를 만들어 내는 척도가 된다는 것을 확인하고 1984년에 저서 《혼돈으로부터의 질서》를 출간했다. 비평형 열역학으로 1977년 노벨 화학상을 수상했다.

---

51 *Ilya Romanovich Prigogine*, 1917~2003. 러시아 모스크바 태생의 벨기에 화학자. 복잡계, 비평형 열역학을 연구했다. 1977년 비평형 열역학으로 노벨 화학상을 수상했다. 저서로 《확실성의 종말(*The End of Certainty*)》, 《혼돈으로 부터의 질서(*Order out of Chaos*)》 등이 있다.

✳ 있음에서 됨으로

비평형 열역학을 연구하면서 프리고진은 20세기 실존 철학에서 이탈한 '되어감*becoming*'의 철학을 선호한다. 베르그송이 주장한 이 철학은 '존재'라는 개념을 '되어져 가는 과정 중에 이해되는 것'으로 정의한다. 베르그송은 20세기 중반 과학적 업적 훨씬 이전의 인간 정신을 표출했다는 점에서 의미가 깊다. 프리고진이 베르그송에 대해 열광한 이유는 과학적 발견에 대한 철학적 사유를 제공한 까닭이기도 하다. 베르그송은 1859년 파리에서 태어나 1900년에 꼴레쥬 드 프랑스*Collège de France*의 교수가 되었으며, 20세기 주요 철학자의 반열에 자리한다.

베르그송은 사물을 인식하는 데 있어 사물의 주변을 배회하며 인식하는 것과 사물의 내부로 들어가 인식하는 방법의 차이를 지적한다. 사물의 주변을 배회하며 얻는 인식은 상대적이며, 사물의 내부로 들어가 얻는 인식은 절대적이라 할 수 있다. 베르그송은 상대적 인식을 '분석'으로, 사물의 내부로 들어가 얻는 절대적 인식을 '직관'이라 구분했다. 분석은 대상을 이미 알고 있는 다른 요소로 환원하는 것에 불과하다. 그러므로 분석 과정에서 대상을 여러 가지 기호로 표시할 수 있다고 본다. 그러나 자아의 경우, 분석적 방법으로는 결코 그 본질을 발견할 길이 없다고 본다. 인간의 자아를 연구하기 위해서는 분석이 아니라 직관적 인식이 필요하다고 주장했다.

그렇다면 어떻게 자아를 직관적으로 인식할 것인가? 한 가지 방법이 있을 수 있는데, 그것은 시간의 변화에 따라 변해 가는 인격을 관찰하는 방법이다. 말하자면 시간 속에서 지속되는 개인의 자아를 파악할 수 있다는 의미이다. 분석적 사유가 아닌 직관적 사유는 시간적 지속성 안에서 생각하는 것이고, 이는 바로 변화 속에서 무엇이 되어가는, '되어감'의 철학을 의미한다. 이러한 '되어감의 철학'은 다분히 진화론에 영향받은 측면이 있다. 베르그송은 당시의 진화론을 접하고 이를 철학화했다. 그에게 있어 실재란 전통적으로 인식되던 완성된 그 무엇이 아니라 변화하는 여러 상태로 이루어지는 것이다. 삶에 대한 인식에서도 이와 같은 변화를 지향하는 삶의 활력에 관심을 갖는다.

도덕에 있어서도 정지한 도덕, 즉 사회 유지를 위해 규범화된 도덕이 있는데, 이러한 도덕이 없다면 사회는 멸망할 것이다. 하지만 베르그송은 동적 도덕의 존재를 말한다. 그것은 기존에 인정되던 사회적 제약과 상관없이 어떤 종류의 이상, 소망이 만들어 내는 도덕이다. 일종의 혁명가적 도덕이고, 정적 도덕과 경쟁하고 충돌할 수도 있다고 본다.

베르그송의 직관의 철학은 사실 아인슈타인도 공감하여 종종 직관적 인식에 대하여 말하곤 했다. 예컨대 아인슈타인은 종종 어떤 나무 판자의 두께가 얇은 곳을 확인하는 데 일정 간격으로 구멍을 뚫어 나온 톱밥량을 계량하는 과학자들의 인식 방식과 자신의 직관적 인식 방식은 다르다고 말했다.

'있음'에서 '되어감'으로의 철학은 존재론적 인식에 큰 변화를 주었다. 이러한 철학적 사고가 프리고진 같은 과학자의 비선형 질서에 관한 과학과 20세기 후반에 연결된다는 사실을 이해하는 것은 매우 흥미로운 일이다.

❋ 되어감의 나들목: 기묘한 끌개

20세기 후반의 비평형 열역학이 우리에게 가르쳐 준 지혜에 따르면, 존재에 대한 기존의 생각을 일정 지지하는 바도 없지 않다. 그것은 비선형 방정식의 체계에 흔히 나타나는 다양한 현상과 연관된다. 비선형 체계에서의 해답은 시간의 함수로 출렁거린다. 그런 출렁거림 속에도 단일한 답으로 수렴해 가는 경우가 있다. 이것을 끌개^{attractor}라 부른다. 마침내 끌개에 도달하면 방정식의 해답은 방황을 멈춘다. 이 상태를 '평형 상태'라 규정할 수 있다. 모든 동인이 서로 균형을 이루어 아무런 움직임이 없는 상태이다.

한편 어떤 방정식의 답은 지속적으로 변화한다. 이러한 주기적 변화는 우리 주변에서 흔히 발견되는 현상들이다. 계절의 변화가 그렇고, 달 그림자의 변화가 그렇다. 이러한 주기성은 2차 미분방정식의 특정 해이다. 우리는 이러한 자연의 답에서 종종 윤회를 상상하곤 한다. 경우에 따라 자연은 폭발적 발산을 보여 주기도 한다. 모든 조건이 한 점에 집중되는 순간 힘이 평형을 이루는 것이 아니라 모든 힘이 합쳐져 갑자기 다른 방향으로 우주선처럼 튕겨 내는 상황이 있다. 이를 차개^{repellor}라 한다.

흥미로운 것은 끌개와 차개가 동시에 공존하는 상태가 있을 수 있다는 점이다. 마치 변덕스러운 애인처럼 이 상태는 지속적으로 대상을 유인하다 마침내 도달하면 허공으로 차 버리는 것이다. 이러한 현상은 사실 자연에 흔하다. 바람이 부는 것은 바로 이러한 정보의 모임과 흐름이 지속적으로 발현된 결과이다. 압력파의 변화가 모이고 다시 뿌려지는 것은 유체 흐름의 방정식이 갖는 포물선형 특성 때문이다.

이 지점에서 더 흥미로운 사실이 바로 '기묘한 끌개'에 있다. 이것은 20세기 후반 과학자들이 이른바 '결정론적 카오스'를 설명하는 수학적 특성이다. 해답의 궤적은 매우 기묘하다. 끌개도 아니고 반복되는 주기도 아니다. 다만 그 주변을 서성거리지만 결코 이전 경로를 따르지 않는다. 따라서 전혀 예측 불가능한 답을 던져 준다. 이것을 '결정론적 카오스'라고 하는데, 다음 답을 알지 못한다는 점에서는 분명 카오스이다. 그러나 우리는 이것의 방정식을 알고 있다. 방정식이 있는 혼돈, 이것은 도대체 무엇이란 말인가?

20세기 말에 '혼돈과 질서의 이중성'이 확인되었다. 그렇다면 우리가 말하는 '존재'란 무엇인가? 그것은 바로 고정점이라 불리는 것들, 즉 끌개, 차개, 제한된 순환, 기묘한 끌개의 다양한 모습이다. 그렇다면 이제 "실존하는가?"라는 철학적 질문은 어리석은 질문이 되어 버린다. 우리는 존재하고, 존재하려면 어떠해야 한다고 말하지만, 그것은 정작 우주의 다양한 답 중 하나에 불과할 뿐이다. 마치 영화 〈매트릭스〉에 나오는 다양한 세상처럼 다양한 고정점 사이를 방황하는 고단한 해답의 요동에 불과할지도 모른다.

한 가지 더 흥미로운 사실을 이야기하지 않을 수 없다. 바로 비선형 과학이 말해 주는 격변적 변화이다. 자연에서는 흔하게 발생하는 현상인데 우리들 삶에서 역시 이러한 현상을 볼 수 있다. 예컨대, 매파와 비둘기파가 공존하는 사회에서 쿠데타가 일어나는 과정이 바로 격변 수학의 하나의 해답이다. 사회를 구성하는 방정식을 세울 수는 없으나, 그 방정식 해의 추상적 평면 형태가 심하게 찌그러져 도출되면, 사회 현상은 답을 따라가다 어느 순간 찌그러진 면을 따르지 않고 곧바로 반대 면으로 뛴다. 이러한 격변적 사실은 심리학에서도 종종 발생한다. 개는 상대의 위협을 보면서 공격할 것인지 꼬리를 내릴 것인지 결정하지만 그 행위가 반드시 상대의 위협에 비례하지 않고 어느 순간 격변한다. 꼬리를 내리다 한순간 이빨을 드러내고 공격하는 격변은 그래서 발생한다. 자연의 답은 '뫼비우스의 띠'일 수도 있다. 끝없이 반대로 행동했는데 결국은 제자리로 돌아오는 것이다. 흔히 경험하는 현상 중 하나로 누군가를 미워하던 사람이 미워하는 대상과 동일하게 되어 버리는 경우가 바로 그것이다.

복잡계 과학

프리고진을 비롯한 전후 세대의 과학자들이 발을 들여 놓은 비선형 현상론은 벨연구소의 셰넌[52]이 발견한 정보^{information}가 열역학적 무질서도의 척도인 엔트로피와 동일하다는 결과가 밝혀지면서 활기를 띠었다. 정의되고 규제된 환경에서 얻어진 결과들의 연계나 일반화가 기존의 과학적 분석과 이해의 과정이었다면, 복잡계 과학은 여기서 더 나아가 일상의 복잡함에서 규칙을 찾아내는 방향으로 나아가게 되었다.

복잡계 물리는 비선형 역학과 더불어 네트워크 이론 등과 연결되어 사회 현상을 이해하는 도구로 작용하기 시작했다. 복잡계 과학은 사

---

52 *Claude Elwood Shannon*, 1916~2001. 미국의 수학자이자 정보 과학자로 벨연구소에서 연구했다. 논문 〈*A Mathematical Theory of Communication*〉으로 정보 이론의 기초를 닦았다. 정보는 열역학에서의 엔트로피와 유사하다.

회에서 종종 발생하는 갑작스런 새로움의 탄생 등에 대한 이해를 던져 주기도 하고, 파국적 현상에 대한 설명을 가능케 하거나 그 예측 가능성을 일깨우기도 한다. 특히 복잡계 과학을 경제 현상에 적용하고자 하는 움직임은 뉴멕시코에 위치한 산타페연구소*Santa Fe Institiute*에서 행해진 복잡계 기반 경제 연구를 시티코프*Citicorp* 같은 기업이 후원하면서 가속화되었다.

복잡성은 종종 자기 조직화*self-organization*라는 개념과 진화적 관점으로 구성된다. 자기 조직화는 비선형 역학에 기반한 것으로 앞서 말한 동역학 체계에서 끌개와 피드백, 그리고 특정 고정점에서 차개의 출현으로 등장하는 창발*emergence*을 고려한다. 이러한 개념들은 비선형 역학에서 종종 등장한다. 호모클리닉*homoclinic* 끌개, 헤테로클리닉*heteroclinic* 끌개가 대표적이다. 물론 이러한 자기 조직화에는 계층화와 자기 유사성 같은 개념이 등장한다. 진화적 관점은 분기*bifurcation*와 같은 부분을 염두에 두며, 특정 형질의 발현에 필요한 임계성을 관찰한다.

21세기 융합의 시대는 중요한 사고의 플랫폼이 될 가능성이 산재한다. 이미 컴퓨터 시뮬레이션을 통해 특정 정치적 구호를 갖고 모여드는 사람들의 흐름이나, 코로나 같은 대역병의 전파 등에서 예측 가능성을 일부 보여 주었다. 여기에는 다양한 비선형 이론들이 등장한다. 앞서 언급한 기묘한 끌개에 기초한 카오스 이론, 자기 유사성에 기초한 프랙탈 이론, 상변화에 연계된 임계 현상, 척도의 멱함수 법칙, 진화 유전학, 네트워크 이론이 종합된다.

복잡계 과학이나 복잡계 사회 현상학은 이전의 뉴턴주의적 세계관에서 벗어나 현실의 복잡함을 이해하고 설명할 수 있을 것이라는 기대와 동시에 과학자들로 하여금 실험실에만 머물지 않고 사회 현상을 이해하고 해석하는 중요한 참여자로 등장시킨다는 점에서 의미가 크다.

❊ 거품의 복잡성

복잡계 이론의 거의 대부분에 등장하는 분야로 기포 역학을 살펴보면 이해가 쉽고 재미있다. 일상적으로 우리는 기포를 대할 기회가 많다. 즐겨 마시는 음료에도 있고, 맥주의 맛을 풍성하게 만드는 거품은 그 맛과 함께 마시던 순간의 독특한 기억을 상기시킨다. 커피를 만들기 위해 물을 끓일 때면 포트에서 끊임없이 기포가 솟아오른다. 어느 카페의 벽 한쪽을 장식한 수족관에서 보이는 금붕어 사이로 올라가는 기포의 가벼운 율동이 아름답다.

기포 표면의 변화는 비선형적 활동이다. 비선형 다이나믹스의 거의 모든 현상이 여기서 발생한다. 기포는 요동치기도 하지만 심한 경우 둘로 분리되기도 하고, 서로 연합하여 거대한 몸을 이루기도 한다. 기포의 움직임에는 중력이 주는 상승력과 더불어 수없이 많은 작은 힘들이 작용한다. 가공할 만한 질량의 힘도 작용하고, 비행기처럼 양력과 항력이 작용한다. 기포의 상승은 직선 궤도, 혹은 나선형 궤도를 따른다. 이런 움직임을 만드는 모든 힘은 기포의 표면에 작용한다.

기포의 표면에 작용하는 힘을 연구한 사람이 토머스 영이었다. 빛에 대한 연구와 고문헌 해독 등으로 유명했던 18세기 다재다능 천재의 표상이었던 영이 기포를 연구했다는 데서 흥미롭다. 영의 연구로 기포 표면에 작용하는 힘이 표면 장력에 기포 표면의 곡률을 곱한 값에 비례한다는 사실이 확인되었다. 이는 후일 아인슈타인이 만유인력을 질량에 의한 공간의 휘는 정도로 이해하는 방정식과 연결된다. 기포의 표면은 흔들리고 깨어지기도 한다. 또한 외부 압력에 반응하여 흔들린다. 이 기포 표면에 작용하는 힘의 방정식은 레일리 경[53]에 의해 처음 공식화되었다. 그가 진행한 기포의 소리 연구는 오늘날의 음향학을 이끈 선구적 연구였다.

강력한 장풍을 쏘아 만들어진 기포의 요동으로 삶을 누리는 존재가 있다. 산속 깊은 곳에서 수련을 쌓은 무술의 고수가 아니다. 주인공은 다름 아닌 남태평양 근처 섬에 사는 딱총새우$^{Pistol\ Shrimp}$다. 이 새우의 앞 집게발 한쪽은 다른 쪽에 비해 과도하게 큰데, 그 구조가 신기하다. 위쪽은 불룩하고 아래쪽은 그 돌출을 수용하는 지갑 모양이다(그림 7.32). 자연히 집게발을 열었다 닫으면 그 틈에 들어 있던 물이 밀려 나간다. 그 닫는 속도가 매우 빨라 순간적으로 지갑 속은 진공 상태에 이른다.

진공으로 압력이 떨어질 때 작은 기포들이 생겨난다. 이러한 현상을

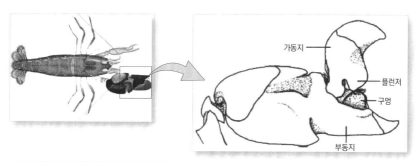

그림 7.32 딱총새우 집게발 구조와 원리

---

53 *John William Strutt Rayleigh, 3rd Baron Rayleigh*, 1842~1919. 영국의 물리학자. 레일리 산란, 지진 표면파, 유체 불안정성, 음향학 등을 연구했다. 1904년 노벨 물리학상을 수상했다.

'캐비테이션^{cavitation}'이라 부르는데, 기포는 집게의 틈을 따라 빠르게 밀려 나간다. 면적이 달라지면서 기포에 미치는 압력이 달라진다. 마치 기포를 향해 소리를 내지르는 듯한다. 이때 참으로 신기한 현상이 발생한다. 기포에서 빛이 발생하는 것이다. 오늘날 과학자들 중 일부는 이런 기포 발광 현상을 이용해 핵융합을 시도하는 사람들도 있고, 화학 물질 분해에 적용하려고 시도하는 사람들도 있다.

한편 딱총새우의 손끝에서 요동치는 기포의 거대한 흔들림을 지난 시절 우리가 겪었던 2008년 서브프라임 모기지 같은 현상에 적용 가능한지 생각해 볼 수 있다. 당시 주택 가격에 낀 거품은 상당 시간 지속되며 성장했다. 그리고 딱총새우가 내뿜은 거품처럼 한순간 붕괴하고 말았다. 이런 파국적 사회 현상이 기포의 비선형 역학과도 유사하다는 점이 어쩌면 경이롭다. 복잡성 과학은 이렇게 자연 과학적 통찰이 사회 현상을 설명하는 도구로도 연결된다.

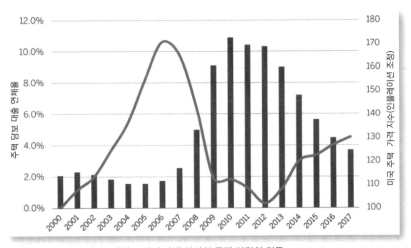

그림 7.33 2008년 서브프라임 모기지 사태 당시의 주택 가격의 거동

과학기술과 숙의 민주주의

※ 과학에 대한 대중의 이해

사람들은 과학기술에 대해 일정한 권위를 부여해야 한다고 생각한다. 많은 과학자들은 과학기술의 인간화가 과학기술에 권위를 제공하는 어떤 원천들을 손상시킨다고 생각한다.

미국 담배업계에서 흡연이 암의 원인이라는 주장에 의구심을 조성하고 여론을 퍼뜨린 노련한 사람들이 있었다. 이들은 흡연과 암 발생 사이의 상관성에 인과 관계가 보이지 않는다는 주장을 조직적으로 전개했다. 흡연이 건강에 해로운 것은 상식이지만 과학적 증거가 불충분하다는 논리로 법리적 전략까지 세웠다. 나아가 이들은 오히려 새집 증후군 같은 것들이 암 발생에 더 큰 상관성을 갖는다는 것을 보이기 위해 연구 자금을 지원하기도 했다. 한걸음 더 나아가 역사 연구에까지 자금을 지원해 이런 과학적 무지가 어떤 결과로 나타났는지를 찾아 캠페인에 활용했다. 이들의 이러한 노련하고 대담한 행위는 담배 산업 보호를 위해 과학기술의 인간화를 수행한 구체적 예이다. 방어기제로 활용하기 위한 이러한 술책은 1990년대 지구 온난화에 대한 수많은 이해당사자들로 하여금 어떤 조치도 취하지 말 것을 주장하는 방식으로도 활용되었다.

뿐만 아니라 과학은 대부분 소수의 관련 과학자들만 알고 이해하는 어려운 분야이기에 이를 사회에 알리는 과학 기자들은 연구의 정확한 절차를 보여 주기보다 결과에 집중하고, 연구자의 천재성을 칭찬하는 방향으로 글을 쓰는 경향이 있다. 이런 과정에서 소수의 연구자들만 실질적 발전을 이룩하고, 다른 연구자들은 그 발전된 연구를 경탄하여 받아들이는 존재로 만든다. 이런 식으로 마침내 대중 과학은 '자연에 대한 설화'를 다시 만들어 내는 꼴이 된다.

이러한 사례가 상온 핵융합 관련 연구에서도 나타났다. 연구자들은 자신들의 연구 결과를 언론에 알렸고, 그 연구 결과의 재현 불가능성을 다른 과학자들이 알아내기까지는 시간이 소요되었다. 과학자들은 실제 과학과 대중 과학을 엄격하게 구분하고자 하지만, 대중 과학계의 의견은 국가 정책 결정자들에게 영향을 끼쳐 연구 방향을 변화시킬 수 있기에 실제로 큰 파급 효과로 이어진다.

실제 대중에 알려지지 않은 대부분의 과학자들은 자신의 연구 결과로 얻어지는 명성이 오히려 해가 된다 생각하며, 일부 과학자들이 성공적 출세를 위해 대중 과학을 이용한다고 여기기도 한다. 2004년《사이언스》에 최초의 인간 배아줄기 세포에 대한 논문을 게재한 황우석 교수 사건은 이러한 관점을 잘 보여 준 사례이다. 그는 언론과의 인터뷰 등을 통해 일약 국민적 영웅으로 떠올랐다. 그렇게 대중 과학을 이끈 선봉장이 되었으나, 연구가 거짓으로 판명나 관여자들은 황우석 박사의 연구 주제와 분리되기 시작했다. 줄기세포 연구의 과학적 중요성과 황우석 박사의 과학 연구를 분리해 사고하기 시작한 것이다.

※ 기술 결정에의 대중 참여

대부분의 과학기술 관련 전문 지식은 대중들이 이해하기에는 난해한 영역이므로 전문 영역과 민주주의 사이에 갈등이 존재한다. 민주주의가 성숙해 온 긴 세월 동안 정부의 역할과 통치 범위는 전문 지식에 의해 권한이 부여되어 구성되고 시행되었다. 과학 분야에 있어서는 전문 지식과 통제 권력이 완전히 분리된 실체이지만 동시에 서로 연관된 프로세스의 산물이다. 통제 권력은 과학자 자신들이 갖기도 하지만 대중이 갖기도 한다. 이러한 체계에는 다양한 형태의 구조가 존재한다.

일반적으로 과학기술적 의사 결정에 더 많은 대중을 참여시킬수록 공공의 가치를 더욱 향상시킨다는 명제는 과학기술사회학*STS*이 갖는 가정이고 대체로 맞다. 이는 2차 세계대전 이후 기존의 과학기술 전문가들이 가졌던 의사 결정에 대항한 반응이다. 대중의 참여 확대는 숙의 민주주의*deliberative democracy* 정치 철학에 기반한다. 이들은 대의제 정부의 일방적 결정을 무조건 수용하지 않는다. 그럼에도 시민 대표와 전문가의 토의 과정은 많은 경우 효율을 떨어뜨리는 원인이 되므로 대화의 메커니즘과 절차의 개발 등에 세심한 주의가 요구된다. 유전자 변형 식품, 줄기세포 연구, 인공 지능의 확대, 핵폐기물 처리 등의 기술적 결정 과정에서 숙의 민주주의는 공공의 이익을 잘 반영할 수 있게 제도와 방법을 고안해야 한다.

덴마크의 컨센서스 컨퍼런스 모델은 숙의 민주주의의 한 사례를 잘 보여 준다. 모델은 시민 패널로 구성된 합의체로서 전문가와 이해 당사자들은 시민 패널들에게 자신들의 정보를 제공한다. 시민 패널은 이를 토대로 완전한 재량권을 갖고 보고서를 작성한다. 합의에 도달하는 과정에 전문가 동의가 없으면 의견 불일치로 간주하기에 패널들은 전문가의 지식을 철저히 검토해야 한다. 그러나 종종 특정인들을 시민 패널로 구성해 실패하는 경우도 있다.

뉴질랜드에서 생명과학 기술에 관한 숙의 과정에 경제 전문가들로 구성된 패널들로부터 한 목소리가 나왔고, 결과적으로 전문가들은 이 패널들의 의사 결정에 반하는 연구비 확보가 불가능했다. 대한민국의 경우 신규 원전 건설을 공론화위원회에 붙였고, 전문가와 이해 당사자들이 패널들에게 정보를 제공하여 숙의에 들어갔다. 시작 단계에서는 압도적으로 건설 불가 의견이 많았으나, 숙의 과정에서 허용으로 돌아섬으로써 숙의 과정에서 결정의 공공성을 대폭 높이는 결과를 얻을 수 있음을 보여 준 사례라 할 수 있다.

❋ 지식 정치·지식경제

과학기술 지식은 다수 행위자들의 참여로 만들어지고 축적된다. 그리고 그것들은 오로지 숙련된 연구를 통해 창조된다. 지식을 창조하기 위해서는 자원의 투입과 연구 작업이 필요하다. 그렇게 창조된 지식은 사회에서 마찰을 일으키며 움직인다. 21세기 들어 지식 경제라는 말이 사용되기 시작했는데, 일반적으로 고도로 발전한 기술적 지식을 기반으로 한 경제 활동을 일컫는다. 동시에 지식이 주요 상품으로 생산되고 유통되는 경제를 말한다. 지식의 보호를 위한 지적재산권은 지난 20세기 이후 매우 발달해 왔다.

지식 시장에 대한 검토도 중요하다. 대부분의 전통 학문들은 시장을 매우 이상적인 곳으로 규정한다. 지식 시장은 일종의 지식의 자유 시장이다. 이곳에서는 지식의 생산, 유통, 소비가 자발적으로 이루어지고 어떠한 간섭, 규제, 분쟁 행위로부터 자유롭다고 가정한다. 이러한 자유 시장에서 특히 과학적 지식은 그 시장 기능을 완벽하게 구현하고 있다고 생각하는 경향이 있다. 하지만 과학 지식 시장은 자유가 상대적으로 많기는 하지만 완벽한 자유 시장이 아니며 종종 자유 시장이 바람직하지 않은 것도 사실이다. 국가가 주도하여 세계대전을 종식시킨 맨해튼 프로젝트 같은 경우 자유 시장이 아니라 완벽한 폐쇄 시장이었다. 다른 사례를 들면 생명 과학 연구와 제약 산업의 연관 시장을 들 수 있다. 생명 과학 연구는 각종 질병에 대한 지식과 이를 처치하는 제약 기술 지식을 만들어 내고, 그러한 지식과 기술은 제약 산업 부문에 유통되고 소비된다. 그런데 이 과정은 정치 경제학의 틀 내에서 주도되는 폐쇄 시장의 전형을 보여 준다. 제약사들이 임상 연구의 상당 부분을 생명 과학 연구자들에게 용역으로 하청을 주기 때문이다.

지식 시장에서의 대학의 역할에 대한 강조는 모자람이 없으나 정작 대학은 때때로 길을 잃고 헤맨다. 오늘날 대학은 강의보다는 학습, 무엇보다 문제 기반 학습$^{Problem\ based\ learning,\ PBL}$을 중심에 두고, 교육과 연구의 분리가 없는 환경으로 나아가고 있다. 연구 개발, 문제 해결 능력을 갖춘 인재가 많은 지식을 보유한 인재보다 사회에 더 필요해진 까닭이다. 과거 국가 또는 국가 출연 연구소가 주도했던 거대 과학의 영역 또한 대학으로 이양되는 경우가 허다하다. 특히 대학은 창의적 스타트업 산실로 큰 역할을 하고 있다. 경제 블록화가 가속화되는 요동치는 시대에 대학의 국제적 아카데믹 네트워크는 세계화의 남겨진 보루가 아닐수 없다. 또한 과학 기술과 인간 정신을 융합해 낼 미래를 열어 갈 지성의 산실로 대학의 중요성이 인정되어야 한다.

에필로그

지속 가능한 미래를 위해

4차 산업 혁명에 의구심을 드러냈던 것이 얼마 전 일인데, 이제 생성형 AI의 위력을 체험하며, 4차 산업 혁명의 중심 파도가 몰려오고 있음을 실감하고 있다. 얼마 전까지만 해도 지구 온난화는 정치화된 과학자들 일부의 음모로 치부되기도 했지만, 너무도 급격하게 변한 지구 환경은 이 문제에 더 이상 의문을 품을 수 없게 만들고 있다. 제 목소리를 내는 퍼슨에 아직 도달하지 못한 개별자들이 사는 오늘, 우리는 과거 어느 시대보다 물질적으로 풍요롭지만, 마음과 정신의 빈곤은 점점 더 커지고 있다.

시대는 거대한 트렌드로 요동치고 있다. 90년대 중반 시작된 세계화, 정보화의 메가트렌드는 30년이 지난 지금 우리에 대체로 네 가지 영역에서 역동적 전환을 요구하고 있다. 기후 위기, 디지털 대전환, 저출산 고령화, 세계 경제 불록화가 그것이다.

첫 번째 메가트렌드는 기후 위기 대응을 위한 탄소 제로 에너지 대전환*Zero Carbon Energy Transition*이다. 지구 온난화의 위기는 과학자들의 선지자적 외침에서 비롯되었지만 이제는 실상으로 나타나고 있다. 대기로 뿜어져 나오는 이산화탄소를 비롯한 온실가스의 저감, 더 나아가 탄소 제로로 나아가야 할 에너지 대전환이 요청된다. 이것은 화석 연료 사용을 절대적으로 근절하고자 하는 노력으로, 주거 생활 영역, 교통 운송 영역, 산업 영역 등 다양한 분야에서 진행 중이다. 태양광, 풍력 등 신재생 에너지의 확대를 강조하고 있지만, 지역적 특성과 에너지 생산의 간헐성을 극복하는 데 아직도 어려움이 있다. 간헐적 에너지를 전기로 저장하는 에너지 저장 장치를 안정적으로 제공하려면 막대한 분량의 2차 전지가 필요한 상황이다.

최근 주목할 만한 시장을 형성하고 있는 전기차의 확대로 2차 전지는 반도체 산업과 더불어 미래 성장의 강력한 동력으로 여겨지고 있다. 그러나 충전된 전기는 자연 확산으로 방전되기 마련이어서 이를 영구히 저장하는 방식으로 전기 에너지를 물질로 전환하는 기술이 개발되고 있다. 즉 전기로 수소를 만들어 놓는다거나, 인조 연료를 만들어 놓으면, 시간이 지나도 변하지 않는다는 특성을 적용하는 기술이다.

지속 가능 미래의 핵심으로 수소 경제 사회를 손꼽는다. 신재생 에너지나 원자력과 같이 탄소 제로의 에너지를 사용하여 생산된 전기를 수소로 만들어 저장하여 연료전지 같은 3차 전지를 활용해 발전을 하거나, 탄소 기반 환원 공정이 적용되는 철강을 비롯한 다양한 산업에서 탄소 대신 수소 기반 환원 공정으로 대체함으로써 대기로 누출되는 온실가스를 원천 차단하는 방식이다.

배터리나 수소 모두 큰 도전이다. 이들의 제조에는 리튬, 니켈, 코발트, 망간 같은 특수한 금속들이 필요한데, 이들 광물의 산지가 석유처럼 일부 지역에 집중되어 있다. 자원 소유국이 생산을 중단하거나 가격을 올릴 경우, 자원 공급망이 교란되어 큰 문제가 된다. 이미 배터리 시장은 특정 자원의 가격 폭등으로 어려움을 겪었다. 기후 위기를 극복하고 지속 가능한 미래를 열기 위해서는 과학 기술 혁신이 필수다.

두 번째 메가트렌드는 인공지능을 비롯한 디지털 대전환^{Digital} ^{Transformation}이다. 알파고의 출현으로 크게 고무되었던 딥러닝은 한동안 모든 문제의 해답처럼 보였지만, 데이터 확보의 제한으로 실제 산업 적용에서 충분한 역량을 보이지는 못하고 있었다. 그러나 최근 등장한 ChatGPT를 비롯한 생성형 AI는 휴머노이드 로봇과 결합하여 포스트 휴먼으로 달려가는 방향성을 선명하게 노정하고 있다. 뿐만 아니라 뇌 과학 분야에서의 디지털 전환은 뇌에 이식하는 컴퓨터 칩의 가능성을 시험하고 있다.

인간보다 똑똑한 기계의 출현은 지속 가능 미래의 진정한 위협 요소다. 편리함과 대단함에 넋을 놓고 경탄하는 사이, 우리는 부지불식간에 모든 것을 잃어 버릴 가능성을 망각하고 있다. 뒤로 돌아가기는 어렵다. 이미 개발된 기술은 소멸시킬 수 없기에 인류는 어쩌면 판도라의 상자를 이미 열어 버린 상황인지도 모른다. 여기서 덧붙일 또 하나의 우려는 똑똑한 AI를 사용하려면, 이 똑똑함에 요구되는 막대한 컴퓨터 연산을 가능케 해 줄 막대한 에너지 공급에 있다. 누군가는 AI가 요청하는 에너지 수요를 감당할 길은 원자력밖에 없다는 주장도 한다. 양자 컴퓨터의 등장은 꼭 필요한 기술 발전의 디딤돌이다. 이제 우리는 디지털 대전환의 편리함과 위험을 목도하면서 동시에 기후 위기에 따른 위협이 여기에도 도사리고 있음을 본다. 이제 디지털 대전환 ^{DX}을 위해서도 에너지 대전환^{EX}이 절대로 필요하다.

세 번째 트렌드는 저출산 고령화다. 어느덧 전 지구 인류는 80억을 넘어섰다. 인구가 늘어나는 시대에 경제적 성장을 이룬 우리는 이제 결혼을 미루고, 자녀를 덜 낳는 저출산 늪에 빠져 있다. 소멸 가능국 1위로 한국이 지목되고 있는 현실은 지속 가능 미래와 연관해 가장 큰 위협이다. 발달하는 의료 기술은 평균 수명을 연장시켜 해마다 그 추세는 증가하고 있다. 경제활동을 하지 않는 노인에 대한 부양은 경제 선진국들로 하여금 더 효과적인 시장 지배를 요구하고 있다. 이를 위한 경제 성장은 필수적이고, 경제 성장은 필연적으로 에너지 소비를 요청한다. 뿐만 아니라 고령화 시대를 지탱할 사회 인프라는 디지털 전환과 에너지 전환에 기대고 있다. 물론 이 부분에서 인간 정신의 맹활약도 기대된다. 생명에 대한 관점 수정, 소비에 대한 관점 수정, 인생에 대한 관점 수정 등을 위한 인문학적 성찰과 문화 창달이 필수적이다. 노인들의 일자리 창출도 필요하고, 복지 재원 마련을 위해서도 더 정교한 고급 기술의 개발이 요청된다.

네 번째 메가트렌드는 블록화된 세계 경제다. 1994년 월드와이드웹의 출현과 WTO의 출현은 세계화의 축포를 터트렸다. 그러나 30년이 지난 지금, 우리는 다시금 블록화된 세계에 서 있다. 해양과 대륙의 대립이 한반도에서 일어나고 있고, 이로 인해 안보와 경제가 맞물려 돌아가는 상황이다. 20세기 초에 발생한 종교적 분쟁이 이제 다시 신 냉전 시대를 부르고 있다. 더욱 정교해진 무기 체계는 블록화의 긴장을 강화한다. 핵무기와 핵무기를 이송하는 미사일, 잠수함, 폭격기, 우주 무기들이 속속 등장하고 있다. 이전에 없던 드론은 탐지가 어려운 저가 무기로 초정밀 타격을 가능케 하고 고가의 무기 체계를 훼손하는 탁월한 성능을 발휘하고 있다. 핵과 연계한 고성능 무기 체계는 우리의 지속 가능한 미래의 가장 근접한 위협이다.

한반도와 같이 무력이 대치하는 상황과는 달리, 경제 블록화는 경제 전쟁의 핵심 무기로 전쟁 무기보다 더욱 정교하고 위협적이다. 유럽연합은 지구 온난화를 위협하는 온실가스 배출을 규제하는 방식으로 경제 블록화를 추구하고 있다. 신재생에너지로 생산된 전기를 100% 쓴다는 'RE100' 조항을 만들어, 유럽에 물건을 수출하려면 이 조건을 만족시키라고 으름장을 놓는다. 화석 연료보다 확실히 비싼 에너지로 생산된 제품을 싼 가격에 공급하려면 타산이 맞을 수 없다. 결국 기술적으로 극복하여 명함을 들이밀라는 말이다. 여기에 더해, 자국의 공장에서 생산된 제품에만 세제 지원을 하는 등의 규제를 선언하고, 선별적으로 동맹 국가들에게만 공장 설립을 허용하면 이에 포함되지 않은 나라들은 활로를 찾을 길 없다.

기후 위협이라는 대의명분으로 만들어진 100% 신재생 에너지 적용 생산품을 규제하는 'RE100'은 일정 부분 완화된 형태의 탄소 중립 에너지 100%까지 수용할지에 대한 논의가 진행 중이다. 여기에는 원자력 에너지에 대한 세계적 고민도 들어 있다. 원자력 에너지는 고밀도의 장점이 있으며, 대한민국 원자력 기술의 경우 세계적으로 발전 단가와 운전 능력, 시공 능력 등에서 탁월하다. 전 세계적으로 소형 모듈 원전의 창업이 붐을 이루고 있다. 이런 트렌드들이 지속 가능성을 높여 갈 수 있을지에 대한 검토 역시 필요할 것으로 판단된다.

기술 혁신이 만들어 낸 문제를 기술 혁신으로 풀어야 한다는 사이언스의 뫼비우스적 무한 순환을 끊어 낼 길은 아무리 보아도 인간 정신에 있다. 진격하는 사이언스에 인간 정신은 혼을 놓고 있는 느낌이다. 비관적 비판주의로는 사이언스를 통제할 길이 없다. 인간 정신의 유동은 모든 기준을 흐트러뜨려 갈등과 피로로 우리를 옥죈다. 세대간 갈등, 남녀간 갈등은 디지털 노출로 더욱 심화되고 있다. 이는 모든 권위의 해체라는 형태로 진행되고 있는데, 그 과정의 정점에 종교적 갈등이 자리한다. 고등 종교의 기본 요건을 망각하고 종교의 이름으로 테러가 자행되고 종교가 전쟁의 이유가 되는 시대는 분명 병든 시대이다. 개별자들은 병들었다. 이들은 원래의 퍼슨*person*, 즉 저마다의 목소리를 갖고 내는 존재가 아직 못된, 미숙한 퍼슨이기 때문이다. 그렇기에 쏠리고, 갈등하고, 혐오한다.

시대정신의 상실 앞에서 지금까지 어느 때보다 관심 있게 과거를 뒤적여 여기에 이르렀다. 르네상스 시대의 피렌체를 뒤졌고, 에게해의 섬들을 떠돌았다. 그리고 사막의 모래 폭풍을 뚫고 다녔던 대상인들의 낙타 발굽 소리와 그 소리에 섞여 들려 오던 기원전 600년대 현자들의 목소리를 찾아 나서기도 했다. 하지만 끝없는 인간 정신의 성찰에도 불구하고 이렇게 빠른 사이언스의 진격 앞에서는 속수무책인 듯하다. 인격은 파탄나고, 불안은 우울과 공황으로 개별자들을 몰아세운다.

이제 다시 현자를 기다린다. 광속의 디지털 웨이를 질주하고 정보의 바다를 항해하는 새로운 실크로드의 대상인들과 대항해의 캡틴들이 그들이다. 그들은 지금 어디에 있으며, 무엇을 외치는가? 외쳐대는 진리의 소리를 듣지 못하는가? 거리의 모퉁이에서, 성문 어귀에서. 시장 자판에서 외쳐대는 저 소리, 진리의 소리, 수사학으로 치장된 말이 아니라 토해 내는 외침, 깨달은 자의 담대한 외침*Parrehsia*이다. 학자의 잉크가 순교자의 피로 변하는 그날 비로소 시대의 질병이 치유되리라.

원시에서 오늘까지를 더듬으며 긴 글을 마무리한다. 다시 월포 앞바다를 내려다보며 우뚝 선 용산의 산기슭에 말없이 서 있는 고인돌을 찾았다. 육중한 돌 밑에 몸을 감춘 사람과 이 돌을 날라 왔을 사람들이 살던 이 해안. 월포 해변에는 그때나 지금이나 변함없이 파도가 밀려왔다 밀려간다. 다만 그때와 다른 게 있다면 서핑보드에 몸을 싣고 파도를 즐기는 서퍼들의 환호가 추가되었을 뿐이다. 고대인이나 저 서퍼들이나 모두 역사를 놓고 보면 찰나를 살아가는 존재일 뿐. 고대인들은 고인돌 하나를 두고 사라졌고, 서퍼들은 지나온 자취도 없다.

고대인과 서퍼들 사이에 고인돌 큰 바위 하나가 점처럼 찍혀 있다. 고대인들의 생각을 헤아릴 길은 없지만, 그들에겐 이렇게 큰 돌을 옮겨다 놓았어야 할 충분한 이유가 있었을 것이고, 연관된 삶의 가치와 방법이 있었을 것이다. 끊임없이 손바닥 위 휴대폰 속 정보를 들여다보며, 도파민 과다 분비를 걱정하는 오늘, 지속 가능한 미래를 열어 낼 사이언스 사피엔스를 고대한다.

찾아보기

[한글]

ㄱ

가가린 327
가나안 55, 56
가리마엘 119
가브리엘 129
가속기 312
가압 경수로 394
가이아 25, 28, 59
가제트 318
간디 31
갈레노스 132
갈릴레오, 갈릴레이 151, 169, 171, 178-
    182, 188, 191, 193, 225, 232,
    236, 251
갈바니 246, 247, 276, 289
갈탄 257
감속재 394, 395
감정과 오성 234
강체 운동론 251
개선문 42
개인용 컴퓨터 346
개인의 시대 342, 343
개인적 존재 285
개인주의 101
거니 264
거대 축삭 363, 364
거트루드 374
거품 22, 60, 284, 368, 420, 422
걸리버 여행기 276
게레스 59
게르만 142, 166, 310

게슈탈트 심리학 400
게이뤼삭 265, 294
격변적 사실 418
견고한 질서 구축 326
결정론적 세계 308
결정론적 카오스 417
경험론 173-175
경험의 학교 155, 172
경험주의 174, 225, 234, 238, 397, 404
계급 제도의 붕괴 232
계몽 시대 219, 225, 237, 238, 277,
    288, 391
계몽의 반발 274
계몽주의 224, 225, 246, 256, 275
계층화 277, 419
고르바초프 338
고백록 144, 281
고선지 242
고체 반도체 343-345, 369
고체 세계 325
고트족 114, 143, 144
골드스타인 401
공기 역학 206
공동 존재 285
공론화위원회 426
공리 102, 103, 190
공산주의 81, 267, 284, 323, 325, 327,
    330-332, 339, 393
공상 과학 264, 355, 373
공작인 382
공장형 재배 349
공준 102
공화정 108-110, 161, 227, 250, 324
과학기술사회학 425
과학기술적 의사 결정 425

과학기술 주도 사회 284
과학아카데미 100, 225, 248, 249
과학 혁명 159, 175, 225, 232, 235,
    297, 306, 310, 312
관념론 46-48, 80, 81, 83, 91, 281, 397
관료주의 328
관성의 법칙 195, 196
관측자의 시공간 305
광기의 역사 409
광전 에너지 361
광학 101, 137, 169, 293, 297
광학의 서 137
괴델 390, 391
괴델의 불완전성 정리 391
괴테 233, 270
교부 철학 146, 149, 151, 175, 177
교황권 146, 165, 244
구스타프 266
구조주의 396, 403, 404, 406, 407,
    409-412
구텐베르크 242, 243
구츠만, 도미니크 드 146
국가 주도 경제 개발 327, 329
국경 철거 337
군국주의 315
군주 도덕 284
군주론 160, 161
궁극적인 너 402
궁창 29, 193, 195
권리 청원 187
균류 300
그노스티코스 129
그레이엄 핸콕 37
그리스 로마 신화 53, 59
그리스 신화 27, 59, 61, 63, 65, 72, 115,
    206
그리스 창조 설화 27
그린 에너지 339
그린 혁명 348
극장의 환상 174
근대의 고체성 323

글라스노스트 339
글라이더 266
글레디에이터 110
금속 활자 242
기독교 17, 45, 52, 81, 94, 106, 111,
    112, 114-116, 119, 120, 123,
    128, 142-144, 146, 153, 160,
    164-168, 175, 176, 217, 271,
    284, 325, 361
기묘한 끌개 416, 417, 419
기사단 164, 165, 202, 213, 218
기아 문제 348
기온 상승기 162-164
기온 하강기 166
기요틴 231, 250
기의 405, 406
기포 420-422
기포 역학 420
기포의 표면에 작용하는 힘 420
기표 405
기하학 37, 40, 42, 43, 86, 90, 101-
    103, 132, 133, 169, 171, 176,
    190, 194, 251, 302, 325
기하학원론 102, 103, 132, 302
기호 논리학 398, 399, 407
기호 세계의 닫힘 406
길드 57, 147, 149, 153, 154, 168, 235
깊음 29
꼴레쥬 드 프랑스 414
꿈의 해석 397
끌개 416, 417, 419
끌림 353

ㄴ

나가사키 318, 323, 393
나노 공정 370
나노 과학 312, 348
나치당 310, 313
나치즘 311, 313, 323, 397
나침반 208, 209

나폴레옹 232, 256, 264, 278, 279, 292, 315
나폴레옹 3세 278, 279
나폴레옹 보나파르트 232, 279
나폴리대학 147
남무 25
남방왕 33
납 중독 113
낭만 구름 319
낭만 시대 256, 277, 281, 286, 319, 323, 324, 344, 352
낭만주의 256, 274, 275, 277-279, 319, 397
내연 기관 261-263, 358
냉각재 394, 395
네덜란드식 시장 경제 221
네로 79, 112, 116
네트워크 이론 418, 419
네트워크 통신 347
넵튠 60
노아의 방주 203, 204
노예 공급 113
노이만, 폰 370
노자 32
노틸러스 264, 394
녹는점 321-323
논리적 사유 406
놀이하는 인간 384
농약 348, 350
뇌 과학 366, 382
뉴런 364, 365, 367, 370, 372, 373, 380
뉴럴링크 374
뉴커먼 259, 260
뉴턴, 아이작 102, 103, 111, 137, 178, 187-197, 199, 224-226, 232, 234, 237, 245, 246, 249, 251, 258, 282, 288, 289, 299, 302, 391, 412, 419
뉴턴의 결정론 194
뉴턴주의 224, 234, 245, 246, 282, 288, 412, 419
느브갓네자르 57, 95
니체 198, 284, 285, 344, 345
니케아 종교 회의 111
니켈 286, 362
니코마스 윤리학 65, 81
니콜라이 2세 324

ㄷ

다 가마, 바스코 215, 216
다리오 3세 98
다리우스 왕 96, 99
다 빈치, 레오나르도 126, 155, 158, 159, 172, 187, 292
다신교 57
다우 213
다윈, 이레즈머스 239, 240
다윈, 찰스 239, 240, 280, 297-300, 365, 400
다윗 56, 159
다임러 262
다중 정보 체계 354
다층 퍼셉트론 368
단백질 구조 353
단테 151, 152, 154, 155, 160, 161, 178, 182
달랑베르 225, 251, 252
달랑베르의 원리 252
달의 운동 251, 252
달 클럽 239-241
달턴 293
대상의 시공간 303, 305
대수 42, 43, 102, 135, 170, 190, 251
대수 기하학 190
대수학 102, 135, 170
대중 과학 424
대중 문화 407
대항해 시대 202, 209, 211-213, 219, 221, 223
데릴라 68

데모크리토스 73-75, 77, 78, 81, 82, 104, 116, 326
데믈랭, 카미유 238
데이비 289, 290, 293
데카르트 135, 137, 169-171, 190, 223, 225, 234, 235, 404
도(道) 32
도덕경 32
도덕적 의지 284, 285
도미니카누스 146
도미니코 수도회 146
도스토예프스키 286, 295, 324
도시가스 358
도제 교육 153
도킨스, 리처드 44, 353
도플러 291
도플러 효과 291
독가스의 아버지 349
독립의 법칙 299
독의 기체 249
독일 관념론 397
독일연방공화국 338
독일 통일 323, 338, 339
독재 279, 324, 326, 328-330
독재자 326, 329
돈 조반니 233
돈키호테 244
돈 후앙 233
동굴의 환상 174
동로마 106, 114, 115, 121, 142, 166
동물권 보호 운동 350
동물 복제 354, 390
동물 전기 246, 247
동방견문록 210, 214
동방 교회 165
동서 교역 139, 208
동인도회사 219, 220
동적 도덕 415
되어감 344, 381, 382, 414-416
두발가인 18
뒤마 300

드골 333, 334
드브로이 310
들레즈, 쥘 412
등가속 운동 197, 307
디드로 225, 238, 251
디오니소스 60
디젤 엔진 261
디지털 내전환 428, 430
디지털 세계 336, 373, 385
디지털 스테이션 359
디지털 시대 344
디지털 전환 357
디지털 파워 343, 359
디지털 혁명 336, 382
디킨스 280
딥마인드 368
딥페이스 368
딱총새우 421, 422

ㄹ

라그랑주 250, 251
라부아지에 138, 225, 231, 248-250
라이덴 병 246
라이스 272
라이프니츠 234, 261, 412
라캉 406, 407, 409
라파엘로 107, 158
랑겐 262
랑그 405, 411, 412
랑부이에 237
랭킨 사이클 105, 359
러셀, 버트란드 326, 398, 399
러시아 과학아카데미 248
러시아 문학 324
러일 전쟁 315, 324
럼퍼드 백작 248, 289
레논, 존 336
레닌 325, 326, 329, 330, 333
레미제라블 278
레밍턴타자기 268

레아 28, 59
레일리 305, 421
로고스 63, 74, 78, 281
로렌초 155, 158
로마법 110, 114, 115, 121, 122, 142
로마법 정신 114, 115
로마의 성장 113
로마의 쇠퇴 113
로모노소프 248
로물루스 54, 108, 115
로베스피에르 231, 275
로봇공학 106
로봇 수술 352
로빈슨크루소 20
로스차일드 270
로제타석 292
로젠블랫, 프랑크 367
로코모션 264
로크, 존 170, 175, 223, 224, 226-232,
    234, 240-412
로크주의 230
롤링스톤스 335
롱펠로 278
루나 소사이어티 239
루돌프 2세 185
루돌프 표 185
루바이야트 134
루소 20, 225, 231, 238, 274
루터, 마틴 166, 234, 244, 245
뤼드베리 307
르네상스 58, 107, 132, 133, 155, 156,
    158-160, 166, 176-178, 180,
    223, 224
르누아르 261
리오타르, 프랑수와 411
리좀 412
리튬 362
리틀 보이 313
린네 380, 381
린세이 아카데미 236
릴리엔탈 266

□

마니 128, 129
마니교 129, 136, 137, 143
마니산 129
마루두크 27
마르스 60
마르코 폴로 210, 211, 214
마르크스 47, 48, 81-83, 283, 284, 287,
    288, 325, 326, 329, 330, 333,
    412
마르크스-레닌주의 325, 326, 329, 330,
    333
마오쩌둥 327
마이어 269, 270
마이켈슨 실험 293
마이크로 웨이브 361
마이크로프로세서 369, 370
마젤란 212, 217-219
마조레스 군도 203
마취제 352
마케도니아 66, 79, 96, 97, 99, 104
마키아벨리 155, 161
마태복음 31
마호메트 2세 115
만드는 손 382
만들어진 신 44, 45
만듦 349, 382
만유인력 86, 189, 190, 193, 197, 246,
    289, 302, 421
만인제사장 46
망치와 모르쇠 98
매카시 313
매트릭스 417
매혹 66
맥스웰 291
맥스웰 방정식 291
맨해튼 프로젝트 311-313, 317, 427
맹목적 의지 282
머독 263
머스크, 일론 358, 374

머큐리 60
메디치 154-156, 158, 160, 221
메소포타미아 16, 17, 128
메스틀린 184
메이지 유신 315
메이플라워호 222
메카닉스 106
메타버스 373
메타피직스 91
메탄 349
메피스토펠레스 233, 234
멘델 294, 299
멘델레예프 294
면역법 301
면죄부 166
명교 129, 137
명상록 110, 119
명예혁명 170, 175, 228
모세 20, 55, 56, 108, 292
모세관 현상 292
모순 20, 31, 150, 175, 176, 180, 234,
    280, 283, 284, 308, 326, 333,
    387
모스 271, 272, 313, 315, 328, 329
모어, 토머스 244
모차르트 233
모터 제어 기술 359
모호성 322
몰루카 제도 220
몽골 21, 129, 152, 153, 154, 210, 211,
    212, 235, 265, 294, 327
몽골피에 형제 265
몽테뉴 244
몽테스키외 225, 238
몽테크리스토 백작 266
뫼비우스의 띠 418
무신론 170, 225, 251
무어 368, 371
무어의 법칙 368
무의식 404, 407-409
무함마드 129-132, 139, 164, 166-168

문화적 유전자 353
문화혁명 329, 330
물리량 오차 309
물리학 19, 80, 81, 86, 91, 102, 132,
    136, 137, 170, 176, 180, 182,
    247, 249, 250, 251, 265, 290,
    291, 293, 295, 297, 304, 305,
    307, 308, 310-313, 317, 344,
    352, 365, 400
물리학과 화학에 대한 참고서 249
물물교환 42
물질 에너지 304
물질주의 398
뭄무 26
뮤제이온 99-101, 103, 106, 114
뮤첸브록 246
미국 남북전쟁 252
미국 독립 전쟁 225, 230, 289
미네르바 60, 115
미라 39-41, 137
미립자병 301
미츠키에비치 277
미켈란젤로 158, 160
민주주의 58, 65, 95, 96, 109, 122,
    228, 230, 324, 327, 409, 410,
    423, 425
민주주의 혁명 324
밀레토스 72
밀비우스 다리 전투 111

ㅂ

바가바드기타 31
바그다드 131, 132, 139, 149, 167, 187,
    224, 242
바리새파 119
바르트, 롤랑 406, 407
바바리안 166
바버, 마틴 402
바빌로니아 26, 43, 95, 192
바빌로니아 수학 43

바빌론 27, 43, 57, 95, 96
바스티유 감옥 습격 238
바슐라르, 가스통 411
바우만 323, 339-341
바울 119, 120, 168, 408
바이런 275-277, 279, 319
바이오 공간 403
바이오 에너지 356, 359
바쿠스 60
박물학 236, 298
박사가 사랑한 수식 85
반나치주의 312
반나치즘 313
반달족 114
반도체 343-346, 358, 359, 362, 369-
    371, 380
반도체 공정 370
반도체 소자 344
반도체 집적 346, 369, 370
반유대 운동 340
반파시즘 313
발견의 시대 202
발머 307
발자크 280
발칸반도 316
방법서설 171
방적기 252, 253
방주 203, 204
방해석 결정 292
배수 비례의 법칙 293
배척 35, 144, 353
배터리 358, 360-362
백과사전파 225
백신 68, 300, 301, 348, 351
뱅자맹 콩스탕 278
버나드스키, 블라디미르 403
버클리 주교 175
범선 202, 207, 209, 212, 213
범신론 30, 49, 116, 281
베가본드 모임 274
베네딕투스 145

베네딕트 수도회 145
베딕아리안족 31
베르그송, 루이 381, 382, 414, 415
베르기우스, 프레드릭 350
베르길리우스 151
베르누이 250
베르트하이머, 막스 400
베른, 쥘 264
베를린아카데미 250
베를린의 지멘스 271
베를린 장벽 337
베스타 59
베아트리체 151, 152
베이컨 47, 169, 172-174, 234, 252
베크만, 아이작 170, 171
베트남전 332, 337
베트남 전쟁 331, 335
벤자민 톰슨 럼퍼드 백작 248
벤자민 프랭클린 239, 240, 246
벨 272
벨연구소 343, 344, 418
변증법 172, 245, 283
변화론 116
병렬 계산 372
보른, 막스 312, 313
보바리 279, 280
보수화 334, 336
보어, 닐스 307, 308, 313
보어의 가설 308
보어인 316
보일, 로버트 105, 119, 160, 187, 188,
    189, 235, 237, 258, 259, 261,
    358, 392
보일러 105, 358
복원 20, 135, 203
복원과 대비의 계산 135
복잡계 과학 413, 418, 419
복잡계 물리 396, 418
복잡계 사회 현상학 419
복잡성 322, 419, 420, 422
복제 354, 390, 392

복희 17
볼로냐 147, 148, 246
볼로냐대학 147, 148, 246
볼세비키 325
볼츠만 103
볼타 247, 289
볼테르 170, 224, 225, 231, 238
볼프강 퀼러 400
봉건 영주 147, 153, 156, 161, 202, 269, 385
부르주아 267
부분과 전체 313
부활 119, 281
북방왕 33
분광기 293, 307
분광학 293, 297
분기 126, 331, 419
분리의 법칙 299
분압의 법칙 293
분젠 293, 294, 307
불교 80, 129
불꽃 74, 78, 79
불바람의 신 387
불순종 54
불안정성 339, 340
불완전성 정리 391
불칸 60
불확실성 322, 344, 370
불확정성 원리 309, 313, 370, 389, 390
브라헤, 티코 183, 185, 189, 193
브로드, 찰리 402
브루노, 조르다노 178, 179, 181
브리태니카 백과사전 292
브리트라 31
블랑샤르 266
블록화된 세계 경제 431
비가역 현상 413
비곳츠키 400
비글호 298
비글호 항해 중의 동물학 298
비너스 58, 60

비등수형 원자로 394, 395
비루투스 66
비바 라 리베르타 233
비선형 과학 417
비선형 다이나믹 396, 420
비선형 시스템 412
비선형 역학 396, 418, 419, 422
비쉬누 31
비잔티움 111, 114, 139, 244
비트겐슈타인 399
비틀즈 335
비평형 상태 413
비평형 열역학 413, 414, 416
빅뱅 이론 367
빅토르 위고 278, 279
빅토리아 시대 280
빅토리아호 218, 219
빛의 속도 86, 103, 303, 308, 388

ㅅ

사각형 돛배 205
사도행전 119, 202
사라센 제국 138
사르트르 286
사무엘 알렉산더 398
사산 왕조 134
사실적 낭만주의 279
사실주의 256, 279, 280, 289
사울 119
사이언티스트 277
사이폰 튜브 363
사자의 서 39
사피어, 에드워드 399
사회 계약법 225
사회주의 284, 288, 325, 338
산상수훈 31
산소 239, 249, 341
산업 혁명 188, 239, 240, 252, 253, 257, 258, 270, 271, 274, 282, 295, 323, 356

산타페연구소 419
살롱 235, 237, 238, 241
살비아티 181, 182
삼각 돛 206-208, 212, 213
삼두 정치 104, 109, 110
삼손 68
상대성이론 19, 293, 303-305, 387, 398
상대 속도 195, 291, 303
상대적 인식 414
상 변화 323
상형문자 292
생각 기계 366
생각하는 정신 169
생명과학 354
생명의 기체 249
생산 수단의 국유화 333
생산 수단의 사유 333
생성형 인공 지능 369, 371
샤를 265, 266, 279
샤를의 법칙 265
샤프츠베리 백작 1세 227
서로마 114, 142-145, 166
서방 교회 165
석유 파동 394
석탄 257-259, 263, 286, 356, 359
선입관 174
선험적 개념 170
설형문자 17, 43
성차별 336
성찰 171
세계 속에 존재하는 것 402
세계 시민 정신 94, 101, 167, 168, 219
세계의 화음 185, 186
세계 정신 54, 82, 83
세계화 94, 129, 153, 323, 330, 412
세네카 79, 112, 116
세르반테스 244
세이버리 259
셀레우코스 99
셸리, 메리 228, 276
셸링 245, 275, 281

셰익스피어 19, 244
소련의 붕괴 323, 338, 340, 411
소로, 헨리 데이빗 279
소르본대학 147, 334
소비에트 사회주의 연방공화국 325
소비에트적 근대의 수용 326
소비에트 혁명 325
소비주의 341
소수자 지배 109
소쉬르 404, 405
소크라테스 44, 57, 64, 81, 88, 89, 121
소피스트 74
소형 원자로 393
솔라 패널 361
솔로몬 56, 57, 113
송전 그리드 360
쇼클리 343-345, 369
쇼펜하우어 281, 282, 284
숄즈 268
수도사 145, 165, 299
수도원 운동 145
수메르 25, 42, 192
수사학 102, 115, 143, 144, 147, 184
수산화암모늄 349
수소 연료 전지 361
수소 원자의 스펙트럼 연구 307
수용적 인식 401
수은 기압계 245
수직 농업 349
수 체계 42-44, 134, 135
수필집 173
수학집성 132
숙명 69, 98, 197
숙명론 197
숙의 민주주의 423, 425
순교자의 피 119, 139-141, 167, 168
순냐 44
술이부작 383
슈뢰더 19, 29
슐레지엔 286, 287
슐레지엔의 직조공들 287

스리마일 섬 395
스마트폰 322, 347
스스로 있는 자 45
스위프트, 조나단 276
스콜라 136, 147, 149-151, 165, 169,
　　　　170, 175, 176, 189, 193, 224
스탈린 325-330
스탈린주의 329, 330
스탕달 278
스터링 260, 261
스터링 엔진 260
스토아 철학 78, 79, 112, 116, 117, 120,
　　　　193
스토아 학파 78, 117, 326
스톤헨지 37, 38
스트로스, 레비 404-406
스티븐슨 264
스파르타 66, 97
스페인독감 351
스펜서 244
스포르차 154, 156-158
스피노자 171-173, 194, 199, 234, 235
스피노자의 신 172, 194
승화 138
시니피앙 405, 406, 411
시니피에 405, 406, 411
시라쿠사 101, 103
시멘토 아카데미 236
시민 37, 53, 65, 94-96, 101, 108, 110,
　　　　113, 119, 147, 153, 167, 168,
　　　　219, 221-223, 227, 230-233,
　　　　238, 240, 259, 266, 283, 322,
　　　　334, 337, 403, 425
시민 정부에 대한 제1논고 227
시민 정부에 대한 제2논고 227
시장의 환상 174
시카고 파일 1호 393, 394
신경세포 363-365
신경 신호 전달 364
신경 전달 메커니즘 364, 365
신곡 151, 152, 154, 160, 161, 178, 182

신과학 대화 182
신교도 박해 185
신농 17
신대륙 215
신성에 대하여 183
신 없는 신학 326
신 없는 종교 326
신의 개념 48, 169
신의 나라 143, 146, 232
신의 대리자 45
신의 지문 37
신자유주의 323
신재생 에너지 357, 359, 360
신정정치 41
신천문학 185, 186
신통기 27, 28
신학대전 149
신화와 상징 406
신화와 의미 406
신화적 사유 406, 407
실리콘밸리 343
실존 196, 198, 199, 283, 285, 286,
　　　　324, 344, 381, 383-385, 396,
　　　　414, 417
실존주의 198, 285, 286
실증주의 397, 404
심청전 38
심층 신경망 368
심층 학습 368
심플리치오 181, 182
십계명 56
십자군 원정 164, 165
십자군 전쟁 139, 149-151, 153, 164,
　　　　165, 168
쌍둥이 패러독스 303
쐐기문자 25

ㅇ

아감벤 20
아낙시만드로스 73

아누마키 27
아돌프 278
아라베스크 133
아라비아 상인 136
아라비아 숫자 43, 133, 135
아라비안나이트 133, 134
아레니우스파 111, 192
아레스 60
아레오파고스 회의 96
아레티 61
아르키메데스 87, 103, 104
아르테미스 60
아리스토텔레스 65, 79-81, 88-92, 97,
        100, 104, 132, 136, 138, 144,
        149-151, 165, 166, 168, 169,
        176, 177, 180, 181, 183, 189,
        193, 196, 225
아리스토텔레스의 자연법 166
아리아노스 118
아메리고 베스푸치 215
아메리카 47, 215, 221, 229, 240, 257
아메리카 인디언 47
아바 데라부타 128
아바타 373
아벨 17, 18
아브라함 25, 38, 55, 56, 58, 68, 71,
        78, 128, 167, 194
아산화질소 293
아우구스투스 101, 110
아우구스티누스 143, 144, 149
아우렐리우스, 마르쿠스 79, 110, 112,
        116-118
아인슈타인 103, 172, 194, 195, 293,
        302-308, 311, 312, 387, 390,
        398, 408, 415, 421
아치 123
아카데미 79, 81, 90, 235-237, 240,
        258
아키투 축제 27
아킬레우스 60, 66, 68, 69
아퀴나스, 토마스 146, 147, 149-152,

165, 176
아타락시아 74, 76, 77, 116, 326, 383,
        384
아테나 60
아테네 학당 107, 158
아톰 74
아파테이아 77, 78, 116
아폴로 59
아폴론 59, 64
아프로디테 60
안나 카레니나 281
안데르센 290
안키 25
알고리스무스 135
알고리즘 135, 353, 368
알 라시드, 하룬 139
알 콰리즈미 135
알 파르가니 136
알 하이쌈 137
알 하젬 137
알라 64, 81, 130, 131, 167, 313
알라모스연구소 313
알렉산더 44, 66-68, 79, 90, 94, 96-
        101, 104, 106, 109, 112, 153,
        398
알렉산드리아 93, 94, 99-101, 104-106,
        130, 167, 187
알렉산드리아 도서관 99-101, 106
알리기에리, 두란테 151
알보, 프란시스코 218
알자브르 135
알지브라 135
알파고 368
알파넷 347
알파 뉴런 364
암모니아 349, 350, 361
암모니아 합성 생산 공정 349
암흑의 신 28
압바스 왕조 131, 132, 135, 136, 149,
        167, 238, 242
압수 26

앗시리아 57, 95
앙트로프러너십 65
앙페르 290
애니미즘 47, 48
액체 근대 323
앨런 튜링 366, 367
야곱 56, 68
야스퍼스 285
야훼 29, 45, 46, 52, 54, 56, 128, 387
양력 206, 420
양자 물리학 310, 400
양자 얽힘 305, 307
양자역학 172, 293, 297
양자역학적 사고 308
양자 컴퓨터 354
양질 전환 326
양첸닝 311
어레티 79, 81
언어학 396, 404, 406
얼리어답터 383
얼음 323-325, 327-330, 332, 342
에너제틱 퍼슨 356
에너지 고갈 113, 114, 257
에너지 소비 356, 357, 359, 361, 362
에너지 식민지 362
에너지의 고갈 113
에너지 저장 장치 360
에너지 전환 시대 358
에너지 준위 307
에너지 혁명 382
에누사 엘리시 26
에덴동산 17, 54, 160, 408
에디슨 272, 273
에라스무스 147
에라토스테네스 101
에레보스 28
에로스 25, 28
에르나니 278
에르만, 리카르도 337, 338
에머슨 279
에세이 240, 244

에스프론세다 277
에우다이모니아 65, 81, 150
에테르 177, 292
에티카 172
에피쿠로스 74-77, 79, 81, 82, 116, 326, 384
에픽테토스 116-119
엔네믹 342
엔리케 217
엔릴 25
엔지니어링 시스템 337
엔트로피 103, 297, 413, 418
엔히크 왕자 213
엘니뇨 40
엘리자베스 1세 173
엥겔스 47, 48, 325
여와 33
여호수아 55, 56
역전파 알고리즘 368
연금술 138, 188, 192, 193
연금술사 138
연대측정법 19
연화병 301
열린 구조 61-63, 65
열역학 188, 248, 296, 305, 359, 413, 414, 416, 418
열역학적 무질서도 418
열역학 제1법칙 296
열역학 제2법칙 296, 413
열펌프 296
염세주의 282
영, 토마스 251, 291, 292, 420
영국과학진흥회 299
영국왕립학회 189, 225, 236
영사기 273
영웅 22, 23, 53, 56, 59-61, 66-71, 97, 99, 103, 108, 109, 159, 168, 213
영원성 176, 199
영혼 27, 30, 41, 47, 81, 233, 281
영화 촬영기 273

예루살렘 164
예링 114, 115
예수 30, 46, 56, 112, 119, 120, 122, 128, 130, 139, 146, 168, 409
예측 가능성 419
옐친 339
오가와 요코 85
오디세우스 60, 66, 70, 71
오마르 130, 134
오마르 카이얌 134
오스만투르키에 115, 244
오스트로네시아족 207
오스틴, 제인 278
오일러 250
오징어 15, 242, 363-365, 386
오토, 니콜라스 어거스트 261, 262
오토마타 105, 106
오토 엔진 261, 262
오토한 313
오펜하이머 312, 313
오픈 AI 371
옥스포드대학 117, 147, 353
옥타비아누스 110
온난기 163, 164, 166
온실가스 359
올림푸스 57
와트, 제임스 239, 240, 252, 253, 260, 263
완전수 85
완전한 노동 326
왓슨 352
왕권신수설 187, 222, 225, 226, 228
왕당파 187, 222, 224, 226, 227
왕립과학아카데미 100
왕립연구소 289, 290
외르스테드 290
요크공 227
요한복음 281
우라노스 28, 59
우라늄 314, 317, 318
우라늄 원자로 314

우라니보르크 183
우애수 85
우열의 법칙 299
우주의 신비 185
우주의 질서 25, 27, 31, 86, 148
우주 팽창 91, 367
운동 법칙 102, 136, 194, 303
운명 60, 66, 69, 70, 198, 280, 313
워즈니악 345, 346
워즈워스 275, 277, 278
워터 제트 363
원 궤도 운동 189, 307
원나라 129, 134, 137, 154
원동자 177, 189, 193, 194
원시의 공포 21
원심력 260, 307
원운동 183, 186, 189, 190, 193, 197
원자 29, 73-75, 77, 82, 83, 104, 116, 248, 293, 302, 304, 307, 308, 311, 312, 314, 317-319, 323, 326, 327, 339, 341, 356-359, 370, 393-395
원자 가설 307
원자 가족 318
원자 구름 255, 302, 304, 317-319
원자력 에너지 339, 357
원자론 73, 75, 77, 83, 104, 116, 248, 293, 341
원자론자 293, 341
원자 에너지 304, 393
원자탄 317, 318
원자 폭탄 323
원조 공여국 331
원조 수혜국 331
월드와이드웹 347
월든 279
월리스 298
웨스팅하우스 394
위고, 빅토르 278, 279
윌리엄공 228
윌리엄스 365

윌버퍼스 299
윌킨스 352
유니버시티 147
유대법 122
유도 전류 290
유럽 과학주의 323
유럽의 한랭기 166
유물론 46-48, 74, 78, 80, 81, 83, 91,
    115, 116, 159, 251, 282, 283,
    327
유물론자 74, 80, 115, 159, 282
유발 18
유사성 80, 82, 419
유압공학 105
유일신 29, 31, 47-49, 54, 62, 63, 116,
    128, 131, 167, 387
유전 법칙 299
유전자 조작 348
유전 정보 검색 353
유체역학 104, 171
유체 흐름의 방정식 417
유클리드 101-104, 132, 135, 189, 194,
    302
유토피아 244
유프라테스 128
유피테스 115
윤회 30, 31, 84, 416
음양 33, 84, 86
음양 6괘 84
음양오행 33, 86
음향학 421
의료보험제도 352
의지의 표상으로서의 세계 282
의학대전 138
의학정전 138
의회파 187, 222, 224, 226
이기기 27
이기적 유전자 353
이념 대립 332
이데아 53, 58, 62-66, 75, 79, 82, 87,
    89-91, 115, 143, 144, 168

이데올로기 47, 48, 322, 323, 327, 330,
    332, 333, 340, 362, 405, 407
이데올로기 전쟁 327, 330, 332, 362
이매진 336
이븐 바투타 134, 212
이븐 시나 138
이사벨 1세 214, 216
이삭 38, 56, 58
이산화탄소 127, 249, 359-361
이상 기체 법칙 188
이성과 감정 278
이성론 398
이세돌 368, 369
이스라엘 55, 57, 113, 128, 386
이스마엘 128
이슬람 94, 114, 129-133, 135, 137-
    139, 142, 149-151, 154, 159,
    164, 165, 167, 168, 361
이슬람 수학 135
이슬람 제국 167, 168
이오니아반도 72
이온 72
이원론 78, 170
이윤 283
이중 나선 구조 353, 354
이중성 34, 310, 398, 400, 405, 417
이진법적 정보 체계 354
이집트 17, 19, 26, 27, 36, 39, 41, 43,
    55, 72, 74, 83, 86, 95, 96, 99,
    100, 104, 106, 108, 109, 114,
    137, 139, 292
이카루스 206
이항 대립 410, 411
인간 게놈 353
인간세 348, 380
인간의 나라 232
인간 창조 27, 33
인공 장기 355, 373
인공 지능 353, 355, 366-369, 371-374,
    380, 382, 385, 392, 425
인구 증가 357

인도의 창조 설화 31
인드라 31
인비저블 자이언트 187
인비저블칼리지 189, 258
인쇄 239, 242-245, 268
인종차별 336
인지 과학 400, 401
일당량 296, 297
일반 오징어의 해부학 365
일신론 111, 192
일원론 325
입자성 310, 405
입자와 파동의 이중성 400, 405
입헌군주제 175
잉카 문명 40, 46

ㅈ

자기력 선 290
자기 유사성 419
자기 조직화 419
자본주의 221, 269-271, 283, 284,
    286, 288, 326, 330-333, 393
자아 129, 281, 285, 403, 408, 409,
    414
자연 발생설 301
자연법 82, 150, 166, 172, 189, 194,
    197, 225, 307
자연법칙 82, 150, 166, 172, 189, 194,
    197, 307
자연 선택에 의한 종의 기원에 대해 298
자연 언어 399
자연에 대한 설화 424
자연의 체계 380, 381
자연 철학자 59, 101, 104, 239, 277
자유 시민 153
자유와 평등 53
자유 의지 326
자율 주행 359
작용 반작용의 법칙 199
잡스, 스티브 336, 345-347

장 이론 290
장력 85, 292, 420
장사의 신 63, 64
장제스 327
저출산 고령화 428, 430
적과 흑 278
전기 물리 245
전기 물질 변환 360
전기 배터리 자동차 358
전기 분해 361
전기 자동차 359, 360
전기적 열량 296
전기 환원 359
전문가 시스템 367
전자 307-310
전자기 파동 291
전쟁과 평화 281
전파 방정식 291
절대 온도 296
절대적 인식 414
점성술 136, 184, 185
정보 획득 능력 355
정복 전쟁 109, 154, 167, 210, 235, 242
정수 84, 86, 87
정신 분석학 407
정의의 추구 121
정전기 현상 245, 246
정전하 246
정지 81
정현파 307
제1차 세계대전 314, 316, 349
제2차 세계대전 314, 316, 331, 332, 366
제너 301
제논 78, 116
제니 방적기 252
제동 복사 에너지 307
제로 44
제우스 28, 57, 59-64, 67, 97, 115, 122
제임스 2세 227, 228
제정 러시아 325
제정일치 36, 37, 41, 45

제지소 242
제지술 242
제퍼슨, 토마스 229, 230, 240
제피룸 44
조로아스터교 128, 136
조속기 260
조화 진동자 306, 309
족장제 227
존재하는 것 197, 228, 283, 402
존재함 402, 406
졸라, 에밀 280
종교 개혁 223, 234, 244
종교공학 104
종교 재판 178, 179, 181-183, 191
종교적 도그마 412
종의 기원 280, 298
종이와 활자 241
종족의 환상 174
주기율표 294, 295
주노 59
주노미아 240
주름: 라이프니츠와 바로크 412
주원장 129
주피터 59
준토 240
줄기세포 354, 424, 425
줄-톰슨 효과 296
줄(J. P. Joule) 295
중국 내전 327
중국의 창조 설화 31
중력 상수 86
중성자 394
중앙왕 33
중앙처리장치 366
증강 현실 359, 373
증기 기관 188, 239, 240, 252, 253,
        256, 259-261, 263-265, 269,
        274, 275, 295
증기 기관차 256, 263-265
증기 기차 264
증기 펌프 259, 260

증류 여과법 138
지구 온난화 94, 127, 162, 358, 360,
        361, 423, 428, 432, 450
지능 칩 370
지멘스 271
지속 가능성 412
지식 경제 426
지식 정치 426
지혜의 무리 380
지혜의 집 131, 135
직관의 철학 415
직관적 인식 414, 415
직류 시스템 273
진공관 343
진동 주파수 85
진자 운동 179, 180
진주만 공습 317
진화론 19, 29, 239, 240, 297-300,
        353, 365, 398, 400, 415
질산암모늄 349, 350
질소 249, 349
집단 지성 344, 385
집적도 369-371
집적회로 346
집정관 96, 109
징기스칸 152-154

ㅊ

차게 416, 417, 419
찰스 2세 189, 227, 228
참주 정치 95, 96
창발 419
창세기 17, 29, 30
창조 설화 23-27, 29, 31, 32, 34, 47, 57
채륜 242
처치 264, 427
천동설 19, 92, 132, 174, 177, 179
천명 69, 316
천문 대화 181, 182
천연가스 357, 361

천지인 33
천체 운동 186, 193
천체 운동과 천문 지식의 요강 136
천체의 화음 185, 186
천체의 회전에 관하여 177, 178
철기 문명 95
철학 원리 171
청교도 탄압 187
청교도 전쟁 226, 227
청교도 혁명 187, 221, 223, 224, 226,
　　227, 259
청동기 문명 95
체르노빌 395
초미세 공정 369
초음파 탐상 352
초인 198, 277, 285, 301, 345, 356
초인의 의지 198
초인적 삶 345
최초의 세계 일주 항해 보고서 218
최치원 32
추상적 사상 402
추위와 르네상스 166
축삭 363, 364
축음기 272, 273
축전기 246

ㅋ

카나리아 군도 203
카르타고 109
카르페디엠 153
카를로스 1세 217
카리아 129
카뮈 286
카오스 25, 27, 28, 417, 419
카이로 132, 136
카이사르 101, 108-110
카인 17, 18, 40
카타리, 펠릭스 412
카타스트로피 이론 412
카페 237, 238

카프카 286
칸사 31
칸트, 임마누엘 195, 234, 245, 281, 282
칼빈 223, 271
캐러벨 213
캐번디시연구소 247, 312
캐비테이션 422
캐스트어웨이 20
커뉴스 246
컨센서스 컨퍼런스 모델 425
컴퓨터 단층 촬영 352
케네디 336
케인즈 192, 403
케임브리지대학 147, 291, 365
케플러 19, 137, 178, 183-186, 189
켈빈 남작 296
코로나-19 342
코로나 팬데믹 323, 342
코발트 362
코스모고니 24, 27, 32, 33
코페르니쿠스 177, 178, 181, 183-185
코펜하겐대학 290
콘스탄티노플 111, 114
콘스탄티누스 1세 111
콘스탄티누스 대제 111, 114, 142
콜럼버스 212, 214-216, 221
콜레라 301
콰드리비움 136, 147, 148
쾌락주의자 77
쾰러 400
쿠란 130, 139, 140
쿠빌라이 칸 210
쿠퍼, 애슐리 227
쿠퍼, 제임스 277
쿤, 토마스 175
쿨롱 246, 289
퀴뇨 263, 264
크로노스 28, 59, 60
크롬웰 174, 175, 187, 226-278
크리쉬나 31
크리스마스 캐럴 280

클라우지우스 297
클럽 235, 237-241
클레몬트 265
클레오파트라 104, 105, 109, 110
클레이스테네스 96
클리나멘 82, 83
키르히호프 293, 294
키스톤 123
키에르케고르 198, 283, 284
키츠, 존 277
킹, 마틴 루터 336

ㅌ

타우마 129
타원 궤도 185, 186, 189, 302
타이프라이터 268
탁발 수도승 146
탁월성 69, 81, 142
탁월함 61
탄소 제로 에너지 대전환 428
탄소 필라멘트 272
탄소 환원 359
탄제레 87
탈라스 전투 242
탈레스 73
태극 33
태양 에너지 359
태양 전지 359
태키온 388
터먼, 루이스 343
터빈 105
텅스텐 필라멘트 273
테메테르 59
테살로니카 칙령 111
테슬라 273, 358
테오도시우스 111, 114
텔레폰 272
템플 기사단 164
토리첼리 246
톨레도 150

톨스토이 280, 295, 324
톰슨 289, 293, 296. 312
톰 아저씨의 오두막집 268
통일성 408
통일적 유물주의 326
투르게네프 280
튜링머신 366, 367
튜링의 사과 366
트락시아 76
트랜지스터 343
트레비식 264
트로이 전쟁 68, 70
트리니티 실험 318
트리니티칼리지 174, 191, 192, 399
트리비움 147
티그리스 128
티아마트 26, 27
티탄 60, 67

ㅍ

파국 이론 412
파도바대학 147
파동 291, 292, 307-310, 389, 394,
    400, 405
파동성 310, 405
파동함수 389, 405
파라오 27
파롤 405, 411, 412
파리대학 147, 149-151
파리아카데미 251
파리 전람회 262
파미르 고원 152
파블로프 400
파스칼 171, 172
파스퇴르 92, 300-302, 351
파시즘 311, 313, 323, 324
파우스트 233, 234
파이어스톤 273
파인만, 리차드 312
파팽, 드니스 188, 258, 259, 261, 263

팍스 로마나 110, 142, 163
판테온 신전 122
팔레스타인 16, 19
팡세 171
패러다임 175-177, 194, 302
패러데이 272, 289-291, 294, 299
패러데이 법칙 290
패러독스 303, 398, 407
팬데믹 153, 323, 341, 342, 362
팻맨 313, 317, 318
팽창전략 325
퍼셉트론 367, 368
퍼스널 컴퓨터 322, 345, 347, 367
퍼슨 321-323, 340, 344, 347, 348,
        355, 357, 361-363, 369, 373,
        374, 382, 385, 386, 392, 393
펄프 243
페니실린 348, 351, 352
페레스트로이카 339
페르미 311, 312, 318, 393
페르세포네 60
페르시아 19, 57, 66, 94-99, 109, 114,
        128, 129, 137-139, 167
페스트 153, 154, 166, 190, 194, 221,
        235, 243, 351
페테르부르크아카데미 250
평정심 82
평형 상태 413, 416
포, 에드가 앨런 278
포도상구균 351
포드, 헨리 273
포세이돈 60
포스콜로, 우고 277
포스트 구조주의 396, 411
포스트모더니티 340, 341
포스트모던 322, 333, 391, 406, 411,
        412
포스트모던의 조건 411
포스트 휴먼 354, 355, 371, 373, 374,
        385
포아 238

포에니 전투 109
포이에르바하 282
포화 온도 342
표트르 대제 248
푸른 곰팡이 351
푸쉬킨 277
푸코, 미셸 409, 412
풀턴 264
풍력 359, 360
풍류 32
풍차 105, 360
프라운호퍼 293, 307
프리고진, 일리아 413
프란치스쿠스 146
프랑스 대혁명 231, 232
프랑스 혁명 170, 225, 230, 232, 233,
        238, 256, 274, 275, 281, 289,
        290, 319
프랑켄슈타인 275, 276
프랭클린 239, 240, 246
프레넬 292, 293
프레데릭 2세 183
프로메테우스 16
프로세르피나 60
프로이트 397, 407
프리고진, 일리야 413-415, 418
프리드리히 2세 251
프리스톨리 239, 248
프린키피아 191, 194, 224, 249, 302
프톨레마이오스 1세 99, 101
프톨레마이오스 왕조 99, 104, 109
플라톤 65, 75, 79, 80, 82, 83, 86, 88-
        91, 100-102, 104, 106, 131,
        143, 144, 149, 150, 165, 168,
        258
플라톤주의자 106, 143
플랑크 상수 86, 306, 309
플레밍 351, 352
플로베르 279
플로지스톤설 248
플루토늄 317, 318

플루톤 59
피가로의 결혼 233
피라미드 39, 43, 86
피렌체 151, 154-156, 158-162, 166,
　　182, 221
피아제, 장 401
피우스, 안토니우스 110
피의 일요일 325
피카르 246
피타고라스 31, 80, 84-87, 102, 103,
　　185
피타고라스 음계 85
피플 322, 392
피히테 245, 281
핀테크 357
필라멘트 272, 273
필머 227

ㅎ

하그리브스 252
하데스 59, 60
하드리아누스 118
하라리, 유발 386, 387
하버, 프리츠 349
하버-보쉬 공정 349
하이네, 하인리히 287
하이데거 198, 285, 397, 402
하이젠베르크 308, 309, 312-314, 370,
　　389, 390
하전 입자 307
학자의 잉크 139-141, 167, 168
한국전쟁 330, 352
한니발 109
함무라비 43
합리주의 223, 225, 234, 238, 340
합성 비료 348, 349
항력 204, 205, 420
해상 운송 수단 265
해석기하학 169, 171
해양 무역 209, 221

해저 2만리 265
핵무기 382, 393
핵분열 311, 313, 394
핵에너지 393
핵융합 361, 422, 424
핵자기 공명 352
핵 잠수함 394
핼리 27, 101, 183, 191, 194
핼리혜성 183, 191
행동 과학자 400
행성의 원운동 190
허무주의 198, 284
헉스비 246
헉슬리 299, 365
헤겔 82, 245, 275, 281-283, 325, 326
헤라 59, 61
헤라클레스 60, 66-69
헤라클레이토스 73, 74, 77, 78, 116
헤론 104, 105
헤르메스 60, 63-65
헤르츠 291
헤브라이즘 54, 101, 104
헤스티아 59
헤테로클리닉 419
헤파이스토스 60
헬레니즘 54, 57, 100, 104, 143
헬리오폴리스 27
현묘한 도 32
현상학 397, 404, 419
현 존재 285
협업 계산 372
형상화 45
형이상학 80, 91, 132, 224, 400
형제 기사단 164
형태 심리학자 400
호모 데우스 386, 387, 392
호모 루덴스 384-386
호모 사피엔스 321, 380-382, 384
호모 컨슈무스 383
호모클리닉 419
호모 파베르 381, 383

호이겐스 261
호이징가 384
호지킨 365
호지킨-헉슬리 활동 전이 모델 365
혼돈 24-34, 48, 52, 195, 208, 396, 412, 413, 417
혼돈과 질서의 이중성 417
혼돈으로부터의 질서 413
혼돈의 3신 25-27
홀로코스트 341
홉스 175, 234
화석 에너지 339
화석 연료 257, 356, 358, 359, 383
화성의 시운동 185
화약 133
화이트헤드 399, 403
화학 공정 349, 350
화학 명명법 249
화학원론 249
환상 174
황우석 424
황폐한 집 280
효모 300, 301
후기 구조주의 410, 411
후기 산업화 시대 403
후쿠시마 395
훅, 로버트 237
훈족 114
훔볼트 298
휘그당 227
휘발성 138, 322
휘트니 267
휘트먼 278
휘트워스 268
횔덜린, 프리드리히 275
휴머노이드 371, 372, 374, 382
휴먼 에러 338
흄 175, 234
흑암 29
흑연 318, 395
희토류 340

히로시마 318, 323, 393
히브리 민족 45, 46, 54, 56, 68
히브리 창조 신화 29
히에론 103
히타피아 106, 107
히틀러 310, 316, 397
히포크라테스 80, 132
히피 335-337, 343, 345
힌두교 31

[로마자]

A

Abbā dəRabbūṯā 129
abstract thought 402
Absu 26
Accademia del cimento 236
Accademia del Lincei 236
Adam Bernard Mickiewicz 277
Adolphe 278
AI Razz 138
Alan Hodgkin 365
Alan Mathison Turing 366
Albert Einstein 194
Alessandro Volta 247
Alexander Fleming 351
Alexandria 99
Alexandros 97
Alf laylah wa laylah 133
Alfred Russel Wallace 298
algebra 42, 135
algorismus 135
algorithm 135, 368
al-jabr 135
al-khwarizmi 135
ambiguous 322
America 215

Amerigo Vespucci 215
Anaximandros 73
André Marie Ampére 290
Andrew Huxley 365
Anki 25
Anthony Ashley Cooper 227
Anthropocene 348
Antoninus Pius 110
Anumaki 27
apatheia 77, 78
APPLE I 346
APPLE II 346
arabesque 133
Arch 123
Archimedes 103
Arete 79, 81
ARPANET 347
Arthur Schopenhauer 281
Artificial Intelligence 367
Astronomia Nova 185
ataraxia 326
atraxia 82
attractor 416
Augustin Jean Fresnel 292
Augustus 110
axiom 102
axon 363, 364

B

backpropagation algorithm 368
Bacon 47, 173
Baron Kelvin 296
Baruch de Spinoza 172
Bayt-al-Hikma 131
becoming 344, 382, 414
being 344, 402
Bell 272
Benedictus 145
Bertrand Arthur William Russell 398
Bhagavadgita 31

bifurcation 419
biosphere 403
Blaise Pascal 171
Blanchard 266
Book of the Dead 39
bourgeois 267
Byron 275

C

caravel 213
Carl Bosch 349
Carl von Linné 380
carpe diem 153
Catastrophe theory 412
cavitation 422
central process unit 370
CH₄ 349
Chaos 28
Charles de Coulomb 246
Charles John Huffman Dickens 280
Charles Robert Darwin 297
Charlie-Dunbar Broad 402
ChatGPT 369, 371
Chicago Pile-I 394
Christian Huygens 261
Christopher Columbus 214
Church 264
citizen 101, 322
Claudios Galenos 132
Clausius 297
Clermont 265
clinamen 82
Collège de France 414
complex 322
cosmogony 23
Coulomb 246, 289
COVID-19 341
CPU 366, 370
Cugnot 263
Cumeus 246

D

Daimler 262
d' Alembert 251
Daniel Bernoulli 250
Dasein 402
das Ich 281
Davy 289, 293
Deep learning 368
Deep Neural Network 368
deliberative democracy 425
democracy 109, 425
Democritos 74
Denis Diderot 251
Denis Papin 188
De nova stella 183
Dhow 213
Dialogue Concerning the Two Chief
        World Systems 181
Die Traumdeutung 397
digital transformation 357
Dioptra 106
Discours de la méthode 171
DNA 353, 380, 393
DNN 368
Dominicanus 146
Dominic de Guzman 146
Don Giovanni 233
Doppler 291
duality 310
Durante degli Alighieri 151

E

Edgar Allan Poe 278
Edison 272
Edmond Halley 191
Edmund Spenser 244
emergence 419
Encyclopédistes 225
Enrico Fermi 393

Enril 25
entropie 297
Enuma Elish 26
Epikouros 75
Erebus 28
Eros 28
Erwin Schrodinger 308
Essays 173
eternal you 402
Ethica 172
Euclid 101
eudaimonia 65, 81, 150
Euler 250

F

fabrication 382
Faraday 289, 290
Faust 233
Ferdinand de Saussure 404
Ferdinand Magellan 217
Francis Bacon 47
Franciscus 146
Frank Rosenblatt 367
Frederick Bergius 350
Friedrich Engels 47
Friedrich Wilhelm Joseph von
        Schelling 281
Friedrich Wilhelm Nietzsche 284
Fritz Haber 349
Fulton 264

G

Gaia 28
Gaius Julius Caesar Octavianus 110
Galileo Galilei 178
Gay-Lussac 294
genom 353
geometry 42

Georg Wilhelm Friedrich Hegel 282
Gertrude 374
Gestalt psychologie 400
giant axon 364
gin 268
Giordano Bruno 178
Global citizenship 101
Gnosticos 129
God Delusion 44
Gödel's incompleteness theorems 391
GPU 370, 371
graphic process unit 370
Gurney 264
Gustave Flaubert 279

H

Hargreaves 252
Harmonicus Mundi 185
Harun al Rashid 139
Harvey Samuel Firestone 273
Heidegger 285
Heinrich Heine 287
Heinrich Maier 269
Heliopolis 27
Henri Bergson 414
Henrique 213
Henry Cavendish 247
Henry David Thoreau 279
Henry Ford 273
Henry Wadsworth Longfellow 278
Heracles 67
Heraclitos 77
Hermes 63
Hernani 278
Heron 104
Hertz 291
heteroclinic 419
Hieron 103
hippie 335

Hippokrates 132
Hisab Al-jabr Wal-muq Bala 135
Holderlin 275
homoclinic 419
Homo Consumus 383
Homo Deus 386
homo faber 382
Homo Ludens 384
Homo Sapience 380
Huxley 299, 365
Hypatia 106

I

I am who I am 45
IBM PC AT 346
Ibn al-Haitham 137
Ibn Battuta 134, 212
Ibn Sina 138
idea 87
ideal gas law 188
Igigi 27
Ilya Prigogine 413
Imagine 336
Immanuel Kant 195, 234
Indra 31
integer 84, 87
invisible college 188, 235
ion 72
Iosif Vissarionovich Stalin 325
i-Phone 347
Isaac Newton 189
Issac Beckman 170
Ivan Sergeyevich Turgenev 280

J

James Fenimore Cooper 277
Jaspers 285
Jean Jacques Rousseau 274

Jean Paul Sartre 286
Jean Piaget 401
Jean Picard 246
Johann Jakob Balmer 307
Johannes Gutenberg 242
Johannes Kepler 178
Johannes Robert Rydberg 307
Johann Gottlieb Fichte 281
Johann Wolfgang von Goethe 233
John Dalton 293
John Keats 277
John Maynard Keynes 192, 403
Jonathan Swift 276
Jose de Espronceda 277
Joseph von Fraunhofer 293
Joseph Whitworth 268
Junto 240
Jupiter 115

K

kansa 31
karia 129
Karl Heinrich Marx 47, 283
Kepler 19, 178, 184
Key stone 123
Kinematics 196
Kirchhoff 293
Kitab al-Manazir 137
Kleisthenes 96
Krishna 31
Kurt Godel 390
Kurt Goldstein 401

L

labgue 405
Lagrange 250
Langen 262
Lavoisier 248, 249

Leonardo da Vinci 155
Leonard Williams 365
Le pli : Leibniz et le baroque 412
Le Rouge et le Noir 278
Lewis Madison Terman 343
Liliental 266
liquid modern 323
Locomotion 264
logos 63, 74
Lomonosov 248
Lorenzo de' Medici 155
Louis Victor de Broglie 310
Ludwig Andreas Feuerbach 282
Ludwig Wittgenstein 399
Luis Pastuer 300
Lunar Society 239

M

Macintosh 346
Madame, marquise de Rambouillet
      237
Maestlin 184
Mani 128
Marco Polo 210
Martin Heidegger 402
Martin Luther 234
Mary Wollstonecraft Shelley 276
Maurice Wilkins 352
Maxwell 291
Mechanics 106
Medici 155
Meditation on First Philosophy 171
melting point 323
meme 353
Mendel 294, 299
Mendeleeff 294
metaphysics 80, 91, 400
Metaverse 373
Metrics 106
Miguel de Cervantes Saavedra 244

Miletos 72
Minerva 115
Montgolfier 265
Morse 271
Muhammad 129
multi-layer Perceptron 368
Mummu 26
Mundus Novus 215
Murdock 263
Museion 99
Musschenbrock 246
Mysterium Cosmographicum 185
Myth and Meaning 407
MZ 세대 385

N

Namu 25
Napoléon Bonaparte 232
Nautilus 264, 394
neuron 363
Newcomen 259
NH$_3$ 349
NH$_4$NO$_3$ 349
Niccolò Machiavelli 161
Nicolaus Copernicus 177
Niels Bohr 307
Nikolaus August Otto 262
Nun 27

O

Oersted 290
oligarchy 109
Oliver Cromwell 226
Omar 130, 134
Omar Khayyam 134
On the Origin of Species by Means
    of Natural Selection 298

P

Papin 188, 258, 261
Parole 405
Patheia 78
Patriarcha 227
pax Romana 110
penicillin 351
Pensée 171
people 322
perception 401
Perceptron 367, 368
person 322
Peumatica 105
phase change 323
Philo Remington 268
Philosopher of Nature 277
Pistol Shrimp 421
Platon 89
postulate 102
priesthood of all believers 46
Principia 191
Principles of Philosophy 171

Q

quadrivium 136, 147
quantum entanglement 307
Quran 130

R

Ralph Waldo Emerson 279
RE100 432
realism 279
Reis 272
Rene Descartes 169
renewable energy 359
Renoir 262
repellor 416
rhizome 412

Richard Feynman 312
Robert Boyl 187
Robert Filmer 227
Robert Stirling 261
Robert Wilhelm von Bunsen 293
Robespierre 231, 275
Romulus 108
Rothschild 270
Royal Institution 289
Rubaiyat 134
Rudolf von Jhering 114

S

Santa Fe Institiute 419
Savery 259
Schlesien 286
scienctist 277
self 408
self organization 419
Sense and Sensibility 278
Sholes 268
Siemens 271
signifiant 405
signifié 405
similarity 82
siphon tube 363
Socrates 88
Søren Aabye Kierkegaard 198
Sører Aabye Kierkegaard 283
spinning-Jenny 252
St. Augustinus 143
Stephen Gary Wozniak 346
Stephenson 264
stirling engine 260
Stoikheia 102, 103
STS 425
sunya 44
Syntaxis mathematica 132
Systema Naturae 380

T

Tablae Rudolfinae 185
Tachyon 388
tangere 87
Tauma 129
Telephone 272
Thales 73
Theocracy 41
The post modern condition 411
The primer moter 177, 189
The Royal Society of London
        for Improving Natural
        Knowledge 236
The School of Athens 107
The Slesian Weavers 287
the vault of heaven 195
Thomas Aquinas 149
Thomas More 244
Thomas Samuel Kuhn 175
Thomas Young 291
Thompson 249, 289
Tiamat 26
Tolstoy 280
Traxia 76
Trevithick 264
trivium 147
Twelve tables 121
Tycho Brahe 183

U

Ugo Foscolo 277
uncertain 322
university 147
Uranienborg 183

V

Vasco da Gama 216
vertical farming 349

Victor-Marie Hugo 278
Virtue 66
Virtus 66
Vishnu 31
Viva la liberta 233
Vladimir Vermadsky 403
volatile 322
Volta 247
Vritra 31

W

Walter Whitman 278
water jet 363
Watt 260
wave function 389
Weltgeist 82
Werner Karl Heisenberg 308
Whitney 267
Wilberforce 299
William Bradford Shockley 343
William Shakespeare 244
william Thomson 296
Wolfgang Amadeus Mozart 233
Wolfgang Kohler 400
Wordsworth 275
World Wide Web 347

X

X-10 318
X-선 촬영 352
X-선 회절 353
Xenon 78

Y

Yurii Alekseevich Gagarin 327
Yuval Noah Harari 386

Z

zephirum 44
zero 44
Zeus 61
Zoology of the Voyage of H. M. S.
    Beagle 298
Zoonomia 240
Zygmunt Bauman 323

[기호]

1국 1당 체제 329, 330
1차 인도차이나 전쟁 328, 331
2행정 기관 262
4원소설 25, 80, 92, 138, 179, 193
4행정 기관 262
5월혁명 334
6일 창조 19, 27
9.11 테러 50
9·11 테러 323
10월 혁명 325
10진법 43, 44, 134
12간지 84
12표법 121
60진법 43
68혁명 333, 334, 411

호모 사이언스 사피엔스

진격하는 과학기술과 유동하는 인간 정신의 이중 나선

발행일 · 2024년 3월 25일 초판 1쇄

지은이 · 이재영

펴낸이 · 오성준
편집 · 김재관, 김호경
본문 디자인 · BookMaster **K**
표지 일러스트 · 강도하
인쇄 · 내싱프로세스

펴낸 곳 · 아마존의나비
등록번호 · 제2020-000073호(2014년 11월 19일 신고)
주소 · 서울시 은평구 통일로73길 31
전화 · 02-3144-8755, 8756 **팩스** · 02-3144-8757

이메일 · info@chaosbook.co.kr

ISBN 979-11-90263-24-5 03110

정가 23,000원